하용조 강해서 전집 24

히브리서

예수님만 바라보면 행복해집니다

하용조 강해서 전집 24

히브리서
예수님만 바라보면 행복해집니다

지은이 | 하용조
초판 발행 | 2004. 7. 26
개정판 발행 | 2021. 7. 21
등록번호 | 제1988-000080호
등록된 곳 | 서울특별시 용산구 서빙고로 65길 38
발행처 | 사단법인 두란노서원
영업부 | 2078-3352   FAX | 080-749-3705
출판부 | 2078-3331

책값은 뒤표지에 있습니다.
ISBN 978-89-531-3495-9 04230

독자의 의견을 기다립니다.
tpress@duranno.com   www.duranno.com

하용조 강해서 전집 24

히브리서
예수님만 바라보면 행복해집니다

두란노

당신은 행복한가요?

천지에 물이 넘쳐나는 홍수 때 오히려 먹을 물이 귀하듯, 신용 사회를 표방하는 오늘날, 진정한 믿음을 찾기가 오히려 더 힘듭니다. 온갖 보험과 사회 보장 제도로 미래에 대한 대책을 세우고 준비한다지만 무엇 하나 끝까지 확실한 것은 없습니다.

이토록 세상이 불확실하고 우리의 미래가 불안할수록 더욱 확실하고 더욱 견고한 의지의 대상을 갈망하게 됩니다.

하나님께서는 불안과 불확실성 속에서 때로는 절망하고, 때로는 두려워하는 우리에게 견고한 반석과 소망이 되시는 예수 그리스도를 보내 주셨습니다.

세상이 혼란할수록 우리에게는 예수 그리스도가 필요합니다. 세상 사람들은 다양한 진리가 있고, 다양한 구원의 길이 있다고 주장합니다.

하지만 하나님께서는 오직 예수 그리스도만이 하나님께 이르는 유일한 길이요, 우리의 유일한 구원자라고 하셨습니다.

저는 이 책을 통해 그 예수 그리스도를 소개하고 그분을 믿는 믿음에 관해 전하고 싶습니다.

바로 당신에게 보내진 믿음의 편지 히브리서, 이 믿음의 편지를 통해 세상에서 순결한 신앙을 지키며 살고자 애쓰는 당신에게 믿음의 영웅들이 보내는 응원을 전하고 싶습니다.

사람과 사람 사이에 화목의 다리 되어 하나님 나라를 넓혀 가는 당신에게 믿는 자의 행복을 전하고 싶습니다.

예수 그리스도를 바라보면 아무리 화나고 힘든 일이 있어도 마냥 좋습니다. 아파도 좋고, 손해를 봐도 좋습니다.

예수 그리스도를 생각하면 요동하는 마음, 불안한 마음, 우울한 마음이 사라지고 하늘의 평강이 임합니다.

굳게 닫혔던 창문을 열어젖히고 햇빛을 받아들이듯 예수님을 받아들이십시오.

당신의 마음에 놀라운 영적 평화와 기쁨이 흘러넘칠 것입니다.

예수님만 믿으면 행복합니다. 예수님만 바라보면 행복합니다.

차례

2부

예수님만 바라보면 행복해집니다

히브리서 5:1-10:39

3부
예수님만 믿으면 행복해집니다

히브리서 11:1-12:2

4부

예수님만 따르면 행복해집니다

히브리서 12:3-13:25

1부

예수님만 생각하면 행복해집니다

히브리서 1:1-4:16

예수님께 집중하십시오.
모든 생각을, 당신을 중심으로 일어나고 있는
모든 생각을 예수님께 고정시키는 것,
이것이 바로 예수를 깊이 생각한다는 것의 의미입니다.
우리의 대사도시며 대제사장이신 예수 그리스도를 깊이 생각하면서
하루하루를 보내기 바랍니다.
예수님께 당신의 모든 생애를 고정시켜
그분의 뜻을 알고 이루는 삶을 살아가길 바랍니다.

1

우리는 생각하는 것을
닮는다

히브리서 1:1-4

히브리서 전체를 놓고 보면 몇 가지 중요한 구절을 찾아볼 수 있습니다. 다음과 같은 구절들입니다. 히브리서 3장 1절, "그러므로 함께 하늘의 부르심을 받은 거룩한 형제들아 우리가 믿는 도리의 사도이시며 대제사장이신 예수를 깊이 생각하라." 히브리서 12장 1-2절, "이러므로 우리에게 구름같이 둘러싼 허다한 증인들이 있으니 모든 무거운 것과 얽매이기 쉬운 죄를 벗어 버리고 인내로써 우리 앞에 당한 경주를 하며 믿음의 주요 또 온전하게 하시는 이인 예수를 바라보자."

우리에게 필요한 세 가지

"예수를 깊이 생각하라. 예수를 바라보라." 얼마나 중요한 말씀인지 모릅니다. 예수를 깊이 생각하고 바라보는 것, 이것이 우리 그리스도인들이 나아가야 할 방향이며 교회가 전심전력을 다해야 할 일입니다.

히브리서 기자가 권면한 대로 예수 그리스도를 깊이 생각하고 바라보기 위해서는 세 가지 기본 전략이 필요합니다. 첫째는 성령 충만해야 합니다. 성령 충만한 것이야말로 가장 우선되는 것입니다. 둘째는 성장입니다. 자라지 않는 나무는 죽은 나무이고, 자라지 않는 교회는 죽은 교회이며, 자라지 않는 신앙인은 죽은 신앙인입니다. 교회는 성장 자체를 위해 성장하는 것이 아니라 예수 그리스도의 장성한 분량까지 성장하도록 애쓰고 노력하며, 배우고 확신하는 데 거해야 합니다. 셋째는 성숙입니다. 하나님의 온전하심처럼 우리도 온전해야 하며 성숙한 그리스도인이 되어야 합니다.

예수 그리스도를 바라보고 예수 그리스도를 깊이 생각하는 가운데 성령 충만하고 성장하고 성숙하는 교회와 우리 자신이 되어야겠습니다.

권고와 격려의 서신

히브리서는 주후 69년에서 70년 전후에 쓰인 책으로, 저자에 대해서는 여러 가지 논쟁이 많지만 어떤 것도 확실하지 않습니다. 이 책은 히브리인들에게 보내는 서신 형태로 되어 있습니다.

주후 70년은 예루살렘이 파괴된 해인데, 그 전후로 초대 교회는 굉장한 핍박과 고난, 그리고 여러 가지 압력을 받았습니다. 이러한 고난과 핍박 속에서도 초대 교회는 신앙을 잘 지켜 왔지만, 고난과 핍박이 심해질수록 점차 신앙이 흔들리기 시작했습니다. 그리스도인들 가운데 변절과 배도의 위험이 있었는데, 특히 구약과 구약 시대를 사모하는 유대주의로 인한 복음의 변질이 많았습니다.

히브리서는 이에 대한 경고와 격려의 말씀으로 구성되어 있습니다. 특별히 '믿음 장'이라 불리는 히브리서 11장은 "고난과 역경 속에서도 믿음의 선진들이 믿음을 잘 지켰고, 우리에게는 믿음으로 산 허다한 증인들이 있으니 계속해서 믿음으로 고난과 역경을 잘 견디어 내라"고 권고하는 편지입니다.

여러 사람을 통해, 여러 방법으로

히브리서 1장은 이렇게 시작됩니다.

> 옛적에 선지자들을 통하여 여러 부분과 여러 모양으로 우리 조상들
> 에게 말씀하신 하나님이(히 1:1).

이렇듯 성경은 선포로 시작됩니다. 성경은 그 첫머리에 "태초에 하나님이 천지를 창조하시니라"(창 1:1)고 선포함으로써 시작됩니다. 요한복음도 "태초에 말씀이 계시니라"(요 1:1)는 선언으로 시작되고 있습니다. 논증이 아니라 선포로 시작되는 것입니다. "하나님이 어디 계시느냐, 하나님을 누가 만들었느냐, 하나님은 어디서 왔느냐?" 하는 식의 문제를 제기하는 것으로 시작하지 않고 선포로 시작됩니다.

히브리서 역시 단도직입적으로 "하나님의 말씀이 있었다. 그리

고 하나님의 말씀이 모든 사람에게 전달되었다"는 내용의 선언으로 시작됩니다. 성경은 결코 우리를 설득하려고 하지 않습니다. 성경은 여러 가지 이론으로 우리의 흥미를 끌려고 하지 않습니다. 성경은 그저 선언합니다.

그리고 그 선언을 받아들이지 않는 사람들에 대해서는 "어리석은 자는 그의 마음에 이르기를 하나님이 없다 하는도다"(시 14:1)라고 일축해 버립니다. 하나님은 계십니다. 하나님은 천지를 창조하셨고, 태초에 예수 그리스도와 함께 계셨고, 말씀하십니다. 사실 신앙은 하나님이 계시다는 사실을 받아들임으로써 시작되는 것입니다.

그렇다면 하나님의 말씀은 우리에게 어떻게 전해졌습니까? 히브리서 1장 1절을 보면 하나님의 선지자들, 즉 하나님의 종들을 통해서 우리 조상들에게 하신 말씀이 전해졌다고 합니다. 하나님은 당신의 말씀을 '여러 부분과 여러 모양으로' 선지자들을 통해 전해 주셨는데, 여기서 말하는 '여러 부분과 여러 모양으로'는 구약 전체의 여러 가지 사건들을 두 마디로 요약한 것입니다. 이는 아브라함 이전 시대부터 애굽의 노예 시대, 사사의 무정부 시대, 다윗의 왕권 통치 시대, 분리된 왕국 시대, 포로 시대, 그리스도 때까지의 모든 시대를 포함합니다. 즉 하나님은 모든 시대에 걸쳐서 여러 가지 방법으로 사람들을 통해 말씀해 오셨다는 것을 히브리서 1장 1-2절은 나타내고 있는 것입니다.

옛적에 선지자들을 통하여 여러 부분과 여러 모양으로 우리 조상들에게 말씀하신 하나님이 이 모든 날 마지막에는 아들을 통하여 우리에게 말씀하셨으니 이 아들을 만유의 상속자로 세우시고 또 그로 말미암아 모든 세계를 지으셨느니라(히 1:1-2).

하나님은 여러 사람을 쓰셨습니다. 아브라함을 쓰셨고, 모세를 쓰셨고, 요나를 쓰셨고, 사무엘을 쓰셨고, 나단을 쓰셨고, 엘리야를 쓰셨고, 아모스와 호세아를 쓰셨고, 이사야와 예레미야를 쓰셨습니다. 하나님은 시대마다 사람들을 택하셨고, 제도를 택하셨고, 역사를 이용해서 당신의 뜻을 선포해 오셨습니다.

또한 하나님은 여러 방법을 사용하셨습니다. 요셉과 다니엘에게는 꿈으로 지시하셨고, 아브라함과 모세에게는 직접 만나 이야기하셨으며, 에스겔에게는 그발 강가에서 환상으로 말씀하셨습니다. 이처럼 하나님은 이 모양 저 모양으로 구약의 위대한 사람들을 불러서 당신의 뜻을 전해 오셨습니다.

'여러 부분과 여러 모양'이라는 것은 하나님이 율법이라는 방법으로, 역사의 기록이라는 방법으로, 혹은 시나 예언이라는 방법으로, 우리에게 자신의 뜻을 다양하게 계속 전달해 주셨다는 것을 의미합니다.

물 위를 걷는 비결

그렇다면 이 모든 하나님의 말씀은 결국 어디에서 종결을 보았습니까? 예수 그리스도입니다. 큰 산의 작은 강줄기들이 모여서 완전한 하나의 강줄기를 형성하는 것처럼, 이 여러 부분과 여러 모양과 여러 시대와 여러 사람과 여러 방법들은, 예수 그리스도를 향해 모입니다. 말씀이시면서 육신이 되어 우리 가운데 거하신, 은혜와 진리가 충만하신 예수 그리스도, 그분에게로 모든 것이 모여 마지막 시대, 마지막 날에 완성되었습니다. 그래서 우리는 예수 그리스도를 나의 구주, 나의 하나님, 나의 메시아, 나의 왕, 나의 참 제사장으로 믿고 고백하며 그분을 통해 영생을 얻습니다.

본문 1장 1-2절은, 신구약 전체를 요약하여 오늘 우리에게 그리스도를 보여 주는 짧은 구절로 얼마나 놀라운 말씀인지 모릅니다. 이렇게 시작된 히브리서는 우리의 구세주이신 그리스도를 깊이 생각하고 예수 그리스도를 바라보는 것만이 고난과 위험, 모든 환란을 이기고 신앙을 지키는 유일한 비결이라고 말합니다.

지나온 당신의 삶은 얼마나 다사다난했습니까? 앞으로도 계속 그럴 것입니다. 주변 환경도 마찬가지입니다. 국내외적으로, 경제 · 정치 · 사회적으로 나날이 더 어려워질 것입니다. 사회 불안도도 높아질 것입니다. 무슨 방법으로 이 시대에 하나님의 구원 역사를 이루겠습니까? 한 가지 방법밖에는 없습니다. 우리 모두가 예수를 깊이 생각하고 예수를 바라보아야 합니다. 베드로가 예수님을 바라보았을 때 물 위를 걸었던 것처럼, 우리가 예수님을 바라볼 때 하나님은 우리 삶과 한국 교회 위에 기적을 베풀어 주실 것입니다.

베드로는 바다에서 잔뼈가 굵은 사람입니다. 사람이 물 위를 걸을 수 없다는 것을 그 누구보다도 잘 아는 사람입니다. 사람이 물 위를 걸을 수 없다는 것은 지극히 기초적인 상식입니다. 그러나 예수님은 물 위로 걸어오셨습니다. 제자들은 물 위로 걸어오시는 예수님을 보고 모두 놀랐습니다. 심지어 유령이라며 무서워했습니다. 그러자 예수님은 즉시 "나니 두려워하지 말라"고 제자들을 안심시키십니다. 그때 베드로가 "주여, 만일 주님이시거든 나를 명하사 물 위로 오라 하소서"라고 말했습니다. 그 순간, 베드로는 자기 전공을 잊어버린 것입니다. 당시 그에게는 예수님밖에 보이지 않았습니다.

사실, 자기 전공을 잊어버려야 예수님을 잘 믿습니다. 자기의 지식, 자기의 경험, 자기의 방법, 자기의 사고방식을 예수님 앞에 완전히 복종시켜야만 주님을 신실하게 따를 수 있습니다. 베드로는 자신의 지식이나 경험을 잊고 그저 예수님을 보았습니다. 그러고는 자기도 모르게, 무엇에 끌린 듯이 물 위로 뛰어내렸습니다. 그리고 물 위를 걸었습니다.

이것이 교회입니다. 우리가 단지 이성적으로, 상식적으로, 합리적으로만 생각하면 나아갈 길이 없습니다. 누가 이 민족을 구원합니까? 누가 이 혼돈을 극복할 수 있겠습니까? 이 땅에는 계속해서 전쟁의 소문이 더 늘어나고 있습니다. 어떻게 소망을 가질 수 있겠습니까? 우리의 지식과 경험과 부와 돈만으로는 안 됩니다. 세상은 더 악해질 뿐입니다. 예수님을 바라봐야 합니다. 히브리서가 말하는 것처럼 예수를 바라보고 가면 하나님이 우리에게 초자연적인 힘을 주십니다. 그리하면, 물 위를 걷는 것처럼, 나와 이 교회를 통해 마귀의 세력을 끊고 승리하도록 역사하실 것입니다.

우리는 베드로의 실패를 통해서도 교훈을 얻어야 할 것입니다. 신나게 물 위를 걷던 베드로가 주제 파악을 하기 시작했습니다. 환경을 보기 시작했습니다. 그리고 자기 자신을 돌아보기 시작했습니다. 상식의 세계로 돌아왔습니다. 자신의 전공으로 돌아왔습니다. 그러자 곧, 그대로 물속에 빠져 버리고 말았습니다.

그런데 좀 이상합니다. 아무리 폭풍이 강하다 해도 베드로는 수영을 할 줄 아는 사람입니다. 그런 그가 물 위를 걷다가 물속에 빠지자 허우적거리며 깊이 빠져들기 시작했습니다. 수영을 할 줄 알면서도 빠져들어 갑니다. 예수님을 바라보던 시선을 돌려 폭풍 속 주위 환경을 너무 크게 인식했기 때문입니다.

고난과 역경과 불가능의 현실 때문에 주저앉아서는 안 됩니다. 예수 그리스도를 깊이 생각하고 바라보면, 하나님이 모든 환경을 감당케 하실 뿐만 아니라 환경을 뛰어넘어서 앞으로 나아가도록 만들어 주실 것입니다. 고난도, 역경도, 불가능도, 하나님은 다 막아 주실 것입니다. 물 위로 걸어가는 것처럼, 예수 그리스도를 깊이 생각하고 바라보는 자에게 하나님이 능력을 더해 주실 것입니다.

예수님에게만 집중하십시오

예수 그리스도는 만유의 상속자요, 만유의 주인이요, 세계를 지으신 분이요, 하나님의 영광의 광채요, 하나님의 본체이자 형상이요, 만물을 만들 뿐 아니라 붙드시는 분이요, 죄를 정결케 하시는 분이요, 하나님 우편에 앉아 계신 분이라고 히브리서 서두에 선언합니다. 이 예수를 영접하십시오. 이 예수를 마음속에 꼭 붙드십시오.

우리의 눈동자가 예수님에게 완전히 고정되기를 바랍니다. 본드 같은 것이 있으면 아예 딱 붙였으면 좋겠습니다. 우리가 떨어뜨리고 싶어도 떨어지지 않을 정도로, 우리의 생각과 행동과 비전과 목적, 모든 것을 예수님에게만 완전히 집중한다면, 하나님이 놀라운 축복의 영광을 우리에게 주실 것입니다. 이것이 바로 히브리서 기자가 히브리서 서두에서 말하는 바입니다.

다른 생각이, 마귀의 생각이 우리를 지배하지 못하도록 하고 예수님의 생각만이 우리의 영혼을 지배하게 해야 합니다. 더 나아가 주님이 원하시는 대로, 초보 그리스도인에서 벗어나 온전한 데로 나아가는 주님의 제자, 성숙한 그리스도인이 되어야 합니다. 이를 위해 예수님을 바라보고 예수님을 깊이 생각하는 노력과 은혜가 필요합니다.

○

2

예수, 놀라운
그 이름의 능력

히브리서 1:4-14

○

세상에서 가장 아름답고 뛰어난 이름, 온 우주를 바다처럼 덮을 이름은 예수뿐입니다. 히브리서의 주제는 한마디로 말해서 '예수님을 향한 추구'라고 할 수 있습니다. 그래서 예수를 깊이 생각하고 바라보자고 자주 말합니다.

> 우리가 믿는 도리의 사도이시며 대제사장이신 예수를 깊이 생각하라(히 3:1).

> 믿음의 주요 또 온전하게 하시는 이인 예수를 바라보자(히 12:2).

우리의 신앙은 예수님을 어떻게 바라보느냐에 달려 있습니다.

하나님의 영광의 광채, 본체의 형상

예수님이 가장 아름다운 이름을 기업으로 얻으셨다는 말씀은 히브리서 1장 4절부터 시작됩니다. 예수님의 이름은 지상 어느 인간의 이름이나 하늘의 어떤 천사의 이름과도 견줄 수 없다고 히브리서는 말합니다. 예수님의 이름이야말로 놀라운 이름이요, 지혜와 권능의 이름이요, 사랑과 구원의 이름이요, 치료와 위로의 이름입니다.

그러므로 하나님은 예수 그리스도의 이름을 부르는 자에게 지혜를 주시고, 권능과 능력을 베풀어 주시며, 그 마음속에 사랑이 샘물처럼 솟아나게 하십니다. 예수 그리스도의 이름을 부르는 자에게 구원의 역사를 일으켜 주시고, 영적 · 육적인 질병을 치료해 주시며, 상한 마음을 위로해 주십니다.

그러기에 히브리서 1장 3절은 예수님을 '하나님의 영광의 광채'라고 표현한 것입니다. 하나님의 영광은 마치 태양과 같아서, 아무도 작열하는 태양을 직시할 수 없는 것처럼 하나님의 영광의 본체를 볼 수가 없습니다. 태양이 무섭도록 강력하게 빛과 열을 발하는 것처럼, 하나님의 영광, 그분 존재 자체에서 두렵고 거룩한 빛이 강력하게 쏟아져 나온다는 말입니다. 그래서 성경은 하나님을 '치료하는 광선'이요, '우리 모든 것의 모든 것'이 된다고 말하는 것입니다.

그런데 히브리서에서는 예수님이 바로 이러한 하나님의 '영광의 광채'와 같다고 설명하고 있습니다. 우리는 태양을 바라볼 수는 없으나, 태양 빛을 통해서 태양의 영광과 태양의 존재를 느끼고 혜택을 받습니다. 이와 마찬가지로 우리는 그리스도를 통해서 하나님의 영광의 본질에 계속 가까이 들어가며, 하나님의 존재를 인정하고 느끼게 됩니다. 예수 그리스도는 바로 그런 분입니다. 우리는 하나님을 직접 볼 수 없지만 예수 그리스도를 통해서 그 영광의 광채 속으로 들어가는 것입니다.

히브리서는 계속해서 예수님을 '하나님의 본체의 형상'이라고 말하고 있습니다. 사람들이 제 아들을 보면 "어쩌면 그렇게 아버지를 빼닮았냐"고 말하곤 합니다. 그냥 틀로 찍었다고들 하지요. "누가 아들 아니랄까 봐 그렇게 닮게 만들었느냐"는 말도 종종 듣습니다. 예수님도 그랬습니다. 그분은 하나님을 똑 닮았습니다. 아니, 아들이 아버지를 똑 닮은 것 이상으로, 예수님은 하나님의 본체의 형상이십니다.

예수님은 하늘에서는 하나님이요 땅에서는 인간의 모습으로, 하나님의 본체의 형상으로 오신 분이었습니다. 그러므로 누구든지 예수 그리스도를 영접하는 자는 하나님의 자녀가 되는 자격을 받습니다. 영접하는 자에게는 하나님이 새 생명을 주십니다. 예수님은 하나님의 영광의 광채요 본체의 형상이시기에, 예수님을 영접하는 자는 하나님의 마음에 이르게 되기 때문입니다. 예수님을 본 자는 하나님 아버지를 보았고, 예수님 안에 있는 자는 하나님 아버지 안에 있는 것이라고 성경은 말하고 있습니다.

예수님에 대한 두 가지 오해

예수님은 어떤 분입니까? 히브리서 기자는 "예수는 그 어떤 천사보다 뛰어난 존재다"라는 데서부터 이야기를 시작합니다. 그 배경에는 구약 시대부터 시작되어 그 당시에도 남아 있던 천사 숭배 사상이 있습니다. 당시 어떤 사람들은 예수님을 천사 중의 하나로, 혹은 천사 중 가장 높은 대장으로 생각했습니다. 그렇게만 생각해도 예수님을 높일 수가 있기 때문입니다. 이런 사상을 '영지주의'라고 부릅니다. 그러나 성경은, 예수님이 결코 천사와 비교할 수 없는 하나님의 영광의 광채요, 그 본질의 형상임을 분명하게 선언하고 있습니다.

예수님은 오늘날 크게 두 부류의 사람들에게 오해를 받고 계십니다. 첫째는, 하나님을 믿지 않는 불신앙의 사람들에게 받는 오해입니다. 그들은 예수님을 그저 위대하고 완전한 인류의 스승이라고만 생각합니다. 예수님을 인류가 낳은 위대한 도덕가요, 인격자요, 인류의 등불로 여기는 것입니다. 단지 그뿐입니다. 만약 그렇다면, 예수님은 우리가 따라야 할 성인이요, 도덕가는 될 수 있어도 우리의 생명을 바쳐 전해야 할 구주는 아닙니다. 죄와 사망, 절망과 사탄의 세력에서 우리를 구원해 줄 구세주도 아닐 것입니다.

둘째는, 교회에 나오는 사람들 중에서 교의적으로 믿는 이들에게 받는 오해입니다. 이들은 "지적으로 믿는다"는 명분 아래, 예수님을 마치 아무 능력도 없는 주문이나 돌부처처럼 생각하며 예수님의 본질과 능력, 영광의 광채를 가려 버립니다. 그리하여 예수님이 우리에게 주시는 구원과 사랑과 용서와 평화와 기쁨과 생명의 능력을 아예 잊어버린 채, 그분을 믿는다는 껍질을 뒤집어쓰고 교회 직분만 가지고 살아갑니다. 교회에 이런 사람들이 많습니다. 이 또한 예수님의 본질 자체를 오해한 데서 나타나는 현상입니다.

한동안 저와 같은 아파트에 살던 분으로, 민방위 훈련을 같이 받으면서 알게 된 분이 있습니다. 낮이고 밤이고 훈련 때마다 만나서 서로 이런저런 이야기를 나누었습니다. 그러다가 '전도해야 되겠다'는 생각으로 몇 번 교회 이야기를 꺼냈습니다. 그때마다 그분은 "교회에 몇 번 갔었지만 재미가 없어서 안 가고, 지금은 바빠서요"라고만 했습니다. 그러던 중에 제가 이사를 하는 바람에 헤어지게 되었습니다.

그런데 얼마 후에 그분 소식을 들었습니다. 아파서 병원에 있다는 것이었습니다. 병원으로 찾아가 보니, 패혈증에 걸려 40일 동안 생사의 갈림길에서 죽을 뻔했었답니다. 병이 너무 심각해 의사들도 손을 쓸 수가 없었고, 더 이상 사는 건 불가능하다고 진단했었답니다. 그런데 이분이 기적적으로 살아났습니다. 하반신과 복부가 완전히 썩어서 다 뜯어낸 상황이었는데 놀랍게 갑자기 치료가 된 것입니다.

더 놀라운 사실은, 이분이 아프면서 자꾸 하나님을 생각하게 되었다는 것입니다. 그래서 전에 자신을 전도하던 제가 생각나 그렇게 저를 찾았다고 합니다. 제가 위로해 주고 말씀을 전하고 기도를 하는데, 그분이 그렇게 울 수가 없었어요. 이상하게도, 병원으로 자기를 위문 오는 사람들이 다 예수 믿는 사람들이랍니다. 직장에서도 오고 친구들도 오는데, 그 사람들이 예수님을 안 믿는 줄 알고 있었는데 다 예수님을 믿고 있더라는 것입니다. 그들이 와서 자신을 위해 열심히 기도해 주었는데, 아마 그래서 하나님이 자기를 살려 주셨나 보다고 말하는 것이었습니다.

"목사님, 건강해지면 꼭 교회에 나갈게요. 하나님을 믿을게요" 라고 말하는 그분을 보면서 저는 하나님의 영광의 광채를 보고 있다고 느꼈습니다. 그분을 보면서, 저는 때 묻은 신앙을 갖고 있고 그분은 이제 막 살아 움직이는 신앙으로 하나님을 간절하게 붙들고 있는 것 같아 도리어 제가 은혜를 많이 받았습니다. 그분은 이런 말도 했습니다.

"목사님, 전에는 고통이 너무 심하니까 의사한테 차라리 안락사를 시켜 달라고 부탁했습니다. 죽음이라는 것이 그렇게 쉽고 간단할 수 있음을 철저히 알았습니다. 그런데 하나님이 저를 살려 주셨습니다. 이제는 정말 하나님을 믿어야겠습니다. 이제 새로 살아야겠습니다."

하나님의 영광의 광채가 극히 절망적이고 가난한 사람에게 임하고 있음을 그때 발견했습니다. 오히려 오랫동안 예수님을 믿어 온 사람들이 하나님의 영광의 광채요, 그 본질의 형체이신 예수 그리스도를 너무나 당연하게, 그리고 미지근하게 믿고 있지 않나 하는 반성을 하면서 병실을 나왔습니다.

히브리서 기자는 "예수님은 천사가 아니고 하나님의 아들"(히 1:4-5 참조)이라고 선포합니다. 하나님은, 천사에게는 아들이란 호칭을 주지도, '낳았다'는 표현을 쓰지도 않으셨습니다. 오직 예수 그리스도에게만 '내 아들'이요, '내가 너를 낳았다'는 표현을 쓰십니다. 또한 우리가 예수 그리스도 안에 있을 때 하나님은 우리를 아들(자녀) 삼겠다고 약속하셨습니다.

나는 그에게 아버지가 되고 그는 내게 아들이 되리니(삼하 7:14).

예수님은 하나님이 부리시는 영인 천사가 아닙니다. 오히려 천사를 다스릴 뿐 아니라 온 우주를 다스리시는 만유의 주님입니다. 그러므로 예수님의 이름 속에는 놀라운 능력이 숨어 있으며, 예수님의 이름 속에는 하나님의 모든 것이 주어져 있습니다.

예수의 세 가지 이름

이제 예수의 이름이 가진 놀라운 의미에 대해 생각해 보겠습니다.

첫째, 예수는 우리를 구원하는 이름입니다.

베드로는 "다른 이로써는 구원을 받을 수 없나니 천하 사람 중에 구원을 받을 만한 다른 이름을 우리에게 주신 일이 없음이라"(행 4:12)고 말했습니다. 예수님은 "내가 곧 길이요 진리요 생명

이니 나로 말미암지 않고는 아버지께로 올 자가 없느니라"(요 14:6)
고 하셨습니다. 그렇습니다. 예수님을 통하지 않고는 아무도 하나
님 아버지께로 갈 자가 없습니다.

예수님은 유일한 구원의 길이시며, 참 길이요 진리요 생명이십
니다. 예수님은 길을 가리키는 사람이 아니라 길 자체이십니다. 예
수님은 진리를 보여 주시는 분이 아니라 진리 자체이십니다. 생명
자체이십니다. 생명을 주는 분이 아니라 생명이신 것입니다. 예수
님을 믿는 자에게는 생명이 충만합니다. 예수님을 믿는 자는 진리
를 깨닫게 됩니다. 예수님을 믿는 자는 인생의 길을 그대로 깨닫고
압니다.

둘째, 예수는 모든 사람이 무릎을 꿇고 불러야 할 이름입니다.

이러므로 하나님이 그를 지극히 높여 모든 이름 위에 뛰어난 이름
을 주사 하늘에 있는 자들과 땅에 있는 자들과 땅 아래에 있는 자들
로 모든 무릎을 예수의 이름에 꿇게 하시고 모든 입으로 예수 그리
스도를 주라 시인하여 하나님 아버지께 영광을 돌리게 하셨느니라
(빌 2:9-11).

예수님은 모든 영광을 받으실 하나님이십니다. 만유의 주님이
십니다. 모든 제도와 모든 사상과 모든 역사와 모든 사람이 그 앞
에 무릎을 꿇고 영광과 존귀와 찬양을 돌려야 할 분입니다. 예수

그리스도를 아는 이들은 그 앞에 무릎을 꿇고 두 손을 들어 그분에게 영광과 존귀와 찬양을 돌립니다. 지극히 높으신 이름, 천사보다 높으신 그 이름, 하나님의 아들이신 예수 그리스도입니다.

셋째, 예수는 능력을 주는 이름입니다.

예수님은 "너희가 내 이름으로 무엇을 구하든지 내가 행하리니"(요 14:13) 하셨습니다. 그래서 우리는 기도할 때 언제나 예수 그리스도의 이름으로 기도를 마칩니다. 기도를 예수의 이름으로 합니다. 예수는 능력을 주시는 분입니다. 기도에 응답하시는 분입니다. 하늘과 땅의 모든 권세를 가지고 우리의 모든 필요와 쓸 것을 채우시는 분입니다.

이러한 약속이 있는데도, 많은 사람들이 예수의 이름으로 기도하지 않고 홀로 고민하고 홀로 괴로워하며 스스로의 힘으로, 인간의 의지와 상식과 이성으로 문제를 해결하려고 합니다. 그러나 성경은 우리에게 분명히 말합니다. "예수의 이름이 우리에게 구원을 주고, 모든 무릎이 예수의 이름 앞에 꿇게 될 것이며, 예수의 이름을 부르는 자는 구원을 얻고, 예수의 이름으로 기도할 때 응답을 받을 것이다." 우리는 이 능력을 소유해야 합니다. 우리가 예수의 이름을 가져야 할 이유가 여기에 있습니다.

또한 예수의 이름은 사탄을 나가게 합니다. 예수 그리스도의 이름은 귀신을 쫓아냅니다. 예수의 이름은 사탄의 세력을 묶어 버립니다. 예수 그리스도의 이름으로 사탄의 모든 역사들을 잠재울 수 있습니다. 예수의 이름은 사탄을 이기는 능력입니다. 그리고 예수의 이름으로 질병이 낫습니다. 육체의 질병이나 영의 질병이나 모두 예수 그리스도의 이름으로 낫는 것을 볼 수 있습니다. 예수의 이름은 우리에게 아름다운 교제를 맺게 합니다. 예수의 이름으로 죄가 사해집니다. 예수님은 하늘로부터 오신 그리스도요, 우리의 참된 목자요, 존귀하신 그리스도입니다.

다시 오실 심판주

히브리서 1장 6-7절은 재림하실 예수님에 관해 말합니다.

> 또 그가 맏아들을 이끌어 세상에 다시 들어오게 하실 때에 하나님의 모든 천사들은 그에게 경배할지어다 말씀하시며 또 천사들에 관하여는 그는 그의 천사들을 바람으로, 그의 사역자들을 불꽃으로 삼으시느니라(히 1:6-7).

예수님은 재림의 주님이십니다. 예수님은 이 땅에 오셔서 33년 동안 사셨습니다. 30년 동안 준비를 하셨고 3년 동안 공생애 사역을 하셨으며, 마지막으로는 비참한 십자가의 죽음을 맞이하셨습니다. 그러나 하나님이 그분을 사흘 만에 부활시켜 주셨고, 그 후로 성령님이 오셨습니다. 성령님의 역사로 우리는 예수 그리스도를 '주'라 시인하게 되었고, 그분의 죽음과 부활과 구원에 동참하게 되었습니다. 예수님은 지금 하나님 우편에 계시며 성령님을 통해서 우리에게 오십니다.

우리가 믿는 예수님은 어떤 분입니까? 재림주로 오시는 예수님입니다. 그분은 반드시 다시 오신다고 말씀하셨습니다. 그러므로 많은 그리스도인들이 재림을 기다리는 것입니다. 주님이 다시 오실 때까지, 주님이 심판주로 다시 오실 그때까지 우리는 그분을 바라보며 그분을 기다리며 그분을 사랑하며 그분의 뜻대로 이 세상에서 질병과 고통과 불법과 모든 어려움을 이기며 살아가는 것입니다.

예수님이 심판주로 다시 오실 때 천사들이 그분에게 경배한다고 했습니다. 예수님이 재림주로 다시 오실 때 천사들은 예수님의 바람으로, 그분의 사역자들은 불꽃으로 예수님의 구원과 심판의 대역사를 돕는다고 성경은 말합니다.

하나님의 약속의 성취

아들에 관하여는 하나님이여 주의 보좌는 영영하며 주의 나라의 규는 공평한 규이니이다 주께서 의를 사랑하시고 불법을 미워하셨으니 그러므로 하나님 곧 주의 하나님이 즐거움의 기름을 주께 부어 주를 동류들보다 뛰어나게 하셨도다(히 1:8-9).

히브리서 기자는 구약의 시편과 이사야, 사무엘상을 인용하면서 예수님에 대한 설명을 계속합니다. 예수님의 보좌는 영영하며 그분 나라의 규는 공평하다고 말합니다.

이 말씀의 배경을 알기 위해 구약의 사무엘하 7장을 볼 필요가 있습니다. 주위의 모든 대적을 이기고 평안히 지내던 어느 날, 다윗은 위대한 선지자 나단에게 이런 말을 합니다.

"나는 백향목 궁에 거하지만 하나님의 궤는 천막에 있으니 어찌하면 좋은가? 나는 이렇게 좋은 집, 좋은 환경에서 살고 있는데 하나님의 집은 초라하고 하나님을 모시는 전은 천막으로 있으니 어찌하면 좋은가? 내가 미안하고 괴로워 잠을 잘 수가 없으니 하나님의 집을 짓겠다."

다윗의 말을 들은 나단이 하나님께 기도합니다. 다윗의 그러한 마음을 전해 드리자 하나님이 이렇게 대답하십니다.

"네가 나를 위하여 나의 거할 집을 건축하겠다고?"

하나님은 다윗의 마음을 기특해 하시고 '깜찍하게' 생각하십니다.

"네가 나의 집을 지을 생각을 다 하다니, 그저 너 살 궁리만 하는 줄 알았더니 나를 위한 생각도 하는구나!"

하나님은 다윗의 마음에 감격하셔서 그에게 복을 약속하십니다.

"나는 네 나라와 왕위를 영원히 견고케 할 것이며, 네 아비가 되고 너는 내 아들이 되리라. 그리고 네 홀이, 네 보좌가 영원하리라."

그런데 다윗은 전쟁에서 피를 너무 많이 흘렸기 때문에 성전 건축 준비만 열심히 해 놓고 실제 성전 건축 사역은 그 아들 솔로몬에게로 돌아갑니다. 그러나 하나님의 약속이 파기된 것은 아닙니다. 다윗의 왕국, 즉 그의 나라와 그의 집과 그의 보좌와 그의 홀이 영원하리라는 하나님의 약속은 예수 그리스도를 통해서 이루어졌습니다. 히브리서 기자는 다윗에게 하셨던 하나님의 약속, 즉 하나님의 나라, 하나님의 집, 하나님의 보좌, 하나님의 홀이 그리스도를 통해서 영영할 것이라고 말하고 있습니다.

하늘과 땅의 통치자이신 주

예수님은 의를 사랑하고 불법을 미워하시는 분입니다. 예수님은 빛입니다. 그러므로 어두움을 용납하시지 않습니다. 예수님은 진리입니다. 그러므로 그 안에는 거짓이 없습니다. 예수님은 사랑입니다. 그러므로 예수님을 진정으로 영접한 사람의 마음속에는 미움과 분노가 없습니다. 예수님은 평화의 왕입니다. 그러므로 예수님을 영접한 사람의 마음속에는 갈등과 전쟁이 없습니다. 예수님은 우리에게 기쁨을 주시는 분입니다. 그리하여 우리 마음속에서 슬픔과 좌절을 없애 주시는 분입니다. 예수님은 의로우신 분입니다. 그러므로 그분 안에는 불법이 있을 수 없습니다.

　히브리서 기자는 예수님에 관해서 다음과 같은 말도 기록합니다.

주여 태초에 주께서 땅의 기초를 두셨으며 하늘도 주의 손으로 지으신 바라 그것들은 멸망할 것이나 오직 주는 영존할 것이요 그것들은 다 옷과 같이 낡아지리니 의복처럼 갈아입을 것이요 그것들은 옷과 같이 변할 것이나 주는 여전하여 연대가 다함이 없으리라(히 1:10-12).

여기서 말하는 예수 그리스도는 창조주이십니다. 예수님이 창조주라는 사실은 성경 곳곳에 기록되어 있는데, 특히 골로새서와 히브리서가 예수님의 창조주 되심을 말하고 있습니다. 예수님은 우주 만물을 지으신 장본인입니다. 태초에 땅을 창조하셨습니다. 태초에 주님이 땅의 기초를 두셨습니다. 하늘도 주의 손으로 지은 바 되었습니다. 이 세계의 모든 만물은 시간이 지나면 의복처럼 낡아져서 다 사라질 것입니다. 이 세계는 때가 되면 다 사라질 것입니다. 그러나 창조주 예수님은 새벽별처럼 영원히 사라지지 않을 것입니다.

이처럼 영원한 예수님은 온 세상의 창조주인 동시에 통치자입니다.

어느 때에 천사 중 누구에게 내가 네 원수로 네 발등상이 되게 하기까지 너는 내 우편에 앉아 있으라 하셨느냐 모든 천사들은 섬기는 영으로서 구원받을 상속자들을 위하여 섬기라고 보내심이 아니냐 (히 1:13-14).

이 말씀을 보면, 예수님은 사탄의 세력을 꺾고 하나님 우편에 앉아 계셔서 영원히 통치하시는 천국의 주인공으로 묘사되고 있습니다. 그렇습니다. 예수님은 갈보리 언덕에서 사탄의 세력을 꺾으시고 죄와 절망과 죽음 속에 있는 우리를 구원하셨으며, 지금 하나님 우편에 앉아 계셔서 하늘과 땅을 통치하시는 통치자입니다.

히브리서 기자는 당신과 내가 엄청난 예수의 이름을 소유했다는 사실을 강조하고 또한 기억하게 합니다. 우리는 바로 이러한 예수 그리스도를 믿고 사는 사람들입니다. 이러한 예수님을 마음에 모시고, 오늘 이 험한 세상에서 승리하는 사람들입니다.

그러므로 그분의 능력이 당신에게 충만하기를 바랍니다. 예수님의 사람으로서 예수의 이름의 능력이 당신의 생활 속에서 구체적으로 나타나도록 하십시오. 마음의 갈등과 미움의 노예가 되지 말고 충만한 예수의 능력을 드러내는 당신이 되길 바랍니다.

3

더 뜨거운 심장으로
사랑하라

히브리서 2:1-4

히브리서를 기록한 목적은 모든 성도로 하여금 예수 그리스도를 깊이 생각하고 바라보게 함으로써 성숙한 믿음으로 구원의 삶을 살게 하는 것입니다. 그래서 히브리서는 첫 장부터 마지막 장까지 매 장마다 예수 그리스도에 대해 집중적으로 말하고 있습니다.

우리는 히브리서 1장에서 예수 그리스도가 만유의 후사요, 세계를 창조하신 분이요, 하나님의 영광의 광채요, 하나님의 본체의 형상으로 묘사된 것을 보았습니다. 뿐만 아니라, 예수님은 만물을 창조하셨고 만물을 붙드시고 그 만물 안에 살고 있는 인간의 죄를 정결하게 하시는 분이며, 승천하셔서 하나님 우편에 앉아 계신 분이라는 것도 알았습니다. 이제 히브리서 2장 초반부를 다루겠습니다.

> 그러므로 우리는 들은 것에 더욱 유념함으로 우리가 흘러 떠내려가지 않도록 함이 마땅하니라(히 2:1).

히브리서 2장 1절은 '그러므로'라는 접속사로 시작하고 있습니다. 히브리서 1장 전체를 요약하고 그것을 2장 전체와 연결하는 이 단어는, "하나님의 아들인 예수 그리스도께서 인간으로 오셔서 사탄과 싸워 최후 승리를 얻으셨으므로"라는 말로 바꿀 수 있습니다. "예수 그리스도는 만유의 주요, 만물을 붙드시는 분으로서 능력의 이름, 아름다운 이름을 가지신 분이므로"라는 말로도 바꿀 수 있습니다. 히브리서 2장은 1장의 가르침을 토대로 이제 경고의 말씀을 전하고 있습니다.

떠내려갈까 조심하라

히브리서에는 우리에게 중요한 다섯 가지 경고가 나옵니다. 그 첫 번째 경고는 '들은 것에 더욱 유념함으로 우리가 흘러 떠내려가지 않도록'(히 2:1) 조심하라는 것입니다. 즉 "더욱 간절히 삼가고 진리가 너희 안에서 흘러 떠내려갈까 조심하라"는 경고입니다.

믿음은 말씀을 들음에서 납니다. 하나님의 말씀은 우리에게 구원을 주시는 하나님의 능력입니다. 구약의 율법도 예수 그리스도에 대해서 집중적으로 말씀하고 있습니다. 구원에 관한 진리를 알기 원하면, 누구든지 반드시 성경 말씀과 접촉해야 합니다. 성경을 통해서 하나님의 음성을 들을 수 있기 때문입니다. 우리가 온전히 성경 말씀에 접하지 않으면 하나님의 생명이 우리 안에 흘러 들어오지 않기 때문입니다.

신앙생활을 하면서 성경 말씀을 등한히 여기는 성도가 참 많습니다. 교회에 열심히 나가는 것이 신앙생활 잘하는 것이라며 만족하고 있지는 않은지 반성해 볼 필요가 있습니다. 말씀 묵상과 기도

생활을 제대로 하지 않으면서 영적 생활이 어느 정도 유지되고 있다고 착각하지는 않습니까? 영적 타락과 부패는 '말씀 듣기'와 들은 말씀을 '등한히 여기는' 데서 비롯됩니다.

사탄은 성도를 타락시키기 전에 말씀을 들을 수 있는 장소와 교회를 먼저 공격하곤 합니다. 이것이 사탄의 방법입니다. 사탄은 예수님을 잘 믿던 성도로 하여금 갑자기 설교를 듣는 곳이나 설교자에 대해 실망하게 함으로써 말씀을 차단시켜 버립니다. 잘하고 있던 성경 공부를 점점 하지 않도록 만들어 버립니다. 어떤 유혹을 해서라도 신앙생활을 등한히 하게 하고 성경 공부 모임을 떠나거나 소홀히 여기게 함으로써, 말씀에 접촉할 수 있는 기회를 박탈해 버리는 것입니다. 성경 말씀에 접촉하는 기회가 줄면 자연히 하나님과의 접촉도 줄고, 하나님이 주시는 놀랍고 풍성한 삶과의 접촉도 막히게 됩니다.

당신은 지금 어떻습니까? 혹시 과거에는 신앙생활을 잘했는데 어떤 이유로 인해 지금은 교회 생활을 등한히 하고, 성경 공부나 기도 모임을 소홀히 하고 있지 않습니까?

만일 그렇다면, 사탄이 당신을 말씀으로부터 떼어 내고 있는 것입니다. 말씀에 접촉하지 못하게 하여 하나님의 큰 구원으로부터 당신을 격리시키고, 그것을 등한히 하게 만드는 것입니다. 사탄은 구역 모임이나 성경 공부 모임에서 성경과 기도와 교제와 은혜의 간증을 나누는 대신에, 먹고 마시고 남 얘기를 주로 하고 비판하고 세상을 욕하게 만듦으로써 그 모임의 성격을 슬쩍 바꾸어 버릴 수도 있습니다. 그렇게 함으로써 모임의 모양은 있는데 구원의 능력은 약해지게 만드는 것입니다. 가정 예배의 경우도 마찬가지입니다. 교회 생활도 마찬가지입니다.

히브리서 기자가 첫 번째로 경고하는 것이 바로 이것입니다. "너희가 들은 말씀을 간절히 사모하지 못하도록 만들고, 또 그 말씀을 너희 안에서 흘러 나가도록 만드는 사탄을 조심하라."

그들의 무기, 기도와 말씀

어떤 상황에서든 성경을 읽고 기도를 하는 사람은 결코 타락하지 않습니다. 중한 병에 걸렸다 할지라도, 하고 있는 일에서 실패했다 할지라도, 감옥에 들어갔다 할지라도 끊임없이 기도하고 성경을 읽는 사람은 그 영이 타락하지 않습니다. 그러나 아무리 훌륭한 신앙적 분위기에 있다 할지라도 정작 본인이 기도하지 않고 성경을 읽지 않으면 그 사람의 신앙은 타락하고 맙니다.

그러므로 교회 활동을 열심히 하고 종교적 행사에 많이 참여하는 사람일수록 조심해야 합니다. 오히려 그런 사람들의 신앙이 타락하기 쉽습니다. 종교 전문가일수록 신앙이 타락하기 쉽습니다. 왜냐하면 행사를 통해 많은 기도와 말씀을 접하면서 자신의 신앙이 대단하다고 착각하게 되고, 그런 가운데 정작 자기 혼자서는 경건하게 하나님의 말씀을 듣고 무릎 꿇고 기도하는 시간을 갖지 않기 때문입니다.

사도행전 6장에는 아주 특이한 장면이 하나 나옵니다. 성령 충만하고 은혜롭던 초대 교회에서 서로 원망하고 싸우는 일이 발생한 것입니다. 왜 그랬습니까? 초대 교회에 왜 분란이 일어나기 시작했습니까? 구제 때문이었습니다. 구원받고 은혜를 받으면 누구든지 선교하고 구제하고 싶어집니다. 그런데 초대 교회에서는 이 구제 때문에 성도들 사이에 분열이 생겼습니다. 헬라파 유대인과 히브리파 사람 사이에 논쟁이 붙었습니다. 위기를 느낀 사도들은 이 문제에 어떻게 대처했습니까?

그들은 모든 제자들을 불러 놓고 이렇게 말합니다. "우리가 하나님의 말씀을 제쳐 놓고 접대를 일삼는 것이 마땅치 아니합니다. 그러니 여러분 가운데서 성령과 지혜가 충만하여 칭찬 받는 사람 일곱을 택하십시오. 그 일을 그분들에게 맡기고 우리는 기도하는 것과 말씀 전하는 것에 힘쓰겠습니다"(행 6:2-4 참조).

사도들은 구제하는 일을 잘할 만한 다른 이들에게 맡기고, 기도와 말씀에 전적으로 힘을 쏟기로 함으로써 문제를 해결합니다. 오직 기도와 말씀에 집중함으로써 분열의 문제를 극복했던 것입니다. 그 결과, 매우 흥미로운 결론에 이르게 됩니다.

하나님의 말씀이 점점 왕성하여 예루살렘에 있는 제자의 수가 더

심히 많아지고 허다한 제사장의 무리도 이 도에 복종하니라(행 6:7).

문제가 생기면 기도와 말씀으로 돌아가야 합니다. 그것만이 하나님의 교회가 든든히 서고 우리의 믿음이 올바로 유지되는 유일한 비결이기 때문입니다. 말씀과 기도는 초대 교회의 위기를 넘기게 했던 하나님의 무기였습니다.

간절히 삼가고 지키십시오

히브리서 2장 1절에는 "더욱 간절히 삼가라"(개역한글)는 말씀이 나옵니다. 이는 "너희가 들었던 말씀, 받았던 구원을 등한히 여기지 말고 그것을 더욱 굳건히 붙들고, 그것에 더 간절히 집중하여 정열을 쏟으라"는 말씀입니다. 교회는 성경 공부와 기도와 교제와 전도에 '더' 열심을 쏟아야 합니다. 이것만이 교회가 생존하는 유일한 길입니다. 모이는 일에 열심을 내지 않으면, 성경을 공부하는 일에 열심을 내지 않으면, 하나님이 우리에게 주신 구원을 지키지 않으면, 우리는 모든 것을 다 잃게 됩니다.

그러므로 말씀을 배우고 가르치는 일에 열심이어야 합니다. 모이면 기도하고 흩어지면 전도해야 합니다. 모일 때마다 성만찬을 나누며 사랑을 고백해야 합니다. 이것이 교회입니다. 이것이 믿는 사람들의 영적인 원동력입니다. 물이 차면 흘러넘치듯, 이런 일들이 충만하면 나머지 일들은 자연스럽게 흘러가게 되어 있습니다.

믿는 사람들 중에도 성경에 관심을 갖기보다는 돈에 관심을 갖는 사람이 많아지고 있습니다. 예수님보다 성공과 행복을 더 사랑하고, 하나님 말씀보다 자녀와 자기 건강을 더 사랑하는 사람이 많습니다. 그러나 그런 사람들은 어느 날 갑자기 불가항력의 상황이 찾아오면 갈 바를 모르고 방황하며 견딜 수 없는 절망감에 빠지게 될 것입니다.

히브리서 2장 1절은 또 한 가지 경고를 합니다. '들은 것에 … 흘러 떠내려가지 않도록' 조심하라는 것입니다.

분쟁과 원망, 불순종을 비롯한 모든 범죄는 깨진 독과 같아서 그 안에 말씀이 있다가도 곧 다 흘러나가 버립니다. 아무리 좋은 물이라도 깨진 독에는 물을 채울 수가 없습니다. 물이 잠깐 담겼다가도 곧 다 빠져나가 버립니다. 은혜 받는 것만 중요한 것이 아니라 받은 은혜를 지키는 것 또한 중요합니다. 우리는 받은 은혜가 흘러 떠내려가지 않도록 애써야 합니다.

많은 사람들이 '나쁜 짓 하자'고 싸우지는 않습니다. '잘하자'고 싸웁니다. 그러나 그 결과는 구원의 능력과 사랑의 공동체에 금이 가고 깨지는 것입니다. 최선을 향한 미움과 싸움보다는, 차선을 향한 사랑과 용서가 더 성경적입니다. 그러므로 받은 구원을 간수하지 못하는 책임은 우리 자신에게 있습니다. 우리에게 주어진 이 구원을 등한히 여기면 위기가 옵니다. 구원의 물을 새어 나가게 하는 작은 틈을 미리 막지 못하면, 하나님께 받은 이 큰 구원을 잃어 버릴 수도 있습니다. 그러므로 들은 것을 잘 지켜 나가야 합니다.

크고 놀라운 구원

모든 문제의 원인은 죄와 불순종입니다.

> 천사들을 통하여 하신 말씀이 견고하게 되어 모든 범죄함과 순종하 지 아니함이 공정한 보응을 받았거든 우리가 이같이 큰 구원을 등 한히 여기면 어찌 그 보응을 피하리요(히 2:2-3).

죄란 하나님을 무시하고 자신의 한계를 넘어서는 것입니다. 불 순종은 죄의 원인이자 결과이기도 합니다. 죄와 불순종에는 그에 상응하는 심판이 따라옵니다. 성경은 우리가 이 큰 구원을 등한히 여기고 죄를 범하면 심판을 피할 수 없다고 권면하고 있습니다. 그 리스도가 '십자가 죽음'이라는 큰 대가를 치르며 이루어 놓으신 큰 구원을 우리가 소홀히 여기다가 잃어버릴 수도 있습니다.

성경은 우리가 받은 구원을 '큰 구원'이라고 말합니다. 엄청난 대가를 치르고 얻은 구원이라는 뜻입니다. 이것은 반복될 수 있는 것이 아닙니다. 로마서 5장 8절은 "우리가 아직 죄인 되었을 때에 그리스도께서 우리를 위하여 죽으심으로 하나님께서 우리에 대한 자기의 사랑을 확증하셨느니라"고 말합니다. 예수님이 우리에게 주신 이 구원은 없어질 구원도 아니요, 염소와 송아지의 피로 만든 구원도 아닙니다. 예수님이 십자가에 못 박혀 피 흘려 돌아가시면서 이루신 구원이며, 우리가 죄인일 때 우리를 대신하여 죽으심으로써 얻은 구원입니다.

히브리서 2장 3절을 보면, 이 구원은 '처음에는 예수님에 의해 선포된 구원이며, 그다음으로는 들은 자들이 우리에게 확증한 것'입니다. 즉 우리에게 주어진 이 놀라운 은총의 구원은, 예수 믿는 많은 사람들에 의해 선언된 구원입니다. 히브리서 12장 1절은 '구름같이 둘러싼 허다한 증인들'에 대하여 말하고 있습니다. '구름같이 둘러싼 허다한 증인들'이란, 히브리서 11장에서 이미 소개한 '구원의 위대한 사람, 믿음의 위대한 선배들'을 의미합니다.

> 믿음은 바라는 것들의 실상이요 보이지 않는 것들의 증거니 선진들이 이로써 증거를 얻었느니라 믿음으로 모든 세계가 하나님의 말씀으로 지어진 줄을 우리가 아나니 보이는 것은 나타난 것으로 말미암아 된 것이 아니니라(히 11:1-3).

이 말씀으로 시작하는 11장은 아벨을 시작으로 믿음의 사람들을 한 사람 한 사람 소개합니다. 그리고 12장에서는 이 사람들을 가리켜 '구름같이 둘러싼 허다한 증인들, 이 놀라운 큰 구원을 우리에게 확증시켜 준 사람들'로 표현합니다.

구원을 확증해 주는 사람들은 이들뿐만이 아닙니다. 예수님과 함께했던 열두 제자와 바울 등도 이 증인들 가운데 한 부류입니다. 이들로 말미암아 예수 그리스도의 놀라운 큰 구원이 널리 전파되었고, 이 구원은 유럽을 지배하게 되었습니다. 바울을 통해 온 유럽이 복음화되었고, 이 복음은 전 세계에 퍼졌습니다. 바로 이것이 우리 주님이 우리를 위해서 베풀어 주신 구원, 만세 전에 택하신 하나님의 놀라운 경륜입니다.

또한 이 구원은 하나님이 친히 우리에게 약속해 주신 구원일 뿐 아니라, 표적과 기사와 여러 가지 능력으로 확증해 주신 것입니다.

이 구원은 … 하나님도 표적들과 기사들과 여러 가지 능력과 및 자기의 뜻을 따라 성령이 나누어 주신 것으로써 그들과 함께 증언하셨느니라(히 2:3-4).

하나님의 놀라운 큰 구원은 표적들을 통해서 이루어졌습니다. 사복음서를 보면 참으로 놀라운 표적들이 많이 기록되어 있습니다. 뿐만 아니라 많은 기사와 여러 가지 능력이 나타나 있습니다. 예수님 당시의 이 기사와 표적과 능력들은 계속 연결되어 사도행전의 배경이 되는 초대 교회에도 일어났습니다.

표적과 기사와 능력은 예수 그리스도의 큰 구원을 보여 주는 세

가지 모습입니다. 성경은 성령의 은사에 의해 표적과 기사와 능력이 나타난다고 말합니다. 즉 하나님의 뜻에 의해 주어진다는 것입니다. 이것이 바로 예수님이 우리에게 주신 큰 구원입니다. 이 큰 구원은 성경 전체에 흐르고 있는 하나님의 맥입니다.

성경은 크게 두 가지 측면을 보여 줍니다. 창조와 구속입니다. 흥미로운 것은, 하나님의 창조에는 그리 큰 희생이 따르지 않았다는 것입니다. 그런데 구원 사역에는 큰 희생이 따랐습니다. 놀라운 일입니다. 엿새 동안 세상을 창조하시고 칠 일째 되는 날에 안식하셨던 창조 역사와 달리, 구원 역사에서는 하나님이 쉬시는 법이 없습니다. 끊임없이 일하십니다. 온 성경은 바로 이 '큰 구원'에 집중하고 이를 위해 기록되었습니다. 구약의 모든 인물이, 신약의 모든 사건이 바로 이 구원을 위해서 기록되었습니다.

그런데 많은 그리스도인들이 이 구원을 등한시하고 있는 것을 발견합니다. 당신 역시 이 놀라운 구원을 적당히 폐기해 버린 채 살고 있는 것은 아닙니까? 우리의 삶에는 이 크고 놀라운 예수의 구원이 충만하게 흐르고 있어야 합니다. 히브리서 2장 1-4절 말씀을 통해서 배운 '놀라운 구원의 축복'이 당신의 삶에 계속되기를 바랍니다. 우리 주님은 죄악에서 우리를 구원해 주셨고, 사탄의 세력에서 우리를 구원해 주셨으며, 질병과 고통, 죽음과 공포에서 우리를 구원해 주셨습니다. 이 구원을 만끽하길 바랍니다.

4

영광과 존귀의
진정한 주인

히브리서 2:5-9

똑같은 사물이라고 해도 한 면만 보는 것과 입체적으로 보는 것은 전혀 다른 관찰, 다른 이해를 낳습니다. '빙산의 일각'이라는 말이나 '장님이 코끼리 다리 만지는 격'이라는 말이 있는데, 이는 인간의 이해가 가지는 한계를 잘 표현한 비유라 할 수 있습니다.

인간은 예수님을 이해하는 데 있어 많은 한계를 가지고 있습니다. 예수님은 인간의 능력으로 이해할 수 있는 분이 아닙니다. 그분은 볼수록 끝을 알 수 없는 분입니다. 그래서 히브리서는 예수님을 여러 측면에서 (옛적 선지자들, 천사들, 모세와) 비교하고, 여러 각도에서 조명하고 있습니다.

"당신은 예수 그리스도를 개인의 구주로 영접하십니까?"라는 질문에 우리는 아주 쉽게 대답할 수도 있습니다. 단순하게, 예수님이 우리를 위해 피 흘려 돌아가셨고 우리의 무거운 짐을 대신 지셨다는 기본적인 사실만 이해하고 그러한 측면에서만 생각하기가 쉽습니다. 그러나 예수님은 그보다 훨씬 더 깊으신 분이요, 더 다양하고 놀라운 모습을 갖고 계십니다.

히브리서 1장에서 이미 보았듯이, 예수님은 실로 만유의 주님이시며 우주를 창조하신 창조주입니다. 그런데 우리가 예수님을 다 이해하지 못하는 까닭은 그가 본래 하나님이시기 때문입니다. 인간으로서는 어느 누구도 예수님의 모습을 다 이해할 수 없습니다. 그럼에도 불구하고 우리가 예수 그리스도를 사랑하고 믿고 이해하고 깨닫게 된 것은, 그분이 인간의 모습으로 인간에게 오셨기 때문입니다.

히브리서 1장은 예수님을 '하나님의 영광의 광채요 그 본체의 형상'이라고 묘사했습니다. 하나님의 거룩과 영광의 빛이 예수 그리스도를 통해 우리에게 드러났다는 것입니다. 아무리 신앙심이 깊고 기도를 많이 한 사람이라도, 예수님의 이 영광의 광채, 그 본체의 형상을 다 이해할 수는 없습니다. 다만 우리가 성경을 읽을 때마다, 기도할 때마다, 성령의 간절한 도우심을 입을 때마다, 그 모습이 더 강렬하게 우리에게 보이고 나타날 뿐입니다.

예수님은 진정 우리의 이해를 초월하시는 분입니다. 만유를 창조하시고 통제하시고 역사하고 계시는 분입니다. 더러운 우리를 깨끗이 씻어 새사람과 변화된 사람으로 만들어 주시는 분입니다. 하나님 우편에 앉으사 우리를 위해 중보하시고 친히 우리 일에 간섭하시고 말씀하시고 붙들어 주시는, 오늘도 우리에게 참 평화와 기쁨, 믿음과 용기를 주시는 살아 계신 분입니다.

영광과 존귀의 관

히브리서 2장 5-9절은 예수님을 또 다른 각도에서 조명하고 있습니다. 7절에서는 예수님이 '영광과 존귀의 관을 쓰신 분'으로 묘사되고 있습니다. 이 말씀은 시편 8편에 나오는 다윗의 고백을 인용한 것으로서, 예수님에 대해 '하나님께서 잠깐 동안 천사보다 못하게 하셨지만 곧 영광과 존귀로 관을 씌우신 분'이라고 표현합니다. 9절에서도, 예수님은 '죽음의 고난 받으심으로 말미암아 영광과 존귀로 관을 쓰신' 분이라고 설명하고 있습니다.

이 구절들에 예수님을 설명하는 중요한 두 단어가 나옵니다. 첫째는 '영광'이요, 두 번째는 '존귀'입니다. 영광이란 무엇입니까? 이것은 본래 하나님께 속한 것이며 하나님의 속성입니다. 영광은 하나님께만 있습니다. 이 영광은 하나님의 거룩 안에 존재합니다. 인간은 거룩하지 않기 때문에 하나님의 거룩을 다 상상할 수 없습니다. 다만 예수 그리스도와 성령님이 '정결케 하는 역사'를 통해 우리에게 보여 주심으로써 우리가 이 개념을 이해할 뿐입니다.

모세가 하나님의 산에 올라가서 40일 동안 하나님을 만나고 하나님의 거룩을 경험한 후, 그에게 영광의 광채가 나타났다는 기록이 있습니다. 빛이 나타났다는 것입니다. 우리 인간들 가운데서도 깨끗하게 사는 사람은 하나님의 거룩과 그 영광의 모습이 그림자처럼 그에게 나타납니다. 그 눈을 보면 맑고 깨끗합니다. 욕심과 사심이 없는 사람은 그 얼굴에 광채가 나타납니다. 영광은 거룩 안에서 나타나는 하나님의 빛입니다.

예수님은 십자가 죽음을 앞두고 이런 기도를 하셨습니다.

아버지여 때가 이르렀사오니 아들을 영화롭게 하사 아들로 아버지를 영화롭게 하게 하옵소서(요 17:1).

영광이신 하나님이 예수님에게 영화의 관을 씌워 주신 것은, 예수님의 십자가로 결론지어집니다. 하나님이 아들을 영화롭게 하신 방법은 그 아들을 십자가에서 죽이는 것이었습니다. 십자가에서의 죽음 후에 하나님이 예수 그리스도를 부활시키심으로써 영광의 관을 씌워 주신 것입니다.

예수님을 설명하는 중요한 또 한 단어는 '존귀'입니다. 하나님의 거룩 안에 있는 것이 영광이라면, 이 거룩과 영광이 넘쳐나는 상태가 '존귀'입니다. 존귀 안에는 최고의 명예와 존경과 귀함이 있습니다. 그러므로 하나님이 예수님에게 영광의 관을 씌워 주셨을 때, 그 영광과 동시에 존귀의 관도 씌워 주신 것입니다. 하나님의 거룩이 예수님에게 충만해진 상태가 영광이요, 그 영광의 결과가 존귀의 모습으로 나타났습니다.

예수님은 이처럼 '영광과 존귀의 관을 쓰고 계신 분'이기에, 성령 받은 거룩한 성도들이 하나님의 말씀으로 깊이 들어갈 때면 언제나 그 영광과 존귀를 높이 부르지 않을 수 없게 됩니다. 이것이 찬양입니다. "주님, 영광을 받으시옵소서. 주님, 존귀를 받아 주시옵소서"라고 고백하며 찬양할 때, 거기에 예배가 형성됩니다. 예배란 하나님을 만나는 경험이요, 하나님께 드리는 산제사입니다.

이를 통해서 우리는 하나님의 영광과 존귀의 그림자를 경험하게 되고 그분께 영원히 영광과 존귀의 찬양을 올리게 됩니다.

고난과 죽음의 삶

히브리서 기자는 예수님이 받으신 하늘의 영광과 존귀를 이해하기 위해서는 땅의 고난과 죽음을 이해해야 한다고 말합니다. 오직 죽음의 고난을 통해서 하나님의 영광과 존귀가 나타났기에, 이 '영광과 존귀의 예수'는 동시에 '죽음과 고난의 예수'로 연결되는 것입니다.

이것을 설명하기 위해서 히브리서 기자는 시편 말씀을 인용했습니다.

> 사람이 무엇이기에 주께서 그를 생각하시며 인자가 무엇이기에 주께서 그를 돌보시나이까 그를 하나님보다 조금 못하게 하시고 영화와 존귀로 관을 씌우셨나이다 주의 손으로 만드신 것을 다스리게 하시고 만물을 그의 발 아래 두셨으니(시 8:4-6).

예수님은 마구간으로 오셨습니다. 호화로운 집을 다 버리고, 모든 안락한 침실을 다 버리고 우리의 구원을 위해 마구간에 오셨습니다. 여우도 굴이 있고, 공중을 나는 새도 깃들일 곳이 있지만, 인자는 머리 둘 곳이 없다고 스스로 말씀하셨듯이, 실로 예수님은 이 땅 위에 머리 둘 곳이 없으셨습니다.

예수님은 이 땅에 사실 때 열두 명의 제자를 훈련시키셨는데, 그 중 한 제자는 예수님을 배신했습니다. 나머지 제자들 또한 학식도 인격도 별 볼 일 없는 사람들이었습니다. 예수님은 그런 소수의 무리를 데리고 사역하셨습니다. 공자가 삼천 명의 제자를 가진 것에 비하면 예수님은 극히 적은 수의 제자를 가지셨습니다.

예수님을 따르는 무리는 권력층이나 부유층이 아니었습니다. 인기인이나 세력가들 대신 아주 평범한 서민들이 더 많이 그를 따랐고, 그분은 그들을 섬기셨습니다. 예수님은 당시 가장 멸시받고 천대받았던 세리, 창녀, 병든 자, 귀신 들린 자, 절망에 빠진 사람들과 가까이 지내셨습니다. 예수님은 그들과 함께 울고 웃으셨으며, 동고동락하셨습니다.

예수님은 신변이 그리 편하지 못한 상황에서 사셨습니다. 그렇지만 새벽 한적한 곳에서 열심히 기도하셨고, 밤늦도록 철야 기도도 하셨습니다. 먹을 것과 입을 것, 잠잘 곳마저 변변치 못한 상황에서도 예수님은 최선을 다해 사셨음을 볼 수 있습니다.

예수님은 사람들에게도 최선을 다하셨습니다. 그들을 사랑하시되 끝까지 사랑하셨습니다. 하지만 예수님이 돌려받은 것은 배신이었습니다. 그분은 인간에게 구원의 은총을 주셨건만 사람들은 그를 십자가에 못 박으라며 그에 대한 분노를 드러냈고, 폭동과 반항을 일으키려 했습니다.

결국 예수님은 십자가 위에서 돌아가셨습니다. 이것이 그분의 인생이었습니다. 예수님은 이 땅에 사시는 동안 편안한 날이 하루도 없었고, 자신을 위해서 즐기거나 휴가를 떠나신 적도 한 번도 없었습니다. 그분은 참으로 고독한 생을 사셨다는 것을 알 수 있습니다. 예수님은 십자가 죽음을 앞두고 "할 만하시거든 이 잔을 나에게서 지나가게 해 달라"고 기도하셨습니다. 뿐만 아니라 숨을 거두는 순간에는 "하나님이여, 하나님이여, 어찌하여 저를 버리십니까?" 하고 통곡하셨습니다.

예수님이 그러한 고난과 죽음의 삶을 사셨기 때문에, 모든 인류가 마셔야 할 쓰디쓴 죽음의 잔을 대신 드셨기 때문에, 하나님은 그분을 죽음에서 부활시켜 주셨고 그 부활이 '영광과 존귀의 관'으로 표현된 것입니다.

부활의 예수, 십자가의 예수

우리가 예수님을 좀 더 잘 믿어 보려고 애쓸 때 고난을 받게 됩니다. 고통을 느끼게 됩니다. 그리고 이 모든 것이 어떤 때는 지루하게 느껴지기도 하고, 견디기 어려워 괴롭기도 합니다. 그러나 그러한 우리의 고난 역시, 영원이라는 시점에서 보면 순간에 불과한 것입니다. 순간의 행복을 위해서 영원의 축복을 잃어버리는 사람이 없기를 바랍니다. 순간의 안락을 위해서, 영원토록 누려야 할 영광과 존귀의 관을 잃어버리는 사람이 없기를 바랍니다.

예수 그리스도를 따르는 우리가 이 세상을 사는 동안 고난과 죽음의 고통을 겪을 수도 있겠지만, 그것은 우리가 영원히 받을 축복과 은총의 시간에 비하면 아무것도 아닙니다.

생각하건대 현재의 고난은 장차 우리에게 나타날 영광과 비교할 수 없도다(롬 8:18).

바울의 이 고백에는 이런 의미가 담겨 있습니다. "우리가 잠깐 받는 현재의 고난은 우리에게 나타날 영원한 미래의 영광과 족히 비교할 수 없는 것이다. 영원을 생각하는 사람들은 현재의 고난을 그렇게 고통스럽게 느끼지 않는다. 영광과 존귀의 관을 생각하는 사람은 이 세상에서 받는 환난과 시련과 고난을 크게 느끼지 않는다. 심지어 죽을지라도, 순교할지라도, 그것을 대수롭게 여기지 않는다."

우리에게 맡겨진 이 세상에서의 시간은 '잠깐'입니다. 이 짧은 세월 동안 하나님의 뜻을 따라 살아야 합니다. 다윗의 기도입니다.

우리에게 우리 날 계수함을 가르치사 지혜로운 마음을 얻게 하소서(시 90:12).

우리에게도 필요한 기도입니다. 하나님과 깊이 교제하는 사람은 때를 분별하고 아끼며 하나님을 위해 사는 법을 배웁니다.

영광과 존귀가 '부활의 예수'라면, 죽음과 고난은 '십자가의 예수'입니다. 지금 예수님 때문에 받아야 하는 고난이나 죽음이나 고통이 있다면, 당신의 미래에 영광과 존귀, 축복의 시간 또한 놓여 있음을 기억하십시오. 우리는 예수 그리스도를 통해서 그 사실을 확신할 수 있습니다.

우리는 예수님을 믿고 많은 복을 받았습니다. 이러한 은혜와 복은 분명 성경에 약속되어 있는 것입니다. 그러나 동시에 우리가 알아야 될 것은, 예수님을 믿고 받게 될 고난도 있다는 사실입니다. 우리가 예수님을 믿고 사람들에게 칭찬받을 수도 있지만, 예수님을 믿기 때문에 미움과 고난을 당할 수도 있다고 성경은 강조합니다. 너무 복만 생각하지 마십시오. 예수님을 믿고 받을 은혜만 생각하지 마십시오. 은혜가 있는 것만큼 고난도 뒤따른다는 사실을 우리는 히브리서 2장 5-9절을 통해 깨달아야 할 것입니다.

세상 사람들은 복에 관심이 많지만, 우리 그리스도인들의 관심은 고난입니다. 성경은 "세상에서는 너희가 환난을 당하나 담대하라 내가 세상을 이기었노라", "세상은 너희를 미워하게 될 것이다"라고 말합니다. 그리고 이런 말씀과 함께 "그러나 안심하라. 나는 영광과 존귀의 관을 쓴 예수 그리스도다. 네가 고난을 당한 만큼 기쁨 또한 클 것이며, 네가 환난을 당한 만큼 하늘의 영광이 클

것이다"라는 약속도 전해 주고 있습니다.

우리는 천사보다 못한 만물의 지배를 받는 존재인 것 같고, 또한 십자가에서 실패한 것 같지만, 끝은 아닙니다. 죽음 후의 부활을 통해서 주님에게 영광과 존귀의 관을 씌어 주신 하나님을 기억하십시오. 그분이 이 세상에서 고난 받으며 신실하게 살려고 하는 모든 그리스도인들에게 영광과 존귀의 관을 씌어 주실 것입니다. 담대히 살아가는 믿음의 사람이 되십시오.

5

고난을 통해
온전해지다

히브리서 2:10-18

출애굽기 35-40장은 얼핏 보면 굉장히 긴 분량에 딱딱한 내용 같지만, 그 안에는 놀라운 말씀의 비밀이 숨겨져 있습니다. 하나님이 성막을 짓기 위해 모세와 이스라엘 백성에게 주신 모든 일들은, 사실 매우 엄격하고 까다롭고 복잡했습니다. 정말 여호와의 명령대로, 한 치의 오차도 없이 성막을 지어야 했습니다. 하나님은, 인간으로서는 엄청난 일이고 까다롭고 복잡하며 돈도 많이 드는 이 성막을 지으라고 명령하셨고, 성경은 많은 페이지를 할애하여 이 과정을 구체적으로 서술하고 있습니다.

자비롭고 충성된 대제사장

어쩌면 당시 이스라엘 백성은 이 명령에 의문을 가졌을지도 모릅니다. '과연 이 일이 가치 있는 일일까? 이처럼 엄청난 대가를 치러야 하는 일이라면 출애굽 자체도 과연 가치 있는 일일까? 이 일을 꼭 해야만 하는 것일까?'

이는 지금의 우리에게도 충분히 있을 수 있는 의문입니다. 이 의문에 대한 답은 출애굽기가 끝나는 40장에서 찾을 수 있습니다. 여호와께서 명하신 대로 정확하게 완성된 성막은, 하나님의 구원의 새 역사를 이루는 '살아 있는 성전'으로 움직이기 시작했습니다. 그리고 성막의 의미에 숨겨진 하나님의 의도가 (인간의 여러 가지 염려와 근심과 걱정을 뛰어넘어) 살아 움직이기 시작하였습니다. 물질과 시간의 낭비처럼 보이던 성전에 드디어 불이 켜진 것입니다.

제사를 통해서 구원의 대 역사가 시작되었습니다. 놀랍게도 하나님의 영광의 구름이 성막에 가득히 들어찼습니다. 그리하여 광야에서 40일 동안 금식한 후 하나님의 영광 속에 들어갔던 모세조차도, 그곳에는 들어가지 못했습니다. 이 성막을 통해서 이룰 하나님의 구원의 새 역사가 얼마나 큰지, 이를 통해 이루어질 인류 구원의 역사가 얼마나 위대한지를 보여 주는 예입니다.

이 성막의 주인공이 예수 그리스도입니다. 성막은 그리스도의 몸 된 교회를 의미합니다. 성막에서 아름다운 예복을 입은 대제사장이 피 흘려 제사 드림으로써 백성의 모든 죄가 사해지듯이, 우리의 대제사장이신 예수 그리스도께서 십자가에 피 흘려 속죄양이 되시고 다시 하나님의 능력으로 구원을 이루어 주신 곳이 바로 교회입니다. 성막처럼 교회는 구원의 잔치가 베풀어지는 곳입니다.

그러므로 교회가 하나님의 구원의 대 역사를 일으키거나 구원받은 심령들로 날마다 가득 차기 위해서 치러야 할 대가는 전혀 문제가 되지 않습니다. 이처럼 위대한 역사는 없기 때문입니다. 하나님은 예수님이 다시 오실 때까지 음부의 권세가 교회를 이기지 못하며 구원의 대 역사를 막을 수 없다고 말씀하셨습니다. 대제사장처럼 예수님은 우리 구원의 중심이시기 때문입니다. 그래서 히브리서는 우리에게 구원의 주님이시요, 참 대제사장이신 예수 그리스도를 바라보라고 1장부터 계속 권면합니다.

우리는 앞에서 만유의 주님이신 예수 그리스도, 가장 아름다운 이름을 가지신 예수 그리스도, 큰 구원을 이루어 주신 예수 그리스도, 그리고 영광과 존귀의 관을 쓰신 예수 그리스도를 살펴보았습니다. 이제 이 장의 본문인 히브리서 2장 10-18절에서는 한 걸음 더 나아가 '자비롭고 충성된 대제사장이신 예수 그리스도'에 대해 살펴보겠습니다.

피 흘림 없이는 죄 사함이 없습니다. 히브리서는 자신의 피를 흘려서 우리의 죄를 씻고 사하여 주신 예수님을 계속 바라보며 생각하도록 우리를 붙들어 줍니다.

긍휼과 자비의 예수 그리스도

예수 그리스도는 긍휼과 자비의 모습입니다. 우리가 받은 구원은 어디에 근거한 것입니까? 하나님과 예수 그리스도의 긍휼과 자비입니다. 그러므로 하나님의 긍휼과 자비, 예수 그리스도의 긍휼과 자비를 이해하지 못하면 절대로 하나님의 구원을 이해할 수 없습니다. 하나님의 자비로운 마음을 이해하기 전까지는 그리스도를 다 이해할 수가 없습니다.

우리에게 있는 대제사장은 우리의 연약함을 동정하지 못하실 이가 아니요 모든 일에 우리와 똑같이 시험을 받으신 이로되 죄는 없으시니라 그러므로 우리는 긍휼하심을 받고 때를 따라 돕는 은혜를 얻기 위하여 은혜의 보좌 앞에 담대히 나아갈 것이니라(히 4:15-16).

에베소서 1장 7절은 "우리는 그리스도 안에서 그의 은혜의 풍성함을 따라 그의 피로 말미암아 속량 곧 죄 사함을 받았느니라"고 말합니다. 그렇습니다. 구속과 죄 사함, 즉 우리의 구원은 예수 그리스도의 은혜의 풍성함과 긍휼과 자비에 기초하여 이루어진 것입니다. 예수님의 긍휼과 자비가 없었던들 우리가 어떻게 하나님 앞에 담대히 나아갈 수 있었겠습니까? 히브리서 4장 16절은 우리가 긍휼하심을 받아 '은혜의 보좌 앞에 담대히 나아갈' 수 있음을 말하고 있습니다.

진정한 사랑은 상대방의 좋은 점뿐 아니라 약점까지도 사랑합니다. 대부분의 사람들은 결혼할 때 상대방의 좋은 점만 보고 결혼합니다. 그러나 저는 그런 사람들에게 종종 "좋은 점뿐 아니라 그 사람의 약점, 부족한 점까지도 사랑할 수 있을 때까지 기다리십시오" 하고 말합니다.

상대방의 약점까지 사랑할 수 있을 때 진정한 사랑이 생깁니다. 그 약점은 스스로 고칠 수 없는 것입니다. 고칠 수 있는 것이라면 벌써 고쳤을 것입니다. 질병에도 고칠 수 없는 병이 있습니다. 가정 문제도 고칠 수 없는 것이 있습니다. 밖으로 내놓기 부끄러운 문제들이 많이 있습니다. 대부분의 사람들은 그런 것을 다 숨겨 놓습니다. 그러나 진정한 사랑은 그것까지 다 내놓고, 또 받아들이는 용기가 있어야 합니다.

주님이 우리를 사랑하실 때 우리의 겉모습만 보고 사랑하신 것이 아닙니다. 우리의 좋은 점만 보고 사랑하신 것이 아닙니다. 그분은 우리가 병든 것을 알고 계십니다. 우리가 부족한 것을 알고 계십니다. 바보 같은 것도 다 알고 계십니다. 우리의 못된 습관도 다 알고 계십니다. 예수님은 우리의 연약함을 알면서도 우리를 사랑하신 것입니다. 이것이 진짜 사랑입니다.

누군가 당신의 좋은 점만 보고 당신을 사랑한다면 당신은 제대로 숨 쉴 수 없을 것입니다. 당신의 약점이 드러나서 그 사람을 실망시킬까 봐 전전긍긍할 것입니다. 그러나 하나님은 당신의 약점까지도 다 아십니다. 예수님은 당신의 연약함과 고통스러운 환경, 부끄러운 문제들을 너무나 잘 아십니다. 뿐만 아니라 다 이해하시고 사랑과 긍휼과 자비로 당신을 붙들어 주십니다. 이것이 그리스도의 자비와 긍휼입니다.

우리가 은혜의 보좌 앞에 담대히 나아갈 수 있는 것은 바로 이 긍휼과 자비와 절대 사랑 때문입니다. 예수 그리스도는 우리에게 이런 사랑을 주십니다. 주님은 십자가에서 죽기까지 우리를 사랑하셨습니다. 그분은 우리를 사랑하시되 편하게 안방에서 사랑하신 것이 아닙니다. 설교단에서 그저 입으로 사랑하신 것이 아닙니다. 예수님은 십자가에서 생명을 내놓고 우리를 사랑하셨습니다.

우리 방법대로 사랑하심

내 입장에서만 사랑하는 것은 진정한 사랑이 아닙니다. 진정한 사랑은 상대방의 입장에서 사랑하는 것입니다. 많은 사람들이 각자 자기 방법대로 남에게 사랑을 강요합니다. "왜 너는 이렇게 안 하느냐"며 자기 방법대로 사랑할 것을 강요합니다. 아주 고통스러운 사랑입니다. 이런 사랑은 상대방을 오히려 괴롭게 합니다.

부부 싸움하는 것을 가만히 보면, 서로 사랑하지 않아서 싸우기보다는 상대방이 자기 방법대로 하지 않는다고 싸우는 경우가 더 많습니다. "나는 너를 이렇게 사랑하는데 너는 왜 그렇지 못하는가?" 하는 것입니다. 그러나 진짜 사랑은 상대에게 자기 방법을 강요하지 않습니다. 자기 방법을 강요하면 상대방은 그 사랑을 받아들이기 힘듭니다. 아무리 좋은 것이라도 받기가 어렵습니다. 상대방의 방법으로 해 주어야 사랑받는 사람이 소화를 합니다. 그러니 이왕 사랑하려면 사랑하는 사람의 방법으로 사랑해 주십시오. 왜 내 것을 강요합니까? 상대방의 입장에서 헤아려 사랑해 주십시오. 그것이 참 사랑입니다.

예수님은 그렇게 하셨습니다. 하나님이 자신의 방법으로 우리를 사랑하셨다면 우리는 하나님의 사랑을 받아들일 수 없었을 것입니다. 그분은 하나님이시고 우리는 죄인인데 우리가 어떻게 하나님의 방법을 받아들일 수 있겠습니까? 그래서 하나님은 인간이 되셨습니다. 우리의 환경과 처지로 오셔서 똑같이 유혹을 받으셨습니다. 똑같이 고통을 받으셨습니다. 우리와 똑같은 처지가 되셔서 우리의 모습대로, 우리의 방법으로 인간을 사랑해 주셨기에 우리가 그 사랑을 받게 되었습니다. 이것이 예수 그리스도의 방법입니다. 사랑을 하려면 이렇게 해야 합니다.

예수님은 인간이 가진 모든 연약함을 몸소 체휼하셨습니다. 예수님도 굶으면 배고프셨고, 맞으면 아프셨습니다. 십자가에 달리실 때 인간과 똑같이 고통을 느끼셨습니다. 예수님은 인간의 연약함을 지니셨습니다. 예수님은 '강한 슈퍼맨'이 아닙니다. 예수님은 '슈퍼스타'가 아닙니다. 예수님은 두 얼굴을 가진 것이 아닙니다. 그분은 우리와 똑같은 인간이었습니다. 똑같이 고통을 느끼는 연약한 사람이었습니다. 그렇기 때문에 그분을 통한 우리의 구원이 가능했습니다.

헌신, 희생, 신실함

예수님의 사랑은 보상과 대가를 요구하지 않습니다. 일방적인 헌신과 희생이 있을 뿐입니다. 그런데 우리의 사랑은 어떻습니까?

대부분의 사람들은 사랑을 하면서도 보상과 대가를 요구합니다.

교회에는 '섭섭해하는' 사람들이 많은 것 같습니다. 섭섭함은 심리적으로 보상과 대가를 바라기 때문에 생기는 감정입니다. 교회에서 열심히 봉사하면서 은연중에 보상과 대가를 바라기 때문에 섭섭한 감정이 생기는 것이 아닐까 생각합니다. 그러나 진정한 사랑은 보상과 대가를 바라지 않습니다. 헌신하는 그것으로 끝나는 것입니다. 희생하면 그것으로 끝나는 것입니다. 누가 알아줘서 사랑하고 알아주지 않아서 사랑하지 않는 것이 아닙니다. 그저 하나님 앞에서 행한 것이기에 그것으로 끝나야 합니다. 헌금을 하면 그것으로 끝나야 합니다. 내가 헌금을 많이 했다고 해서 무슨 주주처럼 주식을 차지하는 것이 아닙니다. 그냥 그것으로 끝나는 것입니다. 이것이 사랑과 헌신입니다.

예수님은 우리 죄를 씻어 주신 구원의 대가를 요구하지 않으셨습니다. 무조건 일방적으로 희생하고 헌신해 주셨습니다. 이것이 예수님의 자비입니다. 우리의 구원을 위하여 예수님이 보여 주신 긍휼과 자비의 모습입니다.

예수님의 사랑은 또한 신실합니다. 하나님은 변함없이 신실하신 분입니다.

하나님은 사람이 아니시니 거짓말을 하지 않으시고 인생이 아니시니 후회가 없으시도다 어찌 그 말씀하신 바를 행하지 않으시며 하신 말씀을 실행하지 않으시랴(민 23:19).

예수님은 우리를 구원하시기 위해서 인간의 몸을 입고 인간의 환경과 처지로 오셨습니다. 그분이 이 세상에 오셔서 보여 주신 모습은 한마디로 '신실함'이었습니다. 그분이 할 수 있는 최선은 바로 신실이었습니다.

인간으로 오신 예수님은 모든 유혹과 고독과 배신을 당하셨습니다. 마지막에는 땀이 피가 되도록 고민도 하셨고 결국은 십자가에서 돌아가셨습니다. 이 과정에서 그분은 얼마든지 자신의 입장과 주장을 바꾸실 수도 있었습니다. 마귀가 이렇게 유혹했을 때 자신의 입장을 바꿀 수도 있었습니다.

"네가 꼭 십자가를 질게 뭐 있느냐? 그거 지지 않고도 네가 메시아가 될 방법이 얼마든지 있지 않느냐? 돌을 떡으로 만들어라. 그러면 사람들이 너를 메시아로 알 것이다. 성전 꼭대기에서 뛰어내려 봐라. 기적을 보고 사람들이 너를 하나님의 천사라고 할 것이다."

그러나 예수님은 한 번도 방법을 바꾸시지 않았습니다. 신실하셨습니다. 그렇기 때문에 예수님의 생애는 외롭고 고독하고 고통스러웠습니다. 예수님은 십자가에 못 박혀 돌아가시고 부활하실 때까지, 계속 신실하셨습니다. 이 신실함 때문에 구원이 완성되었습니다.

예수 그리스도를 '주로' 시인하는 모든 교회와 그리스도인의 가장 중요한 모습은 신실함입니다. 이것은 그 무엇보다도 강력하고 설득력 있는 증거가 될 수 있습니다. 예수님을 닮은 자비롭고 신실한 사람, 그에게는 온유와 겸손이 있고 깊은 사랑이 있으며, 어떤 허물과 실수도 그 앞에 가면 다 위로받고 용서받을 수 있는 넓은 가슴이 있습니다. 그는 은혜의 사람입니다. 그러나 동시에 그는 엄격할 만큼 공의롭고 신실한 사람입니다. 매사에 변함이 없고 흔들림이 없습니다.

이러한 모습의 원형은 예수님입니다. 우리는 예수님에게서 이런 모습을 발견합니다. 또한 이는 예수님을 믿는 사람들에게서 발견되어야 할 모습입니다. 우리 예수님은 자비롭고 신실한 대제사장이셨습니다. 우리도 그 자비와 신실함을 본받아야 합니다.

인간이 되신 하나님

이 장의 본문이 두 번째로 강조하는 것은, 우리의 구원을 위해 참 하나님이신 예수님이 인간이 되셨다는 것입니다. 하나님과 인간 사이의 막힌 담을 헐고 인간의 죄를 친히 담당하면서 속죄할 이는, 하나님이신 동시에 인간이셔야 했습니다. 우리의 죄를 대신 지고 하나님 앞에 나아갈 수 있는 이는, 인간이신 동시에 하나님이셔야 했습니다. 하나님이셔야만 하나님 앞에 나아갈 수 있습니다. 인간은 하나님 앞에 나아갈 수 없습니다. 그러나 인간이어야만 인간의 죄를, 인간의 문제를 해결할 수 있습니다. 이 양면성이 문제입니다. 그래서 예수님은 하나님이지만 인간이 되셨습니다.

고난 받는 그리스도인

이 장의 본문 말씀을 통해서 예수님이 인간이 되셨다는 사실의 의미를 생각해 보겠습니다. 그 첫 번째 의미는 히브리서 2장 10절 말씀에 잘 나타나 있습니다.

> 만물이 그를 위하고 또한 그로 말미암은 이가 많은 아들들을 이끌어 영광에 들어가게 하시는 일에 그들의 구원의 창시자를 고난을 통하여 온전하게 하심이 합당하도다(히 2:10).

'만물이 그를 위하고 또한 그로 말미암은 이'는 하나님을 뜻합니다. 그리고 10절 말씀은 하나님이 구원의 주님을 인간의 모습으로 이 땅에 보내심으로써, 즉 '고난'을 받게 하심으로써 예비하신 구원을 완성하셨다는 뜻입니다.

하나님은 고난을 받지 않으십니다. 하나님이 어떻게 고난을 받으시겠습니까? 그러나 예수 그리스도는 고난을 받으셨습니다. 예수님은 인간의 모습으로 이 땅에 오셨기 때문에, 하나님이지만 고난을 받으셨습니다. 그리스도가 고난을 받으심으로 말미암아 인간의 구원이 이루어졌습니다. 그러므로 그리스도와 고난, 기독교와 고난은 떼어 놓을 수 없는 주제요, 관계입니다.

그리스도인은 고난과 떨어질 수 없는 존재입니다. 우리는 그리스도와 함께 고난을 받으려고 부름 받았습니다. 이는 중요한 사실입니다. 우리는 교회에서 두 가지 설교를 다 해야 합니다. "예수 믿으면 모든 것이 다 잘된다"는 설교도 해야겠지만, 동시에 "예수 믿으면 고난도 받는다"는 설교도 꼭 해야 합니다. "예수님을 믿으면 만사형통한다"는 이야기도 해야겠지만, "그리스도를 믿으면 고난도 받고 손해도 보고 피해도 입는다"는 이야기도 해야 합니다.

우리는 잘살려고 세상에 온 사람들이 아닙니다. 그리스도는 죽으려고 세상에 오셨습니다. 이 세상은 우리가 영원히 살 곳이 아닙니다. 잠깐 지나가는 곳입니다. 우리의 영원한 집은 하늘나라입니다. 죄 많은 이 땅에 살면서 거룩한 하늘나라를 바라보는 우리는 당연히 고난에 직면할 수밖에 없습니다. 그러므로 이 고난이라는 문제는 우리가 더 깊이 생각해야 할 주제입니다.

혹시 예수님을 잘 믿는데 고난을 당하고 있습니까? 억울함을 당하고 있습니까? 그렇다면 감사하십시오. 그것은 당신에게 복이 되기 때문입니다. 그런데 우리들 중에 어떤 사람은 자신이 잘못하여 마땅히 받아야 할 고난을 받으면서, 그것을 억울한 고난이라고 생각하여 '복'이라고 착각하는 사람도 있습니다. 그런 경우는 얘기가 조금 다릅니다. 고난 받을 짓을 해서 고난 받는 것을 그리스도 때문에 고난 받는다고 말해서는 안 됩니다. 그리스도인이 세상에서 받는 고난 속에는 구속(救贖)이 있습니다. 희생 속에 사랑이 있고 기다림 속에 소망이 있기 때문입니다. 그리스도와 함께 죄악과 세상, 사탄과 싸우고 마침내 그리스도와 함께 승리하는 것이 그리스도인입니다.

형제라 불리는 그리스도인

예수님이 인간이 되셨다는 사실의 두 번째 의미는 히브리서 2장 11절에 나타납니다.

> 거룩하게 하시는 이와 거룩하게 함을 입은 자들이 다 한 근원에서 난지라 그러므로 형제라 부르시기를 부끄러워하지 아니하시고(히 2:11).

예수님과 우리 사이가 형제 사이로 바뀌었습니다. 얼마나 놀랍고 감사한 일인지 모릅니다. 자비롭고 충성스러운 대제사장이신 예수 그리스도는 요한복음에서 우리를 가리켜 "너희는 나의 친구"(요 15:14-15 참조)라고 하셨는데, 히브리서 말씀에서는 그분과 우리가 형제라고까지 말합니다.

'거룩하게 하시는 이'와 '거룩하게 함을 입은 자들'은 창조주와 피조물 관계이며 예수와 성도를 의미합니다. 이것이 다 '하나', 한 기원(origin), 즉 하나님에게서 났다는 것입니다. 하나님은 우리를 하나님의 자녀 자리까지 높이 올려 주셨고, 그리스도의 형제의 위치까지 올려 주셨습니다. 우리를 친구라 하셨던 예수님은 우리를 하나님의 자녀요, 당신의 형제라고 불러 주셨습니다. 우리를 형제라 부르기를 부끄러워 아니하셨습니다.

히브리서 2장 14절에는 예수님이 자녀들과 한 모양으로 혈육에 함께 속하셨다는 말씀이 있습니다. 바로 이것이 구원의 실재가 가능하도록 한 모습입니다. 사망의 세력을 잡은 자 아래에서 죽기를 무서워하며 평생 매여 종노릇하는 모든 자들을 놓아 주시려는 것이 예수님의 의도입니다. 마귀의 세력과 권세를 접고 우리를 종노릇에서 해방시키는 것이 구원의 요점입니다. 구원이 무엇입니까? 사탄에게서 해방시켜 주는 것입니다. 마귀의 종노릇하던 데서 하나님의 아들 되는 곳으로 위치를 바꾸는 것입니다. 영원한 죽음에서 해방되고 사망의 종노릇에서 해방되는 것입니다.

이제 우리는 이렇게 충성스럽고 자비로우신 대제사장이 무엇때문에 오셨는가 하는 결론을 들을 필요가 있습니다.

> 그러므로 그가 범사에 형제들과 같이 되심이 마땅하도다 이는 하나님의 일에 자비하고 신실한 대제사장이 되어 백성의 죄를 속량하려 하심이라(히 2:17).

'백성의 죄를 구속하려 하심.' 바로 이것이 예수님이 우리 가운데 오신 목적입니다. 우리는 예수님을 왜 믿습니까? 구원받기 위해서입니다. 우리가 죄 씻음을 받고, 마귀로부터 자유롭게 되고, 죄의 종노릇에서 자유로워지는 것, 이것이 구원의 요점입니다. 예수님은 이 일을 위해 인간의 몸을 입고 이 땅에 오셨고, 친히 시험을 받고 고난을 당하셨습니다(히 2:18). 시험받는 연약한 우리 인간을 도와주시려고 그분이 친히 고난 당하신 것입니다.

당신은 이 같은 예수님의 사랑과 은혜를 받아들이겠습니까, 거절하겠습니까? 당신을 위해 이처럼 고난 받으신 예수님의 자비롭고 충성스러운 그 사역을 거절하겠습니까? 지금 당신이 은혜의 보좌 앞에 담대히 나아가기를 간절히 원하시는 예수님의 그 도움을 거절하겠습니까?

주저하지 말고 이 죄 사함의 길을 받아들이십시오. 예수님이 이처럼 우리를 사랑하셔서 십자가에 못 박혀 돌아가셨습니다. 이것이 그분이 우리에게 베풀어 주신 구원입니다. 이 구원에 감격하고 감사하십시오. 그리고 예수 그리스도를 믿어 그 구원에 참예하고 그분의 능력을 소유하십시오.

6

예수를 깊이
생각하라

히브리서 3:1-6

이 장에서 함께 나눌 주제는 "예수를 깊이 생각하라"입니다. 사람은 "어떤 옷을 입고 어떤 음식을 먹으며 어떤 집에서 사느냐"보다, "무엇을 생각하느냐"에 따라서 어떤 사람인지가 결정됩니다. 생각은 그 사람의 언어와 인격과 삶과 행동을 지배합니다.

추하고 더러운 생각을 하고 있는 사람은 아무리 깨끗하고 좋은 환경에 있어도 더러운 말과 행동을 할 수밖에 없습니다. 반대로, 깨끗하고 아름다운 생각을 가지고 있는 사람은 비록 그가 처해 있는 환경이 누추하고 더럽고 고통스러울지라도 그 말과 행동이 항상 아름답기 마련입니다.

그래서 마귀는 우리를 공격할 때 가장 먼저 우리의 마음과 생각을 공격합니다. 환경을 먼저 공격하지 않습니다. 먼저 마음과 생각 속에 찾아옵니다. 사람들의 생각 속에 악한 생각을 접붙입니다. 그러고는 조금씩 영역을 넓혀서 그 사람의 생각을 지배하고, 결국은 그 사람의 생각을 통제하게 됩니다. 일단 마귀가 우리의 생각을 통제하기 시작하면 우리의 육체가 지배당하는 것은 순식간입니다. 마음과 생각은 전쟁터와 같습니다. 우리 마음속에서는 하나님의 마음을 갖느냐, 아니면 마귀의 마음을 갖느냐 하는 치열한 전쟁이 시작됩니다.

마음과 생각을 파고드는 마귀

마귀가 우리의 생각에 틈을 내면 우리의 사고에는 온통 분열이 생기며 혼돈이 찾아옵니다. 가치관이 흔들립니다. 어둡고 짜증이 나기 시작합니다. 생기를 잃어버리고 하나님께 반항하고, 예수님을 잘 믿던 사람이 하루아침에 이상한 사람으로 변해 버립니다. 공격적이 되고, 부정적인 사고와 비판적 사고가 일어나게 되고, 그 마음과 생각 속에 미움과 분노와 파괴가 자리를 잡습니다. 자칫하면 죽음으로까지 이어집니다. 자신을 죽이거나 남을 죽이는 살인을 하는 것입니다. 자기 자신을 죽이고 싶은 충동이나 남을 죽이고 싶은 충동이나 그 본질은 둘 다 똑같습니다.

반면에, 하나님의 말씀과 성령이 우리에게 임하시면 우리 생각이 빛을 받게 되고 우리 마음에 변화가 일어납니다. 고린도후서 10장 5절에 이런 말씀이 있습니다.

모든 이론을 무너뜨리며 하나님 아는 것을 대적하여 높아진 것을 다 무너뜨리고 모든 생각을 사로잡아 그리스도에게 복종하게 하니 (고후 10:4b-5).

하나님의 무기인 말씀은, 모든 헛된 이론을 파하고 하나님 아는 것을 대적하여 높아진 것을 다 파하며 모든 생각을 사로잡아 그리스도 앞에 복종하게 한다는 말입니다. 하나님의 성령이 우리 생각에 임하면 그 생각을 하나님 앞에 순종하도록 만듭니다.

빌립보서에도 비슷한 말씀이 있습니다. "하나님의 평강이 그리스도 예수 안에서 너희 마음과 생각을 지키시리라"(빌 4:7)는 말씀입니다. 기도하고 기뻐하고 감사하는 사람에게 하나님이 제일 먼저 허락하시는 것은 환경의 변화가 아닙니다. 환경을 고쳐 주신다고 말씀하지 않으셨습니다. 대신 그 마음과 생각을 지켜 주신다고 했습니다. 내 마음이 변하면, 내 마음이 강해지면 세상에 두려운 일이 없습니다. 문제는 환경이 흔들리는 것이 아니라 내 마음이 흔들리는 것입니다. 내 마음이 흔들리면 모든 관계가 다 흔들리기 시작합니다. 그러나 내 마음이 확고하면 흔들리던 환경도 정리됩니다.

지금 당신의 마음은 누가 지배하고 있습니까? 하나님입니까, 마귀입니까? 누가 당신의 생각을 장악하고 있습니까? 우리는 습관과 윤리와 도덕에 묶여 신앙생활을 하고 있는 경우가 많습니다. 그러면서도 자신은 하나님의 지배를 받고 있다고 착각합니다. 그러나 신앙생활을 잘하고 있다고 해서 그 마음이 다 하나님의 지배를 받고 있는 것은 아닙니다. 이런 착각을 경계해야 합니다.

하나님의 마음을 가진 사람을 가리켜 하나님의 사람이라고 합니다. 그런 이들은 생각과 말이 예수님을 닮아갑니다. 반대로 마귀의 지배를 받고 있으면 마귀의 생각을 하게 되고 마귀의 사람이 되는 것입니다. 이 장의 본문 말씀은, 우리의 생각, 그 사고의 틀 속에 예수님만이 가득 차 충만하기를 권면하고 있습니다.

예수를 깊이 생각하십시오

히브리서 1-2장을 통해, 이 세상에서 가장 아름다운 이름을 가지신 예수, 영광과 존귀의 관을 쓰신 예수, 자비롭고 충성된 대제사장이신 예수 그리스도에 대해서 배웠습니다. 3장부터는 그러한 예수님에 대해 배울 뿐 아니라 깊이 생각하라고 합니다. 단순히 머리로 아는 것, 인식하는 데서 그칠 것이 아니라 그것을 끌어안아야 한다는 것입니다. 품어야 한다는 것입니다. 그리스도에 대한 지식을 가졌다고 그것으로 끝나는 것이 아니라, 닭이 알을 품듯이 그것을 품어야 합니다. 이것은 우리가 가지고 있는 모든 영역의 사상들을 다 포함하는 것입니다. 그것이 가정 일이든 자신만의 철학이든 가치관, 역사관, 세계관이든 혹은 직장에 관여된 것이든, 그 모든 것을 다 예수님께 고정시켜야 한다는 말입니다.

건강의 문제가 심각합니까? 당신의 시선을 예수님께 고정시키십시오. 자녀의 문제가 있습니까? 그때도 예수님께 고정시키십시오. 당신 안에 내면적인 갈등과 실존적인 질문들이 일어나고 있습니까? 인생의 근본적인 문제가 지금 당신을 휘몰고 있습니까? 그때도 예수님께 집중하십시오. 모든 생각을, 당신을 중심으로 일어나고 있는 모든 생각을 예수님께 고정시키는 것, 이것이 바로 예수를 깊이 생각한다는 것의 의미입니다.

이는 마치 배가 그 키를 한 방향으로 고정시켜 놓는 것과 같습니다. 몇 년 전 배를 타 본 적이 있습니다. 아는 분의 배를 타고 바다로 나갔는데 한참 가다가 키를 한쪽으로 딱 고정시키더군요. 그러고 나서 몇 시간 동안 얘기를 나누었는데, 그동안 배는 계속 한 방향으로 나아갔습니다. 이와 같은 이치입니다. 예수님께 우리 생각을 고정시켜 놓으면 우리는 계속 그 방향으로 가게 됩니다. 이것이 예수를 깊이 생각하는 것입니다. 못을 판자에 박듯이 고정시키는 것입니다. 생각이 고정된 사람은 좌로나 우로나 치우치지 않습니다.

사랑하는 남편이나 아내에게 사랑의 마음이 고정된 사람은 다른 남자나 여자에게 마음을 빼앗기지 않습니다. 유혹이 어디서부터 생기는지 아십니까? 고정되어 있지 않은 마음에서 시작됩니다. 남편에게서 마음이 떠나면 유혹의 문을 열어 놓은 것입니다. 아내를 향한 사랑의 생각이 고정되어 있지 않으면 유혹의 길은 넓어집니다. 유혹은 마음이 정착되지 않은 데서부터 시작되기 때문입니다.

신앙생활도 마찬가지입니다. 우리의 모든 사고와 생활이 예수님께 고정되어 있지 않으면 그다음부터 다른 '좋은 것'을 찾기 시작합니다. 좋다는 데는 다 갑니다. 기(氣)도 좋다니까 한번 가 보고, 불교도 좋다니까 한번 가 보고, 또 어느 무당이 용하다니까 거기도 한번 가 보고… 그러다가 주일에는 또 교회에 옵니다. 예수 그리스도께 시선이 고정되어 있지 않기 때문에 그런 것입니다.

우리의 사도, 우리의 제사장

그렇다면 우리의 마음과 생각을 고정시킨 예수님은 과연 어떤 분입니까? 히브리서는 두 가지로 설명합니다. 첫째, 우리가 고백하는 신앙의 대사도입니다. 둘째, 우리의 대제사장이십니다.

'사도'는 하나님이 보내신 사람, '아포텔로'를 가리킵니다. 즉 사도는 하나님이 우리에게 보내 주신 사람입니다. '대제사장'은 어떤 사람입니까? 인간의 모든 허물과 죄를 대신 가지고 하나님 앞에 나아가는 사람입니다. 사도는 하나님으로부터 인간에게 오는 사람이요, 제사장은 인간의 입장에서 하나님께로 나아가는 사람입니다. 예수님은 우리에게 이 두 역할을 다 해 주시는 분입니다.

예수님은 실로 우리의 중보자시며, 우리의 신앙 고백의 전 내용이 되시는 분입니다. 그러므로 예수님을 믿는 사람은 예수님을 말하고, 예수님을 생각하고, 예수님을 찬양하고, 예수님만 전하게 되어 있습니다. 아침에 예수님과 함께 눈을 뜨고, 저녁에 예수님과 함께 눈을 감습니다. 순간순간 예수님과 동행하고 예수님과 함께 안식합니다. 그의 삶 가운데 예수님이 지배하시지 않는 영역은 한 곳도 없습니다. 그의 자녀 교육, 부부 관계, 직장, 학문, 인간관계 속에 예수님이 다 개입하십니다. 개입하셔야만 합니다.

마귀가 우리에게 와서 하는 일이 있습니다. 첫째, 예수님을 믿지 못하도록 역사합니다. 그것에 실패하면 다음 단계로 "그래, 교회는 가라. 그러나 예수 이야기는 하지 마라"고 합니다. 교회는 나가

되 대충 믿으라고 유혹하는 것입니다. 사람들에게 보이지 않게 안 믿는 척하며 살라는 것입니다. "구질구질하게, 아무 데서나 꼭 예수 이야기를 할 필요가 뭐 있나? 예수 비슷한 이야기나 해라."

그렇게 함으로써 예수 그리스도 그분 자체를 생각하고 말하기보다는 신학을 말하고, '예수에 대해서' 이야기하고, 예수 이름으로 사회 문제를 이야기하게 합니다. 아주 그럴듯합니다. 그러나 정작 예수를 이야기하지는 못하게 합니다. 마귀는 꼭 그렇게 역사합니다.

"교회 다녀라. 그렇지만 형식적, 습관적으로 다녀라. 교회 가 봤자 뭐하냐? 다 그게 그거고, 그 설교가 그 설교지, 뭐. 한 십 년 믿어 보지 않았냐. 아예 안 가기는 좀 그렇고, 그냥 가서 앉아 있다가 졸기도 좀 하고 헌금이나 하고 와라."

사탄은 자꾸 이렇게 유혹합니다. 그의 전략 중 우리가 경계해야 할 또 한 가지는 예배 끝난 후에 더 즐거운 시간들을 만들어 놓는다는 것입니다. 예배가 끝나면 그리스도를 기쁘시게 하는 일에는 더 이상 관심 갖지 못하도록 많은 유혹 거리를 제공합니다. 교회에 몸만 왔다 갔다 하도록 하는 것입니다.

마귀가 우리 앞에 놓는 또 다른 유혹의 덫이 있습니다. 바로 우리 자신입니다. 마귀는 우리 마음속에 이런 생각을 집어넣습니다.

"네가 얼마나 귀중하냐? 네 자아와 자존심이 얼마나 소중하냐? 자존심이 상했냐? 그런데 교회는 왜 가냐? 세상에서 제일 중요한

건 너 자신이다. 네가 있고 예수가 있지, 네 가정이 있고 예수가 있지, 네 가정이 손해 보는데 뭐 하러 교회는 가냐? 네게 조금이라도 손해가 된다면 절대 교회 가지 마라. 네 자존심에 조금이라도 상처를 받거나 남한테 욕먹거나 오해를 받으면, 그까짓 교회에 나갈 이유 하나도 없다."

　마귀는 예수님 대신에 인간, 나, 우리 가족, 자존심 등을 갖다 놓습니다. 그러면 우리는 어떻게 됩니까? 하나님 없는 우리는 마귀의 밥이 됩니다. 예수님이 없으면 마귀는 그 어떤 사람이라도 다 지배할 수 있습니다. 예수님이 없으면 마귀는 그 어떤 곳이라도 다 들어갈 수 있습니다. 예수님 없는 구역 예배에 가서, 사람들이 세상 돌아가는 얘기나 하다가 시간 다 보내고 간단히 마침 기도만 하고 흩어지게 만듭니다. 예수님 없는 소그룹 모임에 가서, 먹고 마시며 그냥 사교 활동이나 하자는 분위기로 이끌면서 도무지 예수님 얘기를 못하게 합니다. 만약 그렇게 되면 우리 영혼은 점점 땅으로 떨어집니다. 신앙은 바닥을 치게 됩니다.

하나님이 부르신 사람

이제 다음으로 생각해 보고 싶은 것은, 그렇다면 도대체 누가 이 예수를 깊이 생각할 수 있는가 하는 부분입니다. 성경은 재미있는 문구를 하나 달고 있습니다. 아무나 그렇게 할 수 없다는 의미의 말씀입니다. 히브리서 3장 1절, "함께 하늘의 부르심을 받은 거룩한 형제들아"라는 말씀입니다. 이런 사람만이 예수님을 깊이 생각하고 예수님을 말하게 됩니다.

제가 예수님을 믿지 않는 사람에게 "예수를 깊이 생각하라"고 외친다면, 그는 곧바로 손가락질하며 "이 사람이 미쳤나" 할 것입니다. 그러나 지금 제 메시지를 읽고 있는 당신에게 그렇게 한다면 어떻겠습니까? 당신은 이 말씀을 은혜롭게 그리고 심각하게 받아들일 것입니다. 그 차이는 무엇입니까? 당신은 이미 하나님의 거룩한 부름을 받은 사람이기 때문에 이 말씀이 들어갈 수 있는 것입니다. 아무나 이 말씀을 듣지 않습니다.

요한복음 15장 16절에서 예수님은 "너희가 나를 택한 것이 아니요 내가 너희를 택하여 세웠나니"라고 말씀하십니다. 로마서 1장 6절에서는 성도를 가리켜 "예수 그리스도의 것으로 부르심을 받은 자"라고 표현합니다. 디모데전서 6장 11절은 "오직 너 하나님의 사람아"라고 말하고 있습니다. 하나님의 말씀을 하나님의 사람이 먹을 때 단맛이 납니다. 하나님의 말씀을 전해 준다 해도 하나님의 사람이 아닌 이들은 그 말씀을 다 이해하지 못합니다.

여기서 우리의 사도시며 거룩한 대제사장이신 예수 그리스도를 깊이 생각할 수 있는 사람은 세 가지 형태로 나타나고 있습니다.

첫째, 하나님이 부르신 사람입니다. "내가 언제 어떻게 하나님의 부름을 받았는지 모르겠다. 나는 음성도 들어 본 일 없고, 잘 모르겠다"고 말하는 사람이 있다면 저는 이렇게 대답하겠습니다. "당신이 이 자리까지 온 걸 보니(자의로든 타의로든 이 책을 읽고 있는 것을 보니), 분명 하나님께서 부르신 사람입니다. 하나님께서 부르시지 않은 사람은 이곳이 견딜 수 없는 자리입니다. 한 시간만 앉아 있을 수 있으면 부름을 받은 것이라 해도 과언이 아닙니다."

부름을 받되 '누가' 불렀는가가 중요합니다. 대통령이 "당신이 장관 하시오" 하면 그대로 됩니다. 그러나 제가 "당신, 장관 하시오" 하면 그건 당치 않은 소리입니다. 누가 말했느냐는 중요합니다. 제가 "서로 사랑합시다" 하는 것과 예수님이 "서로 사랑하라"고 하시는 것은 똑같은 말이지만 그 권위가 전혀 다릅니다. 목사가 당신을 부른 것이 아닙니다. 교회가 부른 것도 아닙니다. 오직 우리 하나님이 당신과 나를 불러 주셨습니다. 이 사실을 믿으십시오. 우리 하나님이 당신을 십자가 앞으로 불러 주셨다는 것을 믿으십시오.

구별된 사람

둘째, 거룩한 사람입니다. 거룩한 사람이란 말은 '구별된 사람'이라는 뜻입니다. 아무 구분도 안 되면, 구별이 없으면 변화가 없습니다. "예수 믿는 너나 안 믿는 나나 별다를 게 뭐 있느냐" 하는 말을 들으시겠습니까? 변화와 차이는 '다를' 때 일어나는 것입니다. 예수 믿는 사람이 안 믿는 세상 사람과 하나도 다를 것이 없다면 그 사람에게서 무슨 변화가 일어나겠습니까?

예수 믿는 사람은 직장 생활 태도가 좀 달라야 하지 않겠습니까? 예수 믿는 사람은 말하는 것이 좀 달라야 하지 않겠습니까? 생각이 좀 달라야 하지 않겠습니까? 행동하는 것이 달라야 하지 않겠습니까? 이것이 성도입니다. 구별된 사람, 거룩한 사람, 조금 다른 사람이 되어야 합니다.

달라도 어떻게 달라야 합니까? 좋은 쪽으로 달라야 합니다. 주위를 보면, 예수 믿는데도 나쁜 쪽으로 다른 사람들이 아주 많습니다. 우리는 손해 보는 쪽으로 달라져야 합니다. 손해를 보면 은혜가 발생합니다. 가정에서도 마찬가지입니다. 당신은 예수 그리스도를 믿습니까? 그렇다면 안 믿는 남편에게 뭔가 조금 다른 것을 보여 주십시오. "교회 가 봤자 말짱 헛일이다. 겨우 스트레스 해소나 하러 가는구나." 이런 말을 들으면 안 됩니다. 그리스도인 남편도 뭔가 달라야 합니다. 말하는 것이 다르고 행동하는 것이 다르고 생활하는 것이 달라야 합니다. 이 '조금 다른 것'이 사실은 엄청나게 다른 것입니다. 엄청나게 다른 변화를 일으키는 것입니다.

리처드 포스터는 그리스도인의 삶을 네 가지로 규정했습니다. 첫째, 단순한 삶입니다. 예수를 잘 믿는 사람은 모든 생활양식이 단순해야 한다는 것입니다. 먹는 것이 단순하고 입는 것이 단순하고 사고하는 것이 단순해야 합니다. 둘째, 섬기는 삶입니다. 섬김을 받는 삶이 아니라, 어떤 위치에서든 항상 섬기는 태도를 가져야 합니다. 셋째는 순종하는 삶이고, 넷째는 나누는 삶입니다.

언젠가 신문에서 제 마음을 찌르는 기사를 읽었습니다. 가톨릭 대상을 받은 사람인데, 그 사람은 직업이 거지입니다. 평생 거지로 살아온 사람입니다. 일본에 징역 갔다 온 이후 삼십여 년을 거지로 살았습니다. 나이가 칠십이 되어 잘 듣지도 못하고 잘 움직이지도 못합니다. 그런데 이 사람이 자기보다 못한 거지들, 아예 동냥조차 할 수 없는 거지들 열여덟 명을 평생 먹여 살렸다고 합니다. 동냥을 해서 그들을 도왔다는 것입니다. 이 기사를 읽고 얼마나 도전을 받았는지 모릅니다. 그리스도인의 삶은 나누는 삶이어야 합니다. 돈만 나누는 것이 아닙니다. 돈도 나누고, 시간도 나누고, 지식도 나누고, 모든 것을 나누어 주어야 합니다.

형제, 자매 된 사람

셋째, 형제들입니다. 이것은 얼마나 아름다운 말인지 모릅니다. 우리는 모두 형제요, 자매입니다. 교회는 하나님의 집이요, 교인들은 하나님이 부르신 하나님의 백성입니다. 교회는 계급 사회가 아닙니다. 목사는 높은 계급에 있는 사람이 아닙니다. 장로가 그다음 계급에 있고, 집사가 그다음 계급이고 나머지는 그냥 평신도인 것이 아닙니다. 교회에서 왜 싸움이 납니까? 계급으로 만나니 싸우는 것입니다. 계급 사회에는 투쟁이 있습니다. 그러나 우리가 형제로 만나면 싸울 필요가 없습니다. "형님이 조금 잘못했는데, 그럴 수도 있지. 동생이 좀 실수했는데, 그럴 수도 있지" 하는 것입니다. 이것이 참된 기독교 공동체입니다.

착각하지 마십시오. 목사나 장로나 집사는 봉사직에 불과합니다. 절대 계급직이 아닙니다. 우리는 그리스도 안에서 형제요, 자매이며, 그리스도의 피로 하나 된 식구입니다.

당신 집에 예수님이 계십니까

마지막으로, 예수님을 깊이 생각해야 하는 이유를 히브리서 3장 2절 이하에서 찾아보겠습니다. 히브리서 기자는, 예수님은 영물 중에서는 천사보다 더 위대하고 인간 중에서는 모세보다 더 위대한 존재임을 계속 설명합니다. 모세는 구약의 율법을 대표하는 사람입니다. 모세는 하나님 집의 사환으로 충성했다고 합니다. '하나님의 집'은 천국이라는 말로 대신할 수 있고, 그리스도의 몸 된 교회로도 대체할 수 있습니다. 그렇다면 예수님은 어떤 분입니까? 이 하나님의 집에서 모세가 사환이라면, 예수님은 그 집의 아들입니다.

우리는 집보다 더 중요한 것이 그 집의 주인임을 압니다. 집은 그곳에 누가 사느냐에 따라 가치가 달라지기도 합니다. 백악관이 중요한 이유는 그곳에 미국의 대통령이 살기 때문입니다. 우리의 천국이 좋은 이유는 그곳의 주인이 예수 그리스도이시기 때문입니다. 그러므로 감옥이라 할지라도 주님이 계시면 천국일 수 있습니다. 헐벗고 고통스러운 장소일지라도 예수님이 계시면 천국으로 변화되는 것입니다.

교회 건물보다 더 중요한 것은 그곳에 예수님이 계시느냐 하는 것입니다. 우리는 아름다운 건물을 위해서 기도할 것이 아니라, 우리의 믿음을 위해서 기도해야 합니다. 우리의 믿음이 더 커지기를 기도해야 합니다. 그리고 우리의 사랑이 더 깊어지기를 기도해야 합니다. 교회가 아무리 화려해도, 그 안에 있는 사람들이 썩어 버리면 그 교회는 아무 가치가 없습니다. 건물보다 중요한 것은 건물 안에 누가 사느냐, 그 안에서 어떤 기도가 드려지고 어떤 결정이 이뤄지느냐 하는 것입니다. 모든 일이 하나님을 중심으로 일어나고 있느냐 하는 것입니다.

당신은 예수님을 어떻게 생각합니까? 얼마나 생각합니까? 우리의 대사도시며 대제사장이신 예수 그리스도를 깊이 생각하면서 하루하루를 보내기 바랍니다. 예수님께 당신의 모든 생애를 고정시켜 그분의 뜻을 알고 이루는 삶을 살아가길 바랍니다.

7

확실한 것을 끝까지, 견고하게

히브리서 3:7-19

이 장의 본문 말씀은 4장 11절까지 연결해서 보아야 전체적인 의미가 살아납니다. 그러므로 이 장의 말씀과 다음 장의 말씀을 연결해야 좀 더 완전한 내용을 이룹니다. 이 장에서는 먼저 그 전반 부분에 관해 살펴보겠습니다.

구원과 안식

'구원'에는 두 가지 측면이 있습니다. 하나는 사탄의 세력에서 벗어나 하나님의 자녀가 되는 구원입니다. 다른 하나는 구원받은 자가 들어가서 누려야 할 '안식'입니다. 여기서 말하는 안식은 약속으로 받은 유산, 즉 기업을 의미합니다. 그러므로 구원을 이야기할 때 구원과 안식이라는 두 가지 의미를 다 기억해야 합니다. 많은 사람들이 교회에 나와 예수 그리스도를 믿고 죄 사함과 세례를 받아 구원을 얻습니다. 하지만 그러한 교인들 가운데 성경이 말하는 안식에까지 들어가는 사람은 극히 소수입니다.

히브리서 기자는 이에 대해 출애굽기에 기록된 사건을 인용하여 설명하고 있습니다. 출애굽기의 내용은 무엇입니까? 전체적으로 보면, 구원과 안식입니다. 모세는 하나님의 명을 받아서 죄와 세상과 사탄을 상징하는 애굽의 통치로부터 이스라엘 백성을 구원해 냅니다. 하나님은 이 과정에서 애굽에 열 가지 재앙을 내리고 홍해를 육지처럼 가르셨습니다. 이것이 구원입니다.

하나님은 세상과 죄와 사탄에 얽매인 우리에게 복음을 주셔서 예수 그리스도를 바라보게 하고 구원받은 백성으로 삼아 주셨습니다. 그래서 우리 삶에서 마귀가 떠나게 하셨고 병을 고쳐 주셨고 영적인 체험을 하게 하셨습니다. 이런 놀라운 하나님을 경험함으로써 우리는 그리스도인이 되었고, 교회로 모이게 된 것입니다.

그런데 여기서 우리가 짚고 넘어가야 할 중요한 사실이 있습니다. 광야가 종착역이 아니라는 사실입니다. 지금 우리가 예수 믿고 구원받아서 교회에 온 것, 이것이 완전한 종착역은 아니라는 것입니다. 우리는 이 부분에서 착각하기 쉽습니다. 이스라엘 백성은 구원의 한 과정인 광야에서 40년을 방황했습니다. 그러나 하나님이 원래 이스라엘 백성을 인도하고자 하셨던 곳은 광야가 아니었습니다. 하나님이 약속하신 기업, 젖과 꿀이 흐르는 가나안 땅을 밟는 것이 하나님이 원하셨던 구원의 완성이었습니다. 그것이 바로 '안식'입니다.

모세를 따라 애굽에서 탈출하여 광야에 이른 이스라엘 백성은 이백만 명이 넘었습니다. 그러나 가나안 땅에 들어간 사람은 여호수아와 갈렙을 포함하여 소수의 사람들이었습니다. 이는 마치 오늘날 교회의 현실과도 비슷합니다. 예수님을 믿고 구원받은 성도는 많지만, 진정한 안식에 들어가 쉼을 얻고 약속의 기업을 소유하며 진정한 자유를 누리는 그리스도인은 많지 않습니다. 그저 몸만 교회에 왔다 갔다 하는 사람이 많습니다. 그들은 다만 힘든 세상살이를 위로받기 원합니다. 하나님의 뜻대로 살지 못하는 것을 위로받기 원합니다. 그러나 안식에 들어간 진정한 그리스도인은 십자가와 부활에까지 참여하는 사람입니다.

안식에 들어가지 못하는 이유

구원과 안식의 문제에 있어서, 홍해가 갈라지는 구원을 직접 목격하고 체험했던 그 많은 사람들이 바로 눈앞에 있는 약속의 땅에 왜 들어가지 못했는지 생각해 볼 필요가 있습니다. 이는 히브리서의 중요한 주제 중 하나입니다. 이는 앞으로 우리가 평생을 살아가는 데 있어 매우 중요한 문제이기도 합니다.

불신과 강퍅한 마음

"이스라엘 백성이 하나님이 주신 축복의 땅에 들어가지 못하고 광야에서 40년 동안 살게 된 이유는 무엇인가?" 이 질문에 대해 이 장의 본문 말씀은 한마디로 "구원은 받았지만 고집과 교만과 불순종 때문에 안식으로는 들어가지 못했다"고 답합니다. 그 마음이 강퍅했기 때문에 안식을 앞에 두고도 들어가지 못했다는 것입니다. 이는 단순히 몰라서 강퍅한 것이 아니라 하나님의 기적을 보고도 마음이 굳어져서 강퍅해진 것을 의미합니다.

이스라엘 백성은 가데스바네아에서 가나안 땅을 눈앞에 두고 열두 명의 정탐꾼을 보냈습니다. 돌아온 정탐꾼들 중 열 명은 부정적인 보고를 했고 나머지 두 명, 여호수아와 갈렙은 긍정적인 보고를 했습니다. 서로 다른 두 가지 보고를 듣고 백성은 어느 편에 섰을까요? 다수의 부정적 보고 편에 섰습니다. 그리고 그들의 마음은 강퍅해지기 시작했습니다. 원망하기 시작했습니다. 불평하기 시작했습니다.

그들은 이미 하나님의 기적을 목격한 사람들입니다. 애굽에 내린 열 가지 재앙과 눈앞에서 홍해가 갈라지는 기적을 경험하였고 그 바다를 건너오기까지 한 사람들입니다. 그럼에도 불구하고, 그들은 열 사람의 부정적인 보고를 듣자 "하나님이 어떻게 이러실 수 있는가? 이제 우리는 망하는구나. 여기서 죽게 되는구나" 하며 하나님을 원망하고 떠들어댔습니다. 하나님은 그런 이스라엘의 믿음 없는 모습을 보시고 그들로 하여금 광야에서 40년 동안 헤매게 하신 것입니다. "그래? 너희가 말한 대로, 강퍅해진 대로, 믿지 못하는 대로 여기서 40여 년을 살아라" 하신 것입니다.

격노하면, 화를 내면, 분노를 품으면 그 마음이 강퍅해집니다. 이스라엘 백성은 하나님의 오묘하신 뜻을 깨닫지 못하고 격노하여 불신과 불평과 원망을 쏟아 내며 불순종했기에 안식의 땅에 들어

가지 못했습니다. 고집과 강퍅한 마음, 하나님을 믿지 않고 신뢰하지 않는 마음 때문에 진정한 구원의 땅에 들어가지 못한 것입니다.

가나안 땅에 일곱 족속과 거인들이 살고 있었던 것은 사실입니다. 그들과 싸우면 이스라엘이 이길 수 없을 것이라는 열 명의 보고도 객관적으로 보면 사실입니다. 그러나 하나님이 허락하신 땅이므로 그들은 주저할 필요가 없었습니다. 그런데 열 명의 정탐꾼에게는 그런 믿음이 없었습니다. 믿음의 눈이 없었습니다. 그래서 자신들을 가나안 사람들과 비교하여 메뚜기 같다고 했습니다. 이것이 그들 시야의 한계였던 것입니다.

그런데 더 큰 문제는, 그들의 보고를 들은 이스라엘 사람들이 똑같이 격노하여 마음이 강퍅해지고 하나님을 원망하며 불평하기 시작했다는 것입니다. 이것은 오늘날 현대 교회가 하나님의 엄청난 기적 앞에서 취하고 있는 불신앙의 태도와 똑같습니다. 우리는 하나님이 하실 일을 인간의 경험과 사고와 생각으로 제한하려고 합니다. 하나님은 엄청난 일을 하기 원하시는데, 우리는 '내가 못하니까 하나님도 못할 것'이라고 생각합니다. 내가 감이 안 오니까 하나님도 안 될 거라고 생각합니다. 이러한 태도가 이스라엘 백성을 40년 동안 고생의 땅에 머물게 한 것입니다.

당신 개인과 당신의 교회 역시 앞으로 이런 문제에 직면하게 될 것입니다. '내 생애가 내 경험과 지식과 생각대로 갈 것인가, 아니면 하나님께서 계획해 주신 대로 갈 것인가?', '교회가 교인의 뜻대로 갈 것인가, 아니면 하나님의 뜻대로 갈 것인가?' 우리는 이 두 기로에 서 있는 것이나 다름없습니다.

이때 우리 인생을 우리가 결정하면 우리가 생각하는 수준의 인생밖에 못 삽니다. 매사가 그 범위 안에서만 결정됩니다. 그러나 우리가 우리 생각을 포기하고, 하나님의 엄청난 경륜과 계획을 의지하면서 모든 것을 맡기면 놀라운 일들이 우리 생애를 통해서 이루어질 것입니다.

내가 노하여 맹세한 바와 같이 그들은 내 안식에 들어오지 못하리라 하였다 하였느니라(히 3:11).

이 말씀처럼, 구원은 받았지만 은혜와 약속의 안식에 들어가지 못하는 것이 얼마나 큰 비극인가를 생각해 보십시오. 고집과 강퍅한 마음이 얼마나 무서운 결과를 가져오는지도 생각해 보십시오. 예수 믿고 교회 잘 나오는 것으로 다 된 것이 아닙니다. 헌금을 하고 봉사를 하고 직분을 얻는 것으로 다 되는 것이 아닙니다. 하나님 앞에서 우리가 정말 관심을 가져야 할 부분은 우리의 강퍅한 마음, 교만, 인간적인 판단력과 생각을 깨느냐 깨지 못하느냐 하는 것입니다. 이것이 초점입니다. 그래서 부드럽고 온유한 성품이 필요합니다. 이스라엘 백성처럼 불평과 의심의 성품을 갖기보다는 여호수아, 갈렙처럼 믿음의 성품을 갖는 것이 중요합니다.

믿지 않는 악한 마음

구원 이후에 안식에 들어가지 못하는 두 번째 이유는 믿지 않는 악한 마음입니다.

> 형제들아 너희는 삼가 혹 너희 중에 누가 믿지 아니하는 악한 마음을 품고 살아 계신 하나님에게서 떨어질까 조심할 것이요(히 3:12).

이 말씀은 믿음이 없는 악한 마음을 품고 있을 때 안식에 들어갈 수 없다는 경고입니다. 로마서에 "믿음으로 하지 않는 모든 것이 죄"라는 말씀이 있습니다. 믿음으로 생각하지 않는 것은 아무리 합리적인 말이라도 죄가 됩니다. 신앙생활은 모든 것이 믿음 위에 서 있어야 합니다.

이스라엘 백성은 광야에서 매일 하나님의 기적을 체험했습니다. 하늘에서 내리는 만나를 먹었고, 하나님이 보내 주신 메추라기 고기를 먹었으며, 바위에서 나는 샘물을 얻어 마셨습니다. 그런데도 그들은 하나님을 신뢰하지 않았습니다. 자주 의심했고 불평했으며, 금송아지를 만들어 숭배하기까지 했습니다. 이것이 이스라엘 백성의 모습이었습니다.

하나님에 대한 신뢰가 사라지면 인간의 마음속에는 악한 마음이 생깁니다. 믿음이 없어지면 불안이 찾아옵니다. 결과적으로 살아 계신 하나님과 멀리 떨어지게 되고, 그러면 다시 인간적인 생각, 현실적인 생각이 그 사람을 지배하게 됩니다. 그러므로 교회 봉사도 오직 기도와 믿음으로 해야 합니다. 인간적인 생각과 마음으로 하지 마십시오. 체면으로 하지 마십시오. 믿음 위에서 하십시오. 미래 설계도 믿음으로 하십시오. 성령 충만도 믿음으로 받으십시오. 하나님에 대한 온전한 신뢰와 믿음, 이것이 없으면 안식에 들어갈 수 없습니다.

안식으로 들어가는 길

그러면 구원받은 성도는 어떻게 안식에 들어갈 수 있겠습니까?

첫째, 오늘, 지금 이 자리에서 회개하고 변화를 받고 새사람이 되어야 합니다. 본문 말씀에 나오는 '오늘'이라는 단어를 유의해 보십시오. 거기에 중요한 의미가 있습니다. 7절, 13절, 15절에 나오는 이 단어는 구원과 안식을 이해하는 데 굉장히 중요합니다. 신앙은 과거도 아니고 미래도 아니고 오늘의 문제입니다. 당신이 과거에 어떤 경험을 했느냐보다 지금 당신의 영적 상태가 어떠한지가 더 중요합니다. 신앙은 당신이 과거에 신비 체험이나 은사 체험을 얼마나 많이 했는지보다 오늘 무엇을 체험하면서 사는지를 묻습니다.

오늘, 그리스도가 당신 마음에 계십니까? 오늘, 주님이 당신에게 말씀하고 계십니까? 오늘, 당신은 하나님이 주시는 신령한 음성과 능력을 듣고 체험합니까? 이것이 중요합니다. '오늘'이라고 일컫는 동안에, 지금, 현재, 바로 이 자리에서 회개하고 변화를 받고 새사람이 되는 것이 안식에 들어가는 첫 번째 조건입니다.

둘째, 안식에 들어가기 위해서 우리가 해야 할 일은 '서로 권면하는 것'입니다. "피차 권면하여"(히 3:13)라는 말은 매일 서로 용기를 주면서 격려하고, 서로 도와주라는 것입니다. 마음이 강퍅해지지 않도록, 마음이 교만해지지 않도록 우리는 피차 권면해야 합니다. 믿음 없는 악심을 품지 않도록 권면하고, 믿음이 약한 사람을 부축해 주고, 실의에 빠진 사람에게는 다시 한 번 용기를 주어 안식에 들어가도록 도와야 합니다. 겸손하고 온유한 성품으로 피차 권면해야 합니다. 이렇게 하면 죄의 유혹으로 인한 강퍅함을 피할 수 있습니다. 그럴 때 생명의 강이 흐르는 안식으로 들어갈 수 있게 됩니다.

소극적으로는, 광야에서 실패했던 이스라엘의 고집이나 악심을 품지 않도록 노력해야 합니다. 적극적으로는, 회개할 기회가 있는 동안에 피차 권면함으로써 안식에 들어가도록 해야 합니다.

셋째, 안식에 들어가려면 '우리가 시작할 때에 확신한 것을 끝까지 견고히 잡아야' 합니다.

우리가 시작할 때에 확신한 것을 끝까지 견고히 잡고 있으면 그리스도와 함께 참여한 자가 되리라(히 3:14).

우리가 시작할 때에 확신한 것을 끝까지 견고히 잡을 때 안식에 들어간다고 말하고 있습니다. 구원은 확실하고 확신한 것입니다. 그러나 이것을 끝까지 변함없이 잡는 것이 중요합니다. 처음 시작보다 더 중요한 것은 끝까지 잘 가는 것입니다. 누구든지 시작은 잘합니다.

그러나 폭풍이 불고 바람이 불고 어둠이 오고 시험이 오고 유혹이 와도 끝까지 견디는 것은 그리 만만한 일이 아닙니다. 그래도 그렇게 해야 안식에 들어갈 수 있는 것입니다. 도중에 포기하면, 도중에 바꾸면 안식에 들어가지 못합니다.

포기하지 않고 끝까지 갈 때, 그때 그리스도와 함께 참예한 자가 됩니다. 창조주 예수님, 영광의 예수님의 파트너가 됩니다. 이것이 구원의 완성입니다. 이것이 그리스도인들이 가져야 할 궁극적인 특권입니다. 병 낫고 귀신이 나갔다고 만족하지 마십시오. 예수님이 당신의 구주가 되었다고 그것으로 만족해서는 큰 낭패를 보게 됩니다. 거기에서 더 나아가 구원의 땅, 안식의 땅에까지 들어가야만 합니다.

구원의 궁극적 목표, 안식

히브리서 기자는 출애굽 시대를 언급한 시편 95편 말씀을 인용합니다.

성경에 일렀으되 오늘 너희가 그의 음성을 듣거든 격노하시게 하던 것같이 너희 마음을 완고하게 하지 말라 하였으니(히 3:15).

출애굽 후 광야 노중에서처럼 격동하여 마음을 완고하게 하지 말고, 시작할 때처럼 견고하게 끝까지 붙잡고 나아갈 것을 권면했습니다. 그러면서 저자는 세 가지 질문을 던집니다.

첫째, "듣고 격노하시게 하던 자가 누구냐?"(히 3:16)라고 묻습니다. 그들은 "모세를 따라 애굽에서 나온 모든 사람"이었습니다. 애굽에서 나온 모든 사람들은 구원을 받고 선택된 사람들입니다. 그런데 문제는, 구원받은 그들이 고집과 믿음 없는 악심을 품고 불평과 원망으로 인해 광야 노중에 머문다는 것입니다. 약속의 땅, 축복의 땅을 보고도 들어가지 못한 것이 그들의 문제이자 비극이었습니다. 오늘날에도 예수 그리스도를 믿고 구원을 받았지만, 원망과 불평과 격노와 고집과 못된 성격으로 서로 물고 싸우면 똑같은 결과를 가져오게 됩니다.

둘째, "하나님이 사십 년 동안 누구에게 노하셨느냐?"(히 3:17)라고 질문합니다. 이 질문의 답은 "시체가 광야에 엎드러진 범죄한 자들"입니다. 하나님은 불신자 때문에 진노하신 것이 아닙니다. 40년 동안 하나님의 속을 썩인 것은 구원받은 사람들이었습니다.

하나님은 예수 안 믿는 사람을 오히려 불쌍히 여기십니다. 하나님은 예수 안 믿는 사람들보다 얼렁뚱땅 믿는 사람들(구원은 받았으나 안식에 못 들어가는 사람들) 때문에 더 속상해 하십니다. 당신은 누구 때문에 속상합니까? 자녀가 아닌 사람들이 못되게 구는 것 때문에 속상합니까? 아니죠. 당신의 자녀가 못되게 굴고 잘못할 때, 속상해 하지 않습니까?

하나님이 속상하신 것도, 이 세상 사람들 때문이 아니라 믿는 우리들 때문입니다. 믿는 것도 아니고 안 믿는 것도 아니고, 더운 것도 아니고 찬 것도 아닌 사람들 때문에 속상해 하십니다. 하나님은 그런 사람들을 가나안 땅에 못 들여놓고 40년 동안 함께 고생하셨습니다.

셋째, "하나님이 누구에게 맹세하사 그의 안식에 들어오지 못하리라 하셨느냐?"(히 3:18)라고 질문합니다. 하나님은 이스라엘 백성을 모두 데리고 들어가시려다가 도중에 계획을 바꾸십니다. "너희를 결코 안식에 들여보내지 않겠다"고 맹세하셨습니다. 누구 때문에 그렇습니까? "순종하지 아니하던 자들" 때문입니다. 이 사람들이 지옥 갔다는 말이 아닙니다. 안식에 못 들어갔다는 것입니다. 구원 이후에 안식에 들어가지 못했다는 말입니다. 불순종 때문에 그랬습니다.

이로 보건대 그들이 믿지 아니하므로 능히 들어가지 못한 것이라 (히 3:19).

이제 본문의 마지막 구절은 "하나님을 믿지 않으면 안식에 들어갈 수 없다"고 말합니다. 우리는 끝까지 견디는 믿음으로 안식에 들어가는 삶을 살아야겠습니다. 우리의 목표는 이 세상이 아님을 다시 마음에 새기십시오. 우리는 지상에서 시작했지만, 우리를 천국에 이르게 하시는 것이 하나님의 목표입니다. 우리가 구원받고 광야 노중에서 죽는 것이 하나님의 목표가 아닙니다. 당신을 그냥 아무렇게나 살라고 놔두는 것이 하나님의 목표가 아닙니다.

우리는 예수님을 믿으면서도 많은 갈등과 고민을 합니다. 어떤 사람은 "목사님! 저는 목사가 아닙니다. 목사님이야 그렇게 사실 수 있지만 저는 세상 속에서 살지 않습니까?" 하며 자신의 삶을 합리화합니다. 그러나 그것은 하나님에게는 안 통하는 말입니다. 저는 타이틀 있는 목사요, 평신도는 타이틀 없는 목사입니다. 똑같습니다. '나는 세상에서 사는 평신도이니까 그렇게까지 안 해도 된다'는 논리는 통하지 않습니다. 평신도나 목사나 다 그리스도인입니다. 그리고 함께 안식에까지 들어가야 할 사람들입니다.

우리가 세상에서 이렇게 살 때 세상은 변합니다. 그리스도인이 타협하고 적당히 살면 세상은 죽었다 깨도 변하지 않습니다. "믿는 너나 안 믿는 나나 다 같지 않느냐, 교회 왔다 갔다 하는 거 빼놓고 너 말하고 생활하는 게 나와 다를 게 뭐 있냐? 똑같이 거짓말하고 똑같이 욕심부리고 똑같이 세속적으로 사는데 뭐가 다르냐?" 이런 말을 들으면 안 됩니다.

이는 목사 같은 성직자만 추구해야 하는 삶의 수준이 아닙니다. 그리스도인이라면 절대 타협해서는 안 되는, 그리스도인 모두가 추구해야 하는 삶의 수준입니다. 교회가 온전한 그리스도인의 삶을 요구하면 교인들이 부담을 느낍니다. 그러나 성경은 우리에게 그런 삶을 요구합니다.

결국, 안식에 이르기를

이스라엘 백성은 마음이 강퍅해지고 하나님을 신뢰하지 못하고 인간적인 생각으로 세상을 살아 나갔기 때문에 가나안 땅에 들어가지 못했습니다. 세상 속에서 살아갈 때, 당신의 마음이 강퍅해지지 않도록 주의하십시오. 하나님을 신뢰하지 못하는 일이 없도록 경계하십시오. 하나님께 불순종하거나 죄를 범하지 않도록 늘 깨어 있으십시오.

교회 안에서 예수 잘 믿는 것은 누가 못합니까? 교회 안에서 통하는 논리가 세상에서도 적용되어야 합니다. 교회 안에서 하는 것처럼 세상 속에서도 경건하게 살아야 합니다. 이는 엄청난 도전이요, 힘든 일입니다. 그러나 그렇게 해야 안식에까지 들어갈 수 있습니다. 예수 믿는 것 때문에 세상에서 핍박도 당하고 고통도 당하고 직장에서 쫓겨나기도 하는, 이런 결단 없이 세상을 이길 수 없습니다.

어떻게 그렇게 살 수 있습니까? 이런 상황은 생각만 해도 숨이 막힙니다. 결코 쉬운 일은 아닙니다. 그래서 기도가 필요합니다. 그래서 성령의 능력이 필요합니다. 결단을 하고 기도해야 합니다. 하나님의 뜻대로 살려고 애써야 합니다.

당신과 내가 함께 안식에까지 이를 수 있기를 바랍니다. 광야 노정에서 죽기를 원치 않습니다. 이스라엘 백성이 40년 동안 광야를 헤맨 것처럼 헛세월 보내는 일이 없기를 바랍니다. 하루를 살아도 제대로 믿어야 합니다. 매일 성경을 묵상하고 기도하십시오. 힘들고 어렵지만, 모든 사탄의 세력을 쫓아내고 당신의 물질관, 가치관, 세계관을 고쳐서 하나님의 백성으로 이 시대를 살아가십시오. 그럴 때 하나님이 영광을 받으십니다.

구원받은 것만으로 만족하지 말고 안식에까지 들어갈 수 있도록 하나님께 은혜를 구하십시오. 믿음에 있어서는 양보하지 마십시오. 안식에 들어가는 믿음을 얻기 위해 고민하십시오. 몸부림치십시오. 저는 그것이 하나님의 뜻이라고 믿습니다. 우리가 구하고 기도할 때, 하나님은 우리가 이 세상에서 하나님의 뜻대로 살 수 있도록 용기를 주실 것입니다. 은혜를 주실 것입니다.

8

아직 남아 있는 약속,
안식

히브리서 4:1-11

이 장은 앞의 7장에서 다룬 히브리서 3장 7-19절 말씀과 연결됩니다. 앞 장의 요지는 "그리스도와 함께 참예한 자가 되라"였습니다. 그리스도인의 참된 복은 애굽을 탈출하는 것에 그치지 않습니다. 젖과 꿀이 흐르는 가나안 땅, 즉 약속의 땅에까지 들어가서 안식하는 것을 포함합니다.

사람들은 투쟁을 하며 삽니다. 진정한 안식을 얻기 위해서입니다. 사람들은 열심히 일을 합니다. 진정한 쉼을 원하기 때문입니다. 성경을 보면 창조 사역은 그 결론이 안식으로 끝나고 있음을 알 수 있습니다. 하나님은 엿새 동안 일을 하셨고 제 칠 일에는 쉬셨습니다. 예수님의 구원 사역도 안식으로 결론을 맺습니다. 예수님은, 인자는 안식일의 주인이라고 말씀하셨습니다. 그러므로 우리는 예수 믿고 구원받은 후 참 안식에까지 들어가야 합니다. 이 안식은 죽어서뿐만 아니라 현재 우리가 살고 있는 이 험악한 세상속에서도 추구하고 누려야 할 것입니다. 이 안식에 도달하는 구원에 이르러야 참된 신앙이라고 말할 수 있습니다.

이 장에서 살펴볼 히브리서 4장 1-11절의 주제는 믿음과 안식입니다. 왜 그리스도인들에게는 안식에까지 이르는 구원이 중요합니까? 안식은 쉬운 말로 '쉬다'는 뜻입니다. 그러나 이것은 단순히 쉰다는 뜻이 아닙니다. 그리스도 안에서 모든 것을 마치고 쉰다는 의미입니다. 이 안식에 들어가는 비결은 믿음입니다. 그래서 믿음과 안식은 뗄 수 없는 관계를 가지고 있습니다.

여기에서 누려야 할 안식

너희가 너희 하나님 여호와께서 주시는 안식과 기업에 아직은 이르지 못하였거니와 너희가 요단을 건너 너희 하나님 여호와께서 너희에게 기업으로 주시는 땅에 거주하게 될 때 또는 여호와께서 너희에게 너희 주위의 모든 대적을 이기게 하시고 너희에게 안식을 주사 너희를 평안히 거주하게 하실 때에(신 12:9-10).

이 말씀은, 이스라엘 백성이 애굽에서 나오긴 했으나 아직 여호와 하나님께서 주시는 안식과 기업에는 이르지 못하였다는 뜻입니다. 또한 이스라엘 백성이 요단 강을 건넌 후 하나님이 사방의 모든 대적을 이기게 하시고 난 다음에 그들에게 안식을 주시고 평안히 거하게 하실 것이라는 설명입니다. 즉 요단 강을 건너고 홍해를 건넌 것만으로 만족해서는 안 된다는 말입니다.

우리 구원의 종착역은 죄와 사탄과 세상을 상징하는 애굽의 질곡에서 벗어나 홍해를 건너 가나안 땅에 들어가는 것이 아닙니다.

하나님이 약속하신 땅 가나안에 들어가서 모든 적을 무너뜨리고 그 약속의 땅을 기업으로 얻는 것입니다. 그것이 구원의 완성입니다. 그리고 그것을 가리켜 구약에서는 안식이라고 표현했습니다. 그 안식의 결국은 평안입니다. 이것을 신약의 표현으로 말하면, 거듭난 이후 사탄의 세력을 꺾고 이 험악한 세상에서 완전히 구원받은 자로서 승리의 삶을 사는 것입니다. 즉 그리스도 안에서 안식의 삶을 이 땅에서부터 소유하는 것을 의미합니다.

그러나 유감스럽게도, 그리스도인들 가운데 많은 사람들이 예수님을 믿고 구원을 받고 교회에 나가지만, 이 세상에서 진정한 안식을 누리지 못합니다. 불안해하며 쫓기고 패배하는 삶을 살고 있습니다. 이것이 우리의 불행입니다. 예수님이 구원을 완전하게 이루어 주셨건만 우리는 그 구원을 이 세상에서 다 누리지 못하고 절반쯤만 누리고 있습니다. 절반쯤만 하나님을 의지하고 붙잡고 살다가 쓰러지는 것입니다. 성경은 이렇게 사는 삶이 아니라, 좀 더 평안하고 완전하고 승리하는 삶, 사탄의 세력을 꺾는 성령 충만한 능력의 삶이 우리에게 있다고 강조하고 있습니다.

신약의 안식을 두 가지로 설명할 수 있습니다. 하나는 죽어서 가는 내세의 안식입니다. 우리가 보통 안식이라고 말할 때는 이 안식을 의미합니다. 장례식 때 말하는 안식입니다. 그러나 또 하나의 안식은, 죽어서 가는 영원한 안식이 아니라 오늘 우리의 현실에서 누려야 할 그리스도인의 영적인 안식입니다. 즉 그리스도인들과 교회가 "내가 너희와 세상 끝날까지 함께하겠다"는 예수님의 약속을 붙들고 이 세상에서도 승리하는 공동체, 승리하는 개인으로 살아가는 안식을 말하는 것입니다. 우리 그리스도인들은 세상 사람들과 같이 불의와 죄악과 고통과 눈물과 죽음이 엉켜 있는 이 세상 속에 살고 있지만, 주님이 함께하시므로, 주님이 주시는 평안으로 안식을 누릴 수 있습니다.

안식, 오직 믿음으로

> 그러므로 우리는 두려워할지니 그의 안식에 들어갈 약속이 남아 있을지라도 너희 중에는 혹 이르지 못할 자가 있을까 함이라(히 4:1).

히브리서 4장은 이렇게 시작됩니다. 우리가 안식에 미치지 못할 수도 있다고 말합니다. 사람들이 안식에 들어가지 못하는 이유, 절반쯤 승리하고 살다가 쓰러지는 이유가 있는데, 그것은 믿음이 없기 때문입니다.

이스라엘 백성이 내세의 안식은 차치하고 40년 동안 광야에서 방황하면서 가나안 땅에 들어가지 못한 이유는 저들이 믿지 않았기 때문입니다. 하나님의 약속과 구원이 없어서가 아니라, 하나님의 약속과 구원은 주어졌는데 이스라엘이 그것을 신실하게 믿지 못하고 신뢰하지 못했기 때문에 그 축복의 장소에 들어가지 못하고 방황했던 것입니다.

이는 오늘날 우리 그리스도인들에게도 해당되는 말입니다. 예수 그리스도를 믿고 있는 사람들, 즉 교회에 다니고 있는 사람들이 철저하게 믿지 못하기 때문에, 적당히 세상 속에서 타협하며 살고 있기 때문에 하나님이 예비해 놓으신 성령 충만한 능력의 삶을 살지 못하고 세상에 쥐여 사는 것입니다. 히브리서 3장 19절은 우리가 세상과 타협하여 적당히 살다가 그저 중간쯤에서 만족하고 포기해 버리는 이유를 믿음을 갖지 못했기 때문이라고 말합니다.

히브리서 기자는 4장 7절에서 다윗의 글을 인용했습니다. "오랜 후에 다윗의 글에 다시 어느 날을 정하여 오늘이라고 미리 이같이 일렀으되." 여기 '오늘'이란 말이 있습니다. 이 말에는 "이 구약의 사건은 과거의 사건입니다만 오늘날 우리도 들어야 할 사건입니다"라는 의미가 들어 있습니다. 즉 이 사건은 히브리서 기자가 살던 당시 사람들도 들어야 할 사건이고, 오늘 지금 이 책을 읽고 있는 당신도 들어야 할 사건이요, 메시지라는 것입니다.

안식에 대한 말씀은 단순히 옛날얘기가 아닙니다. 하나님은 오늘날에도 우리가 이 안식에 들어가 승리하는 삶을 살기를 원하십니다. 하나님은 이스라엘 백성이 광야의 여러 악조건 속에서도 가나안 땅에 들어가기를 원하셨던 것처럼, 현대의 우리도 하나님이 예비하신 참 안식에 들어가기를 원하십니다.

하나님은 오늘 이 세상의 조건을 우리보다 더 잘 알고 계십니다. 전쟁이 있고, 기근이 있고, 부조리가 있고, 불의가 있고, 고통이 있고, 눈물이 있는 것을 하나님은 너무나 잘 아십니다. 그러나 하나님은 그러한 우리의 현실 속에서도 우리 그리스도인들을 위해 안식의 자리를 예비해 두셨습니다. 그리고 오늘의 교회와 그리스도인들이 그 자리까지 들어가기를 원하십니다. 우리는 그곳에 들어가야만 합니다.

광야를 벗어나 가나안 땅으로

히브리서 기자는 4장 7절 뒷부분에서 이렇게 권면합니다. "오늘 너희가 그의 음성을 듣거든 너희 마음을 완고하게 하지 말라." 그리고 9-10절에서 이렇게 말합니다.

> 그런즉 안식할 때가 하나님의 백성에게 남아 있도다 이미 그의 안식에 들어간 자는 하나님이 자기의 일을 쉬심과 같이 그도 자기의 일을 쉬느니라(히 4:9-10).

우리에게 안식의 때가 남아 있다고 합니다. 하나님은 우리가 이 안식, 구원의 완전한 안식에까지 들어가고 그리스도 안에서 승리를 만끽하길 바라십니다.

그러나 애석하게도, 이스라엘 백성은 안식에 들어갈 약속을 받고도 들어가지 못했습니다. 하나님의 말씀에 믿음으로 화합하지 못했기 때문입니다. 로마서 14장 23절은 "믿음을 따라 하지 아니하는 것은 다 죄니라"고 말씀합니다. 이스라엘은 믿음이 없어서 죄를 지었고 하나님이 약속하신 안식에 들어가지 못했습니다.

홍해와 광야는 모세의 손에 이끌려 억지로라도 건널 수 있었습니다. 그러나 가나안 땅은 억지로 들어갈 수 있는 땅이 아닙니다. 사람들이 어떻게든 교회까지는 억지로 끌려올 수 있을지 모릅니다. 아내의 권면, 친구의 부탁, 체면치레 등으로 인해 억지로 교회까지 올 수 있을지는 모릅니다. 그러나 믿는 것은 본인이 해야 합니다. 그것까지는 억지로 안 됩니다. 이스라엘 백성이 광야까지는 모세에 의해 억지로 끌려왔으나 가나안 땅에 들어가는 것까지는 그렇게 안 되었습니다. 하나님을 신뢰하지 못했던 사람들, 믿음 없는 사람들은 다 광야에서 죽었습니다.

여기에 우리의 선택과 결단이 있습니다. 믿음이 없이는 참 안식도, 구원도 없습니다. 믿음이 없으면 마음이 강퍅해집니다. 강퍅해지면 고집이 생기고, 고집이 생기면 교만해집니다. 교만해지면 불순종에 이르게 됩니다. 알면서도 어쩔 수 없이 그 불순종의 세계 속에서 살게 됩니다.

그래서 히브리서 4장 1절은 안식에 들어갈 약속이 있음에도 불구하고 들어가지 못했던 이스라엘 백성을 예로 들면서 우리에게 두려워하라고 권면합니다. 두렵고 떨림으로 이 사실을 깊이 기억하라고 부탁합니다. "아직은 안식에 들어갈 효력이 남아 있다. 안식에 들어갈 약속이 남아 있다. 그러니 기회를 놓치지 말고, 적당한 그리스도인이 되지 말고, 이제 믿음의 결단을 내려서 온전한 신앙의 상태까지 들어가라."

하나님은 우리가 모두 구원받기를 원하셔서 우리에 대하여 오래 참고 계십니다. 하나님의 오래 참으심 때문에 아직 주의 재림은 이루어지지 않고 있습니다. 그러나 성경은 급한 목소리로 우리에게 경고하고 있습니다.

> 그러나 주의 날이 도둑같이 오리니 그날에는 하늘이 큰 소리로 떠나가고 물질이 뜨거운 불에 풀어지고 땅과 그중에 있는 모든 일이 드러나리로다(벧후 3:10).

어느 순간에 하나님의 날이 도둑같이 임할 것이라고 말합니다. "시간이 그렇게 많지 않다. 당신이 세상에 살아남아 있을 시간도 많은 것이 아니다. 이제 빨리 회개하고 믿음의 결단을 하고 구원을 받아라. 구원받을 뿐 아니라 안식에까지 들어가기를 바란다. 주저하지 말라." 이런 말씀입니다.

히브리서 기자는 이 장의 본문을 통해 이렇게 말하고 있습니다. "이스라엘 백성에게 그렇게 좋은 기회가 있었건만, 그렇게 좋은 지도자 모세가 있었건만, 그때 그렇게 분명한 하나님의 음성이 있었건만, 그들은 가나안 땅에 들어가지 못하고 결국 광야에서 시험들어 죽을 수밖에 없었다. 그 이유는 불신앙이다." 이스라엘이 안식에 들어가지 못한 이유는 약속이 없어서도 아니요, 가나안 땅이 없어서도 아닙니다. 그들의 불신앙 때문입니다.

히브리서 4장 2절은 "그들과 같이 우리도 복음 전함을 받은 자이나"라고 말합니다. 가나안 땅에 들어가라는 말을 복음으로 해석한 것입니다. 오늘날 우리는 예수 그리스도의 소식을 듣는 것을 복음이라고 말합니다. 이스라엘 백성은 복음을 들었습니다. 그러나 그들은 말씀을 믿음으로 화합하지 않았기 때문에 광야에서 방황했습니다. 결국 안식에 들어가지 못했고, 하나님의 약속의 유업을 받지 못했습니다.

물론 그렇다고 해서 그들이 모두 지옥에 갔다는 얘기는 아닙니다. 우리가 예수님을 열심히 믿었으나 완전한 안식에까지 안 들어갔다고 해서 지옥에 가는 것은 아닙니다. 예수의 이름을 부르고 교회에 나오기 때문에 그 문제는 다른 문제입니다.

그러나 지옥에는 가지 않더라도, 일등품으로 하나님이 원하시는 세계에 들어가지 못하고 이등품으로 적당한 신앙생활을 하게 될 수도 있다는 말입니다. 한 발은 세상에, 한 발은 교회에 들여놓고 이러지도 못하고 저러지도 못하고 그저 평생 회개만 하다가 하나님 앞에 가게 될 수도 있다는 말입니다. 하나님이 약속하신 그 영광스러운 능력과 기쁨과 감격과 은총의 삶을 경험해 보지 못하고 삶을 마칠 수도 있다는 말입니다. 남에게 전도 한번 못해 보고, 남에게 도움 주지는 못할망정 항상 도움이나 받고 신세만 지는 신앙생활을 하다가 갈 수도 있다는 말입니다.

우리는 이렇게 살지 말아야 합니다. 하나님은 우리가 주면서, 베풀면서, 전도하면서, 남을 도와주면서 능력 있고 기쁨 충만한 신앙생활을 하도록 예비하셨습니다. 어차피 구원은 다 받는 것이지만, 광야에서 죽지 말고 가나안 땅에 들어가라는 말입니다.

이스라엘 백성이 그렇게 못했던 이유는 불신앙 때문이었습니다. 지금 당신은 어떻습니까? 불신앙과 교만 때문에, 마음이 강퍅하기 때문에 이 귀한 복을 놓치고 있지 않습니까? 이것을 경계하라는 것이 히브리서의 메시지입니다.

우리가 하나님이 원하시는 삶을 살기 위해서는 우리가 들은 말씀이 믿음과 화합해야 합니다. 말씀은 하나님으로부터 주어지는 것이요, 믿음은 내가 결단하는 것입니다. 오늘 결단해야 합니다. 주저하면 또 광야에 머물게 됩니다. 믿음은 어떻게 생깁니까? 믿음은 그리스도를 바라봄으로 생깁니다. 믿음은 내게 있는 게 아닙니다. 믿음은 볼 때 생깁니다. 믿음은 말씀을 들을 때 생깁니다.

이때 우리는 믿음의 결단을 해야 합니다. 그리스도를 바라보고, 말씀을 듣고 믿음의 결단을 할 때 능력 있게 살 수 있습니다. 죄와 적당히 싸우다가 반쯤 타협하는 부끄러운 신앙생활을 하지 않으려면, 날마다 말씀을 듣고 그리스도를 바라보고 믿음의 결단을 내려야 합니다. 이것이 하나님이 약속하신 안식에 들어가는 길입니다. 우리가 믿음의 결단을 내릴 때 말씀은 능력이 되어 삶을 변화시켜 주고, 죄악과 싸워 이기는 지혜와 힘을 주고, 우리를 공격하는 사탄의 세력을 막아냅니다.

예배를 통해 누리는 안식

히브리서 기자는 4장 3-9절에서 창세기 1장을 소급해 안식에 관해 설명합니다. 하나님이 세상을 엿새 동안 창조하셨는데 이 창조 사역을 마치고 제 칠 일에는 쉬셨다, 즉 안식하셨다고 합니다. 3절 이하부터 나오는 설명이 그것입니다.

이로 보건대, 안식은 창조 때부터 주어진 것입니다. 안식은 지금 생긴 것이 아니라 창조 때부터 주어진 것입니다. 단순히 일을 다 했기 때문에 손 털고 쉬는 것이 아닙니다. 일주일 동안 세상에서 열심히 살았기 때문에 하루 손 털고 예배를 드리는 날이 아닙니다. 창조의 의미에서 보면, 안식은 하나님이 스스로 만드신 온 우주 만물, 즉 그분의 피조물들로부터 영광을 받으시고 쉬시는 날입니다.

하나님은 자신이 완성해 놓으신 창조물들을 보고 좋아하셨습니다. 자신의 창조물들로 인해 기뻐하고 감격하셨습니다. 안식은 하나님이 보시기에 심히 좋았던 그 모든 창조 사역을 마치고 그분이 만드신 온 우주 창조물로부터 영광을 받으시는 날입니다. 하나님은 이 일곱째 날을 복 주사 거룩하게 하고 안식하셨습니다. 이것은 단순히 게으르게 쉬는 것과는 다릅니다.

이것을 구약에서는 무엇으로 표현했습니까? 예배로 표현했습니다. 안식일의 초점은 예배를 드리는 것입니다. 오늘날 우리도 주일에 역시 예배를 드립니다. 그런데 이 안식의 개념을 모르는 사람들은 예배를 헛것으로 만들 수 있습니다. 예배의 진정한 의미도 모른 채 몸만 왔다 갔다 하기가 쉽습니다. 안식의 개념은 신약에서도 마찬가지입니다. 예수님은 "인자가 안식일의 주인"이라고 하셨습니다.

안식의 즐거움은 일주일 동안 주님의 이름으로 열심히 일한 사람만이 받는 복입니다. 한 주 동안 형편없이 산 사람은 주일에 예배를 드리는 의미가 없습니다. 월요일부터 토요일까지 말씀과 그리스도를 힘입어 사탄과 싸우고 전도하기를 힘쓰고 삶의 자리에서 노력하고 충성스럽게 산 사람들만이, 하나님이 창조 사역을 마치고 안식에 들어가신 것처럼 주일에 하나님과의 깊은 교제와 안식에 들어가는 것입니다. 이게 안식입니다.

안식일에 절대 일하지 말라는 것은 율법적으로 반드시 아무 일도 하지 말아야 한다는 것이 아니라, 하나님께 예배드리는 데 방해되는 모든 것을 하지 말라는 말입니다. 이를 더 적극적인 의미에서 본다면, 예배드리고 하나님과 교제하고 그 축제의 잔치를 드리는 데 있어서 더 깊게, 더 열심히 뭐든지 다 하라는 뜻입니다. 안식일은 하나님께 영광 돌리는 날이기 때문입니다.

오늘날 우리는 예배를 회복해야 합니다. 현대 사회의 예배는 위기를 맞고 있습니다. 형식에 치우치고 있습니다. 그저 주일에 교회 안 가면 불안하기 때문에 가는 사람이 많습니다. 예배는 그렇게 드려서는 안 됩니다. 예배를 통해 우리의 신앙생활과 주일의 하이라이트이신 하나님을 만나야 합니다. 하나님의 음성을 듣고, 놀랍고 복된 하나님과의 교제가 이루어져야만 일주일의 생활을 능력 있게 살아갈 수가 있습니다. 이것이 구원의 축제입니다.

히브리서 기자는 다윗의 음성을 통해 우리에게 다시금 이 사실을 이야기합니다. "그날이 오늘이다. 너희가 그 음성을 오늘 듣거든 구약 시대의 이스라엘 백성처럼 마음을 강퍅하게 하지 말고 안식에 들어가도록 겸손하게 믿음을 가져라. 그 어느 날이 바로 오늘이라는 사실을 명심해라."

그리고 여호수아 사건을 인용하면서 또다시 권면합니다. "여호수아 시대에도 안식이 있었다. 여호수아와 갈렙이 이스라엘 백성을 이끌고 가나안 땅에 들어갔다. 그러나 그것도 진짜 안식은 아니다. 안식할 때가 하나님의 백성에게 아직 남아 있다."

우리의 진짜 안식은 메시아입니다. 예수님은 그래서 오셨습니다. 예수님이 오심으로써 우리에게 진정한 구원의 안식이 주어졌습니다. 우리가 예수님을 잘 믿으려면 얼마나 힘듭니까? 많이 인내하고 힘쓰고 애써야 예수 잘 믿게 되지 않습니까? 그러나 그런 것만 있지 않습니다. 우리의 신앙생활은 투쟁이요, 동시에 안식입니다. 그리스도의 이름으로 세상에 나가서 악과 투쟁하고 애쓰고 싸웁니다. 그러나 동시에 그리스도 안에서 안식을 누리며 자유와 평안과 찬양과 감사와 감격이 넘치는 삶을 삽니다. 우리는 두 가지를 동시에 소유해야 합니다. 오늘 예수 믿는 사람들이 구원의 감격과 안식의 축복을 다시 회복해야 할 이유가 여기에 있습니다.

투쟁과 안식의 조화

히브리서 4장 9절은 "진짜 안식은 하나님의 백성에게 남겨져 있다"고 말합니다. 하나님은 그리스도를 믿음으로써 구원을 받고 참 안식에 동참하는 이들에게 하나님이 창조 사역 후 누리셨던 것과 같은 안식의 쉼과 만족과 기쁨을 주실 것입니다. 하나님은 오늘날 그리스도인들에게 이런 놀라운 안식의 복을 약속하셨습니다.

저는 "쉬면 죄짓는다"고 배웠습니다. 사실, 인간은 깨어 있지 않으면 죄짓기 십상입니다. 그래서 열심히 말씀 보고 기도하고 전도해야 합니다. 그러나 이런 일들을 하나님과의 교제 속에서 누리는 안식 없이 하면 병납니다. 하나님과 친밀히 교제하는 기쁨과 쉼 없이, 율법적으로 행하면 병이 듭니다. 그러므로 하나님 안에서 잘 쉬고 안식을 누리는 것도 하나님의 일입니다.

한때 저는 일하는 것만이 하나님께 영광 돌리는 것인 줄 알았습니다. 그러나 말씀을 보니, 안식도 하나님의 일입니다. 투쟁도 하나님의 일이지만 안식도 하나님의 일인 것입니다. 하나님 안에서 안식하면서 일하는 것과 투쟁하면서 일하는 것을 겸해야 제대로 된 신앙생활이라 할 수 있습니다. 주님의 일을 하다 보면, 나의 열심이 하나님의 일을 앞지르기 쉽다는 것을 가끔 느낍니다. 우리는 이를 경계해야 합니다.

당신의 삶에서는 투쟁과 안식이 아름다운 조화를 이루기 바랍니다. 그리하여 하나님께 영광을 돌리고, 진정한 예배자가 되는 복을 누리기 바랍니다. 오늘날 안식의 회복은 예배의 회복이라고 생각합니다. 수많은 교회들이 다 예배를 드립니다. 그러나 진정한 안식과 구원의 축제를 경험하는 예배가 얼마나 될까요? 당신이 참여하는 예배는 진정한 안식이 되며 구원의 축제가 되고 있습니까?

주님이 주시는 안식을 누리기 위해서 믿음으로 순종하십시오. 결단하십시오. 그리고 계속해서 하나님의 말씀 안에 서십시오. 하나님은 우리가 구원의 과정을 거쳐 참 안식에까지 들어가도록 말씀을 주셨습니다. 또한 우리에게 순간순간 은혜를 주십니다.

많은 프로그램이나 일 때문에 정작 당신 자신은 하나님의 안식에 들어가지 못할까 주의하십시오. 하나님 중심으로 일하고, 성령의 도우심으로 일하십시오. 그리스도보다 앞장서지 않도록 주의하며, 그분이 서신 곳에 서고, 그분이 앉으시는 곳에 앉으십시오.

9

믿음을 잃으면
모든 것을 잃는다

히브리서 4:12-16

애굽을 탈출한 이스라엘 백성이 안식에 들어가지 못하고 겪는 비극과 실수로 점철된 역사를 돌이켜보며, 히브리서 기자는 하나님 말씀의 본질과 우리의 대제사장이신 예수 그리스도를 제시합니다. 그리고 그 예수 그리스도의 은혜의 보좌 앞에 담대히 나아갈 것을 권면합니다.

히브리서 기자는 우리를 은혜의 보좌 앞으로 인도하기 위해서 먼저 말씀 앞으로 우리를 인도합니다.

하나님의 말씀은 살아 있고 활력이 있어 좌우에 날 선 어떤 검보다도 예리하여 혼과 영과 및 관절과 골수를 찔러 쪼개기까지 하며 또 마음의 생각과 뜻을 판단하나니(히 4:12).

히브리서 기자가 지금까지 구약을 통해서 이스라엘 백성의 역사적 실패를 설명한 것은, 단순히 도덕적 교훈이나 옛날이야기를 전하려 한 것이 아닙니다. 그 말을 듣고 있는 청중에게 적합한 하나님의 말씀이 구체적으로 나타나게 하기 위해서입니다. 다시 말하면, '하나님만 신뢰하는 안식에까지 들어가는 그리스도인이 될 것이냐, 아니면 하나님을 신뢰하지 못하거나 신뢰하되 자신과 하나님을 섞어서 신뢰하며 적당히 살아가는 그리스도인이 될 것이냐' 질문하며 도전하는 것입니다.

살아 있는 하나님의 말씀

히브리서 4장 12-16절은 특별히 하나님의 말씀에 대한 설명을 좀 더 구체적으로 하고 있습니다. 그렇다면 히브리서 기자가 설명하는 하나님의 말씀은 어떻습니까?

첫째, 하나님의 말씀은 살아 있습니다. 하나님의 말씀은 죽은 말씀이 아니라 살아 있는 말씀입니다. 둘째, 하나님의 말씀은 살아 있기에 운동력, 즉 에너지가 있습니다. 셋째, 운동력이 있을 뿐 아니라 예리하게 날이 선 검과 같습니다. 말씀에 관해서 이렇게 세 가지로 설명하고 있습니다. 이에 대해 차례로 살펴보겠습니다.

첫째, 하나님의 말씀은, 우리에게 들리고 읽히는 말씀은, 성령을 통해 우리의 심령에 도전을 주는 말씀은 살아 있는 말씀입니다. 하나님의 말씀은 에스겔서에 등장하는 해골 골짜기의 죽은 뼈 같은 것이 아닙니다. 역사도 철학도 고고학도 문학도 예술도 아닙니다. 그것은 실제로 살아 있는 하나님의 말씀입니다.

육체를 신뢰하며 안식에 들어가지 못하는 그리스도인은 성경을 고서나 경전 취급하기 쉽습니다. 그런 사람들은 성경 말씀을 가까이하지 않습니다. 성경을 들고 다니기만 할 뿐, 그 속에 담긴 살아 있는 말씀의 능력은 체험하지 못한 채 살아갑니다. 어쩌다 성경 한 구절을 읽어도 자기 생각이 성경의 생각보다 더 크고, 성경의 판단력보다 자기의 판단력이 우선합니다. 성경이 주는 말씀보다는 자기 경험이 더 우선합니다. 이런 사람들은 성경을 들고 다니는 사람에 불과합니다. "성경이 깨끗한 사람은 마음이 더럽고, 성경이 더러운 사람은 마음이 깨끗하다"는 말이 있습니다. 이 말은 참으로 맞는 말입니다.

경건하게 하나님의 말씀을 읽는 사람에게는 그 말씀이 살아 움직여서 그 사람에게 말을 하고 그 사람에게 역사합니다. 많은 사람들이 성경에 대해 무지하기 때문에 하나님에 대해서도 무지합니다. 하나님에 관해 기록하고 있는 성경에 무식하면 하나님에 대해서도 무식할 수밖에 없습니다.

에너지를 가진 하나님의 말씀

둘째, 말씀은 살아 있는 실제이기 때문에 운동력, 즉 에너지를 갖고 있습니다. 물이 끓으면 수증기로 변하고, 그 수증기가 다시 엄청난 힘으로 변하는 것과 같은 이치입니다. 물에 열을 가하면 수증기가 발생합니다. 그 수증기의 힘은 기차를 움직입니다. 마찬가지로 하나님의 말씀은 살아 움직일 뿐 아니라, 그것이 우리 영혼에 접촉되면 놀라운 힘으로 우리 영혼과 육체를 사로잡습니다. 그것은 구체적인 능력입니다. 말씀은 곧 능력입니다.

그러므로 귀신 들린 자에게 말씀이 임하면 귀신이 소리를 지르고 떠나갑니다. 하나님의 말씀이 병든 자에게 임하면 치료가 일어납니다. 하나님의 말씀에는 폭풍도 잠잠케 하는 능력이 있습니다. 분노하고 고민하고 괴로워하고 절망하던 영혼에 하나님의 말씀이 들어가면 그 영혼이 위로받고 평안을 얻고 기쁨을 얻습니다. 이것이 말씀입니다.

예수님은 하나님의 말씀으로 충만하셨습니다. 아니, 예수님 자신이 곧 하나님의 말씀이셨습니다. 태초에 하나님의 말씀이 있었습니다. 이 말씀은 곧 예수 그리스도입니다. 그래서 예수님의 삶은 곧 능력이었습니다. 하나님의 말씀은 지금도 똑같이, 말씀을 묵상하고 경건히 그 앞에 무릎 꿇고 그것을 받아들이는 이에게 구원의 능력과 하나님의 놀라운 에너지로 임합니다. 말씀을 높이고 말씀을 사모하고 말씀을 공부하는 교회에 하나님이 능력을 주십니다. 말씀에 살아 있는, 말씀을 깊이 연구하고 날마다 그 말씀을 붙들고 사는 개인과 가정에도 하나님은 이 능력을 주십니다.

영을 분리하는 하나님의 말씀

셋째, 하나님의 말씀은 좌우에 날 선 예리한 검과 같습니다. 검과 같은 말씀은 두 가지 일을 합니다. 우선, 우리의 혼과 영과 관절과 골수를 찔러 쪼갭니다. 그것들을 분리하는 힘을 갖고 있습니다.

구약 시대에 하나님께 제사를 드릴 때, 제사장들은 예리한 날을 가진 칼로 짐승들의 각을 떴습니다. 그렇게 해서 하나님께 바칠 것과 버릴 것을 구분했습니다. 이와 마찬가지로, 하나님의 말씀이 우리 안에 들어오면 우리의 혼과 영과 관절과 골수를 찔러 쪼개어 구분하고 분리합니다.

하나님의 말씀이 없을 때는 나와 마귀가 혼재되어 있습니다. 이게 나인지 마귀인지 잘 모릅니다. 내 생각과 마귀의 생각이 섞여 있습니다. 그래서 어디서부터 어디까지가 내 생각이고 어디서부터 어디까지가 마귀의 생각인지 구분하기가 어렵습니다. 무엇이 육체적인 것이며 무엇이 영적인 것인지 구분이 되지 않습니다. 기도도 방황을 하고, 믿는 것도 방황을 합니다. 적당히 믿고 적당히 세상을 살아갑니다. 모든 것이 혼돈스럽습니다. 갈등이 옵니다.

그러나 우리 속에 하나님의 말씀이 들어가면 구분할 수 있게 됩니다. 하나님의 것과 세상의 것, 땅의 것과 하늘의 것, 이런 것들이 구분되기 시작합니다. 구분이 되어야 정리가 되고, 정리가 되어야 예수님을 바르게 믿을 수 있습니다. 많은 사람들이 마귀적 발언과 마귀적 행동을 하면서도 그것이 자신인지 마귀인지 구분을 못합니다. 어떤 때는 이상한 말이나 이상한 행동을 하고 난 다음에 내가 왜 그랬을까, 나는 그러고 싶지 않았는데 하며 후회하기도 합니다. 그 속에 하나님의 말씀이 없기 때문입니다.

이런 상황을 우리 자신의 힘으로는 어쩔 수가 없습니다. 우리 힘으로는 제대로 구분할 수가 없기 때문입니다. 하나님의 말씀이 들어오지 않으면 우리는 아무것도 제대로 볼 수가 없습니다. 하나님의 생명이, 하나님의 살아 있는 말씀이 들어와야 모든 것을 제대로 구분할 수 있습니다. 하나님의 말씀이 우리 안에 들어오면 죄를 짓지 않을 수 있는 능력이 생깁니다. 자기 자신을 제어할 수 있는 힘이 생깁니다. 이것이 하나님의 말씀의 능력입니다.

귀신이 떠난다는 것은 무엇입니까? 분리된다는 것을 의미합니다. 사탄의 세력이 나와 섞여 있었을지라도 하나님의 말씀이 임하면 그것이 내게서 분리되고 떠나게 되는 것입니다. 그렇게 되면 나는 하나님의 생각을 하게 됩니다. 하나님이 기뻐하시는 것을 할 수 있는 능력을 갖게 됩니다.

다음으로, 예리한 검과 같은 말씀은 우리의 마음과 생각을 꿰뚫어 보게 합니다. 하나님의 말씀 앞에서는 숨겨지는 것이 없습니다. 하나님의 말씀이 임하면 모든 것이 백일하에 드러납니다.

저는 설교를 듣고 난 성도들끼리 가끔 이렇게 말하는 것을 들었습니다. "오늘 설교 말씀은 꼭 내 얘기 같아. 목사님이 어떻게 내 사정을 아시고 그런 설교를 하셨을까? 족집게처럼 딱딱 맞는 거 있지…." 목사가 어떻게 전 성도의 사정을 세세히 알겠습니까? 어떤 사람은 누군가 자기 이야기를 일러바쳤다고 오해하기도 합니다. 하지만 그런 것이 아닙니다. 우리 마음의 생각과 뜻을 감찰하시는 하나님의 말씀이 살아 역사하여, 그 말씀 앞에 모든 것이 다 드러나기 때문에 그런 생각이 드는 것입니다. 말씀 앞에서는 아무것도 숨길 수 없습니다.

성경 공부를 할 때나 혼자서 큐티를 할 때나 설교를 들을 때 우리 안에 숨겨진 모든 나쁜 생각들, 감추어진 모든 것들을 백일하에 드러나게 하는 것이 바로 말씀의 특징입니다. 히브리서 4장 13절은 이런 상황을 "벌거벗은 것같이 드러나느니라"고 표현했습니다. 사람 많은 데서 벌거벗었다고 가정해 보십시오. 그것도 강제로 벗김을 당했다고 가정해 보십시오. 얼마나 창피하고 불안하고 무섭고 두렵겠습니까? 하나님의 말씀 앞에 서면 마치 그와 비슷하다는 것입니다. 하나님의 말씀은 살아 있는 능력이요, 예리한 쌍날칼같이 혼과 영과 및 관절과 골수를 찔러 쪼개고 우리의 마음과 생각과 뜻과 비밀스러운 것과 감추어진 것까지 전부 드러내 버리기 때문입니다. 이 얼마나 무섭고 두렵고 떨리는 역사입니까. 이러한 하나님의 말씀 앞에 감히 바로 서 있을 자가 누구겠습니까? 이 같은 하나님의 말씀이 오늘 바로 우리 앞에도 있습니다.

말씀이 되신 예수 그리스도

이제, 히브리서 4장 14절은 우리를 말씀에서 예수 그리스도에게로 옮겨 주고 있습니다.

그러므로 우리에게 큰 대제사장이 계시니 승천하신 이 곧 하나님의 아들 예수시라 우리가 믿는 도리를 굳게 잡을지어다(히 4:14).

말씀 이야기를 하다 갑자기 그리스도 이야기로 바뀝니다. 12절에서 "하나님의 말씀은 살아 있고 활력이 있어 좌우에 날 선 어떤 검보다도 예리하여 혼과 영과 및 관절과 골수를 찔러 쪼개기까지 하며 또 마음의 생각과 뜻을 판단하나니"라는 엄청난 말씀으로 하나님의 말씀의 역사에 관해 일러 주더니, 이제는 장면을 바꾸어서 우리를 예수님에게로 이끌어 갑니다. 왜 그렇습니까? 요한복음 1장을 기억해 보십시오.

태초에 말씀이 계시니라 이 말씀이 하나님과 함께 계셨으니 이 말씀은 곧 하나님이시니라 … 말씀이 육신이 되어 우리 가운데 거하시매 우리가 그의 영광을 보니 아버지의 독생자의 영광이요 은혜와 진리가 충만하더라(요 1:1, 14).

예수님이 곧 말씀이시기 때문입니다. 하나님의 말씀이 인간의 몸을 입고 우리 가운데 거하시는데, 그분이 바로 예수 그리스도입니다. 우리는 말씀을 바라볼 때 그 앞에서 아무것도 감출 수 없는 죄인으로서 두렵고 무섭고 부끄럽고 겁나지만, 예수 그리스도가 말씀의 주인이 되셨기에 그분만 바라보면 안심과 구원과 소망을 가질 수 있습니다. 그래서 히브리서 기자는 계속해서 예수 그리스도를 깊이 생각하고 예수 그리스도를 바라보라고 우리에게 위로와 구원과 소망과 축복의 말씀을 주는 것입니다.

예수님이 말씀하시면 아무리 어렵고 힘든 문제도 쉬워집니다. 무섭던 것이 안 무서워지고 두렵던 것이 두렵지 않습니다. 우리가 비록 주홍같이 붉은 죄를 지었고 정말 용서받을 수 없는 엄청난 죄인이라 할지라도, 주님 앞에 가면 다 이해받고 용서받을 수 있습니다. 그래서 예수님이 마태복음 11장에서 이렇게 말씀하셨습니다.

수고하고 무거운 짐 진 자들아 다 내게로 오라 내가 너희를 쉬게 하리라 나는 마음이 온유하고 겸손하니 나의 멍에를 메고 내게 배우라 그리하면 너희 마음이 쉼을 얻으리니 이는 내 멍에는 쉽고 내 짐은 가벼움이라 하시니라(마 11:28-30).

이 사회는 뭐든지 붙잡아야 되고, 긴장해야 되고, 신경써야 되고, 도전해야 되고, 싸워야 되고, 경쟁해야 됩니다. 이런 사회 속에서, 예수 믿으면서도 불안해하고 예수 믿으면서도 다른 사람의 시선을 의식하고 타인의 시선을 지옥처럼 느끼는 우리를 향해 주님은 "나에게 와서 쉼을 얻으라"고 말씀하십니다. 예수님은 경쟁과 스트레스 속에서 고군분투하는 우리를 향해 "내게로 와서 쉬어라" 하시며 안식으로 초청해 주십니다.

요한복음 8장에 나오는 간음하다가 현장에서 붙잡힌 여인을 생각해 보십시오. 죄를 짓다가 현장에서 붙잡힌 여자. 그녀는 하나님의 말씀 앞에 도저히 설 수 없는 사람입니다. 하나님의 거룩하신 본질 앞에 이 여자가 어떻게 설 수 있겠습니까? 그러나 그녀는 사람들에 의해 예수님 앞으로 끌려왔습니다. 숨막히는 이 순간, 그 여자를 돌로 쳐 죽이려는 많은 사람들에게 예수님은 "죄 없는 자가 먼저 돌로 쳐라" 하셨습니다. 그러자 사람들이 슬금슬금 다 빠져나갔습니다.

그다음에 예수님은 어떻게 하셨습니까? 만약 이때 예수님이 끌려온 여자에게 "어쩌자고 이런 꼴로 여기 끌려왔느냐?" 하며 책망하셨다면, 여자는 정말 아무 할 말이 없는 사람입니다. 그러나 예수님은 그렇게 묻지 않으셨습니다. "여자여, 너를 고소하던 그들이 어디 있느냐?"고 물으셨습니다. 예수님은 실로 그 여자 편이 되어 주셨습니다. 그 여자의 입장이 되어 주셨습니다. 두려움, 떨림, 죄의식, 수치심, 불안, 공포 속에 있는 그 여자 편에서 "너를 치려던 사람들이 다 어디 갔느냐?"고 물으셨습니다. 그들이 다 떠나고 아무도 없다고 여자가 말씀드리자, 예수님은 나도 너를 정죄하지 아니하노니 가서 다시는 죄를 범하지 말라(요 8:11)며 여자에게 용기를 주십니다. 그러면서 그 여자를 편안하게 보내 주십니다. 예수 그리스도는 바로 이런 분이십니다. 예수 그리스도 앞에 나오면 용서받고 위로받습니다.

하나님의 말씀은 살아 있고 활력이 있어 좌우에 날 선 검같이 예리하여 우리의 영과 혼과 관절과 골수를 찔러 쪼개며, 우리의 마음과 생각과 뜻을 판단하며 모든 것을 백일하에 다 드러냅니다. 그렇기 때문에 죄인인 우리는 말씀 앞에서 제대로 숨을 쉴 수 없습니다. 하지만 예수님 앞에 나오면 이 말씀에 자비와 위로가 더해집니다. 그래서 히브리서 기자는 우리를 예수님 앞으로 초대합니다. 우리의 대제사장이신 예수님께로 이끕니다.

저는 예수님을 보기 위해 뽕나무에 올라갔던 삭개오를 생각하면 그렇게 좋을 수가 없습니다. 그 사람은 우리와 거리가 먼 사람이 아니라, 마치 우리 분신 같은 사람입니다. 부족함이 많은 사람입니다. 상처가 있는 사람입니다. 외로웠던 사람입니다. 그런 그가 예수님을 보기 위해 뽕나무에 올라갔습니다. 예수님은 이런 삭개오에게 자비로운 손을 내미셨습니다. 예수님을 만난 삭개오는 완전히 새로운 사람이 됩니다.

삭개오만 그런 경험을 한 것이 아닙니다. 세리 마태, 일곱 귀신 들린 여자, 문둥병자, 각색 병든 자, 나면서부터 소경 된 자, 절망과 고통의 늪에 살고 있던 수많은 사람들이 예수님 앞에 나와서 회개하고 치료받고 구원받았습니다. 병 고침을 받고 귀신들에게서 풀려나고 새사람이 되었습니다. 예수 그리스도는 바로 그런 분입니다. 예수님은 그 어떤 사람도 다 받아 주시고 품으셨습니다.

우리도 날마다 예수님께 나아가야 합니다. 우리가 어떤 상황에 있든지, 어떤 존재든지 상관치 말고 예수님을 바라보아야 합니다. 예수 그리스도를 믿는다고 하는 당신은 지금 그분을 바라보고 있습니까? 해변에서 떡을 떼어 제자들에게 나누어 주셨던 그 예수 그리스도, 어떤 죄인도 어떤 원수도 다 품어 주시는 예수 그리스도를 바라보면서 이 험한 세상을 살고 있습니까?

한 인간이셨던 예수 그리스도

그렇다면, 우리가 바라보아야 할 예수 그리스도는 어떤 분입니까? 히브리서 기자의 말을 들어 보십시오. 앞서 설명한 14절 말씀에 따르면, 첫째, 예수님은 실로 우리의 큰 대제사장입니다. 둘째, 승천하신 분입니다. 즉 예수님은 돌아가신 후 무덤에 갇혀 계신 것이 아니라 부활하고 승천하셨습니다. 셋째, 하나님의 아들입니다. 예수님은 바로 이런 분입니다.

이러한 예수님에 대해 히브리서 4장 15절은 한 걸음 더 나아가 이렇게 설명합니다.

우리에게 있는 대제사장은 우리의 연약함을 동정하지 못하실 이가 아니요 모든 일에 우리와 똑같이 시험을 받으신 이로되 죄는 없으시니라(히 4:15).

우리는 흔히 이런 말을 합니다. "부자가 어찌 가난한 자의 심정을 알리오. 건강한 자가 어찌 병든 자의 절망을 알리오. 배운 자가 어찌 못 배운 자의 설움을 알리오." 자가용 타는 사람은 택시나 버스 타는 사람의 심정을 평소에는 잘 이해하지 못합니다. 그러면 언제 알 수 있습니까? 직접 버스를 탈 때입니다. 본인이 직접 타 보지 않으면 많은 사람들 속에서 이리 밀리고 저리 밀리는 고충을 모릅니다.

우리는 예수님에 대해 이런 질문을 할 수 있습니다. "예수님은 하나님의 아들인데 나를 아실까? 신이신 그분이 인간인 나의 열등감, 피해 의식, 불안, 초조, 연약함, 절망감, 정신적 혼돈, 형편없는 속물근성을 아실까? 그분은 모르실 거야." 이런 생각 때문에 예수님과 동질감을 느끼기는커녕 더 멀게만 느껴질 수도 있습니다. 그러나 예수님은 우리와 같은 인간이 되심으로써 우리의 모든 것을 체휼하셨기에 우리의 상황이나 감정을 다 알고 이해하십니다.

어떤 유명한 선교사가 한센병 환자들에게 복음을 전하는데 아무리 해도 잘되지 않았습니다. 그들은 "당신이야 건강하니까 그런 소리 하지. 나 같은 한센병자라면 당신도 그러지 못할 것이다" 하면서 그의 전도를 받아들이지 않았습니다. 이 선교사는 복음을 전하고픈 강렬한 열망으로 기도하다가, 마침내는 한센병 균을 자기 몸에 집어넣었습니다. 예수를 전해 주기 위해서 말입니다. 한센병이 걸린 그는 다시 한센병 환자들을 찾아갔습니다. "여러분, 이제

저도 여러분과 똑같이 한센병에 걸렸습니다." 그제야 한센병 환자들이 눈물을 흘리면서 말씀을 듣더랍니다.

이 이야기 속 선교사처럼 예수님도 우리와 같이 되셨습니다. 그분은 인간이 되셔서 이 땅에 오셨고 십자가까지 지셨습니다. 그래서 인간의 절망, 인간의 고통, 인간의 배고픔, 인간의 피로를 잘 아십니다. 인간이 겪는 배신, 매 맞음, 고문, 억울한 죽음 등도 잘 알고 계십니다. 왜냐하면 그것이 바로 예수님 자신의 생애였기 때문입니다. 예수님처럼 억울하게 죽은 사람이 어디 있습니까? 예수님처럼 누추한 곳에서 태어난 사람이 어디 있습니까?

예수님이 이 땅에 오셔서 살다 가신 것은 우리를 위해서입니다. 예수님은 33년 생애 동안에 인간이 겪을 수 있는 오해와 배신과 빈곤을 비롯해 모든 것을 친히 겪으셨습니다. 그 예수님이 당신을 더 잘 아십니다. 예수님은 당신의 절망보다 더 깊은 절망을 맛보셨습니다. 오죽하면 땀이 피가 되도록 기도하셨으며, 얼마나 괴로웠으면 심한 통곡을 하셨겠습니까!

그는 육체에 계실 때에 자기를 죽음에서 능히 구원하실 이에게 심한 통곡과 눈물로 간구와 소원을 올렸고 그의 경건하심으로 말미암아 들으심을 얻었느니라(히 5:7).

예수님은 당신을 너무나도 사랑하십니다. 이 사실을 인정하십시오. 당신보다 더 기막힌 경험을 많이 하신 분입니다. 그러나 그 분과 우리의 다른 점이 있습니다. 그분은 죄가 없다는 사실입니다. 우리는 죄인으로서 아는 것뿐이고, 그분은 죄가 없는 분으로서 죄 지은 인간보다도 더 깊이 인간의 실존을 이해하시는 분입니다. 그 러므로 누구든지 예수 그리스도 앞에 나아오는 자는 은혜를 받고 위로를 받고 치료를 받고 용서를 받고 새사람이 되는 것입니다.

우리가 익히 들어서 많이 알고 있는 예화가 있습니다. 예수님이 우 리를 얼마나 잘 알고 인도하시는지 깨닫게 해 주는 예화입니다.

어느 날 밤, 한 사람이 꿈을 꾸었습니다. 꿈속에서 그는 예수님 과 함께 해변을 산책하고 있었습니다. 그리고 하늘 저편에서는 그 가 지금까지 살아온 삶의 모든 장면들이 영화처럼 상영되고 있었 습니다. 각각의 장면에서 그는 모래 위에 새겨진 두 줄의 발자국을 발견할 수 있었습니다. 하나는 그의 것이었고, 다른 하나는 예수님 의 발자국이었습니다. 그가 살아오는 동안 예수님이 언제나 그와 함께 걸으셨던 것입니다.

마지막 장면이 펼쳐지고 있을 때쯤, 문득 그는 길 위에 있는 발 자국들이 어떤 때는 한 줄뿐임을 알아차렸습니다. 그리고 생애에 서 가장 절망적이고 슬펐던 시기마다 발자국이 한 줄이라는 사실 도 깨달았습니다. 그는 예수님께 따졌습니다.

"예수님, 예수님은 언제나 저와 함께 걸어갈 것이라고 약속하셨 습니다. 하지만 제 인생에서 가장 힘든 시기들을 되돌아보니 거기에는 발자국이 한 줄밖에 없었습니다. 왜 예수님은 정작 제가 예수님을 필요로 할 때면 저를 버리셨습니까?"

예수님이 말씀하셨습니다.

"애야, 나는 너를 사랑하며, 결코 한순간도 너를 떠나지 않았다. 네가 가장 힘들고 고통스러웠을 때마다 내가 너를 업고 걸어갔단다. 그것은 나의 발자국이란다."

우리는 혼자서 고난의 길을 걸어온 것처럼 착각하고 있지만, 그래서 고난의 때에 찍힌 발자국이 우리 자신의 것인 줄 알고 있지만, 사실 그것은 십자가에서 죽기까지 우리를 사랑하신 예수님의 발자국이었습니다.

굳게, 그리고 담대하게

이 장의 본문 말씀은 결론적으로 우리에게 두 가지를 권면하고 있습니다.

첫째, "그러므로 우리에게 큰 대제사장이 계시니 승천하신 이 곧 하나님의 아들 예수시라 우리가 믿는 도리를 굳게 잡을지어다"(히 4:14). 성경은 우리에게 우리가 믿고 있는 도리를 굳게 붙잡으라고 부탁합니다. "의심하지 마라. 뒤돌아보지 마라. 주저하지 마라. 네가 믿기로 결정한 그 예수를 굳게 붙잡아라. 의심이 와도, 환경이 너를 고통스럽게 만들지라도, 세상 일이 너를 괴롭게 하여도, 네 안에 안개처럼 피어오르는 죄와 교만이 너를 좌절시킨다 할지라도 네가 믿기로 한 예수를 굳게 붙잡아라. 네가 신앙을 고백한 예수를 굳게 붙잡아라." 이것이 히브리서 기자의 첫 번째 권면입니다. 당신이 믿는 도리를 다시 한 번 굳게 붙잡기 바랍니다.

둘째, "그러므로 우리는 긍휼하심을 받고 때를 따라 돕는 은혜를 얻기 위하여 은혜의 보좌 앞에 담대히 나아갈 것이니라"(히 4:16). 두 번째 권면은 "담대히 나아가라"입니다. 은혜의 보좌는 주님이 우리를 위해 만들어 놓으신 것으로서 하나님의 보좌, 하나님의 존전에 있는 것입니다. 이 하나님의 은혜의 보좌는 하나님의 통치와 보호와 자비와 은총을 상징합니다. 하나님의 은혜의 보좌에는 누구든지 올 수 있습니다. 어떤 죄인이라도 들어올 수 있는 곳이며, 예수 그리스도의 이름으로 누구든지 용서받을 수 있는 곳입니다. 예수님이 십자가에서 피 흘려 돌아가신 것은 바로 이를 예비하시기 위함입니다. 하나님의 은혜의 보좌 앞에서는 누구든지 새로워지고 거듭나고 성령의 인 치심을 받을 수 있습니다. 이것이야말로 성도와 하나님의 만남에서 클라이맥스입니다.

은혜의 보좌 앞에서 주시는 하나님의 은혜는 가장 필요할 때 돕는 은혜입니다. 때를 따라 돕는 은혜입니다. 바로 지금, 당신은 은혜의 보좌 앞에 나아갈 수 있습니다. 은혜의 보좌 앞에 담대히 나아가십시오. 예수님 앞에 나아가는 것을 주저하지 마십시오. 주저할수록 손해입니다. 지금 결심하십시오. 자신을 돌아보고 웅크리지 마십시오. 우리 하나님이 바로 당신을 위해 은혜의 보좌를 준비해 놓으셨습니다. "담대히 나아가라"는 말은 "주저하지 말라"는 말입니다. 두 번 생각하지 말고 그대로 순종하라는 말입니다.

지금 나아가십시오. 아직 예수님을 영접하지 않았다면 지금 예수님 믿기로 결심하십시오. 좀 더 관찰해 보고, 좀 더 생각해 보고, 좀 더 알아보고 믿어야겠다고 생각했다면 이제는 결단하고 은혜의 보좌 앞에 아무 염려 말고 담대히 나아가십시오. 예수님이 두 팔 벌려 당신을 영접하실 것입니다. 당신을 치유하실 것입니다. 당신을 도와주실 것입니다. 당신에게 필요한 용기를 주실 것입니다.

우리 주 예수님은 어제나 오늘이나 영원토록 변함이 없으신 분입니다. 그분은 늘 우리를 영접해 주시고, 치료해 주시고, 용기를 주셔서 하나님의 일꾼이 되도록 하십니다. 은혜의 보좌 앞에 지금 담대히 나아가기 바랍니다. 믿는 도리를 굳게 잡고, 주저하지 말고, 주님이 벌리신 두 팔에 안기도록 은혜의 보좌 앞에 담대히 나아가기 바랍니다.

은혜의 보좌 앞에서 주시는 하나님의 은혜는 가장 필요할 때 돕는 은혜입니다. 때를 따라 돕는 은혜입니다. 바로 지금, 당신은 은혜의 보좌 앞에 나아갈 수 있습니다. 은혜의 보좌 앞에 담대히 나아가십시오. 예수님 앞에 나아가는 것을 주저하지 마십시오. 주저할수록 손해입니다. 지금 결심하십시오.

2부

예수님만 바라보면 행복해집니다

히브리서 5:1-10:39

예수를 깊이 생각하고 바라보십시오.
장소를 초월하고 시간을 초월하고 심판을 초월하는
이 놀랍고 완전한 구원의 반열에 서십시오.
예수를 희미하게 믿었던 사람들이 지금 예수님을 영접하고
구원을 노래하도록 기도하십시오.
우리는 뒤로 물러가 멸망에 빠질 사람들이 아니요,
완전한 구원함에 이르는 믿음을 가진 사람들입니다.

10

불안한 시대의
확실한 터전

히브리서 5:1-10

오늘날 우리는 불안하고 불확실한 시대에 살고 있습니다. 든든하게 생각되던 터전들이 알고 보니 흔들리는 터전이었습니다. 그렇게 믿었던 사람들, 그렇게 의지했던 조직들, 그렇게 신뢰했던 모든 것들이 사실은 한순간에 걷잡을 수 없이 흔들리는 터전이었습니다.

흔들리는 것은 그뿐이 아닙니다. 인간이라는 존재 자체가 흔들리는 존재입니다. 인간은 본질적으로 불안전하고 불확실한 존재입니다. 인간은 언젠가는 죽습니다. 그리고 살아서도 늘 건강하게만 살 수 있는 존재가 아닙니다. 언제 죽을지, 무슨 병에 걸릴지, 갑자기 무슨 일을 당할지 한 치 앞도 못 보는 인간은 그 존재 자체가, 삶 자체가 불안전하고 불확실합니다.

그렇기 때문에 우리에게 절실히 필요한 것은 이 세상에서 안심하고 확실하게 살아갈 수 있는 말씀과 믿음입니다. 이 말씀과 믿음 없이는 우리가 이 세상을 안심하고 살아갈 수 없습니다.

앞 장에서는 "긍휼하심을 받고 돕는 은혜를 얻기 위해 은혜의 보좌 앞에 담대히 나아가라"는 말씀을 나누었습니다. 그 은혜의 보좌에는 대제사장이신 예수 그리스도가 계시기 때문에 우리는 그 보좌 앞에 담대히 나아갈 수 있습니다.

세상은 과거에도 변했고 지금도 변하고 있으며 앞으로도 끊임없이 변할 것입니다. 그리고 그러한 세상은 우리에게 확신을 줄 수 없습니다. 문화와 문명이 발전하고 발달할수록 우리는 더 불안할 것입니다. 그러나 예수님은 어제나 오늘이나 영원토록 동일하며, 확실하며, 변함이 없으십니다. 그러므로 우리가 예수님 안에 거할 때, 진정으로 예수님을 모시고 살 때, 불확실한 이 세상에서 확실한 신앙과 믿음을 가지고 세상을 이겨 나갈 수 있습니다.

인간으로서의 대제사장, 예수

이 장의 본문 말씀 첫머리에 '대제사장'이라는 중요한 낱말이 나옵니다. 예수 그리스도는 우리의 영원한 대제사장입니다. '대제사장'이란 말이 왜 중요합니까? 그리고 그 뜻은 무엇입니까?

구약 시대에 대제사장은 인간을 대표해서 속죄하는 피를 가지고 하나님께 나아갔습니다. 동시에 하나님을 대신해서 인간에게 은혜와 긍휼을 베풀었습니다. 성경에서 보여 주는 대제사장은 다른 종교에서는 찾아볼 수 없는 독특한 개념입니다. 이는 우리의 신앙을 결정해 주는 요소이기도 합니다.

성경은 창세 이래로 하나님과 인간의 관계를 제사적 관계로 표현합니다. 가인과 아벨이 제사를 드리기 시작한 이래 아브라함, 이삭, 야곱 등 그 후손들도 하나님께 제사를 드렸습니다. 그들은 어디를 가나 하나님께 제단을 쌓았고 하나님께 경배를 드렸습니다. 하나님은 시내 산에서 모세에게 제사 예법을 가르쳐 주셨습니다. 그래서 이스라엘은 광야에서 제사를 드릴 성막을 지었습니다. 그리고 하나님 말씀대로 아론과 그 후손에게 제사의 임무를 맡겼습니다. 하나님께 드리는 제사는 그들 신앙의 핵심이었습니다. 그들 삶의 중심, 공동체의 중심이었습니다. 이렇듯 하나님과 인간의 관계에서 제사 사역은 아주 중요한 것입니다.

그렇다면 이 모든 제사 사역의 완성은 어디서 이루어졌습니까? 예수 그리스도입니다. 예수 그리스도를 보면 하나님을 만나게 되고, 예수 그리스도를 보면 그 안에서 참 인간을 만나게 됩니다. 우리 자신을 보면 인간을 제대로 볼 수 없습니다. 우리 자신을 보면 타락한 인간, 썩어진 인간, 변질된 인간, 지옥의 인간을 발견하지만, 예수님을 보면 하나님이 만드신 참 인간을 발견하게 됩니다.

우리를 대신하여 하나님께 제사를 드리는 대제사장 예수 그리스도, 그리고 예수님이 수행하시는 대제사장직은 어떤 특징을 가지고 있을까요? 우리는 이미 앞 장에서 히브리서 4장 14-16절을 통해 대제사장이 어떤 존재인지 살펴보았습니다. 이 장에서는 히브리서 5장 1절 이하 말씀을 중심으로 살펴보겠습니다.

대제사장마다 사람 가운데서 택한 자이므로 하나님께 속한 일에 사람을 위하여 예물과 속죄하는 제사를 드리게 하나니 그가 무식하고 미혹된 자를 능히 용납할 수 있는 것은 자기도 연약에 휩싸여 있음이라(히 5:1-2).

이 말씀 앞부분을 다른 성경에서는 이렇게 번역했습니다. "대제사장은 사람들 가운데서 뽑혀 그들을 대표하여 하나님을 섬기는 일을 맡고 있습니다"(현대인의 성경). 우리는 이 말씀에서 대제사장의 역할과 특징을 발견할 수 있습니다.

첫째, 대제사장은 사람 가운데서 취한 존재입니다. 그래서 예수 그리스도도 인간의 모습을 입고 대제사장 역할을 하셨습니다. 인간으로 이 땅에 오셨고, 인간으로서 대제사장이 되셨습니다. 그렇기 때문에 이 대제사장은 인간을 누구보다도 잘 알고 이해하시는 분입니다. 인간을 이해하지 못하는 사람은 대제사장이 될 수 없습니다. 인간의 모든 죄악과 연약함과 고통과 절망을 이해하지 못하면 대제사장이 될 수 없습니다. 그러나 예수님은 인간의 이 모든 상황을 다 아셨습니다. 그분은 인간의 모든 연약함과 불안함을 알고 이해하시는 분입니다. 무식하고 잘못에 빠진 사람을 너그럽게 받아 주시는 분입니다. 예수님은 본래 하나님이지만 인간을 이해하기 위해 인간이 되셔서 인간의 연약한 모든 사정을 친히 겪고 아시는 분입니다.

그러므로 예수님은 나의 절망과 의심을 아십니다. 나의 깊은 상처를 아십니다. 나의 병과 연약함을 아시고, 내가 가진 강박관념과 열등의식도 아시며, 내가 겪고 있는 정신적 고통에 대해서도 다 잘 알고 계십니다. 내가 하나님에 대해 무지하고 버릇없고 교만해서 잘못된 길로 빠져 허덕이는 것도 그분은 잘 알고 이해하십니다. 왜냐하면 예수님은 사람으로서, 사람 가운데서 택함을 받은 대제사장이기 때문입니다.

그러므로 예수님 앞에 가면 위로 받지 못할 사람이 한 사람도 없습니다. 예수님 앞에 가면 치료받지 못할 사람이 한 사람도 없습니다. 예수님은 무서운 분이 아닙니다. 예수님은 우리를 잘 이해하고 받아 주십니다. 우리가 잘했나 못했나 꼬치꼬치 따지고 묻고 다그치지 않으십니다. 우리가 그렇게 할 수밖에 없었던 상황을 이해하고 너그럽게 받아 주십니다.

예수님은 우리가 죄지은 것도 다 아십니다. 그리고 이해하십니다. 우리의 동기가 그렇게 나쁘지 않다는 것, 마음은 원이로되 육신이 약해 넘어졌다는 것도 다 아십니다. 그리고 우리가 거기서 벗어나려 하지만 벗어날 수 없어 답답해하는 심정도 우리 주님은 잘 이해하고 계십니다. 그래서 주님은 "수고하고 무거운 짐 진 자들아 다 내게로 오라 내가 너희를 쉬게 하리라"(마 11:28)고 말씀하시는 것입니다. 예수님은 그분의 보혈을 의지해 그분 앞에 나아온 사람에게는 꼬치꼬치 묻고 따지지 않으십니다.

우리는 그 대표적인 예를 간음하다 현장에서 붙잡혀 예수님께 끌려왔던 여인에게서 찾을 수 있습니다. 말할 수 없는 절망과 수치심과 죄의식에 어쩔 줄 몰라 하던 여인을 향해 예수님은 다른 아무것도 캐묻지 않으시고 "너를 고발하던 그들이 어디 있느냐 … 나도 너를 정죄하지 아니하노니 가서 다시는 죄를 범하지 말라"(요 8:10-11)고 말씀하십니다. 예수님은 이런 분입니다.

더구나, 우리가 하나님 앞에 직접 나아갈 수 없는 죄인임을 아시기에 우리를 대신해서 십자가에 못 박혀 돌아가셨습니다. 예수님은 우리 죄를 속죄하기 위해 하나님께 드리는 속죄 제사를 친히 대신 드려 주시는 분입니다.

예수님은 실로 우리의 대제사장입니다. 인간으로 오셔서 우리의 모든 것을 알고 이해하시는 대제사장입니다. 그래서 우리는 예수님 안에서 안식과 평화를 누리고, 자유와 기쁨을 맛보며, 치료와 구원을 경험합니다.

완전한 속죄를 이루신 대속자

둘째, 대제사장은 대속자입니다. 그래서 우리의 대제사장 되신 예수님은 우리의 죄를 대신 속죄하셨습니다. 다시 말하면, 예수님이 수행하신 대제사장직의 특성은 하나님의 백성을 대신해서 하나님께 나아가 속죄 제사와 예물을 드려 주는 것입니다.

우리가 누군가에게 무슨 잘못을 했을 때, 그 사람한테 그 사실을 말해야 하는데 두렵고 무서워서 하지 못하는 경우가 있습니다. 그럴 때 두 사람을 잘 아는 제3자가 위로해 주면서 "괜찮다. 내가 그 사람을 잘 아니까, 내가 대신 가서 잘 말해 주마. 너는 그냥 여기 있어라" 하고 대신 나서서 상대방을 설득해 주고 내 형편과 그럴 수밖에 없었던 사정을 이야기해 주면 얼마나 안심이 되고, 얼마나 큰 위로와 용기를 얻겠습니까? 예수님이 바로 그런 분입니다.

예수님은 대제사장으로서 우리를 대신하여 하나님께 나아가 우리의 죄를 속죄해 주시는 분입니다. 살다 보면 원치 않게 답답한 일이 많은데, 우리 주님은 그 사정을 너무나 잘 아시기 때문에 친히 우리를 어루만져 주시고, 다시 한 번 용기를 주시고, 우리가 하나님의 은혜의 보좌 앞에 나아갈 수 있도록 도와주십니다.

구약의 제사장들은 제사를 드릴 때, 백성을 위한 제사보다 자신을 위한 제사를 먼저 드렸습니다. 왜냐하면 제사장도 죄인이기 때문입니다. 자신의 죄를 먼저 씻고, 그다음에 백성을 위해 제사를 드렸습니다. 이것이 원래 순서입니다. 구약의 제사장은 연약한 인간이었기 때문입니다.

> 그러므로 백성을 위하여 속죄제를 드림과 같이 또한 자신을 위하여도 드리는 것이 마땅하니라(히 5:3).

그러나 예수님은 죄인을 위해 죽으셨지만 죄는 없으신 분입니다. 인간의 연약함을 알고 직접 체험도 하셨지만 그분은 연약한 분이 아닙니다. 이것이 구약의 제사장과 우리의 제사장 예수님의 차이점입니다. 예수님은 단번에 십자가에서 피 흘려 죽으심으로 말미암아 완전한 속죄를 이루셨습니다. 수천 년 동안 해 왔던 속죄제를 멈추게 하시고, 양과 소의 피가 아닌 자신의 피로 친히 단번에 완전한 속죄를 이루어 주셨습니다.

그러므로 예수 그리스도를 믿는 자에게는 다시 드려야 할 속죄제가 없습니다. 다시 짐승을 죽일 필요가 없으며 다시 피 흘릴 필요가 없습니다. 예수 그리스도를 믿기만 하면 영원한 구원과 생명을 주십니다.

"죄인들을 위하여 주님 찾아오셨네. 주 안에 생명이 있네. 죄인들을 위하여 주님 찾아왔으나, 사람들 영접 안 했네. 예수 안에 생명 있네. 주님이 빛이 되시네"(김석균, 〈예수 안의 생명〉).

우리가 잘 아는 이 복음송 가사처럼 예수님 안에 참 생명이 있습니다. 예수님은 그 참 생명을 주시기 위해 우리를 찾아오셨습니다. 그리고 우리를 대신하여 하나님께 속죄제를 드리시고, 우리의 허물과 불의와 온갖 죄를 감춰 주시고, 하나님의 자녀로 삼아 주셨습니다.

셋째, 대제사장은 하나님이 정하시는 것입니다. 제사장은 하고 싶다고 해서 아무나 마음대로 할 수 있는 것이 아닙니다. 하나님이 부르셔야만, 하나님이 지명해 주셔야만 대제사장이 될 수 있습니다. 구약에서도 하나님이 친히 지적하신 아론과 그 아들들이 대제사장 역할을 할 수 있었습니다.

> 이 존귀는 아무도 스스로 취하지 못하고 오직 아론과 같이 하나님
> 의 부르심을 받은 자라야 할 것이니라(히 5:4).

대제사장직은 하나님이 친히 불러 주셨기 때문에 더욱 존귀한 직분이 되었습니다. 타락한 인간 사회에서 이처럼 존귀한 직분은 없습니다.

이스라엘이 40년 광야 생활을 마치고 가나안 땅에 들어가 땅을 분배할 때, 모든 지파는 땅을 유업으로 받았으나 레위 지파만은 땅을 기업으로 받지 못했습니다(수 14장). 하나님이 그들의 기업이 되셨기 때문입니다. 하늘이 그들의 기업이 되었기 때문에 레위 지파에게는 땅의 기업이 주어지지 않았습니다. 레위 지파는 하늘을 기업으로 삼을 만큼 하나님이 친히 구별하신 제사장 지파입니다.

예수님도 온 인류를 위해 하나님이 친히 지명하신 대제사장입니다. "그는(예수님은) 근본 하나님의 본체시나 하나님과 동등됨을 취할 것으로 여기지 아니하시고 오히려 자기를 비워 종의 형체를 가지사 사람들과 같이 되셨고 사람의 모양으로 나타나사 자기를 낮추시고 죽기까지 복종하셨으니 곧 십자가에 죽으심이라"(빌 2:6-8)는 말씀처럼, 예수님은 하나님과 동등하시지만 자신을 낮추사 인간으로 이 땅에 오셔서 하나님으로부터 친히 우리를 대신하는 대

제사장직을 받고 죽기까지 복종하셨습니다.

하나님이 불러 주셨다는 개념에서 한 가지 나누고 싶은 이야기가 있습니다. 하나님이 불러 친히 일을 맡겨 주시는 것처럼 귀한 복이 또 어디 있겠습니까. 하나님을 위해 봉사할 수 있다는 것은 얼마나 큰 특권이요, 복인지 모릅니다. 그런데 유감스럽게도, 교회에서 봉사할 때 체면이나 자기 의지의 실현이나 자신을 시험하기 위해서 봉사하는 사람들이 많습니다. "내가 한번 봉사하기로 했으니까 끝장을 봐야 한다"든지 "내가 이 정도는 해야지 체면이 서지" 하는 마음으로 봉사하다가 하나님이 주신 귀한 직분의 큰 영광을 다 잃는 경우가 많습니다. 이렇게 되면 갈등과 고민이 생기게 됩니다. 봉사할 때 기쁨이 없습니다.

그러나 봉사의 특권이 하나님에게서 온 것이고, 하나님의 부르심을 받고 하는 것이라면 얼마나 기쁘고 감사한 일이 되겠습니까. 이런 봉사는 환희와 생명이 넘치는 봉사가 됩니다. 모든 것이 기쁨이요, 감사요, 복이 됩니다. 당신도 하나님께 받은 귀한 직분이 있습니까? 당신의 직분이나 봉사가 하나님이 맡겨 주신 것입니까? 그렇다면 그 직분을 통해 하나님의 영광을 맛보게 될 것입니다. 예수님이 하나님께 받은 대제사장직을 잘 수행하신 것처럼 당신도 하나님께 받은 직분을 잘 감당하여 하늘의 복을 누리기 바랍니다.

신적 기원에서 비롯된 대제사장직

이제, 예수님이 대제사장직을 어떻게 감당하게 되셨는지 생각해 보겠습니다. 예수님의 대제사장직은 그 근본을 신적 기원에서 찾을 수 있습니다.

> 또한 이와 같이 그리스도께서 대제사장 되심도 스스로 영광을 취하심이 아니요 오직 말씀하신 이가 그에게 이르시되 너는 내 아들이니 내가 오늘 너를 낳았다 하셨고 또한 이와 같이 다른 데서 말씀하시되 네가 영원히 멜기세덱의 반차를 따르는 제사장이라 하셨으니 (히 5:5-6).

시편에서 인용한 "너는 내 아들이니 내가 오늘 너를 낳았다", "네가 영원히 멜기세덱의 반차를 따르는 제사장이라"는 말씀은 무슨 뜻입니까? 예수님의 대제사장직은 인간적 기원을 갖는 레위 지파와 같은 반열이 아니라 신적 기원을 갖는 멜기세덱의 반열이라는 의미입니다. 멜기세덱은 아주 신비로운 존재입니다. 딱 한 번 나타난 아주 독특한 존재입니다. 그는 숨어 있는 예수였습니다. 성경은 예수 그리스도가 그의 반차를 따라서 대제사장이 되셨다고 말합니다.

예수님은 이런 신적 기원을 갖는 대제사장 역할을 감당하기 위해서 인간이 겪어야 하는 아주 중요한 두 가지를 겪으셨습니다. 하나는 심한 통곡과 눈물의 기도요(히 5:7), 다른 하나는 고난으로 순종함을 배우는 것이었습니다(히 5:8). 이로 말미암아 예수님은 온전하게 되셨고 대제사장의 역할을 감당하시게 되었습니다.

통곡과 눈물의 기도를 드리심

첫째, 예수님은 기도하셨습니다. 예수님은 육체에 계실 때에 심한 통곡과 눈물의 기도를 드리셨습니다. 하나님이 어찌 통곡하실 수 있겠습니까? 하나님이 어찌 눈물을 흘리실 수 있겠습니까? 사람이 눈물을 흘리고 통곡하는 것은 이해가 됩니다. 그러나 하나님이 어찌 고난을 받으실 수 있습니까? 그러나 하나님의 아들이신 예수 그리스도는 대제사장 역할을 감당하기 위해 고난을 당하셨고 심한 통곡과 눈물로 하나님 앞에 기도하셨습니다.

겟세마네 동산에서의 기도를 기억해 보십시오. 겟세마네 동산에서 예수님은 인류의 죄를 속죄하기 위한 십자가에서의 죽음을 앞두고 엄청난 고통과 통곡으로 기도하셨습니다. 십자가에 못 박히는 죽음을 앞에 두고 땀방울이 핏방울이 될 정도로 몸부림치는 기도를 하셨습니다.

통곡해 본 적 있습니까? 사랑하는 사람이 죽거나 누군가에게 배신당해서 통곡해 본 적이 있습니까? 아파서 혹은 살길이 막막해서 심한 절망 속에 잠 못 들고 울어 본 적이 있습니까? 예수님도 그렇게 눈물 흘리신 적이 있습니다. 밤을 지새우며 심한 통곡으로 기도를 드리신 적이 있습니다. 그러므로 예수님은 우리의 눈물과 통곡을 이해하십니다. 통곡과 눈물로 기도드리는 우리의 심정을 다 헤아리십니다.

예수님은 새벽 아직도 밝기 전에 한적한 곳에 가서 기도하셨습니다(막 1:35). 그분은 새벽에 기도하셨고, 통곡하면서 기도하셨고, 몸부림치면서 기도하셨습니다. 이것이 바로 예수님의 기도였습니다. 예수님이 십자가에서도 기도하셨음을 기억합니까? "엘리 엘리 라마 사박다니(나의 하나님, 나의 하나님, 어찌하여 나를 버리셨나이까)." 예수님이 이처럼 눈물과 통곡의 기도를 드리셨기 때문에 우리의 대제사장이 되셨고 우리는 구원을 얻게 된 것입니다.

고난으로 순종을 배우심

둘째, 예수님은 순종하셨습니다. 예수님은 고난을 통해서 순종함을 배우셨습니다. 그분은 친히 고난을 겪으셨습니다. 죄인이 고난을 겪는 것은 당연한 일입니다. 못된 사람이 벌을 받으면 아주 속 시원하다는 생각이 듭니다. 그러나 위대한 사람이 벌을 받으면, 성자들이 고난을 받으면 어떻습니까? 기가 막힙니다. 억울합니다. 하물며 하나님이 채찍에 맞고 가시 면류관을 쓰고 십자가에 못 박혀 돌아가셨다면 어떻겠습니까? 그것도 형편없는 우리의 죄를 위해 그러셨다면 어떻겠습니까? 더욱 기가 막힙니다. 누구라도 나서서 반항할 것입니다.

하지만 하나님이신 예수님은 그 고난을 기꺼이 받으셨습니다.

고난을 받을 때 반항하지 아니하고 끝까지 순종함으로써 우리를 위한 구원을 완성하셨습니다. 구원은 공짜로 얻어진 것이 아닙니다. 이처럼 기가 막힌 눈물과 통곡의 기도, 그리고 고난을 통해서 배운 순종으로 완성된 것입니다.

그가 아들이시면서도 받으신 고난으로 순종함을 배워서 온전하게 되셨은즉 자기에게 순종하는 모든 자에게 영원한 구원의 근원이 되시고(히 5:8-9).

순종을 통해서만 온전해질 수 있습니다. 순종은 온전함에 이르게 합니다. 그리스도인의 성숙의 비결과 척도는 순종입니다. 진정한 그리스도인, 성숙한 그리스도인은 고난을 통해서 순종을 배워야 합니다. 할 말 다 하고 살면 성숙한 그리스도인이 못 됩니다. 고난을 받고 억울해도 오히려 침묵하고 끝까지 순종함으로써 하나님의 온전함을 이루는 것이 진정한 그리스도인의 모습입니다. 예수님이 바로 그런 분이셨습니다.

예수님은 나무에 달려서 죽기까지 순종하셨습니다. 제자들을 사랑하되 끝까지 사랑하시고 발을 씻겨 주기까지 섬기셨습니다. 엄청난 순종과 사랑의 모습입니다. 그 모습 앞에 마귀가 울며 떠난 것입니다. 만약 예수님이 할 말 다 하셨다면 마귀는 떠나지 않았을 것입니다. 예수님이 애매히 고난당하시고 억울하게 채찍에 맞으시고 십자가에 못 박혀 돌아가셨기 때문에, 이 모든 과정을 통해 끝까지 순종하셔서 온전함을 이루셨기 때문에 마귀가 떠나게 된 것입니다.

이 온전성은 그리스도를 바라보면서 그리스도께 순종하는 모든 이들에게 주어지는 영원한 구원의 근원이 되었습니다. 또한 하나님은 이 때문에 예수님을 멜기세덱의 반차를 좇는 대제사장이라 칭하셨습니다.

지금은 불확실하고 불안한 시대입니다. 은혜의 보좌 앞에 나아와 영원한 대제사장이신 예수 그리스도께 당신의 인생을 맡기지 않겠습니까? 더 나아가, 이 세상을 사는 동안 예수님처럼 눈물과 통곡의 중보 기도를 드리며, 고난을 통한 순종을 함께 배우지 않겠습니까? 이것만이 온전함을 이루는 길입니다. 구원의 즐거움에 참여하는 길입니다. 예수님으로 말미암는 구원은 영원합니다. 그리고 완전합니다. 영원한 대제사장이신 예수 그리스도가 당신의 생애를 지배하시도록 그분께 나아가기를 바랍니다.

대제사장이신 예수 그리스도를 깊이 생각하고 바라보십시오. 태양이 뜨겁게 내리쬐면 껴입었던 옷을 벗어야 하듯이, 예수님의 거룩하심이 당신의 삶에 내리쬘 때 그분을 바라보고 죄와 허물의 옷을 벗으십시오. 그분 앞에 깨끗하고 의롭고 순결하게 서서 위로부터 오는 신령한 은혜를 경험하십시오.

11

끝까지 신실한 것이
성숙이다

히브리서 5:11-6:12

이 장에서는 그리스도인이란 어떤 사람이 되어야 하는지, 어떻게 살아야 되는지에 대해 살펴보겠습니다.

신앙생활을 오래 한 사람 가운데는 아직도 젖만 먹는 어린 신자가 있는 반면에, 단단한 음식을 먹을 수 있는 성숙한 신자도 있습니다. 성경은 우리에게 신앙생활을 얼마나 오래 했으며, 봉사와 헌신을 얼마나 많이 했느냐보다 얼마나 성숙했는지를 묻습니다.

히브리서 5장 12절은 어린 신자가 어떤 사람인지를 보여 주고 있습니다.

때가 오래되었으므로 너희가 마땅히 선생이 되었을 터인데 너희가 다시 하나님의 말씀의 초보에 대하여 누구에게서 가르침을 받아야 할 처지이니 단단한 음식은 못 먹고 젖이나 먹어야 할 자가 되었도다.

어린 신자란, 아직도 하나님의 말씀의 초보가 무엇인지 모르는 사람입니다. 즉 기초를 다시 배워야 하는 사람이며, 하나님의 의의 말씀이 무엇인지 경험하지 못한 사람을 가리킵니다. 교회도 오래 다녔고 신앙생활도 오래 했지만 아직 젖만 먹을 수밖에 없는 사람입니다.

반면에 히브리서 5장 14절은 성숙한 사람에 대해 이야기합니다.

단단한 음식은 장성한 자의 것이니 그들은 지각을 사용함으로 연단
을 받아 선악을 분별하는 자들이니라.

지각을 사용하여 말씀을 밝히 깨닫고 환경의 여러 시험 속에서
도 잘 견디며 선악을 구별하는 사람을 성숙한 사람이라고 말합니
다. 단단한 것도 먹을 수 있는, 어떤 역경과 고통 속에서도 하나님
을 잘 섬길 수 있는 사람을 성숙한 신자라고 말하고 있습니다.

히브리서 기자는 영원한 대제사장 멜기세덱에 대해서 더 말하
고 싶었습니다. 예수님에 대한 더 깊은 진리를 말하고 싶었습니다.
그러나 그 진리는 해석하기 어려운 것이어서 더 말하지 못했습니
다. 듣는 것이 너무나 둔한, 영적으로 둔한 사람들 때문에 무척이
나 안타까워하며 더 말하지 못한 것입니다. 둔하다는 것은 아이큐
나 학력이 낮은 것을 말하지 않습니다. 영적인 진리를 깨닫는 수준
이 너무나 낮다는 것을 말합니다. 영적으로 무지한 것입니다. 영적
인 깨달음과 성경 지식에 전혀 진보가 없고 유년 주일학교 때나 중
고등부 시절에 배운 지식, 또는 부모로부터 받은 지식에 머물러서
어린아이처럼 떼쓰고 삐죽거리며, 곧잘 화를 내고, 자기 뜻대로 안
되면 소리 지르는 신앙을 이야기합니다.

사실 예수 믿고 교회 나온 지 3년 정도 되었으면 가르치는 입장이 되어야 정상입니다. 그러나 10년, 20년 다녀도 10년 전이나 20년 전이나 똑같다면 하나님이 얼마나 답답하고 마음 아프시겠습니까? 성숙한 그리스도인은 성장을 멈추어서는 안 됩니다.

그러면 어떻게 성장해야 합니까? 성숙하도록 성장해야 합니다. 한국은 성장했습니다. 그러나 성숙한 사회는 아닙니다. 한국 교회가 성장했지만 성숙한 교회에는 미치지 못했습니다. 예배를 드리고 성경 공부를 하고 성장을 위해 열심히 몸부림쳤으나 성숙한 그리스도인에 도달했는지는 의문입니다. 우리는 예수님의 지혜의 분량까지 성숙하는 성장을 해야 합니다.

변화를 결심하십시오

그렇다면, 우리는 어떻게 성장할 수 있고 어떻게 성숙한 그리스도인이 될 수 있습니까? 히브리서 6장 1절에 답이 나와 있습니다.

그러므로 우리가 그리스도의 도의 초보를 버리고 죽은 행실을 회개함과 하나님께 대한 신앙과.

젖만 먹고 떼쓰는 식의 신앙, 즉 그리스도에 대한 진리의 기초 단계에서 벗어나라고 권면합니다. 1절에 '버리고'라는 말은 진보를 뜻합니다. '버린다'라는 말은 포기하고 버리라는 뜻이 아니라 '극복하라'는 뜻입니다. 어려움을 뛰어넘으라는 뜻입니다. 아브라함이 하나님의 음성을 듣고 갈대아 우르를 떠나지 않았더라면 그는 결코 젖과 꿀이 흐르는 가나안 땅에 이르지 못했을 것입니다.

우리의 사고방식과 가치관과 삶의 터전을 고정시켜 놓으면 믿음은 자라나지 않습니다. 변해야 합니다. 변할 용기가 있어야 합니다. 성장할 결심이 있어야 합니다. 대부분의 사람들은 변화를 원하면서도 정작 자기 자신은 변화하기를 주저합니다. 하지만 우리는 변화하겠다는 결심을 해야 합니다. 변화를 결심하지 않는 한 변할 수 없습니다. 껍질을 깨야만 성장이 가능합니다. 어린아이의 모습을 버리지 않는 한 어른의 성숙한 옷을 입을 수 없습니다. 계속 어린아이 같은 마음을 갖고 있으면서 성숙한 신앙을 외친다면 그것은 아무 의미가 없습니다. 그러므로 우리는 유치한 신앙의 모습을 버리겠다고 스스로 결심해야 합니다.

장벽을 뛰어넘으십시오

우리의 성장 목표는 성숙입니다. 히브리서 6장 2절 말씀을 보면 성장의 목표가 있습니다. "완전한 데로 나아갈지니라." 완전한 데로 나아가라는 것은 성숙한 데로 나아가라는 뜻입니다. 잘 익은 가을 곡식과 과일처럼 성숙한 사람은 보기가 좋습니다. 그리고 성숙한 사람은 언제나 다른 사람에게 유익을 줍니다. 다른 사람을 괴롭히거나 상대방의 시간을 뺏거나 자기한테만 관심을 가지라고 강요하는 것은 모두 성숙하지 못한 행동입니다. 성숙한 사람은 항상 남을 도와줍니다. 남에게 피해를 주지 않고 영적 유익을 끼치는 사람이 성숙한 사람입니다.

성경에서는 오늘 우리가 뛰어넘어야 할 여섯 가지 장벽, 즉 신앙의 성숙을 가로막고 있는 여섯 가지 장벽을 소개합니다. 첫째, 죽은 행실입니다. 죽은 행실은 죽음을 초래했던 나쁜 행실이요, 인격을 파괴했던 행실을 말합니다. 이것을 회개해야 합니다. 예수 그리스도를 영접하고 난 후, 우리는 성령의 도우심으로 눈물을 흘리며 과거의 죄를 솔직히 고백하고 가슴 찢으면서 통회합니다. 그러나 문제는 똑같은 죄를 반복하는 데 있습니다. 똑같은 죄를 반복하면서 괴로워하고 고민합니다. 어린아이와 같은 신앙입니다. 성경은 이 단계를 벗어나라고 권면합니다.

이처럼 똑같은 죄를 반복하지 않기 위해서는 적극적으로 선을 행해야 합니다. 사랑하는 사람은 미워할 시간이 없습니다. 전도하는 사람은 불평할 시간이 없습니다. 선을 행하는 사람은 악을 저지를 가능성이 점점 줄어듭니다. 그러므로 모든 시간과 모든 생각, 삶 전체를 선을 행하는 쪽으로 옮기십시오. 전도하는 데 생애를 보내십시오. 남을 도와주는 데 생애를 보내십시오. 그럴 때 우리가 죄지을 수 있는 확률이 점점 적어지며 똑같은 죄를 반복하지 않게 됩니다. 이제 "주여, 이번만 용서해 주십시오"라는 기도가 사라지기를 바랍니다. 그리고 하나님 이름으로 행했던 귀하고 아름답고 선한 일들을 하나님께 보고하는 기도가 이 세상에 가득 차기를 바랍니다.

둘째, 우리가 극복해야 할 또 하나의 장벽은 하나님에 대한 의심입니다. 히브리서 11장 6절은 "그가 계신 것과 또한 그가 자기를 찾는 자들에게 상 주시는 이심을 믿어야 할지니라"고 말했습니다. 비가 오고 폭풍이 치고 먹구름이 낀다 할지라도 태양이 존재하는 것을 믿어야 합니다. 먹구름 속에 은빛 광채가 숨어 있습니다.

그러나 연약한 신자들은 환난이 오면 하나님을 의심합니다. 모든 일이 잘될 때만 하나님을 섬깁니다. 이것은 어린아이의 신앙입니다. 우리의 마음속에 찾아오는 이 의심의 마귀를 없애야 합니다. 환경이 좋고 모든 것이 잘되면 하나님을 잘 섬기지만, 병에 걸리고 어려움에 부딪히고 감당할 수 없는 일이 생기면 하나님을 의심하게 되곤 합니다. 그러나 성경은 여기에서 벗어나라고 말합니다. 우리가 약해진다고 하나님도 약해지는 것이 아닙니다. 내가 약할 때 하나님은 더욱 강해집니다. 어떤 일을 만나도, 신실하게 하나님을 바라보십시오. 어떤 역경, 어떤 고통이 나를 괴롭혀도 하나님을 끝까지 신뢰하십시오.

셋째, 세례에 관한 오해입니다. 성경에서는 '세례들'이라는 복수를 사용했는데, 이는 구약 유대인들의 전례 예식과 신약의 세례 등 여러 종류의 세례를 의미할 수도 있고, 물세례와 불세례라고 생각할 수도 있습니다. 세례가 무엇인지 분명히 알지 못하고 세례 받으시는 분들이 요즘도 많습니다. 자기는 과거에 세례를 시원찮게 받았기 때문에 새롭게 다시 받아야 된다는 분들도 종종 있습니다. 그러나 세례는 시원찮다고 두 번 받는 것이 아닙니다.

또 성경의 진리도 모르고 세례를 받는 사람이 있습니다. 이것도 잘못된 것입니다. 신앙 고백이 분명하지 않으면 세례를 안 받는 것이 옳습니다. 세례는 그리스도에 대한 분명한 신앙 고백이 있고 난 다음에 받아야 합니다. 그러므로 세례에 대한 갈등이 있는 사람은 아직도 어린 신자에 불과합니다.

넷째, 안수에 관한 혼돈에서 벗어나야 합니다. 구약에서는 짐승에게 안수를 하고 그 짐승을 죽였습니다. 안수하는 순간 죄가 전가된다고 믿었기 때문입니다. 그러나 아브라함은 자기 자손들의 머리에 손을 얹고 안수를 합니다. 이는 죄의 전가가 아니라 축복의 전가입니다. 또 직분을 맡길 때 안수를 합니다. 사도행전을 보면 성령이 임할 때도 안수를 했습니다. 예수님이 병을 고치실 때도 안수하신 적이 있습니다. 이러한 여러 가지 안수에 대해서 더 이상 혼돈하지 말아야 합니다.

다섯째, 죽은 자의 부활에 대해 불신하지 말아야 합니다. 부활에 대한 확신, 영생과 천국에 대한 확실한 진리를 갖고 흔들리지 말라는 것입니다. 불안해하지 말라는 것입니다. 죽은 자의 부활은 분명히 있습니다. 다시는 이 문제에 대해서 의문을 갖지 말라는 것입니다.

여섯째, 영원한 심판에 대한 의심을 뛰어넘어야 합니다. 즉 심판에 대한 확실한 진리를 믿으라는 말입니다. 한 번 죽는 것은 사람에게 정하신 일이요 그 후에는 심판이 있습니다. 천국이 있지만 동시에 지옥이 있다는 사실도 믿음으로 받아들여야 합니다.

현대인들은 지옥에 관한 설교를 싫어합니다. "목사님, 다른 설교는 다 해도 지옥에 관한 설교는 하지 마십시오. 그거 참 재수 없습니다"라고 말하는 사람들이 있습니다. 또 많은 목사님들이 지옥에 관한 설교를 하지 않습니다. 왜냐하면 교인들이 다 떠나기 때문입니다. 그러나 지옥은 분명히 있습니다. 사람은 죽는 얘기하는 것을 좋아하지 않습니다. 모두 다 지옥에 갈 것 같아서 지옥에 관한 설교를 싫어하는가 봅니다. 그러한 잠재 불안 때문에 지옥에 관한 설교를 꺼리는 것입니다.

끝까지, 신실하게

위로의 말씀이 히브리서 6장 3절에 기록되어 있습니다.

하나님께서 허락하시면 우리가 이것을 하리라.

내 힘으로는 못하지만, 하나님이 우리에게 할 수 있는 능력과 방법과 구체적인 길을 주셨습니다. 하나님께 순종하며 그분이 원하시는 방향으로 가기로 결심하면 성숙한 신자로 성장할 수 있습니다.

> 한 번 빛을 받고 하늘의 은사를 맛보고 성령에 참여한 바 되고 하나님의 선한 말씀과 내세의 능력을 맛보고도(히 6:4-5).

참된 그리스도인은 빛을 맛본 사람들입니다. 태초에 빛이 있었습니다. 예수님은 빛이셨습니다. 그리고 지금 믿는 자들에게 성령의 빛과 하나님의 영광의 빛을 보여 주십니다.

또한 참된 그리스도인은 하늘의 은사를 맛보는 사람들입니다. 하늘에서 주시는 평안과 기쁨과 자유를 맛볼 수 있습니다. 또 수고하고 무거운 모든 죄 짐과 죄의식을 벗어 버리는 복을 맛볼 수 있습니다. 성령의 능력으로 하늘의 은사를 체험할 수 있습니다.

그뿐 아니라 참된 그리스도인은 '하나님의 선한 말씀과 내세의 능력을 맛본' 사람입니다. 하나님의 선한 말씀을 맛본 사람, 즉 달고 오묘한 성경 말씀을 읽으며 다할 수 없는 기쁨과 감격을 경험한 자가 그리스도인입니다.

'내세의 능력을 맛본다'는 말은 참 재미있는 말입니다. 이 말은, 바로 오늘, 내가 살고 있는 현실 속에서 천국을 경험한다는 뜻입니다. 우리는 아직 천국에 가지 않았습니다. 그러나 지금 내가 있는 곳이 천국입니다. 초막이든 궁궐이든 상관없이 내 주 예수 모시고 사는 곳이 바로 천국이기 때문입니다. 내세의 능력을 바로 오늘 현실에서 경험하는 사람들이 그리스도인입니다. 그런데 히브리서 6장 6절을 보면 아주 무서운 경고가 나오기 시작합니다. 그런 경험을 하고 나서도 타락한 사람들은 다시 새롭게 하여 회개할 수 없다고 말합니다.

> 타락한 자들은 다시 새롭게 하여 회개하게 할 수 없나니 이는 그들이 하나님의 아들을 다시 십자가에 못 박아 드러내 놓고 욕되게 함이라.

이 성경 구절은 난해한 구절 중 하나입니다. 여러 가지 뜻으로 해석되고 많은 주경학자들이 고민하는 구절입니다. 우리가 받아들이기 쉽게 설명하자면, 성령을 훼방하는 죄는 사함을 받을 수 없다는 말과 비교해서 생각해 보면 될 것 같습니다.

이 말씀을 이해하기 위하여 당시의 시대적 상황을 돌이켜볼 필요가 있습니다. 당시는 네로 황제의 무서운 박해가 그리스도인들에게 임하던 때입니다. 성령을 체험하고 하나님을 믿고 신실하게 따르던 이들 가운데도, 무서운 박해와 잘못된 이단들에 빠져서 비참하게 최후를 마치는 경우가 많았습니다. 그래서 이런 구절이 기록된 것입니다.

6절 후반부를 보면, 이런 사람들은 예수 그리스도를 다시 십자가에 못 박고 수치를 당하게 한다고 말하고 있습니다. 한때 하나님께 영광을 돌렸던 사람이 말년에 가서 하나님과 원수가 되는 모습을 종종 봅니다. 그들은 어쩔 수 없는 불행을 겪습니다. 초창기에는 하나님의 영광을 위하여 살았는데 말년에는 완전히 마귀에게 사로잡힌 사람들이 구약 성경에 많이 있고, 오늘 우리 주변에서도 발견할 수 있습니다.

처음에 예수님을 잘 믿는 것도 중요하지만 끝까지 신실하게 잘 믿는 것은 더욱 중요합니다. 시작도 중요하지만 끝은 더 중요하기 때문입니다. 우리가 지금 예수님을 잘 믿고 있는 것은 감사한 일입니다. 그러나 끝까지 잘 믿지 않으면 엄청난 멸망의 길로 갈지도 모릅니다. 히브리서 6장 6절 말씀은 핍박과 이단의 유혹 속에서 넘어졌던 때에 비유하여 우리에게 경고하고 있습니다.

7, 8절에는 두 땅에 대한 비유가 나옵니다. 두 땅에 똑같은 비가 내렸는데, 한 땅은 채소를 생산하는 땅이 되었고 한 땅은 가시와 엉겅퀴를 생산하는 땅이 되었습니다. 그래서 한 땅은 복 받은 땅이요, 한 땅은 저주받은 땅이 되었습니다.

그런데 9절에서는 "사랑하는 자들아" 하며 분위기를 전환하고 있습니다. "사랑하는 자들"이라는 말은 히브리서에 딱 한 번 나옵니다. 무섭고 엄격한 경고 뒤에 가장 사랑스러운 말이 나왔습니다. 무슨 뜻입니까? 내가 너를 그처럼 사랑하지 않으면 너에게 그처럼 엄격한 말을 하지 않는다는 뜻입니다. 교부학자 크리소스톰은 "너희가 실수하여 벌을 받고 슬퍼하는 것보다 차라리 나의 무서운 경고의 말을 듣는 것이 낫다"고 했습니다. 그렇습니다. 매맞는 것이 낫습니까, 무서운 경고를 듣는 것이 낫습니까? 무서운 경고를 듣고 회개하는 것이 백번 낫습니다.

당신이 받은 축복을 소홀히 여기지 않기를 부탁합니다. 축복받는 것도 중요하지만, 더 중요한 것은 그 축복을 지키는 일입니다. 여러 가지 사소한 일로, 여러 가지 세속적인 일로, 여러 가지 개인 감정으로 여러분이 받은 구원을 놓치지 않기를 바랍니다. 물론 하나님이 그 구원을 지켜 주십니다. 그러나 우리가 엄청난 배도의 길로 갈 수도 있다는 것을 이 본문을 통해서 알 수 있습니다.

히브리서 6장 10절은 하나님을 공의로운 분으로 설명하고 있습니다. "하나님은 불의하지 아니하사"라고 이야기합니다. 하나님은 우리를 심판하실 때 언제나 정확하게 심판하십니다. 가끔은 하나님이 너무하신다, 하나님이 내 사정을 아실까, 하나님의 판단이 흐리신 것이 아닐까, 하나님도 부자를 좋아하시는 것이 아닐까, 하나님도 권력 있는 사람을 좋아하시는 것이 아닐까, 하나님은 과연 역사를 주관하실까, 이렇게 세상이 험한 것을 보면서도 하나님은 왜 그냥 놔두시는 것일까 등등의 생각을 하게 됩니다.

그러나 안심하십시오. 하나님은 공의로우신 분입니다. 그분에게는 단 한 번도 불의가 없었으며, 잘못된 판단이 없으셨습니다. 하나님은 우리가 행위와 사랑으로 형제를 섬기는 것을 누구보다도 잘 알고 계십니다. 그래서 우리에게 이런 사랑의 권면을 하시는 것입니다. 성장하라고, 어린아이의 신앙에서 탈피하라고, 무서운 배도의 길에 들어서지 말라고, 그리고 하나님이 주신 축복의 잔을 마시고 축복의 길로 계속 가라고 권면하고 있습니다.

믿음의 선진들이 간 그 길로

히브리서 기자는 두 가지 결론을 내리고 있습니다. 첫째는 11절 말씀입니다.

> 우리가 간절히 원하는 것은 너희 각 사람이 동일한 부지런함을 나타내어 끝까지 소망의 풍성함에 이르러.

이것을 새번역 성경에서는 "여러분 각 사람은 같은 열성을 끝까지 나타내어서, 소망을 이루시기 바랍니다"라고 말합니다. 열심을 가지고 부지런히 소망에 대한 확신을 끝까지 간직하십시오. 소망의 풍성함에 이르는 것이 우리의 결론입니다. 도중에 포기하지 않기를 바랍니다. 하나님의 영광의 풍성함에 들어설 때까지, 하나님의 지혜의 장성한 분량에 미치기까지, 우리는 이 복음의 행진, 믿음의 행진을 계속해야 합니다.

둘째 결론은 12절 말씀입니다.

게으르지 아니하고 믿음과 오래 참음으로 말미암아 약속들을 기업
으로 받는 자들을 본받는 자 되게 하려는 것이니라.

게으르지 않고 믿음과 인내로 약속된 것을 받은 사람들을 본받
으십시오. 우리의 믿음의 행진은 나 혼자 걸어가는 것이 아닙니다.
내가 홀로 개척하는 것도 아닙니다. 이미 우리의 믿음의 선배들이
그 길을 갔습니다. 그래서 히브리서 12장은 허다한 구름처럼 둘러
싸고 있는 믿음의 선배들을 바라보라고 말합니다. 험한 인생의 항
로 끝에 항구에 도달한 배처럼, 믿음의 승리를 한 사람들을 바라보
라고 권면하고 있습니다. 우리는 새로운 개척자가 아닙니다. 이미
주님이 가신 길, 많은 순교자들과 믿음의 선배들이 걸어갔던 그 길
을 뒤따라가고 있는 것입니다.

어린아이의 신앙에서 몇 십 년 동안 헤매고 있지는 않습니까?
이제 어린아이의 신앙을 벗어버리고 성숙해야 할 때입니다. 탈바
꿈할 때가 되었습니다. 죽음에서 부활로 승리하신 예수님을 바라
보면서, 옛 생활에서 벗어나 새 생활로 변화되길 바랍니다.

12

주를 따르는
주바라기가 돼라

히브리서 6:13-20

요한복음 14장 1-2절을 보면 예수님이 사랑하는 제자들에게 하신 말씀이 기록되어 있습니다. "너희는 마음에 근심하지 말라 하나님을 믿으니 또 나를 믿으라" 하시면서 "내가 너희를 위하여 거처를 예비하러 간다"고 하셨습니다. 이 말씀은 특별히 중요한 의미가 있습니다. 예수님은 이 말씀을 마치고 곧 죽으러 가셨기 때문입니다.

예수님이 죽음을 앞두고 제자들을 향해 하신 이 말씀에는 "시간이 얼마 지나지 않아 나는 죽게 될 것이다. 그런데 나의 죽음은 모든 것이 끝난 종말이 아니라 새로운 시작으로서 너희를 위하여 천국을 준비하러 가는 것이다. 그러므로 지금은 여러 가지 형태의 정치적, 사회적 불안이 너희를 감싸고 있고 분위기가 몹시 어지러운 상황이지만, 마음에 근심하거나 염려하지 말고 나를 신뢰하라. 그리고 하나님을 신뢰하라"는 뜻이 담겨 있습니다.

요한복음 14장에 나타난 말씀과 똑같은 말씀이 히브리서에도 나타납니다. 요한복음 14장에 있는 말씀은 우리가 알아듣기 쉬운 말이지만, 히브리서의 말씀은 쉽게 알아들을 수 있는 표현이 아닙니다. 그러나 강조하고 있는 부분은 똑같습니다.

우리가 이 소망을 가지고 있는 것은 영혼의 닻 같아서 튼튼하고 견고하여 휘장 안에 들어가나니 그리로 앞서 가신 예수께서 멜기세덱의 반차를 따라 영원히 대제사장이 되어 우리를 위하여 들어가셨느니라(히 6:19-20).

예수님 당시처럼 오늘 우리도 불확실하고 불안한 시대를 살고 있습니다. 모든 시대마다 불확실했고 불안했습니다. 오늘 우리 시대라고 특별히 더한 것은 아닙니다. 그렇다면 우리는 어떤 소망을 바라보아야 하며, 그 소망은 어디에 있습니까?

요즘에는 교회 다니는 사람이나 안 다니는 사람이나, 예수님과 거리가 먼 생각들을 많이 합니다. 불안한 현실에 매달려서 걱정하고 염려하고 고생하는 모습들을 봅니다. 그러나 하나님은 놀라운 용기와 위로와 확신의 말씀을 주셨습니다. 우리는, 이 말씀에 귀를 기울여야 합니다. 첫째로, 하나님은 우리가 믿는 믿음, 우리가 바라는 소망이 얼마나 확실한 것이며, 얼마나 분명한 것인지 말씀해 주셨습니다.

묶어 둔 닻처럼 단단한 소망

우리의 소망은 단단히 묶어 둔 닻 같은 소망입니다. 6장 19절은 "우리가 이 소망을 가지고 있는 것은 영혼의 닻 같아서 튼튼하고 견고하여"라고 말하고 있습니다. 우리 그리스도인들에게는 견고하고 튼튼한 영혼의 닻이 있다는 말입니다. 폭풍이 오는 것은 어쩔 수가 없습니다. 풍랑이 일어나는 것은 어찌할 수가 없습니다. 문제는 폭풍이 일 때 어떻게 대처하느냐입니다. 폭풍이 오고 풍랑이 일 때 배가 아주 견고하고 튼튼한 닻을 내리고 있다면 잘 견딜 수 있습니다. 닻도 없이 폭풍과 풍랑의 거센 물결에 대항하고 설 수는 없습니다. 이 상황은 마치 그리스도인들의 현주소와 같습니다. 성경은, 폭풍우가 일수록 튼튼하고 견고한 영혼의 닻만이 우리의 소망임을 알려 주고 있습니다. 어렵고 힘든 세대일수록 예수 그리스도에게 영혼의 닻을 내리라고 말하고 있습니다.

이 소망의 확실성을 가르쳐 주기 위해서 성경은 아브라함의 예를 들고 있습니다. 하나님이 아브라함에게 갈대아 우르를 떠나라고 하실 때 미지의 땅을 약속하셨습니다. 그리고 이런 말씀을 하셨습니다. "너는 복이 될 것이다. 네 후손들은 복을 받을 것이다. 네 민족도 복을 받게 될 것이다. 네 민족으로 말미암아 많은 민족들이 복을 받게 될 것이다." 그러나 아브라함은 불안한 상태로 출발해야 했습니다. 하나님은 "갈 바를 몰라도 여기를 떠나라, 갈대아 우르를 떠나라"고 하십니다.

아브라함의 예를 보면, 하나님이 출발시켜 놓은 다음에 네 번에 걸쳐서 약속을 반복해 주시는 것을 발견합니다. 첫 번째 약속이 창세기 12장 7절에 있고, 두 번째 약속은 17장 5-6절에 있습니다. 하나님은 이때 "하늘의 별처럼, 바다의 모래처럼 너의 후손들이 창대하게 될 것이다. 너는 복이 될 것이다"라고 말씀하십니다. 그리고 창세기 18장 18절에서 하나님은 다시 한 번 그 축복과 약속을 확인시켜 주십니다.

그런데 창세기 22장 16-18절에 나오는 네 번째 약속은 조금 독특합니다. 하나님은 아브라함을 최후로 시험하시면서 아들 이삭을 바치라는 명령을 하셨습니다. 아브라함은 새벽보다 이른 시각에 이삭을 데리고 하나님이 지시하신 땅으로 제사를 드리러 갔습니다. 아브라함이 자기 아들을 죽여서 번제로 드리기 위하여 주저 없이 칼을 높이 들었을 때 하나님이 말씀하셨습니다. "아브라함아, 네 믿음을 내가 보았다. 죽이지 말아라." 아브라함이 눈을 들어 살펴보자 뒤에 하나님이 예비하신 어린 양이 있었습니다.

여호와께서 이르시기를 내가 나를 가리켜 맹세하노니 네가 이같이 행하여 네 아들 네 독자도 아끼지 아니하였은즉 내가 네게 큰 복을 주고 네 씨가 크게 번성하여 하늘의 별과 같고 바닷가의 모래와 같게 하리니 네 씨가 그 대적의 성문을 차지하리라 또 네 씨로 말미암아 천하 만민이 복을 받으리니 이는 네가 나의 말을 준행하였음이니라.

'맹세'라는 단어에 주목하십시오. 이때 처음 하나님이 맹세라는

단어를 쓰십니다. 하나님이 맹세하신다는 것보다 더 확실하고 안
전한 약속이 어디 있습니까? 지금까지 하나님은 아브라함에게 계
속해서 약속을 하셨습니다. 그리고 네 번째로 축복을 확인해 주실
때는 "내가 나를 가리켜 맹세한다"고 하셨습니다. 하나님보다 더
크신 이가 없기 때문에 하나님이 하나님 자신을 걸고 맹세하신 것
입니다. "내가 맹세하여 너에게 말하기를, 내가 너에게 복을 주고
복을 주며, 너를 번성하게 하고 번성하게 하리라."

히브리서 6장 13-14절은 이렇게 말하고 있습니다.

> 하나님이 아브라함에게 약속하실 때에 가리켜 맹세할 자가 자기보
> 다 더 큰 이가 없으므로 자기를 가리켜 맹세하여 이르시되 내가 반
> 드시 너에게 복 주고 복 주며.

여기서 두 번 반복한 것은 확정과 결정을 의미합니다. "너를 번성
하게 하고 번성하게 할 것이다." 하나님이 반복해서 강조하십니다.

하나님이 맹세하신 소망

우리의 소망은 하나님이 자신을 두고 맹세하신 소망입니다.

> 사람들은 자기보다 더 큰 자를 가리켜 맹세하나니 맹세는 그들이

다투는 모든 일의 최후 확정이니라(히 6:16).

여기서 하나님은, 약속을 기업으로 받는 자들에게 그 뜻이 변치 아니함을 확실히 나타내시려고 하나님이 맹세로 보증하게 되었다고 말씀하십니다. 이렇듯, 우리의 구원과 소망은 하나님이 약속하셨을 뿐만 아니라 맹세하신 것입니다. 아브라함에게 마지막으로 반복하실 때 하나님은 너무나 분명히 자기 자신을 가리켜 "이 축복은 내가 맹세하면서 주는 축복이다"라고 하십니다. 하나님이 약속하고 맹세하신 이 축복을 누가 거둬갈 수 있겠습니까? 이것이 어찌 이루어지지 않을 수 있겠습니까?

하나님은 이처럼 우리를 사랑하십니다. 하나님은 우리를 사랑하셔서 자기의 약속을 지키실 뿐만 아니라, 자기의 맹세를 지키시는 분입니다. 그래서 독생자이신 예수 그리스도를 우리에게 주셨고, 이 독생자 예수 그리스도로 말미암아 약속과 축복의 반열에 든 모든 사람들을 받으셨습니다. 은혜의 보좌 앞에 담대히 나아갈 수 있도록 우리에게 길을 열어 주셨습니다.

이는 하나님이 거짓말을 하실 수 없는 이 두 가지 변하지 못할 사실로 말미암아 앞에 있는 소망을 얻으려고 피난처를 찾은 우리에게 큰 안위를 받게 하려 하심이라(히 6:18).

'거짓말을 하실 수 없는 두 가지 변하지 못할 사실'이란, 첫째는 하나님의 신실하신 약속이요, 둘째는 자기를 가리켜 맹세하신 맹세를 말합니다. 이렇게 분명한 하나님의 약속 위에, 그리고 하나님이 주신 축복의 맹세 위에 우리 신앙이 있다는 사실을 생각하면 얼마나 안심이 되는지 모르겠습니다. 불안하고 염려와 근심이 많은 상황 속에서 하나님의 변함없는 이 약속의 말씀, 맹세의 말씀을 들으면, 죽는 한이 있더라도, 이해할 수 없는 사건이 수없이 일어날지라도 신뢰와 안심 가운데 살아갈 수 있습니다.

아브라함이 이처럼 큰 두 가지 약속과 맹세를 받게 된 이유가 있습니다. 그 첫째 이유는 히브리서 6장 15절에 나타나 있습니다. "그가 이같이 오래 참아 약속을 받았느니라"고 말합니다. 아브라함이 갈대아 우르를 떠나면서 하나님의 첫 번째 명령과 약속을 받았을 때 그는 75세였습니다. 그러나 그 약속이 열매 맺고 성취된 때는 언제였습니까? 무려 25년이 지난 100세 때였습니다. 아브라함은 25년 동안 약속을 신실하게 기다렸습니다. 그리고 결국 그 약속을 받았습니다. 물론 도중에 이스마엘을 낳는 실수도 있었습니다. 도중에 애굽으로 도망가는 실수도 있었습니다. 그렇지만 아브라함은 25년의 시간 동안 자신과 싸우며 인내했습니다.

누가 이처럼 귀한 하나님의 축복과 맹세를 받을 수 있습니까? 오래 기다리는 사람입니다. 우리는 2년 안에, 5년 안에 모든 것이 다 완성되기를 원합니다. 그러나 하나님이 아브라함 한 사람을 키우시는 데도 25년이 걸렸습니다. 하나님은 시간을 투자하셔서 우리의 믿음을 키워 주신다는 사실을 믿기 바랍니다. 하나님은 내 방법으로 응답해 주시는 것이 아니라 하나님의 방법으로 응답해 주십니다.

아브라함이 축복받았던 비결은 25년을 한결같이 기다렸던 데에 있습니다. 우리 국가의 현실에도, 우리 교회의 현실에도, 우리 가정의 현실에도 이 원리를 적용해야 합니다. 하나님의 약속을 조급하게 받으려고 해서는 안 됩니다. 인간의 역사만을 생각하면 하나님의 개입이 중지됩니다. 그러나 하나님이 하시는 일을 막아서는 안 됩니다. 하나님께 기회를 드려야 합니다. 나의 감정으로 모든 일을 끝내면 안 됩니다. 하나님께 기회를 드리십시오. 왜냐하면 하나님이 이 역사의 주인공이시기 때문입니다. 사람이 역사의 주인이 되면 그 역사는 언제나 비극으로 종말을 고합니다. 역사의 주인공은 우리가 아니라 하나님입니다. 이 시대에 하나님이 원하시는 일을 하나님이 하실 때, 단지 우리는 그것을 뒤따라갈 뿐입니다.

아브라함이 약속뿐만 아니라 맹세까지 받게 된 또 한 가지 이유는 이삭을 바쳤기 때문입니다. 하나님이 아들 이삭을 바치라고 말씀하셨을 때 아브라함이 갈등 없이 순종했기에, 하나님은 자신을 두고 맹세하시며 축복의 말씀을 주셨습니다. 하나님께 대한 순종은 이런 결과를 가져옵니다. 아브라함이 어떻게 아들을 바칠 수 있었겠습니까? 내가 그 일을 감당할 수 있느냐 없느냐를 묻지 마십시오. 그것이 하나님의 명령이냐, 아니냐를 물으십시오.

하나님의 명령이면 내가 할 수 없는 것도 하게 됩니다. 하나님의 명령이면 내게 불가능한 것도 가능해집니다. 문제는 나의 능력이 아니라 순종입니다. 하나님이 원하실 때 우리가 순종하면 하나님이 기적을 일으키십니다. 하나님은 결코 돈이 없으신 분도 아니요, 사람이 없으신 분도 아니요, 능력이 없으신 분도 아닙니다. 하나님은 우리의 순종을 원하십니다. 우리의 희생과 헌신을 원하십니다.

상식적으로, 합리적으로 도저히 이해할 수 없을지라도 하나님이 하고자 하시면 우리는 해야 합니다. 내 생애를 맡겨야 합니다. 하나님이 당신을 원하실 때 순종해야 합니다. 바로 아브라함의 모습이 순종 그 자체입니다. 순종할 때 하나님은 "내가 너에게 복을 주고 복을 주며 번성하게 하고 번성하게 하겠다"고 스스로에게 맹세하여 말씀하십니다.

휘장을 가르고 들어가신 주님

우리가 두 번째로 생각해 볼 문제는 우리에게 주셨다는 그 소망의 내용이 무엇이냐 하는 것입니다. 그 소망의 내용을 한마디로 말하면 히브리서 6장 19절에 표현되어 있는 '휘장에 들어가는 일'입니다. 휘장에 들어가는 것, 즉 그리스도가 휘장에 들어갔던 그 사건이 바로 우리 소망의 내용입니다. 그렇다면 휘장에 들어갔다는 것이 무슨 뜻인지 살펴보겠습니다.

사람이 거하는 성소와 하나님이 계시는 지성소 사이에는 휘장이 있었습니다. 휘장으로 구분을 했던 것입니다. 하나님이 계신 곳을 지성소라 하는데, 이곳에는 오직 대제사장만 들어갈 수 있었습니다. 그것도 일 년에 한 번, 속죄일에만 들어갔습니다. 속죄일에도 오랜 시간 있지 못하고 짧은 시간만 머물 수 있었습니다. 그리고 제사장이 지성소에 들어갈 때는 먼저 자기 죄를 위해서 제사를 드려야 했습니다. 죄로 인해 자신도 죽을지 모르기 때문입니다. 이처럼 지성소는 안일하고 평안한 장소가 아닙니다. 하나님의 거룩과 하나님의 영광이 있는 곳이기 때문에 죄인이 자기의 죄를 회개하지 않고, 제사를 드리지 않고 들어가면 그대로 죽어 버리는 두려운 곳이었습니다.

인간은 왜 하나님이 두렵고 무서울까요? 죄인이기 때문입니다. 그렇기 때문에 인간은 두렵고 고통스럽지만 제사를 꼭 드려야 했습니다. 그런데 이 무서운 휘장을 주님이 치워 주셨습니다. 십자가에 못 박혀 죽으심으로써 그 휘장을 가르셨고 그 속에 들어가서 단번에 제사를 드려 주셨다는 것입니다. 그래서 그 두렵고 무서운 하나님이 사랑과 용서와 자비의 하나님으로 바뀌었고, 하나님을 실로 '나의 아바 아버지'라 부를 수 있게 되었습니다. 이것이 우리의 참된 소망입니다.

여기에서 반성해야 할 일이 하나 있습니다. 하나님이 우리의 구원자이시고 자비로우신 분이라는 이유로 우리는 하나님을 만홀히 여길 때가 많습니다. 너무 건방진 태도로 하나님을 대할 때가 많습니다. '하나님은 다 용서해 주시겠지. 내가 이렇게 적당히 믿어도 다 봐주시겠지'라고 생각합니다. 이는 잘못된 생각입니다.

하나님은 털끝만 한 죄 하나도 못 견디시기 때문에 예수님이 십자가에서 죽으셨다는 사실을 알아야 합니다. 죄를 그냥 넘어가신 것이 아닙니다. 우리의 눈곱만 한 죄도 견딜 수 없으셨기 때문에 독생자를 죽이기까지 하셨던 분, 그렇게 엄격하신 분이 하나님입니다. 그런데 우리는 가끔 하나님을 너무 만홀히 여기고 경망스럽게 대할 때가 많습니다. 우리가 하나님을 아바 아버지라 부를 수 있게 되었고 그분이 자비와 용서의 하나님이시긴 하지만, 동시에 두렵고 떨리는 위대한 창조주요, 능력의 하나님이신 것을 기억해야 합니다.

앞서가서 길을 닦으신 주님

히브리서 6장 20절은 "예수께서 멜기세덱의 반차를 따라 영원히 대제사장이 되어 우리를 위하여 들어가셨느니라"고 합니다. 이 말은 이렇게 바꿀 수가 있습니다. "여러분의 두려움과 불안을 종식시키기 위해서, 여러분의 허물과 죄를 종식시키기 위해서, 사탄의 모든 세력을 완전히 꺾기 위해서 주님께서 들어가셨다."

먼저 '들어가셨다'는 말 속에는 두 가지 중요한 뜻이 담겨 있습니다. 첫째, 뒤따라오는 사람이 안심하고 따라갈 수 있다는 뜻입니다. 우리는 예수님이 이미 들어가서 준비하신 길을 안심하고 따라갈 수 있습니다. 그래서 이 불안한 세상을 안심하고 살아가는 것입니다. 죽음에 대해서도 두려워하지 않고 마음의 평화를 유지하며 살아갑니다. 우리는 죽으면 천국에 가기 때문에 죽음이 두렵지 않고, 오늘 불치병 진단을 받는다 해도 평안하게 살아갈 수 있습니다. 하나님은 더 이상 낯선 존재가 아니라 자비롭고 사랑 많고 은혜로우신 아버지입니다. 우리의 대제사장이 이렇게 문을 열어 놓으셨기 때문에 우리는 그의 은혜의 보좌 앞에 담대히 나아갈 수 있게 되었습니다.

둘째, 모든 불안과 두려움을 제거해 주신다는 뜻입니다. 그래서 예수 믿는 사람의 표적 중 하나가 마음의 평화입니다. 우리 주님이 휘장을 열어 놓으셨기 때문입니다. 우리의 죄를 제거해 주셨기 때문에 평안한 마음으로 이 불안한 세대를 살아갈 수 있습니다.

아직도 풍랑은 세차게 불어칩니다. 천둥도 울립니다. 이해할 수 없는 여러 가지 고통스러운 사건은 계속됩니다. 그러나 주님과 함께 있으면 평안해집니다. 참된 소망이 우리 안에 넘치는 것을 발견합니다. 땅에 있지만 하늘을 바라보면서 살아갑니다. 세상 속에 있지만 세상 안에 빠지지 않습니다. 이것이 우리에게 주신 축복입니다.

신뢰하고 따르십시오

마지막으로, 예수님이 멜기세덱의 반차를 좇아 영원한 대제사장이 되셨다는 말의 의미는 무엇일까요? 우리의 소망과 구원이 땅에서의 삶으로 끝나는 것이 아니라 영원까지 연결된다는 뜻입니다. 왜냐하면 우리 주님이 인간으로서 제사장 역할을 하신 것이 아니기 때문입니다. 예수님은 아론의 반열에 선 제사장이 아닙니다. 그분은 의의 왕이요, 평강의 왕이요, 아비도 없고 어미도 없고 족보도 없고 시작한 날도 없고 생명의 끝도 없는 영원한 대제사장 멜기세덱의 반차를 좇아 대제사장의 사역을 했기 때문입니다. 우리의 삶은 지상에서 끝나는 것이 아니라 영원까지 갑니다. 하나님은 우리에게 영원한 축복을 주셨습니다.

우리의 참된 소망이신 예수님을 다시 바라보기 바랍니다. 주님을 깊이 신뢰하고 따라가기를 바랍니다. 우리보다 앞서 가신 예수님, 휘장을 가르고 지성소까지 우리를 인도해 주신 하나님께 감사하십시오. 안심하고 주님을 따르십시오. 확신하는 마음을 가지고 주님을 따르시기 바랍니다.

13

의와 평강이
함께 충만하다

히브리서 7:1-10

성경에 자주 나타나지는 않지만 아주 중요한 한 인물에 대해서 살펴보고자 합니다. 그 사람은 바로 멜기세덱입니다. 한마디로 말해서 멜기세덱은 예수 그리스도의 그림자였습니다.

> 멜기세덱에 관하여는 우리가 할 말이 많으나 너희가 듣는 것이 둔하므로 설명하기 어려우니라(히 5:11).

멜기세덱은 구약에 두 번 나옵니다. 아브라함이 소돔과 고모라 안에 있는 롯을 구하기 위해서 네 명의 왕과 싸워 이기고 돌아올 때 멜기세덱이 나타납니다. 그는 포도주와 떡을 가지고 아브라함을 환영하고 축복합니다. 이러한 축복을 받은 아브라함은 멜기세덱에게 전리품에서 가장 좋은 십분의 일을 바칩니다(창 14장). 이것이 멜기세덱이 처음으로 등장하는 장면입니다. 그다음에는 이 사건에 비추어서 시편 110편 4절에 "너는 멜기세덱의 서열을 따라"라고 언급된 것이 그에 관한 전부입니다.

히브리서 기자는 멜기세덱에 관한 영적 진리가 너무나 깊기 때문에 할 말이 많았습니다. 그러나 그 진리가 너무 깊고 오묘하기 때문에 해석하기 어렵다고 하면서 '너희들이 귀가 둔하여 듣지 못할 것'을 아쉬워합니다. 이 말씀은 멜기세덱에 관한 진리가 이성과 상식으로는 이해하기 어렵다는 뜻이요, 거듭나지 못하고 성숙하지 못한 그리스도인들에게는 납득이 가지 않으리라는 뜻입니다.

그러나 성경은 구약에 섬광처럼 잠깐 등장하는 이 멜기세덱이야말로 주님의 사역과 성격을 이해하는 데 매우 중요하다고 말하고 있습니다. 이 장에서는 예수 그리스도의 사역의 본질과 그 직분을 멜기세덱을 통해서 이해해 보기로 하겠습니다.

왕이요 제사장, 멜기세덱

멜기세덱은 어떤 사람이었습니까? 직분은 무엇이었습니까? 7장 1절에 "이 멜기세덱은 살렘 왕이요, 지극히 높으신 하나님의 제사장이라"라고 기록되어 있습니다. 멜기세덱은 왕이요, 제사장입니다. 인간의 모습으로 볼 때 멜기세덱은 왕으로서 존재했습니다. 살렘은 예루살렘을 의미합니다. 고대국가에서 왕이란 신적 권위와 절대 통치권을 가지고 있는 사람입니다.

동시에 그는 지극히 높으신 하나님의 제사장이었다고 합니다. 제사장은 누구입니까? 인간을 대표해서 하나님께 나아가 속죄 제물을 드리는 사람을 제사장이라고 말합니다. 이런 사람이 바로 멜기세덱이었습니다.

그 시대에 우상 숭배가 만연했던 것을 생각해 보면 '높으신 하나님의 제사장'이라는 표현을 쓴 것은 매우 중요한 의미가 있습니다. 이 멜기세덱의 직분을 통해서 우리는 예수 그리스도와 그의 직분을 생각하게 됩니다. 왜냐하면 바로 예수 그리스도가 이 세상에서 왕으로서, 제사장으로서, 예언자로서의 사역을 감당하셨기 때문입니다.

의의 왕, 멜기세덱

히브리서 7장 2절 하반절에 "그 이름을 해석하면 먼저는 의의 왕이요 그다음은 살렘 왕이니 곧 평강의 왕이요"라는 말씀이 있습니다. 이를 통해 멜기세덱이라는 이름의 속성과 내용과 성격을 살펴보고자 합니다.

멜기세덱의 첫 번째 이름은 '의의 왕'입니다. 멜기세덱은 원래 두 단어로 되어 있는데 '멜기'라는 말은 '~의 왕'이라는 뜻이고, '세덱'은 '의'(義)라는 뜻입니다. 이 두 단어가 합쳐져서 '의의 왕'이 됩니다.

인간에게 있어 가장 최대의 문제가 무엇입니까? 전쟁의 문제도 아니고 먹고사는 문제도 아닙니다. 인간에게 있어 가장 중요하고 결정적인 문제는 죄의 문제입니다. 이 문제는 어느 누구도 해결할 수 없기 때문이며, 실제로 인류가 존재한 이래 계속해서 인간을 괴롭혀 온 문제이기 때문입니다. 예레미야서에 보면 "만물보다 심히 부패한 것이 인간의 마음"이라고 말했습니다. 칼빈은 이 말을 가리켜 "인간의 마음은 악의 제조 공장이다"라고 표현했습니다. 인간의 제일 중요한 첫 번째 문제는 죄로부터 벗어나는 것입니다.

오늘 우리 사회의 제일 심각한 문제는 무엇입니까? 불의입니다. 모든 불의에서 이 사회를 구원하자는 것이 요즘 세상 사람들이 한결같이 외치는 소리입니다. 세상이나 국가나 역사나 개인이나 교회나 죄의 문제에서 벗어나야 합니다. 죄의 삯은 사망입니다. 그러므로 사람들은 이미 사망의 그림자 밑에 있는 것입니다. 질병이나 절망, 불안이나 괴로움이 '죄'라는 덩어리 안에 숨겨져 있습니다.

이 죄를 누가 해결할 수 있겠습니까? 이 죄의 문제를 해결할 수 있는 분은 오직 예수 그리스도뿐입니다. 그리스도의 보혈 외에는 죄의 문제를 씻을 길도, 해결할 방법도 없습니다. 인간이 죄의 문제를 해결하려고 하면 할수록 죄는 더 번성해지기 마련입니다. 걷잡을 수 없이 커지기 때문입니다. 십자가의 보혈 앞으로 이 죄를 가지고 가지 않는 한 아무도 죄의 문제를 해결할 수 없습니다.

로마서 3장 23절에 보면 "인간은 죄에 빠져서 하나님의 영광에 이르지 못한다"는 의미의 말씀이 있습니다. 하나님의 영광이란 바로 하나님의 의와 하나님의 거룩을 의미합니다. 의로우신 예수님이 인간의 죄를 위해 무엇을 하셨습니까? 친히 십자가에 달려 못 박혀 죽으셨습니다. 십자가에 못 박혀 죽으심으로써 예수 그리스도의 속성이자 본질인 그 의를 우리 인간에게 전가시켜 주셨습니다. 허물과 죄로 죽을 수밖에 없는 우리에게 말입니다.

누구든지 예수 그리스도를 믿는 자는 하나님의 자녀가 될 뿐만 아니라 의롭다 하심을 얻도록 역사하여 주셨습니다. 하나님을 "아바 아버지"라 부르게 해 주고, 하나님과 더불어 평화로운 관계를 누릴 수 있도록 만들어 준 것이 바로 복음입니다. 이것으로 인해 우리가 예수님을 '의의 왕'이라고 부르는 것입니다. 그러므로 멜기세덱의 이름이 '의의 왕'이라는 사실은, 바로 예수 그리스도가 우리에게 의의 왕으로 오셨음을 보여 주고 있습니다.

평강의 왕, 멜기세덱

멜기세덱의 두 번째 이름은 '살렘 왕'인데, 살렘이라는 말은 바로 '샬롬'에서 비롯된 것입니다. '평강'이라는 뜻입니다. 멜기세덱은 평강의 왕입니다. 이 이름을 지닌 멜기세덱을 통해서 바로 평화의 왕이신 예수 그리스도를 발견하게 됩니다. 예수님의 탄생을 가리켜 누가복음 저자는 2장에서 "하늘에서는 기쁨이요, 땅에는 평화"라고 말했습니다. 예수 그리스도의 탄생 자체가 온 인류에게 평화를 주기 위한 것이었고, 그분이 평화 자체이십니다. 예수님은 죽기 전에 제자들에게 귀한 말씀을 하셨습니다.

평안을 너희에게 끼치노니 곧 나의 평안을 너희에게 주노라 내가 너희에게 주는 것은 세상이 주는 것과 같지 아니하니라 너희는 마음에 근심하지도 말고 두려워하지도 말라(요 14:27).

예수를 경험한 사람이 맨 처음 하는 말이 무엇입니까? 마음이 평안하다고 말합니다. 교회에 오면 마음이 평안하다, 주님 앞에 오면 마음이 평안하다, 그렇게 불안하고 무섭고 괴롭고 고통스럽던 마음이 평안해졌다고 합니다. 사막과 같은 환경은 변하지 않았을지라도 마음에 평화가 있다는 것입니다. 예수님이 평강의 주인이시기 때문입니다. 평화의 왕은 바로 우리 주 예수님이십니다. 예수님이 십자가에 못 박혀 죽으시고 난 다음에 부활하셔서 제자들에게 하신 첫 번째 말씀이 무엇입니까? "평강이 그대들에게 있을지어다." 우리 주님은 우리에게 평화를 주시고자 합니다.

'의의 왕'이란 말과 '평강의 왕'이란 말은 아주 중요한 단어들입니다. 이 두 단어의 관계를 좀 더 깊이 생각해 볼 필요가 있습니다.

인애와 진리가 같이 만나고 의와 화평이 서로 입맞추었으며(시 85:10).

의와 화평이 서로 입맞춤한다는 말은 무슨 뜻입니까? 의의 왕이신 예수 그리스도는 곧 평화의 왕이란 말입니다. 한 걸음 더 발전시켜 보면 '평화의 기초는 의'라는 말입니다. 의롭지 못할 때에는 결코 평화로운 상태가 이루어지지 않습니다. 의로운 사람만이 평화를 줄 수 있고 평화를 누릴 수가 있습니다.

많은 사람들이 마음의 평화를 원합니다. 왜냐하면 대부분의 사람들이 마음에서 전쟁을 경험하고 있기 때문입니다. 세상만 전쟁을 하는 것이 아니라 부부 사이에도 전쟁을 합니다. 국가만 이렇게 소란스러운 것이 아니라 우리의 영혼도 소란스럽습니다. 마음이 평화롭지 않습니다. 많은 국가들이 평화를 원하고 있지만, 원하면 원할수록 평화는 오지 않고 더 멀어지는 것 같습니다. 내 마음을 들여다보십시오. 얼마나 많은 전쟁이 일어나고 있습니까?

그렇다면, 이처럼 평화를 원하는데 평화가 오지 않는 이유가 무엇입니까? 의의 왕과 평화의 왕이란 말에서 그 답을 찾을 수 있습니다. 다시 말하면 참된 평화의 기초는 참된 의에서 시작된다는 뜻입니다. 불의한 사람 안에는 평화가 없습니다. 불의한 지도자가 있는 나라는 평화롭지 않습니다. 이것은 개인이나 국가나 마찬가지입니다. 불의한 남편 옆에 편안한 아내가 없습니다. 불의한 부모 아래 평화로운 자녀가 없습니다.

평화를 위해서 의의 왕을 먼저 모셔야 됩니다. 내 죄를 고백하고 십자가 앞에서 죄와 허물을 용서 받기 전에는 진정한 평화가 없습니다. 평화는 도피, 회피, 타협을 통해서 이루어지지 않습니다. 일시적인 평화는 올지 몰라도 곧 다시 불안과 고통이 찾아옵니다.

그러므로 우리가 믿음으로 의롭다 하심을 받았으니 우리 주 예수 그리스도로 말미암아 하나님과 화평을 누리자(롬 5:1).

이 말씀을 통해 사람 간의, 국가 간의 평화가 중요한 것이 아니라 하나님과의 평화가 중요하다는 것을 알 수 있습니다. 하나님과 먼저 평화를 누리십시오. 그러면 아내를 사랑하게 될 것입니다. 하나님과의 평화를 누리십시오. 남편을 사랑하게 될 것입니다. 하나님과의 평화를 먼저 누리십시오. 자녀들, 주위의 모든 사람을 사랑하게 될 것입니다. 하나님과의 평화가 모든 평화의 기초임을 성경은 말하고 있습니다.

이 멜기세덱을 통해서 깨달을 수 있는 또 한 가지가 있습니다. 그것은 멜기세덱이 아브라함에게 축복을 해 주었다는 사실입니다. 우리 주님은 우리를 축복하기를 바라십니다. 하나님이 세상을 이처럼 사랑하사 독생자를 주신 것은, 누구든지 멸망치 않고 영생을 얻기를 원하시기 때문입니다. 주님이 우리에게 말씀을 주시는 것은, 십자가에 달려 죽으신 것은, 우리를 지옥에 보내려는 것이 아니라 하나님의 자녀로 삼아 주시기 위해서입니다.

여러분은 예수님이 주시는 축복을 누리고 계십니까? 의의 축복과 평안의 축복을 누리고 계십니까? 멜기세덱이 아브라함을 축복하고 떡과 포도주를 주었던 것처럼, 주님은 성만찬을 통해서 우리에게 영적인 축복을 주셨습니다. 더불어 이 땅에서부터 영육 간에 놀라운 축복을 받기를 원하고 계십니다. 마태복음에서 예수님은 마음이 가난한 자는 복이 있다, 긍휼히 여기는 자는 복이 있다, 화평케 하는 자는 복이 있다 등의 여덟 가지 축복을 이야기해 주셨습니다. 우리 주님이 지금도 여러분을 축복하고 계신 것을 믿기 바랍니다. 그리고 여러분이 이 축복 안에 들어오기를 원하고 계십니다.

인간이면서 인간이 아니셨던 분

멜기세덱의 기원을 통해서 예수 그리스도의 본질을 찾아볼 수 있습니다.

> 아버지도 없고 어머니도 없고 족보도 없고 시작한 날도 없고 생명의 끝도 없어 하나님의 아들과 닮아서 항상 제사장으로 있느니라(히 7:3).

여기서 우리는 논리적으로 모순됨을 알 수 있습니다. 왜냐하면 제사장이란 사람 중에서 취하는 직분입니다. 사람 중에서 취한 왕이고 제사장인 그를, 하나님 아들과 닮은 자였고 족보가 없고 어머니도 없고 아버지도 없고 시작도 없고 끝도 없는, 즉 신적 존재와 같은 모습으로 기록하고 있기 때문입니다.

모든 제사장은 아론의 후예여야 하며 모든 제사장은 레위 지파에서 나와야 합니다. 그러나 멜기세덱은 모든 인간적인 지파와 족속을 초월한 사람으로 소개되고 있기 때문입니다. 그래서 귀가 둔한 사람은 해석하기 어렵다고 미리 말했던 것입니다. 무슨 말입니까? 우리 주님이 인간의 모습으로 오셔서 인간 속에 사셨고, 인간과 함께 눈물을 흘리셨고, 인간과 함께 고통을 당하셨으며, 십자가를 질 수밖에 없었지만, 그의 신적 기원은 하늘에 있다는 사실을 보여 주는 것입니다.

골로새서 1장 15-17절에 보면 "그는 보이지 아니하는 하나님의 형상이시요 모든 피조물보다 먼저 나신 이시니 만물이 그에게서 창조되되 … 만물이 다 그로 말미암고 그를 위하여 창조되었고 또한 그가 만물보다 먼저 계시고 만물이 그 안에 함께 섰느니라"고 말하고 있습니다. 우리가 믿는 예수님이 바로 그런 분이십니다. 그는 인간이면서 인간이 아니셨습니다. 인간의 몸을 입으셨지만 하나님 자신이었습니다. 예수 그리스도의 본질이 하나님 자신이셨기 때문에 아브라함보다도 먼저 계셨던 분이요, 모세보다도 크신 분이라는 것을 지금 성경이 계속해서 증명하고 있습니다. 멜기세덱이 하나님의 아들과 닮아서 항상 제사장으로 있는 것처럼, 예수님도 바로 신적 기원을 가지신 우리의 영원한 대제사장입니다. 그가 제사를 드림으로 말미암아 우리의 구원은 확정된 것입니다. 그러므로 우리는 그 은혜의 보좌 앞에 담대히 나아갈 수가 있습니다.

창세기 14장 17-20절을 살펴보면 멜기세덱이 아브라함을 축복해 주는 것을 볼 수 있습니다. 왜 아브라함에게 축복해 줍니까? 그것은 아브라함이 한 믿음의 행동 때문입니다. 창세기 14장 이후에 보면, 전쟁에서 승리하고 돌아오는 아브라함을 멜기세덱이 맞이해 주었습니다. 여러분도 믿음의 결단을 하고 손해 보기를 각오하고 주님만 생각하고 주 앞에 나아오면, 멜기세덱이 나타났던 것처럼 우리 주님이 떡과 포도주를 가지고 여러분 앞에 나타나 축복해 주십니다.

아브라함은 너무나 고맙고 감격해서 자기 전리품에서 제일 좋은 것의 십분의 일을 바쳤습니다. 이것이 십일조의 기원입니다. 여기서 하나 기억할 것이 있습니다. 십일조는 율법이 아닙니다. 은혜의 보답입니다. 나중에 십일조를 바치지 않고 하나님의 것을 도둑질해 가기 때문에 말라기에서 그렇게 말하고 있는 것뿐입니다. 은혜 받은 아브라함은, 바치지 않으면 견딜 수 없어서 멜기세덱에게 십분의 일을 바쳤습니다. 그래서 예수님이 이것을 축복해 주셨습니다. 멜기세덱은 바로 이런 신적 기원을 받는 높은 분이십니다.

멜기세덱은 아브라함에게 축복을 해 주었고 또 십분의 일을 어떻게 했습니까? 받았습니다. 예수님도 여러분을 축복해 주기를 원하시고 은혜의 보답 받기를 원하시는 분임을 알아야 합니다.

오늘날 교회의 비극은 돈에 대한 극단적 노이로제에 걸려 있다는 것입니다. 이 현상은 두 가지로 살펴볼 수 있는데, 첫째는 비성경적인 교회의 헌금에 대한 태도입니다. 교회가 비성경적일수록 헌금을 강요합니다. 설교 때마다 헌금, 헌금 이야기하고 무슨 헌금이다 무슨 헌금이다 해서 사람들이 모두 헌금에 지쳐 있고 질려 있습니다. 둘째는 헌금에 대한 교인들의 비성경적인 태도입니다. 이들은 돈 얘기만 하면 아주 질색하면서, 헌금 바구니 도는 것을 잠

자리채 도는 것으로 해석합니다. 극단적 해석은 극단적으로 헌금을 강요하는 것과 똑같이 나쁜 것입니다.

우리는 멜기세덱을 통해서 귀한 진리를 깨달아야 합니다. 돈에 대한 자유입니다. 물질이 하나님으로부터 왔다는 확신입니다. 헌금 생활의 축복을 알아야 합니다. 오늘 말씀에서 배워야 할 내용은, 바른 은혜 생활과 바른 헌금 생활을 통해서 아브라함과 멜기세덱이 좋은 관계를 가졌다는 것입니다. 이것을 오늘날 교회가 회복해야 합니다. 이것이 바로 우리가 멜기세덱을 통해 배워야 할 축복입니다.

우리 주님을 다시 한 번 바라보기를 바랍니다. 의의 왕이요, 평화의 왕이요, 신적 기원을 갖는 분이요, 우리에게 축복을 내려 주시는 분이요, 기꺼이 은혜의 보답을 받으시는 우리 주님을 통해서 여러분의 생활이 풍성해지기를 바랍니다.

멜기세덱의 반차를 따라 영원한 대제사장이 되신 예수 그리스도를 바라보고 뒤따라가 이 세상에서 의의 삶, 평화로운 삶, 축복된 삶을 살기 바랍니다.

o

14

세상에서
가장 확실한 약속

히브리서 7:11-28

o

이 장에서 본문 말씀을 이해하는 데 중요한 열쇠가 되는 구절은 7장 19절입니다.

> (율법은 아무것도 온전하게 못할지라) 이에 더 좋은 소망이 생기니 이것으로 우리가 하나님께 가까이 가느니라.

히브리서 기자는 인간의 최대 이상이란 하나님께 더 가까이 나아가는 것이라고 말하고 있습니다. 그리스도인의 가장 큰 소망은 바로 날마다 더 가까이, 더 깊이 그분께 나아가는 일입니다. 찬송가 가운데 "귀하신 주여 날 붙드사 주께로 날마다 더 가까이"(새찬송가 433장, 〈귀하신 주여 날 붙드사〉) 라는 찬송이 있습니다. 이 세상에 살면서 가장 귀한 축복은 하나님께 더 가까이 나아가는 것입니다.

그러면 하나님의 최대 이상은 무엇일까요? 역시 마찬가지입니다. 죄인인 우리가 타락하지 아니하고, 지옥 자식 되지 아니하고, 하나님 편으로 더 가까이 이끄시는 것이 그분의 간절한 소망입니다. 그래서 예수 그리스도를 세상에 보내 주셨습니다. 예수님은 우리를 구원하고 버리지 않기 위해서, 우리를 자기의 자녀로 삼기 위해서 성령을 보내 주셨습니다.

다른 한 제사장을 세운 이유

구약에서는 하나님께 더 가까이 나아가기 위해서 중요한 두 가지 방법을 사용하게 해 주셨습니다. 첫째는 율법이요, 둘째는 제사입니다. 죄인인 인간은 하나님을 만날 수 없기 때문에 하나님을 가까이 만날 수 있도록 주신 것이 율법입니다. 모세와 선지자를 통해서 하나님의 말씀을 인간들에게 주셨고, 인간들이 이 율법을 듣고 지켜 순종함으로 하나님의 자녀가 되어 하나님께 가까이 나아갈 수 있는 길을 만들어 주셨습니다. 그런데 사람이 율법을 다 잘 지켰으면 얼마나 좋았을까요? 죄인인 인간은 율법은 받았으나 다 지킬 수가 없었습니다. 그래서 율법을 범하게 되고 그렇게 함으로 말미암아 하나님과의 관계가 오히려 끊어지게 되었습니다.

그래서 하나님이 주신 두 번째 장치가 제사법입니다. 율법을 지키지 못한 인간이 하나님께로부터 그대로 버림받지 않게 하기 위해서, 그들의 죄와 허물을 용서받을 수 있는 제물을 바치게 한 것입니다. 제물로 제사를 드리는 것은, 자기의 백성이 더 가까이 나아올 수 있도록 하기 위해 하나님이 택하신 방법입니다. 그래서 구약에 보면 수많은 제사법이 나타나고 있습니다. 제사의 종류가 그렇게 많은 것은 자기 백성을 찾으시는 하나님의 마음을 드러냅니다.

이 두 가지를 생각해 볼 때 하나님이 얼마나 우리를 사랑하시고, 우리를 위해서 얼마나 놀라운 배려를 하고 계신지 알 수 있습니다. 그러나 문제는 이러한 율법과 제사가 근본적인 문제를 해결하지 못했다는 데 있습니다. 다시 말하면 율법은 인간이 지킬 수가 없었으며, 또 제사는 매년마다 반복적으로 드려야 했습니다. 제사는 완전하지 못했습니다. 인간의 죄를 없애 주는 구원의 상징적인 모습에 불과하기 때문입니다.

이루어진 온전한 구원

그래서 멜기세덱의 반차를 따라 온전한 구원을 이루시는 예수 그리스도를 우리에게 제시하게 되었습니다.

> 레위 계통의 제사 직분으로 말미암아 온전함을 얻을 수 있었으면 (백성이 그 아래에서 율법을 받았으니) 어찌하여 아론의 반차를 따르지 않고 멜기세덱의 반차를 따르는 다른 한 제사장을 세울 필요가 있느냐(히 7:11).

이 말씀은 멜기세덱의 반차를 따른 예수가 필요하다는 결론을 내리고 있습니다. 여기에서 중요한 단어는 '온전함'이라는 단어입니다. "내가 온전한 것처럼 너희도 온전하라"는 말씀이 있습니다. 하나님이 율법과 제사를 주신 것은, 그분의 백성을 찾기 위함이며 또 우리가 하나님께 나아가는 길을 열어 주기 위함입니다. 그것은 곧 온전한 하나님의 백성을 만들기 위함이며 또 온전한 구원을 이루기 위함이라고 성경은 말하고 있습니다. 그러나 레위 계통의 제사로는 그 백성을 온전하게 할 수 없다고 말합니다. 그렇기 때문에 하나님은 멜기세덱의 반차를 따르는 분, 영원한 보증이 되시는 예수 그리스도를 통해서 우리 인류가 온전한 구원을 받도록 길을 만들어 주셨습니다.

이 문제에 대한 대답이 19절에서 또 한 번 나타납니다. 여기에서도 '온전한'이라는 말이 나옵니다. 우리 인간에 대한 하나님의 이상은 온전한 성도에게 온전한 구원을 주시는 것입니다. 19절 말씀은, 제사와 율법으로서는 성도의 온전함을 이룰 수 없다는 선언입니다. 이것이 구원의 시작이라는 사실을 아셔야 합니다.

그러나 로마서 3장 20절은 "그러므로 율법의 행위로 그의 앞에 의롭다 하심을 얻을 육체가 없나니 율법으로는 죄를 깨달음이니라"고 말씀하고 계십니다. 하나님의 말씀이 내 앞에 오면 올수록 나는 죄인이 되는 것입니다. 우리는 하나님의 말씀이 살았고 운동력이 있어 좌우의 날 선 어떤 검보다도 예리하여 우리의 영과 혼과 관절과 골수를 쪼개는 것을 잘 압니다. 그러나 그 말씀을 지킬 능력이 없습니다. 말씀 앞에 서면 우리는 죄인이 됩니다.

로마서를 계속해서 살펴보면 하나님은 죄인을 위해서 율법 외에 한 '의'를 인간에게 보내 주셨습니다. 이 의는 율법과 선지자의 증거를 받은 것으로, 곧 예수 그리스도를 믿음으로 말미암아 모든 믿는 자들에게 미치는 하나님의 의로서 차별이 없습니다. 율법 외에 이 의를 다시 주셨습니다. 하나님은 이 의를 아브라함과 다윗을 통해서 증거하셨는데, 로마서 4장을 살펴보면 "그 의는 율법으로, 할례로 이루어지지 않는다"고 합니다. 오직 믿음으로만 이 의를 받을 수 있다는 구원의 엄청난 진리를 설명합니다.

그렇다면 우리는 어떻게 온전한 성도가 되며 성경이 말한 온전한 구원을 받을 수 있습니까? 히브리서 기자는 7장 24-25절에서 그 결론을 말하고 있습니다. 다시 말하면, 제사와 율법이 하지 못한 온전한 것을 예수 그리스도가 이루셨다는 선언입니다. 25절을 보십시오. 여기에 '온전'이라는 말이 또 나옵니다. 예수 그리스도를 힘입어 하나님께 나아가는 자에게는 하나님이 온전함을 주시겠다고 합니다. 이것이 바로 성도를 위한 온전한 구원입니다.

언약의 보증이 되신 예수님

그러면 예수님은 어떻게 우리에게 온전한 구원을 이루어 주셨습니까?

> 우리 주께서는 유다로부터 나신 것이 분명하도다 이 지파에는 모세가 제사장들에 관하여 말한 것이 하나도 없고 멜기세덱과 같은 별다른 한 제사장이 일어난 것을 보니 더욱 분명하도다(히 7:14-15).

예수님이 온전한 구원을 이루실 수 있는 첫 번째 이유는, 아론의 지파가 아닌 유다 지파로서 멜기세덱의 반차를 따른 제사장이셨기 때문입니다. 우리는 7장 11절에서 아론의 지파인 레위 계통의 제사로서는 온전함을 얻을 수 없다는 말씀을 들었습니다. 구약의 제사는 불완전합니다. 그래서 아론 계통과 레위 계통의 제사로는 구원이 온전히 이루어지지 않습니다. 예수님은 아론의 지파나 레위 지파가 아니라 유다 지파입니다. 그리고 멜기세덱의 반차를 따라서 온전한 구원을 이루기 위해서 오셨습니다. 이것이 첫 번째 근거입니다.

두 번째 이유는 7장 16-17절에 나옵니다.

> 그는 육신에 속한 한 계명의 법을 따르지 아니하고 오직 불멸의 생명의 능력을 따라 되었으니 증언하기를 네가 영원히 멜기세덱의 반차를 따르는 제사장이라 하였도다.

이 말씀은 해석이 필요합니다. 구약에서 레위 계통의 제사장이 되려면 두 가지 자격 요건을 갖추어야 했습니다. 첫째는 레위 계통에서 나온 지파여야 합니다. 둘째는 레위기 21장 16-23절에서 언급하고 있는데, 신체적 결함이 없어야 합니다. 다리가 부러졌다든지 손이 이상하다든지 눈이 멀었다면 제사장이 되지 못합니다. 제사장은 온전한 육체를 가진 사람이어야 합니다. 이것이 바로 '육체에 상관된 계명의 법'을 말합니다. 그러나 예수님은 이 법을 좇지 않으셨습니다. 이 법을 좇게 되면 예수님도 결국 제한된 제사를 할 수밖에 없고, 그러면 인간을 온전히 구원할 수 없다는 얘기입니다.

그러면 예수님은 제사를 어떻게 드리셨습니까? 예수님에게는 신체적 조건이 문제되지 않았습니다. '오직 불멸의 생명의 능력을 따라.' 다시 말하면 예수님은 육체적 조건이 아니라 그의 내면적 조건인 인격과 성품, 자신의 신적 본질에 의해서 구원을 이루셨습니다. 이것이 성경이 제시하는 두 번째 이유입니다.

세 번째 이유는 7장 20-21절에 기록되어 있는 말씀에서 알 수 있는데 바로 '맹세'라는 부분입니다. 구약의 제사장들은 맹세로 제사장이 된 것이 아닙니다. 레위 계통의 제사장들은 맹세 없이도 세움을 입었고 그 직분이 변천적이고 임시적이었습니다. 그들은 장차 올 예수 그리스도의 제사장직의 그림자로서 사역을 담당했던 것뿐입니다. 예수님은 맹세한 후 제사장이 되셨고, 예수님의 제사장직은 변치 아니하는 직분이었습니다. 시편 110편 4절에 그 말씀이 기록되어 있습니다. 멜기세덱에 관한 이야기를 다루면서, 여호와는 맹세하고 변하지 아니하시리라는 말씀으로 예수 그리스도가 참 구원의 제사장이라는 것을 보여 주셨습니다.

이러한 세 가지 이유를 근거로 22절에 결론을 내리고 있습니다.

이와 같이 예수는 더 좋은 언약의 보증이 되셨느니라.

예수님의 제사 직분은 영원한 것이므로 사라지지 않으며, 예수의 제사 직분이야말로 참 언약의 보증이 되셨다고 말하고 있습니다. 보증을 선다는 것이 얼마나 어려운 일인지는 잘 아실 것입니다. 보증 잘못 섰다가 전 재산 다 뺏기고 패가망신한 사람들이 참 많습니다. 보증이라고 하는 것은 이렇게 중요합니다.

우리의 구원의 보증을 누가 서셨습니까? 예수님입니다. 이것은 예수님이 맹세하시고 하늘의 권위로 세우셨다는 약속입니다. 구원이 단순한 것 같지만 주님은 이 구원의 잔치를 베푸시기 위해서 엄청난 배려와 완벽한 계획과 하나님의 확실한 보증을 주셨습니다. 우리의 구원은 아무도 빼앗을 자가 없습니다. 우리의 구원은 이처럼 틀림없고 완전한 반석 위에 세워졌습니다.

그러나 대부분의 사람들이 이 구원에 대한 지식이 없기 때문에 이단들에게 흔들리고, 세상의 고난에 흔들립니다. 구원의 확신이 없기 때문에, 기분 좋으면 예수 잘 믿고 기분 나쁘면 예수 덜 믿는 경우가 얼마나 많은지 모릅니다. 성경은 이런 사람들을 위한 온전한 구원, 우리 주님이 인치시고 보증하신 이런 구원을 말하고 있습니다. 예수님이야말로 구원의 절대 부족함이 없는 전부이십니다.

이단이란 무엇입니까? 처음은 같은데 끝이 다른 것이 이단입니다. 이단은 다른 것이 아닙니다. 예수만 가지고는 부족하다는 것이 이단입니다. 예수 외에 뭔가가 더 필요하다고 얘기합니다. '구원받기 위해서는 인간의 노력이 조금 더 필요하다', '예수 믿는 것도 좋지만 내 선행도 필요하다', '성경책도 좋지만 성경책만으로는 부족하니까 모르몬경이 하나 더 필요하다'라고 얘기하는 것이 이단입니다. 성경책도 좋지만 거기에 원리강론을 하나 더 보충해야 되겠다, 예수님의 구원도 좋지만 문선명이 하나 더 필요하다, 그래서 보완을 해야 되겠다고 주장하는 것이 이단입니다.

우리의 구원은 예수로 충분히 만족됨을 믿으시기 바랍니다. 그것이 다입니다. 예수만 있으면 끝입니다. 완벽하고 완전하게 이루어진 구원입니다. 이것이 흔들려서는 안 됩니다. 마귀 혹은 천사가 와서 우리의 구원을 흔든다 할지라도 흔들려서는 안 됩니다. 우리가 받은 구원은 바로 이런 구원입니다. 하나님이 이처럼 기가 막히게, 완벽하게 계획해서 주신 것이 우리가 받은 구원입니다.

완전한 구원을 주신 예수님

그렇다면 완전한 구원을 베풀어 주신 예수님은 어떤 분이십니까?

첫째, 7장 25절 상반절은 "자기를 힘입어 하나님께 나아가는 자들을 온전히 구원하실 수 있으니"라고 말합니다. 우리 예수님은 구원하실 수 있는 분입니다. 그분은 능히 우리를 구원하실 수 있는 완전하신 분입니다. 예수 그리스도가 실로 우리의 모든 문제의 해답이심을 믿기 바랍니다. 예수님은 우리 건강의 해답이십니다. 예수님은 우리 삶의 해답이십니다. 예수님은 우리 모든 것의 해답이십니다. 이 지상에서의 해답일 뿐만 아니라 영원에 가서도 그분은 우리의 해답이십니다. 예수님에게는 능치 못함이 없으십니다. 그분은 모든 것을 하실 수 있습니다.

예수 그리스도를 믿는 자들에게는 하나님의 자녀가 되는 권세를 주십니다. '영접하는 자 곧 그 이름을 믿는 자들에게는 하나님의 자녀가 되는 권세를 주셨다'(요 1:12 참조)고 말했습니다. 예수 그리스도를 믿으면 영생을 얻습니다. '내 말을 듣고 또 나 보내신 이를 믿는 자는 영생을 얻었고 사망에서 생명으로 옮겼다'(요 5:24 참조)고 말했습니다. 주님은 우리들에게 영생을 주시는 분입니다. 예수를 믿으면 능력이 생깁니다. 땅의 힘이 아니라 하늘의 능력이 주어집니다. 예수를 믿으면 마음의 평화가 생깁니다. 예수를 믿으면 삶의 목표가 분명해집니다. 예수 그리스도를 믿으면 마음에 용서가 생기고 사랑이 생깁니다. 주님이 주신 능력입니다. 예수님은 모든 것을 하실 수 있는 분이라는 사실을 기억하기 바랍니다. 나는 할 수 없지만 그분은 하실 수 있습니다.

둘째, 25절 하반절에는 "이는 그가 항상 살아 계셔서 그들을 위하여 간구하심이라"고 기록되어 있습니다. 주님은 우리의 구원을 위해 지금도 기도하고 계시는 분입니다. 죽은 분이 아니라 살아 계신 분입니다. 무덤에 갇혀 있는 것이 아니라 지금 우리의 마음속에, 우리의 옆에 계십니다. 우리는 기도하지 않을지라도 주님은 우리를 위해 기도하고 계십니다. 우리가 깨닫지 못해도 우리를 위해, 특히 우리의 구원을 위해 기도하고 계십니다. 구원의 확신이 없는 사람이 구원을 분명히 깨닫도록 기도하고 계시며, 우리가 전도하는 사람들의 구원을 기도하고 계십니다.

기도처럼 중요한 것이 없고 기도해 주는 사람처럼 고마운 사람이 없습니다. 제가 제일 고마운 것은 성도들이 저를 위해서 기도해 주는 것입니다. 제가 성도들에게 해 줄 수 있는 최대의 축복도 기도입니다. 한 가정 한 가정, 한 사람 한 사람 기억하면서 기도해 주는 것이 가장 큰 축복임을 아셔야 합니다. 주님은 우리를 위해 지금도 기도하고 계십니다. 우리의 고통과 병든 것과 상처를 아시는 그분이 우리를 위해 기도하고 계십니다.

셋째, 7장 26절은 '이러한 대제사장은 우리에게 합당한' 분이라고 분명히 말합니다. 주님이 우리에게 가장 합당한 분입니다. 가장 적당한 분입니다. 제게 있어서 제일 적당한 사람은 제 아내입니다. 그 이상 적당한 사람이 없습니다. 마찬가지로 우리에게 가장 적당하고 합당한 분은 예수 그리스도십니다.

가장 합당하신 구원자

왜 예수님이 우리에게 합당한 분이십니까? 다섯 가지 이유 때문입니다. 첫째 이유는 그분이 거룩하신 분이기 때문입니다. 거룩은 하나님의 본질입니다. 하나님의 완전함을 의미합니다. 그리고 거룩은 하나님과의 사귐을 의미합니다. 우리 예수님은 거룩하시기 때문에 우리의 죄를 씻어 줄 수 있음을 믿어야 합니다. 그분은 거룩하신 분입니다. 그러므로 우리의 누추함을 다 감추어 주십니다.

둘째, 그분에게는 악이 없으시기 때문입니다. 악이 없는 상태를 우리는 선이라고 말합니다. 순수하고 독이 없는 상태입니다. 하나님의 사랑과 친절과 선함이 가득한 분이 바로 예수 그리스도십니다. 예수 그리스도는 순진하고 순수하신 분입니다. 불결하고 더러운 우리의 영혼을 그분은 깨끗하게 씻어 주십니다. 그래서 예수님 앞에 가면 내 영혼이 깨끗해지는 것을 느낄 수 있습니다. 예수님은 지저분하고 더러운 생각, 시기와 정욕과 미움이 가득 차 있는 내 마음과 영혼을 깨끗하게 씻어 주실 수 있는 분입니다.

셋째, 예수님은 더러움이 없으신 분이기 때문입니다. 흠이 없고 깨끗합니다. 한 송이 꽃과 같습니다. 그분은 어떤 흠이나 결점도 없기 때문에 우리를 더러움에서 구원해 주십니다.

넷째, 예수님은 죄인과 구별되신 분이기 때문입니다. 예수님은 죄인의 친구입니다. 예수님은 죄인을 위해 죽으셨습니다. 죄인으로 세상에 오셔서 죄인이 겪어야 할 모든 수모와 죽음과 고통과 눈물뿐만 아니라 죄인의 연약함도 다 체험하셨습니다. 그러나 그분은 죄인이 아닙니다. 죄인과 구별되신 분입니다. 죄가 없으셨기 때문에 죄를 사하실 수 있고, 우리를 위해 죽으실 수 있었습니다.

다섯 번째, 예수님은 하늘보다 높이 되신 분이기 때문입니다. 예수님은 승천하셔서 최고의 자리에 오르셨습니다. 예수님은 지금도 하나님의 우편에 앉아서 우리를 위해 기도하며, 우리의 삶을 다스리십니다. 뿐만 아니라, 그때가 언제일지 모르지만 공중 휴거 때 우리를 불러 주시는 분입니다. 그리고 주님은 심판자로 다시 오실 것입니다. 하나님의 심판의 때에 예수님은 우리를 변화시키시고, 보호하시고, 감싸 주시고, 하나님 나라로 인도해 주실 것입니다. 그분은 하늘의 가장 높은 곳에 이미 오르셨기 때문입니다.

그러므로 예수 그리스도는 구약의 모든 불완전한 율법과 제사를 뛰어넘어 완전한 구원을 주시는 분입니다. 그렇기 때문에 성경은 우리에게 예수를 가장 합당한 분이라고 말하고 있습니다.

흔들림 없이 나아가십시오

마지막으로 성경은 예수님이 언약의 참 보증이신 것을 보여 주기 위해 두 가지 사실을 더 말씀하고 있습니다. 첫째는 7장 27절 말씀입니다.

그는 저 대제사장들이 먼저 자기 죄를 위하고 다음에 백성의 죄를 위하여 날마다 제사 드리는 것과 같이 할 필요가 없으니 이는 그가 단번에 자기를 드려 이루셨음이라.

예수님은 레위 계통의 제사장들과 다르셨습니다. 구약의 제사
장들은 제사를 드리기 전, 먼저 자기 죄를 위해 제사를 드렸습니
다. 그다음에 백성의 죄를 위해서 제사를 드렸고, 또 매년마다 정
기적으로 제사를 드려야 했습니다. 그러나 예수님은 십자가에서
산 제물로 죽으심으로써 단 한 번의 제사로 모든 죄를 사하셨습니
다. 누구든지 예수 그리스도를 믿기만 하면 구원이 이루어집니다.
이것이 주님이 하신 일입니다.

둘째, 28절에 보면 구약의 제사장들은 율법의 약점들을 가지고
있는 사람들인 데 반해, 예수님은 온전한 사람이요 온전케 되신 아
들이라고 설명하고 있습니다.

율법은 약점을 가진 사람들을 제사장으로 세웠거니와 율법 후에
하신 맹세의 말씀은 영원히 온전하게 되신 아들을 세우셨느니라.

그런데 왜 이러한 내용들을 성경에 실었을까요? 우리의 구원이
얼마나 깊고 오묘하고 완전한 것인가를 보여 주기 위해서입니다.
이 세상에는 너무나 많은 환난과 고통과 전쟁과 어려움이 있고, 구
원을 의심할 만한 일들이 수없이 일어나기에 성도들은 유혹에 흔
들리곤 합니다. 그런 이들에게 "내가 받은 구원은 바로 이런 구원

이다"라는 것을 더 깊이 깨우쳐 주기 위해서입니다.

우리가 받은 구원이 이렇게 온전한 구원임을 깨달았다면, 다음 세 가지를 잊지 않기를 바랍니다. 첫째, 두려움과 죄악에서 벗어나길 바랍니다. 불안해하지 마십시오. 하나님이 보증 수표이십니다. 예수님이 언약의 보증이라고 말씀하셨습니다. 그러므로 두려워하거나 죄의식 속에서 고민하지 않기를 바랍니다.

둘째, 온전한 예수에 대한 구원의 자리를 붙잡고 흔들리지 않기를 바랍니다. 지금 우리 주위에는 이단들이 많습니다. 얼마나 시끄러운 세상입니까? 구원의 진리를 분명히 갖기를 바랍니다.

셋째, 담대히 은혜의 보좌 앞에 나아가시기를 바랍니다. 이 모든 것은 하나님이 예비해 두셨습니다. 우리를 위해서 이미 하나님이 모든 것을 준비해 주셨습니다. 구원의 즐거움을 만끽하면서 이제 복음의 산 증인들이 되기를 바랍니다.

주님은 우리에게 구원의 온전한 역사와 하나님 앞에 담대히 나아갈 수 있는 길을 보여 주셨습니다. 흔들리지 않는 믿음을 가지십시오. 구원의 확신으로 주님께 영광을 돌리십시오.

15

하나님의 사랑이
새겨진 언약

히브리서 8:1-13

1936년, 당시 41세였던 에드워드 8세 영국 국왕의 왕관을 벗게 한한 여인이 있습니다. 두 번의 이혼 경력이 있는 미국인 월리스 워필드 스펜서 심프슨 부인입니다. 외신 보도에 따르면 이 여인은 90세 나이에 파리 교외에서 사망했다고 합니다. 이렇게 엄청난 세기적 사랑을 보는 것은 재미있는 일입니다.

그런데 그 외신 보도에 의하면 그 유명한 사랑만큼 실제 그들의 결혼 생활은 행복하지 않았다고 합니다. 각자의 이기적인 성격 때문에 결혼 생활이 몹시 비참했지만, 체면 때문에 이혼할 수 없어 말년까지 참고 살았다고 합니다. 한 인간을 향한 사랑의 약속은 대영 제국의 왕관과 세상 사람들의 비난, 조소도 이겨 낸 듯했지만, 그 사랑의 결단만큼 실제 생활은 행복하지 못했던 것입니다.

존 F. 케네디 대통령이 사망한 이후, 미망인 재키 여사의 변신 또한 뉴스를 통해서 세간에 회자되곤 했습니다. 그들 또한 우리가 생각했던 것만큼 영웅도 성자도 이상적인 인물도 아니었습니다. 그러나 우리가 비판할 사람도 아닙니다. 그냥 우리와 똑같은 사람으로, 때로는 울고 때로는 웃으며 사랑도 하고 화도 내면서, 그렇게 적당히 살다가 죽을 수밖에 없는 인간일 뿐입니다.

사람들은 대부분 사랑의 환상을 가지고 있습니다. 더 멋진 사랑이 있었을 텐데, 사람을 잘못 만나서 이렇게 산다고 사람들은 착각합니다. 그러나 우리는 모두 죄인이기 때문에 실제 삶은 생각하는 것만큼 아름답지 않습니다. 비참함과 고통이 뒤따르기 마련입니다. 그러나 성경은 우리에게 영원히 목마르지 않는 한 사랑과 한 약속을 보여 줍니다. 그분이 바로 예수 그리스도입니다. 목마른 인간이 영원히 사라지지 않는 샘물 예수 그리스도를 만날 때, 인간의 사랑과 약속, 삶은 승화될 수 있습니다.

지금까지 우리가 히브리서를 통해서 공부해 온 내용이 바로 이런 것입니다. 더 좋은 약속을 우리에게 주신 새 언약의 주인공 예수 그리스도, 그분이 지금까지 우리 삶의 전부였다는 설명, 또 그분에 대한 깊고 오묘한 설명이 계속되고 있습니다. 신앙이란 바로 하나님이 제시하신 이 새 언약을 바라고 믿고 또 선택하는 일입니다. 그러므로 우리의 신앙은 연약하고 절망할 수밖에 없는 인간의 사랑과 약속에 기초한 것이 아니라, 영원하고 변하지 않는 하나님의 주권적 사랑과 선택에 기초한 것입니다.

예수님은 어떤 분이십니까? 첫째 주제는 8장 1절에 기록되어 있습니다.

지금 우리가 하는 말의 요점은 이러한 대제사장이 우리에게 있다는 것이라 그는 하늘에서 지극히 크신 이의 보좌 우편에 앉으셨으니.

이 말씀은 7장까지의 핵심을 말하고 있습니다. 바로 지금까지 했던 이야기의 주제는, 멜기세덱의 반차를 따른 대제사장이신 예수님이 바로 우리 앞에 있다는 것입니다. 예수 그리스도는 저기 멀리에 계시지 않고 지금 여기에 계십니다. 신앙은 저기에 계신 하나님을 믿는 것이 아니라 바로 여기에 있는 하나님을 믿는 일입니다. 무슨 이야기든지 남의 이야기는 쉽습니다. 다른 사람의 신앙 문제는 이야기하기 쉽습니다. 그러나 내 문제, 내 신앙 얘기는 어렵습니다.

예수님이 저기 계신 것이 아니라 지금 바로 우리 옆에, 우리 앞에 계신다고 하는 것은 지극히 현실적인 문제입니다. 그것은 논리와 이상을 뛰어넘습니다. 이것이 바로 히브리서 기자가 계속해서 이야기한 주제입니다. 저자는 계속해서 예수님을 설명하고 있습니다. 대제사장 예수 그리스도, 가장 아름답고 뛰어난 이름을 가진 예수 그리스도, 우리의 영원하신 분, 멜기세덱의 반차를 따르신 분… 이에 대한 설명을 쭉 해 오면서 그분이 지금 우리 앞에 있다고 이야기합니다. 예수님이 우리 앞에 있으면 우리는 도피할 수도, 회피할 수도, 변명할 수도 없습니다. 받아들이느냐 받아들이지 않느냐 하는 결단의 문제만 남아 있기 때문입니다.

그분은 뛰어나고, 찬란하며, 시작도 없고 끝도 없는 영원한 대제사장 예수님입니다. 예수님은 하나님이 약속보다 더 큰 맹세로 우리들에게 세워 주신 분이고, 완전한 구원을 이루어 주신 분입니다.

히브리서 7장 26절에서는 "이러한 대제사장은 우리에게 합당하니 거룩하고 악이 없고 더러움이 없고 죄인에게서 떠나 계시고 하늘보다 높이 되신 이"라고 설명합니다. 그분이 지금 이 자리에 계십니다. 그분이 지금 우리 앞에 와 계시다는 것입니다.

신앙이란 바로 예수 그리스도를 영접하고 예수님을 만나는 일입니다. 예수님을 영접함으로 말미암아 그와 더불어 먹고, 마시고, 사귀고, 교제하는 일입니다. 예수 그리스도가 지금 우리의 마음속에 거하시며 우리와 함께 교제하고 계신지, 이 첫 질문을 통해서 함께 생각해 보기를 바랍니다. 성경은 우리 앞에 계신 예수 그리스도가 어떤 분이신지 세 가지로 설명하고 있습니다.

하늘 보좌 우편에 앉으신 분

예수님은 십자가에 못 박혀 죽으셨을 뿐만 아니라 사망 권세를 깨뜨리고 승리하여 부활하셨습니다. 부활하시고 승천하셨습니다. 승천하셔서 땅의 보좌가 아니라 하늘 보좌에 앉으셨습니다. 위엄의 면류관을 쓰고 하나님의 오른편에 앉아 계십니다. 우리의 신앙이 왜 이처럼 능력이 없는 줄 아십니까? 우리가 믿고 있는 예수님이 시시해서 그렇습니다. 시시하게 믿고 있기 때문에 그렇습니다. 예수님은 우리가 실제로 경험하고 있는 것처럼 시시한 분이 아닙니다. 그러나 우리는 예수님을 시시하게 여기고 있습니다. 아무것도 할 수 없는 분, 미움을 극복할 수 없는 분으로 만들어 놓았습니다. 내가 용서하지 못한 까닭에 예수님도 미움을 극복할 수 없는 분으로 생각합니다. 내가 사랑할 수 없는 까닭에 예수님도 사랑의 능력이 없는 분으로 만들어 놨습니다. 내가 불신앙 속에 있기 때문에 예수님은 아무것도 할 수 없는 무능한 존재가 되어 버렸습니다.

그러나 예수님은 그렇지 않습니다. 우리의 대제사장이신 예수 그리스도, 우리 앞에 계신 그분은 지금 영광 가운데 하늘 보좌 우편에 계시는 분입니다. 우리는 다시 눈을 들어 예수님이 지금 어디 계시며 어떤 능력을 소유하고 계신 분인가를 새롭게 발견해야 합니다. 그분이 계신 곳, 그분의 능력이 바로 예수님의 영광을 드러냅니다. 예수님의 영광은 곧 하나님의 영광입니다. 이 말은 또 어떤 의미가 있습니까? 예수 그리스도를 믿는 사람을 예수 그리스도의 영광의 보좌까지 이끌어 주신다는 뜻입니다. 우리가 예수님을 믿는다는 말은, 우리가 하나님의 자녀가 될 뿐만 아니라 하나님의 높은 보좌의 자리까지 우리 지위가 높아진다는 뜻입니다. 이런 까닭에 예수 믿는 사람들은 자부심이 높습니다. 우리야말로 허물과 죄로 죽은 인간이지만, 예수님처럼 높은 지위를 얻고, 그런 명예와 영광을 누리게 된다는 말입니다.

섬기며 봉사하시는 분

성소와 참 장막에서 섬기는 이시라 이 장막은 주께서 세우신 것이요 사람이 세운 것이 아니니라(히 8:2).

예수님은 참 장막에서 하나님을 섬기며 봉사하시는 분이라는 말입니다. 성전이라 함은 사람의 손으로 지은 건물, 즉 예루살렘 성전 같은 성전이 아니라 구속받은 그리스도의 몸, 즉 하나님의 집인 성소를 말하는 것입니다. 참 장막을 말하고 있습니다. 여기에 우리 주님의 특성이 있습니다.

한편, 딜레마도 있습니다. 그처럼 높으신 분이, 하나님 보좌의 오른편 그 위엄과 영광 가운데 승리로 거하시는 영광의 주님이, 어떻게 봉사할 수가 있을까요? 어떻게 그분이 지금도 우리를 섬길 수 있겠느냐 하는 것입니다. 이 두 개념은 상반된 개념입니다. 그러나 예수님 안에는 높은 영광과 사람을 섬기고 봉사하는 것, 이 두 개념이 동시에 섞여 있습니다.

이것은 그리스도를 따르는 사람들의 참 신앙과 삶을 보여 줍니다. 은혜를 받은 자일수록, 하나님의 영광의 지위에 오른 자일수록, 겸손히 봉사하게 됩니다. 하나님의 아들 예수 그리스도는 분명 하나님이시지만, 가장 비참한 처지의 인간으로 오셨기 때문에 제자들의 발을 씻어 주실 수 있었습니다.

영광의 자리는 곧 십자가의 죽음입니다. 이 두 가지가 공존하는 것입니다. 높은 지위와 학식과 재물을 가진 자일수록 교회에서는 일꾼과 종처럼 섬기는 이유가 거기에 있습니다. 세상에서 명예와 지위를 가지고 있는 사람이 교회에 오면 하나님이 꼭 훈련을 시키십니다. 자존심 상하는 일을 골라서 시키십니다. 그 지위에 걸맞지 않은 일을 자꾸 시키십니다. 청소를 시킨다든지, 또는 형편없는 사람에게 모욕당하게 한다든지, 그런 식으로 훈련시키십니다. 우리 주님의 바로 이런 속성 때문에 그렇습니다. 교회를 섬기는 그리스도인의 모습이, 봉사하는 그리스도의 모습을 나타내기 때문입니다. 그렇기 때문에 교회 안에 들어오면 누구든지 다 이 법칙에 따라야 합니다.

자기를 예물과 제물로 바치신 분

> 대제사장마다 예물과 제사 드림을 위하여 세운 자니 그러므로 그도 무엇인가 드릴 것이 있어야 할지니라(히 8:3).

예수님은 예물과 제물을 드리시는 분입니다. 영어 성경을 보면 예물은 gift로, 제물은 sacrifice로 표현되어 있습니다. 예수님은 대제사장으로 와서 봉사하셨을 뿐만 아니라, 자기의 몸을 하나님께 예물로 드리고 자신의 몸을 희생 제물로 바치신 분입니다. 모든 세상 사람들은 살기 위해서 세상에 왔지만 예수 그리스도는 죽기 위해서 세상에 오셨습니다. 주님은 자기 삶의 목표가 뚜렷했습니다. 그것은 십자가에서 죽는 것이었습니다. 사람들은 좀 더 오래 살 수 있는 방법만 찾습니다. 하지만 죽을 결심이 되어 있는 사람은 위대한 삶을 살며, 죽을 지점을 아는 사람들은 그의 생애를 통해서 하나님께 영광을 돌립니다.

예수님은 죄인들을 위해서 단번에, 완전하게 영원한 속죄 제사를 드리셨습니다. 그리하여 우리를 그리스도의 사람으로 만들어 주셨고, 우리로 하여금 땅의 것이 아니라 영원을 위해 살게 하셨습니다. 나를 위한 삶이 아니라 희생하고 순교하는 삶을 살 수 있도록 우리에게 길을 열어 주셨습니다. 자기의 몸을 예물과 제물로 바치심으로써, 참 희생과 순교의 삶, 그리스도의 영광을 나타내는 삶의 모형을 그리스도인들에게 보여 주신 것입니다.

하나님의 절대 약속

둘째 주제는 8장 6절에 있습니다. 예수 그리스도와 인간이 어떤 관계를 맺고 있느냐 하는 문제입니다.

그러나 이제 그는 더 아름다운 직분을 얻으셨으니 그는 더 좋은 약속으로 세우신 더 좋은 언약의 중보자시라.

그렇습니다. 6절의 말씀처럼 예수 그리스도는 새 언약의 중보자이십니다. 예수 그리스도는 언약의 주인공이십니다. 그분이 더 아름다운 직분을 얻으셨다는 말이 있는데, 그것은 구약의 제사직보다도 더 뛰어나고 아름다운 직분을 가졌다는 뜻입니다. 그렇기 때문에 그분은 구약이 줄 수 없는, 훨씬 더 아름답고 귀하고 뛰어나고 좋은 언약을 보증하신 분이라는 것입니다.

성경에서는 특별히 언약, 약속이라는 단어가 중요한 의미를 가집니다. 성경을 Bible이라고도 말하지만 Testament라고도 말합니다. Old Testament, New Testament, 즉 약속의 책입니다. 구약이 약속이라면 신약은 성취입니다. 그러므로 하나님과 인간의 관계를 한마디로 말하면 계약 관계입니다. 언약 관계입니다. 약속의 관계입니다. 하나님과 인간의 관계는 약속에서 출발했고 그 약속을 성취할 때 완성됩니다.

그렇다면 '약속'의 좀 더 깊은 뜻을 알아보겠습니다. 사랑에는 아가페와 에로스가 있습니다. 똑같은 사랑이지만 다른 의미이듯, 언약에도 다른 의미를 가진 두 개의 중요한 단어가 있습니다. '순데케'라는 말과 '디아데케'라는 말입니다.

약속은 어떻게 이루어집니까? 동등한 입장에 서 있는 쌍방이 어떤 조건 안에서 서로 동의할 때 이루어집니다. 만약 한쪽이 그 약속을 파기해 버리면 어떤 현상이 일어납니까? 약속은 성취되지 않습니다. 어떤 젊은 남녀가 결혼 약속을 했습니다. 그런데 남자가 다른 애인이 생겼다며 일방적으로 약속 파기를 선언했습니다. 여자가 신실하게 약속을 지키고자 하더라도 한쪽이 약속을 깨 버렸기 때문에 그 약속은 이루어질 수가 없습니다. 이것이 '순데케'입니다. 이 단어는 주로 결혼을 약속할 때 쓰는 단어이며 국가와 국가 간의 동맹에도 쓰입니다. 한쪽에서 파기해 버리면 그 약속은 지킬 길이 없습니다. 그러므로 이러한 약속의 배후에는 언제나 배신이 깔려 있습니다. 분명히 약속을 했는데 일방적으로 파기되거나, 어떤 조건이 충족되지 않아 배신을 하는 경우가 많습니다.

만약 하나님과 인간의 약속이 이런 것이라면 얼마나 불안하겠습니까? 그런 순데케적인 약속이라고 한다면 얼마나 염려되겠습니까? '하나님이 혹시 변하면 어떻게 할까? 하나님이 나를 구원해 주시겠다고 해 놓고 만약에 붙잡아 주시지 않으면 어떻게 할까? 또 내가 하나님을 철저히 믿겠다고 해 놓고 내가 파기해 버리면 나는 어떻게 되는 것일까? 그래도 하나님은 나를 붙들어 주시는 것일까? 아니면 그 약속은 깨지는 것일까? 내가 어느 날 마귀의 시험에 빠져서 하나님을 버린다면 그 약속은 어떻게 되는 것일까?'

그래서 성경은 '디아데케'라는 독특한 개념의 약속을 우리에게 소개하고 있습니다. 그것은 똑같은 조건에서 동등한 입장의 인간들끼리 계약하는 것이 아니라 절대자 하나님과 인간이 서로 계약

하는 것입니다. 하나님과 인간 사이의 약속은 인간과 인간이 하는 약속 개념을 훌쩍 뛰어넘는 것입니다. 그것은 하나님이 일방적으로 하시는 약속입니다. 나와 의논해서 나를 사랑하겠다고 하시거나 구원해 주겠다고 하신 것이 아닙니다. 하나님의 절대 선과 하나님의 절대 의와 하나님의 절대 주권에 의해 그분이 일방적으로 우리에게 약속하신 것입니다. 차원 높은 사랑의 약속입니다. 이러한 약속에서는 타협이 문제가 되지 않습니다.

'순데케'는 타협이 문제가 됩니다. 흥정할 수가 있습니다. 그러나 하나님의 약속은 타협이 문제가 아니라 내가 믿느냐 안 믿느냐, 받아들이느냐 안 받아들이느냐가 문제입니다. 그래서 '디아데케'라는 말은 유언장이라는 의미도 있습니다. 유언은 흥정할 수 있는 문제가 아닙니다. 유언을 받아들이느냐 안 받아들이느냐 선택할 수 있을 뿐입니다. "유언 배당이 작으니까 그걸 좀 고칩시다"라고 말할 수 없습니다. 이미 끝난 것입니다. 그것은 순종하느냐 안 순종하느냐, 받아들이느냐 안 받아들이느냐의 문제입니다.

하나님의 약속이 이와 같습니다. 예수 그리스도를 믿느냐 믿지 않느냐, 받아들이느냐 받아들이지 않느냐의 문제만 남아 있게 됩니다. 하나님이 세우신 언약이므로 그것은 잘못될 수 없으며 파기될 수도 없습니다. 비록 내가 그 약속을 파기했다 할지라도 하나님은 포기하지 않으십니다. 우리가 하나님을 멀리 떠났다 할지라도 하나님은 반드시 우리를 찾고야 마십니다. 하나님은 자기 백성을 반드시 모으시고야 마는 것입니다. 여기에 언약의 깊은 은혜가 있습니다. 우리가 은혜를 받고 예수를 믿고 구원받은 것은 바로 하나님의 이 약속의 언약에 기초해 있습니다.

이 언약의 주인공은 누구십니까? 예수 그리스도입니다. 이 언약의 완성자는 누구십니까? 예수 그리스도입니다. 그래서 예수 그리스도가 예레미야 31장에서 말한 새 언약의 성취자로서 오셨던 것입니다. 그러므로 지금 누구든지 성령의 도움을 받아 예수 그리스도를 주라 시인하는 자에게는, 하나님의 자녀가 되는 권세를 주시고 생명을 주시며 하나님의 놀라운 은혜의 역사를 유업으로 잇게 해 주십니다. 살든지 죽든지, 병들든지 건강하든지, 하나님의 이 은혜의 사슬, 이 약속의 사슬에서 헤어날 자가 없다는 말입니다. 이것이 바로 우리가 생각하고 싶은 언약, 새 언약의 중심 개념입니다.

새 언약의 특성

그렇다면 새 언약의 특성은 무엇일까요? 성경은 이 언약의 특성을 8장 7-13절에서 다섯 가지로 설명하고 있습니다. 이 언약의 첫째 특성은 곧 예수 그리스도의 특성입니다. "저 첫 언약이 무흠하였더라면 둘째 것을 요구할 일이 없었으려니와 그들의 잘못을 지적하여 말씀하시되"(히 8:7-8) 하면서 예레미야 31장의 내용을 다시 쓰고 있습니다. 새 언약은 구약의 언약과 다르다는 얘기입니다.

새 언약은 이렇게 정의할 수 있습니다. "새로운 아이디어는 아니다. 그러나 구약의 율법은 아니다." 히브리서 저자는 8절에서 예레미야의 말씀을 인용하고 있습니다. 예레미야 31장 31-34절을 보면 하나님은 예레미야에게 새 언약을 예언해 주십니다. "이제 너희들은 남북이 갈라질 것이다. 북 이스라엘과 남 유다로 갈라질 것이다. 그리고 나서 다시 통일이 될 것이다. 그때 내가 이 새 언약으로 통일할 것이다. 나는 너희에게 새 일을 행할 것이다."

이사야서에서는 새 일을 행하는 것으로 나타났고, 예레미야서에서는 새 언약을 주는 것으로 나타났습니다. 당시 사람들은 그 말이 무슨 말인지 몰랐습니다. 따라서 이 새 언약의 개념은 히브리서 기자가 새로 만들어 낸 것이 아니라 성경의 개념이요, 하나님이 주신 것입니다. 예레미야를 통해서 이미 주셨던 하나님 역사의 종말에 이루어질 예수의 완성입니다. 종류와 본질에 있어서 모세의 율법, 모세의 제사와는 근본적으로 다른 것입니다. 예수 그리스도를 통해서 완성되는 것을 말합니다.

새 언약의 '새롭다'라는 뜻도 헬라어의 두 단어를 이해해야 합니다. 헬라어에는 '새롭다'는 뜻을 가진 단어로 '네오스'와 '카이노스'가 있습니다. '네오스'는 보통 우리가 흔히 쓰는 의미로 시간이 지나 새로워지는 것을 말합니다. 시간적인 새로움을 의미하는 것입니다. 반면 '카이노스'는 질적인 변화를 의미합니다. 새 언약에서 새로움은 질적인 변화를 뜻합니다.

예수를 오래 믿는다고 새로워지는 것이 아닙니다. 교회를 오래 다닌다고 믿음이 좋아지는 것이 아닙니다. 본질적으로 변해야 합니다. 물이 포도주로 변하는 것처럼 변해야 합니다. 나의 본질이 변해야 합니다. 내 영이 거듭나야 합니다. 그리스도의 피로 거듭남을 입어야 합니다. 그래서 8장 7절 말씀에 "첫 언약이 무흠하였더라면 둘째 것을 요구할 일이 없었으려니와"라고 하면서 새 언약에 대해 말하는 것입니다.

새 언약의 둘째 특성은 8절에 나옵니다. "볼지어다 날이 이르리니 내가 이스라엘 집과 유다 집과 더불어 새 언약을 맺으리라." 새 언약은 이스라엘의 집과 유다의 집을 포함하고 있습니다. 하나님의 새 언약의 말씀에는 이 두 집이 새 언약으로 묶여질 것이라는 약속이 들어 있습니다. 이것은 무엇을 의미합니까? 새 언약은 모든 것을 다 포함한다는 말입니다. 우리 주 예수 그리스도는 한쪽만을 위한 진리가 아니라 전체를 위한 진리이십니다.

우리는 이것을 로마서에서 발견할 수 있습니다. 로마서 9-11장을 보면 복음이 이스라엘 백성을 통해서 들어왔습니다. 그러나 이스라엘 백성이 복음을 거부했습니다. 그래서 그 복음이 어디로 갔습니까? 이방인한테로 갔습니다. 그래서 지금 어디까지 왔습니까? 우리에게까지 왔습니다. 이방 족속인 우리까지 예수님을 믿게 되었습니다. 이 복음은 이방인 속에서 계속 강력하게 역사하고 있습니다. 무엇 때문입니까? 이스라엘 백성이 복음을 거부했기 때문입니다. 그러나 그것으로 역사가 끝납니까? 아닙니다. 하나님이 이스라엘 백성을 다시 복음 안으로 끌어들이십니다. 그렇게 해서 새 언약은 하나의 종결을 고함과 동시에 새로운 시작을 가져옵니다. 이 새 언약의 특성은 유다와 이스라엘 집을 통괄하는 것입니다.

새 언약의 세 번째 특성은 8장 9절에 나타나 있습니다.

또 주께서 이르시기를 이 언약은 내가 그들의 열조의 손을 잡고 애굽 땅에서 인도하여 내던 날에 그들과 맺은 언약과 같지 아니하도다.

새 언약은 출애굽할 때 모세를 통해서 준 율법과 같지 않다고 말하고 있습니다. 구약의 언약은 조건적입니다. 즉 이스라엘 백성이 순종할 수도 있고 안 할 수도 있습니다. 순종을 하지 않으면, 하나님의 심판이 오고 하나님이 더 이상 돌봐 주시지 않는 것으로 되어 있었습니다. 그러나 신약의 새 언약은 그렇지 않습니다. 구약의 율법과 같지 않습니다.

신약의 약속은 은혜의 사건입니다. 하나님이 그분의 자녀들을 불러 모으시고, 백성을 찾으시며, 결국 반드시 구원하신다는 은혜의 약속이 바로 새 언약입니다. 우리는 도망가고 싶어도 도망가지 못할 것입니다. 왜냐하면 우리의 배신보다 하나님의 사랑이 더 크기 때문입니다. 우리의 불신보다 하나님의 찾으시는 손길이 더 강하기 때문입니다. 하나님은 우리를 반드시 구원하시고야 마는 것입니다. 하나님의 열심이 우리를 삼키고 말 것입니다. 하나님의 놀라운 역사는 계속해서 선교의 대행진을 할 것입니다. 우리가 순종하지 않는다고 하나님의 역사가 멈추는 것이 아닙니다. 우리가 불순종하면 촛대를 옮기실 뿐입니다. 그분은 반드시 그분의 역사를, 새 언약의 역사를 이루시고야 말기 때문입니다.

8장 10절에 새 언약의 네 번째 특성이 나타납니다.

또 주께서 이르시되 그날 후에 내가 이스라엘 집과 맺을 언약은 이것이니 내 법을 그들의 생각에 두고 그들의 마음에 이것을 기록하리라 나는 그들에게 하나님이 되고 그들은 내게 백성이 되리라.

하나님의 율법은 돌판에 새겼었습니다. 이 율법을 지키지 않으면 하나님의 심판이 오게 됩니다. 할례는 육체에 새긴 것입니다. 그러나 이 새 언약은 돌판이나 육체에 새기지 아니하고 생각과 마음에 새겨 주신다고 합니다. 이 말은, 참된 예배는 이 산에서 드리는 것도 저 산에서 드리는 것도 아니며 신령과 진정으로 드리는 것이라고 하신 말씀과 같습니다. 하나님은 교회인 우리의 마음과 생각에 당신의 뜻을 두고 언약을 성취시키십니다. 참된 예배는 외적인 조건이 아니라 내적인 태도에, 형식이 아니라 진실한 마음에 달려 있습니다.

새 언약에 대한 다섯 번째 특징은 8장 11절에 나옵니다.

또 각각 자기 나라 사람과 각각 자기 형제를 가르쳐 이르기를 주를 알라 하지 아니할 것은 그들이 작은 자로부터 큰 자까지 다 나를 앎이라.

새 언약은 인종과 국적과 신분의 고하를 초월합니다. 새 언약에 의해 바리새인, 전통 유대인, 이방인, 토착인 어느 누구든지 예수 그리스도 안에서 모든 문제를 다 통괄하게 되었습니다. 하나님은 특정한 이들에게만 구원을 주시는 것이 아니라 주 예수 그리스도의 이름을 부르는 모든 사람에게 구원을 주신다고 말씀했습니다. 흑인이나 백인이나 황인이나, 유식한 사람이나 무식한 사람이나, 높은 지위에 있는 사람이나 낮은 지위에 있는 사람이나, 우리 주님은 이러한 것을 문제 삼지 않으시고 주의 이름을 부르는 자는 누구든지 하나님의 백성으로 인쳐 주셨습니다. 그러므로 우리는 다 주의 이름 아래 모였고, 주의 이름을 온 천하에 전하게 된 것입니다.

따라서 교회 안에는 파벌이 있으면 안 됩니다. 높낮이가 있으면 안 됩니다. 어떤 세력이 존재해서도 안 됩니다. 이것은 새 언약의 모습과 위배되는 것이기 때문입니다. 교회는 누구든지 받아들여야 하며 누구든지 와서 예배드리고 구원받아야 할 장소이기 때문입니다.

새 언약의 핵심

> 내가 그들의 불의를 긍휼히 여기고 그들의 죄를 다시 기억하지 아니하리라 하셨느니라(히 8:12).

시편에 보면 누가 행복한 자입니까? 허물의 사함을 받고 죄가 가려진 자가 행복하다(시 32:1)고 말했습니다. 새 언약의 본질적 특성은, 불의를 긍휼히 여기고 죄를 다시 기억하지 않는 것(히 8:12)입니다. 구약의 율법에서는 볼 수 없는 사랑과 용서와 긍휼을 예수 그리스도의 십자가에서는 볼 수 있습니다.

구약 시대에는 하나님과의 관계를 유지하기 위해서 율법을 지켜야 했고 선한 노력을 계속해야 했습니다. 그러나 지금은 성령을 통해서 예수 그리스도를 영접하고 믿기만 하면 은혜의 세계 속에 들어가게 됩니다. 하나님의 은혜인 새 언약의 관계를 보증 받게 되는 것입니다. 이것이 바로 새 언약의 은총이요, 이분이 바로 예수 그리스도이십니다.

예수 그리스도를 믿을 때, 하나님의 사랑이 이러한 언약에 깊이 뿌리내리고 있다는 사실을 안다면 우리의 신앙은 흔들리지 않습니다. 새 언약은 인간의 노력이 아니라 하나님의 긍휼이며 용서며 사랑입니다. 이 사랑을, 이 긍휼을 받아들이기를 바랍니다. 이 새 언약에 기초해서 다시는 흔들리지 않는 신앙생활을 하기 바랍니다. 하나님의 약속이 얼마나 놀랍고 크고 변함없고 진실한 것인지를 깨닫고 안심하십시오. 이제 주 앞에 나오십시오. 주님을 위해 죽도록 충성하고 섬기고 주의 복음을 전파하십시오.

16

바로 나를 위한
제물이었다

히브리서 9:1-14

히브리서 9장에는 '피'라는 단어가 자주 등장하고 있습니다. 18절에 피가 나오고 19절, 20절에는 언약의 피가 나옵니다. 21절, 22절에도 피라는 말이 두 번 나옵니다. 25절에도 나옵니다. 히브리서 9장은 붉은 피가 흐르는 장입니다. 피가 얼마나 많이 흐르는지 모르겠습니다. 성경은 보혈의 책입니다. 구원의 중심에는 보혈의 강이 흐르고 있습니다. 특별히 히브리서는 예수 그리스도의 피에 대한 이야기를 하고 있습니다.

신앙의 핵심은 하나님께 더 가까이 나아가는 것입니다. 신앙의 행위인 기도, 봉사, 전도, 말씀, 헌금, 구제, 선교 이 모든 것들을 한마디로 말하면 하나님께 좀 더 가까이 나아가기 위한 방법이며 도구라고 할 수 있습니다. 우리는 하나님의 뜻에 맞는 일, 하나님이 기뻐하시는 일을 함으로써 하나님께 가까이 가게 됩니다. "저 사람은 믿음이 참 좋다"라는 말은, 그 사람의 믿음이 크고 훌륭하다는 의미보다는 하나님의 뜻에 좀 더 순종하고 하나님의 뜻에 좀 더 가까이 갔다는 의미입니다.

그런데 문제는, 그처럼 많은 사람들이 하나님께 가까이 가려고 하고 믿음을 가지려고 하는데, 왜 실제로는 하나님께 가까이 가지 못하느냐는 것입니다. 많은 사람들이 하나님을 찾고 진리를 찾지만 결국 거기에는 도달하지 못합니다. 그 이유가 무엇이겠습니까? 한마디로 말하면 하나님은 거룩하시고 인간은 죄인이기 때문입니다. 거룩과 죄라고 하는 전혀 다른 두 속성은 본질적으로 만날 수 없기 때문에 문제가 생긴 것입니다.

그러면 하나님 없이 인간이 살 수 있습니까? 절대 살 수 없습니다. 고기가 물을 떠나서는 살 수 없는 것처럼, 사람이 공기와 태양을 등지고는 살 수 없는 것처럼, 인간은 하나님을 호흡하지 않으면 살 수 없게 되어 있습니다. 인간이 하나님으로부터 비롯되었기 때문입니다. 인간은 하나님께로부터 지음 받은 존재이기 때문에 하나님 없이는 보람도, 행복도, 평안도 가질 수가 없습니다. 하나님 없는 인간은 궁극적으로 영원에 대한 해답을 찾을 수가 없습니다. 하나님만이 인간 문제에 대한 궁극적인 해답입니다.

하나님께 나아가는 제도적 장치들

죄 때문에 절망하는 인간에게 구약은 하나님께 가까이 나아가는 방법을 하나 주었습니다. 그것이 율법입니다. 율법은 무엇입니까? 하나님의 법입니다. 하나님의 말씀입니다. 율법을 지키면 하나님께로 갈 수 있도록 길을 만들어 주셨습니다. 이 율법은 완전한 것이고 하나님께 나아가는 길이지만, 죄인인 인간은 그 율법을 지킬 수가 없습니다. 그래서 율법이 완전하고 의로울수록 인간은 절망하게 됩니다. 인간이 율법을 지키려고 하면 할수록 더 절망합니다. 예컨대 내가 싫어하는 사람을 안 볼 때는 '사랑해야지' 마음먹습니다. 그러나 막상 그 사람 얼굴을 보면 사랑할 수가 없습니다. 또 우리는 선을 행해야 되는 줄 압니다. 그런데 선을 행하려고 하면 할수록 선은 행해지지 않고 내가 원하지 않는 악이 자꾸 나옵니다. 화를 안 내겠다고 굳게 마음먹어도 화가 납니다. 인간이기에 어쩔 수가 없습니다. 하나님 앞에 가까이 가고 싶지만 그렇지 못합니다.

바울은 로마서에서 이런 말을 합니다.

내가 행하는 것을 내가 알지 못하노니 곧 내가 원하는 것은 행하지 아니하고 도리어 미워하는 것을 행함이라 만일 내가 원하지 아니하는 그것을 행하면 내가 이로써 율법이 선한 것을 시인하노니 이제는 그것을 행하는 자가 내가 아니요 내 속에 거하는 죄니라(롬 7:15-17).

사도 바울은 한 걸음 더 나아가 심각하게 이런 고민을 합니다. "오호라 나는 곤고한 사람이로다 이 사망의 몸에서 누가 나를 건져내랴"(롬 7:24). 교회를 다니고 예수를 믿으면서도 양면성을 지니고 있는 것이 인간입니다. 인간은 죄인이기 때문입니다.

그러면 어떻게 해야 할까요? 하나님은 인간의 이 절망을 아십니다. 하나님은 인간의 부족함을 아십니다. 그래서 또 하나의 제도적인 장치를 마련해 주셨습니다. 율법으로 하나님과의 관계를 지키지 못하는 사람을 위해서 말입니다. 그것이 성막 제도입니다.

구약의 성막 제도를 보면, 그것을 통해 성령의 역사를 체험하고 예수 그리스도를 만나게 됩니다. 율법을 지키지 못했던 죄를 성막 속에서 용서받고 구원받고 치료받는 것을 경험합니다.

첫 언약에도 섬기는 예법과 세상에 속한 성소가 있더라(히 9:1).

9장 1절을 보면, 비록 불완전하지만 이 세상에서 하나님을 만날 수 있는 장소와 하나님을 섬길 수 있는 방법을 주셔서 하나님과의 언약 관계를 지속시켜 왔음을 알 수 있습니다. 그 내용은 1절부터 7절에 요약해서 기록되어 있습니다.

성막 제도의 중심 사상은 예수 그리스도의 피입니다. 언약의 피입니다. 9장만 해도 '피'라는 말이 열두 번 이상 언급되고 있습니다. 성경의 주제는 피로 물들어 있습니다. 아벨의 피에서부터 예수 그리스도의 피에 이르기까지, 계속해서 보혈의 강이 흐르고 있는 것입니다. 사탄과 죄의 문제는 어떤 것으로도 해결할 수 없습니다. 그러나 예수 그리스도의 보혈이 강같이 흐름으로 말미암아 인간의 죄 문제가 해결되었습니다. 성경은 "피 흘림 없이는 죄 사함이 없느니라"라고 말합니다.

예수님이 십자가에서 피 흘려 돌아가심으로 말미암아 마귀의 피, 죽음의 피가 생명의 피로 바뀌었습니다. 그 예수님의 피가 우리를 사망에서 생명으로 옮겨 주신 것입니다. 첫 언약의 성막은 죄인인 인간이 하나님께 나아갈 수 있는 방법을 제시하고 있습니다. 그러면 어떻게 율법을 범한 인간이 성막에 가서 용서와 은혜를 받을 수 있었을까요? 성막의 구조를 살펴보면서 이해해 보겠습니다. 9장 2절부터 성막의 구조에 대해서 설명합니다. 장막이라는 것이 있는데, 이 장막은 가로가 50미터, 세로가 25미터입니다. 동쪽에 출입구가 하나 있는데 출입구의 넓이는 10미터입니다. 그 문은 흰색, 청색, 자색, 홍색의 꼬아 놓은 실로 만들어졌습니다. 장막 안에 들어가려면 반드시 그 문을 통과해야 합니다. 예수 그리스도의 문인 것입니다. 예수님이 요한복음 10장에서 "나는 양의 문이다. 나를 통하지 않고 들어온 자는 다 절도요 강도"라고 말했듯이, 예수 그리스도를 통해서만 이 은혜의 보좌 앞에 갈 수 있습니다.

문을 통과해서 들어가면 뜰이 나옵니다. 문까지는 이스라엘 백성이 들어갈 수 있었지만, 장막 뜰 안에는 이스라엘 백성 중에서도 제사장과 레위인들만 들어갈 수 있었습니다. 뜰에는 중요한 것 두 가지가 있습니다. 놋쇠로 만든 번제단과 손을 씻는 물두멍입니다. 번제단은 모든 짐승을 잡아 불에 태운 다음 그것을 완전히 연소시키는 제사를 드리는 곳입니다. 피는 뿌려지지만 육체는 전부 번제로 태워 버립니다.

이 번제단과 물두멍을 지나면 드디어 우리가 늘 마음에 그리던 성소가 나옵니다. 성소는 15미터, 5미터 규모의 집입니다. 이 집의

3분의 2는 성소요, 3분의 1에 해당하는 것이 지성소입니다.

> 예비한 첫 장막이 있고 그 안에 등잔대와 상과 진설병이 있으니 이
> 는 성소라 일컫고(히 9:2).

성소 안에는 세 가지가 있습니다. 먼저, 등잔대가 있는데 정금으로 만들었으며 남쪽을 향하고 있고 순수한 올리브유로 이 등잔을 켭니다. 이는 예수 그리스도가 빛이신 것을 상징합니다. 둘째, 상이 있습니다. 가로 1미터, 세로 50센티미터, 높이 75센티미터로 열두 개의 떡을 놓는 상입니다. 예수 그리스도의 생명의 떡을 상징하는 것입니다. 그다음에 진설병이 있습니다. 이것은 안식일마다 새 것으로 갈아 놓았습니다. 우리 그리스도인들이 일주일에 한 번씩 교회에 모여서 말씀을 듣는 것과 비교할 수 있습니다. 묵은 것은 제사장이 먹도록 되어 있습니다. 제사장들은 매일 저녁 성소에 들어가서 등잔대에 불을 밝히고 아침에는 끄는 일을 했습니다.

그다음에 중간 휘장이 있습니다. 이 휘장은 청색, 자색, 홍색, 흰색으로 되어 있습니다. 그다음에 바로 지성소가 있습니다. 이 지성소는 이 세상에서 가장 무섭고, 두렵고, 아름다운 장소입니다. 조그마한 공간이지만 가장 무서운 곳이 바로 이 지성소입니다. 왜냐하면 하나님이 거하시는 곳이기 때문입니다. 단순한 공포가 느껴지는 곳이 아니라 하나님의 엄청난 현존이 느껴지는 곳입니다. 그 지성소에

는 1년에 한 번, 속죄일날 대제사장이 들어가게 되어 있습니다.

> 또 둘째 휘장 뒤에 있는 장막을 지성소라 일컫나니 금향로와 사면
> 을 금으로 싼 언약궤가 있고 그 안에 만나를 담은 금항아리와 아론
> 의 싹 난 지팡이와 언약의 돌판들이 있고(히 9:3-4).

지성소에 있는 것은 크게 두 가지입니다. 금향로와 언약궤입니다. 금향로는 무엇입니까? 우리 성도들과 예수 그리스도의 중보기도를 상징하는 것이 금향로입니다. 그 향로에서부터 기도의 향이 하나님께 올라가는 것입니다. 언약궤는 무엇을 상징합니까? 말씀을 상징합니다. 하나님이 임재하시는 곳, 인간과 하나님이 만나는 그곳에는 기도와 말씀이 있습니다.

언약궤 안에는 세 가지가 담겨 있습니다. 첫째, 만나를 담은 금항아리입니다. 이것은 하나님이 주시는 생명의 양식을 상징합니다. 둘째, 아론의 싹 난 지팡이가 있습니다. 이것은 제사와 부활을 의미합니다. 셋째, 언약의 돌판들이 있습니다. 이것은 모세가 받았던 십계명 돌판을 말합니다.

> 그 위에 속죄소를 덮는 영광의 그룹들이 있으니 이것들에 관하여는
> 이제 낱낱이 말할 수 없노라(히 9:5).

히브리서 9장 5절을 보면, 그 위에 속죄소를 덮는 영광의 그룹들이 있다고 했습니다. 이것이 언약궤의 중심을 이루는 것입니다. 언약궤를 덮는 하나의 뚜껑을 속죄소라고 말합니다. 여기에 피를 뿌림으로써 인간의 죄들이 속죄된다는 것을 보여 주고 있습니다. 그리고 속죄소 주위에는 천사들 모양을 한 그룹이 있습니다. 성경은 여기까지 설명하고 나서 "이것들에 관하여는 이제 낱낱이 말할 수 없노라"라고 부연합니다. 5절 마지막 부분입니다. 속죄의 비밀, 제사의 비밀, 장막의 비밀, 이것은 너무나 크고 엄청나고 영원한 비밀이기 때문에 낱낱이 다 설명할 수 없다는 것입니다.

대제사장의 대속죄일 의식

그렇다면 왜 성소에는 제사장이 매일 들어갔는데, 지성소에는 대제사장만이 1년에 한 번만 들어갈 수 있었을까요? 이에 대해서는 레위기 16장에 자세히 기록되어 있습니다. 하나님과 인간은 언약을 맺었습니다. 그러나 인간은 죄인이기 때문에 이 언약을 깰 수밖에 없었습니다. 죄로 인해 깨진 언약은 하나님과의 관계가 깨져 버린 것을 의미합니다.

하나님은 이 관계를 다시 회복하기 위해서 속죄제를 만들어 주셨던 것입니다. 이것이 속죄의 원리입니다. 내가 알고 짓는 죄는, 매일 드리는 속죄 제사로 속죄할 수 있었습니다. 그런데 문제는 모르고 짓는 죄입니다. 모르고 짓는 죄도 죄입니다. 하나님은 어떤 죄든 용납하지 않으십니다. 그래서 알고 짓는 죄, 모르고 짓는 죄를 위해서 1년에 한 번씩 하나님 앞에 제사를 드리게 되었습니다. 바로 이날이 대속죄일입니다.

그런데 문제는 대제사장도 죄인이라는 것입니다. 특히 종교적으로 높은 위치에 있으면 숨은 죄가 많습니다. 하나님은 그것도 보십니다. 사람들 앞에서는 다 의롭게 보이지만 하나님 앞에서는 죄인임을 부인할 수 없습니다. 그러므로 대제사장은 먼저 자기 죄를 속죄해야 합니다. 그리고 자기 가정의 죄를 속죄해야 합니다. 그러고 나서 모든 사람의 죄를 속죄하는 것입니다. 이 속죄일 기간에는 온 이스라엘 백성이 긴장합니다. 내가 모르고 지은 죄까지 속죄되어야 하기 때문입니다. 사람 앞에 드러난 죄뿐만 아니라 내 의식에 없는 죄까지도 다 속죄해야 하기 때문입니다. 그렇지 않으면 하나님과의 관계가 유지되지 않기 때문입니다.

속죄날은 사람과 만물이 모두 정결함을 받는 날입니다. 그러므로 이날은 축제의 날이 아니라 고통의 날입니다. 특별히 유대인들은 이날 금식을 합니다. 보통 10일 전부터 단식을 한다고 합니다. 내 죄가 용서받느냐 안 받느냐 하는 중요한 사안을 앞두고 매우 긴장되는 날이기 때문입니다. 지성소에 들어가는 대제사장들에게는 이날이 얼마나 무섭고 두렵고 떨리는 순간인지 모릅니다.

그러면 속죄를 하는 대제사장은 어떻게 해야 합니까? 속죄제를 위해서 대제사장이 하는 일은 놀랍습니다. 첫째, 그는 몸을 깨끗이 씻어야 하고 그날만 입는 대제사장의 옷을 입어야 합니다. 세마포로 된 흰옷을 먼저 입습니다. 내의부터 통으로 짠 흰 고의입니다. 그다음에 에봇을 입는데 네이비블루라는 색으로 된 옷입니다. 거기에는 청색, 자색, 홍색의 술이 달려 있습니다. 또 방울이 달려 있어 제사장이 걸어갈 때마다 짤랑짤랑 소리가 나게 되어 있습니다. 그 이유는, 제사장이라 할지라도 죄가 있으면 지성소에 들어가서 즉사해 버리기 때문입니다. 즉사하면 방울 소리가 나지 않으므로 죽은 것을 알아차리고 밖으로 꺼냈습니다. 이때 꺼내기 위해서 술을 달고 방울을 답니다. 에봇의 양 어깨에는 한쪽에 여섯 개씩 보석을 답니다. 이것은 열두 지파를 의미합니다. 흉패 안에는 다이아몬드로 된 우림과 둠밈을 넣습니다. 머리에는 세마포 관을 씁니다. 그리고 여호와께 성결이라고 쓴 패를 답니다.

준비된 옷을 다 입은 후에는 지성소에 들어갑니다. 들어가는 방법은, 평일처럼 아침에 향을 피우고 제사를 드립니다. 일곱 개의 등잔에다 심지를 답니다. 그다음에 화려한 옷을 입습니다. 그리고 수송아지 하나, 새끼 양 일곱 마리, 수양 하나를 번제로 드립니다. 다음에 옷을 벗습니다. 몸을 깨끗이 다시 씻습니다. 세마포 옷으로 다시 갈아입습니다. 그리고 대제사장이 자기 돈으로 산 수소 한 마리의 머리에 손을 얹고 자기 죄와 가족의 죄를 고백합니다. 그리고 그 죄가 먼저 하나님께 흠향되기를 바랍니다. 이제 잠시 수소를 제단에 남겨 놓고 그는 속죄의 날에 행하는 특별 의식에 들어갑니다.

두 마리의 염소를 끌고 오는데, 그 염소 옆에는 항아리가 있습니다. 그 항아리에는 각각 다른 글이 적혀 있는 두 개의 제비가 들어 있습니다. 하나에는 '여호와를 위하여', 다른 하나에는 '아사셀을 위하여'라고 쓰여 있습니다. 제비를 뽑아서 여호와를 위한 양과 아사셀을 위한 양을 구분합니다. 그다음에 여호와를 위한 양은 목을 따서 죽입니다. 그리고 피를 뽑습니다. 그 피가 응고되기 전에, 제사장은 피를 가지고 빨리 지성소로 들어갑니다.

이때 지성소에 빨리 들어갔다 나와야 합니다. 조금만 늦으면 백성이 겁을 먹기 때문입니다. 늦게 나온다는 것은 죽었다는 것을 의미하기 때문에 제사장이 가능하면 빨리 나와서 백성을 안심시켜야 합니다. 이 피를 가지고 나올 때 백성은 온통 긴장하고 있다고 합니다. 어떤 책에서 설명하기를, 제사장이 피를 가지고 나오는 순간 백성은 "휴" 하고 한숨을 쉰다고 합니다. 제사장이 죽지 않았기 때문입니다. 수백 명의 한숨 소리가 마치 바람 소리처럼 들렸다고 되어 있습니다. 큰 바람 소리를 한번 상상해 보십시오.

그런 다음에 아사셀의 양을 잡아다가 머리에 손을 얹고 안수함으로써, 자기의 죄와 가족의 죄와 백성의 모든 죄를 그 양 머리 위에다 놓게 됩니다. 그리고 나서 그 양을 다시 돌아오지 않을 광야로 보냅니다. 광야는 사람이 살지 않는 곳이기 때문에 그 양은 다른 짐승에게 죽게 되어 있습니다. 우리의 죄가 영원히 떠난다는 것을 상징합니다. 우리의 죄를 아사셀의 양한테 전부 전가시켜서 다시 돌아오지 않을 광야로 보낸 것입니다. 그렇게 하고 난 다음에 한쪽 짐승은 잡아서 먹게 합니다.

그때 레위기 16장과 23장, 민수기 27장을 낭독합니다. 그리고 제사장이 백성을 위해서 중보 기도를 합니다. 제사장은 돌아와서 몸을 씻고 다시 자기 옷을 입고 나와 번제를 드려 속죄하고, 속죄제 희생의 기름을 단에 불살라야 대속죄일의 일과가 끝납니다. 그러고 나면, 이스라엘 백성은 그해에 지은 죄를 하나님이 용서해 주셨다는 것을 믿고 기뻐하는 축제를 벌입니다.

이방인의 눈으로는 전혀 이해할 수 없는 엄청난 의식입니다. 그러나 구약 시대에는 이러한 대속죄제를 통해서 매년마다 하나님께 나아갔던 것입니다. 인간이 율법을 지킬 수 있었으면 좋으련만 지킬 수 없는 존재입니다. 율법을 범한 인간을 하나님은 버리지 아니하시고 장막이라는 방법을 통해서 구원해 주신 것입니다. 이것이 바로 예수 그리스도의 구원에 대한 그림자였습니다.

이 모든 것을 이같이 예비하였으니 제사장들이 항상 첫 장막에 들어가 섬기는 예식을 행하고 오직 둘째 장막은 대제사장이 홀로 일년에 한 번 들어가되 자기와 백성의 허물을 위하여 드리는 피 없이는 아니하나니(히 9:6-7).

9장의 핵심은 피를 가지고 하나님께 죄를 사함 받는 일입니다. "자기와 백성의 허물을 위하여 드리는 피 없이는 아니하나니 성령이 이로써 보이신 것은 첫 장막이 서 있을 동안에는 성소에 들어가는 길이 아직 나타나지 아니한 것이라 이 장막은 현재까지의 비유"(히 9:7b-9a)라고 말합니다. 그리고 "드리는 예물과 제사는 섬기는 자를 그 양심상 온전하게 할 수 없나니"(히 9:9)라고 말합니다.

구약의 사람들은 이러한 방법으로 제사를 드렸습니다. 고대에 예루살렘에는 약 14만 명이 살았으니, 약 14만 마리의 양이 매년 죽어야 했습니다. 얼마나 피비린내 나는 도시였겠습니까? 14만 마리의 양이 죽으면 그 피가 강같이 흐르지 않겠습니까? 인간의 죄가 이처럼 무섭다는 것을 성경은 상징적으로 이야기하는 것입니다.

구약의 성막 제사는 매년 드려야 하는 제사였고, 대제사장이 꼭 드려야 하는 제사였습니다. 그러니 성소를 떠나면 제사를 드릴 수 없었습니다. 제사를 못 드리면 큰일나니까 언제나 성막을 중심으로 살아야 합니다. 대제사장이 없어도 제사를 못 드렸습니다. 이러한 방식이 그들의 죄 해결법이었습니다. 그들은 동물의 피로 정결케 했습니다. 9장 10절을 보십시오. "이런 것은 먹고 마시는 것과 여러 가지 씻는 것과 함께 육체의 예법일 뿐"이라고 말하고 있습니다. 다시 말하면, 이것은 완전한 것이 아니었습니다. 계속 반복해야 했으며, 동물을 죽여야 했으며, 반드시 제사장이 드려야 했습니다. 이처럼 불편한 방법으로 하나님께 속죄해야 했었습니다.

그러나 이것은 개혁할 때까지 맡겨 둔 것이라고 말하고 있습니다.

히브리서 기자가 이 문제를 이처럼 심각하고 자세하게 기록한 이유가 뭐라고 생각하십니까? 우리가 받은 구원의 의미를 분명하게 가르쳐 주기 위해서입니다. 우리가 받은 구원이 어떤 것인지, 우리 죄의 속죄가 어떤 의미인지 돌아보고, 과거에 하나님께 속죄했던 사실을 다시 한 번 상기하라는 뜻에서 기록하고 있습니다.

단번에 이룬 완전한 속죄

우리 주님이 드린 제사는 어떤 제사였습니까?

> 그리스도께서는 장래 좋은 일의 대제사장으로 오사 손으로 짓지 아니한 것 곧 이 창조에 속하지 아니한 더 크고 온전한 장막으로 말미암아(히 9:11).

이것은 1절과 대칭을 이룹니다. 1절에는 첫 언약에도 섬기는 예법과 세상에 속한 성소가 있다고 말했습니다. 구약 시대에는 눈에 보이는 성소에서, 상이 있고 진설병이 있고 등잔대가 있고 향로와 언약궤가 있는 그곳에서 제사를 드렸습니다. 그러나 우리 주님이 드렸던 제사는 첫째, 이 지상에 속한 것이 아닙니다. 그것은 창조에 속한 것도 아니라고 말했습니다. 하늘에 있는 것이라고 말했습니다. 참 완전한 제사와 완전한 속죄를 이루셨음을 의미합니다.

우리의 구원이 바로 이런 것입니다. 하늘의 성막에서 우리는 구원을 받은 것입니다. 우리의 구원은 눈에 보이는 성막에서의 구원이 아니라, 하늘에 속한 성막에서 드린 참 제사라고 말하고 있습니다.

둘째, 우리 주님이 드린 제사는 12절에 나타납니다. "염소와 송아지의 피로 하지 아니하고 오직 자기의 피로 영원한 속죄를 이루사." 우리 주님은 염소나 송아지의 피로 우리를 구원하신 것이 아니라는 말입니다. 돼지 피로 우리를 구원하신 것이 아닙니다. 죽은 동물로 우리를 구원하신 것이 아니라 자기의 피로 우리를 구원하신 것입니다. 이러하니 우리의 구원이 얼마나 값진 것입니까? 우리를 구원한 것은 염소의 피도 송아지의 피도 아닙니다. 우리 주님이 친히 흘리신 피로 우리를 구원하셨다고 말했습니다.

셋째, 이 속죄는 영원히, 단번에 이루어진 것입니다. 그러므로 주님이 베풀어 주신 속죄는 다시 드릴 필요가 없습니다. 우리는 예수 그리스도를 믿기만 하면 됩니다. 그 그리스도의 속죄에 참여하기만 하면 됩니다. 누구든지 예수 그리스도를 믿는 자에게는 구원을 주신다고 말했습니다. 이제는 우리에게 행위가 필요한 것이 아닙니다. 종교적 예식이 필요한 것이 아닙니다. 하나님은 예배를 잘 드리면 복을 주고, 예배를 안 드리면 복을 안 주고 하는 분이 아닙니다. 우리가 드리는 예배는 하나님을 만나는 속죄인 것입니다. 왜냐하면 그 제사는 단번에, 영원히 이루어졌기 때문입니다. 구약의 제사는 염소와 송아지의 피를 부정한 자에게 뿌려서 속죄하는 것이지만, 우리가 받은 속죄는 "영원하신 성령으로 말미암아 흠 없는 자기를 하나님께 드린 그리스도의 피"(히 9:14)라고 되어 있습니다. 그리스도의 피로 속죄되었습니다.

얻은 두 가지 축복

성경은, 예수 그리스도의 피로 단번에 속죄를 이루고 그 구원에 참여한 사람에게는 두 가지 축복이 있다고 말했습니다. 첫째는 양심의 자유입니다. 완전한 구원은 확신에서부터 시작됩니다. 그리고 이 확신은 양심의 자유를 줍니다. 진정 예수 믿는 사람은 양심의 자유가 있습니다. 진정 그리스도의 속죄를 받은 사람들은 죄의식으로 인해 고민하지 않습니다.

그러나 유감스럽게도 많은 사람들이 예수를 믿으면서도 죄의식에 빠져 고민하며 살아갑니다. 양심의 자유가 없습니다. 하나님께 벌받을지도 모른다고 생각하는 사람들도 많습니다. 십일조를 하지 않으면 사업을 망하게 하시지 않을까 겁이 나서 하는 사람들이 있습니다. 주일날 교회 안 나가면 하나님이 무슨 사고를 당하게 하시지 않을까 해서 교회 나오는 사람들이 있는지도 모르겠습니다. 이것은 양심의 자유가 아닙니다.

진정한 구원은 우리에게 진정한 양심의 자유를 줍니다. 이 양심의 자유는 내 모든 죄의식으로부터의 자유를 의미합니다. 마음 깊은 곳에서부터 구원받은 감격과 기쁨을 경험하는 것입니다. 이것은 하나님이 하신 일이므로 완전하고 영원합니다. 이 양심의 자유는 사탄으로부터, 죄와 죽음과 질병으로부터 우리를 자유케 합니다. 이 양심의 자유에 이르는 속죄의 은총을 받기 바랍니다.

둘째는 하나님을 섬길 수 있는 특권입니다. 억지로 하는 것은 봉사가 아닙니다. 체면 때문에 할 수 없이 하는 봉사는 봉사가 아닙니다. 양심의 자유에 기초하여 정말 봉사하고 싶은 마음이 간절해져서 하는 것이 봉사입니다. 이것이 구원받은 성도가 하는 봉사입니다. 너무나 감사해서 기쁨으로 하는 것입니다. 감격스러워서 자원하는 마음으로 하는 것입니다. 충성스럽게 하는 것입니다. 주님이 피로 값 주고 나를 사신 은혜에 감격해서 주님께 몸도 드리고, 마음도 드리고, 시간도 드리고, 재물도 드리고, 모든 것을 드려서 봉사하는 성숙한 모습으로 변해 가는 것입니다. 이것이 구원입니다. 주님이 자기의 피로 값을 치르시고 우리를 사신 구원입니다.

이러한 양심의 자유와, 양심의 자유에 기초한 복되고 아름다운 기쁨의 봉사가 우리의 생에 충만하기를 바랍니다. 우리의 구원은 송아지와 염소의 피로 이루어진 것이 아닙니다. 예수님이 친히 자기의 몸에서 피를 흘려 이루어 주셨습니다. 사탄으로부터, 질병으로부터, 죄로부터 자유하십시오. 구원의 즐거움을 느끼고, 양심의 자유를 느끼고, 봉사의 기쁨을 풍성하게 누리길 바랍니다.

○

17

죽어야
생명을 얻는다

히브리서 9:15-22

○

앞에서 살펴본 히브리서 9장 전반부와 마찬가지로 이 장 후반부에서도 '피'라는 말이 주제를 이루고 있습니다. 신앙의 핵심은 하나님께 더 가까이 나아가는 것입니다. 이것이 히브리서 전체에서 말하고 싶은 제1의 주제입니다. 사람은 마땅히 하나님께 가까이 나아가야 하며, 우리가 갖는 믿음이라는 것도 '어떻게 하면 하나님께 좀 더 가까이 나아갈 수 있느냐'의 문제입니다.

구약에서는 이 문제에 대해 두 가지 해답을 주셨다고 말씀합니다. 첫째는 율법이요, 두 번째는 장막입니다. 그러나 이 두 가지 다 완전하지 못합니다. 율법은 인간이 완벽하게 지킬 수가 없고, 제사는 염소와 송아지의 피로 매년 반복해서 드리는 불완전한 방법이라고, 히브리서는 말하고 있습니다.

그리스도의 피로 완성된 구원

하나님은 우리가 하나님께 더 완전히 나아갈 수 있는 길을 세 번째로 제시해 주셨는데, 바로 예수 그리스도이십니다. 신약에 보면 '예수는 율법의 마침이요, 완성'이라는 말씀을 하셨습니다. 그리고 히브리서는 구약의 성막 제도를 완성시키신 분이 예수 그리스도라고 9장까지 계속 반복하며 강조하고 있습니다.

또한 "예수 그리스도는 우리의 참된 대제사장이시다. 우리의 사도이시며 우리의 대제사장이신 예수를 깊이 생각하라. 이 예수를 바라보라. 이 예수가 온전한 구원을 이루었느니라"고 반복하여 말하고 있습니다.

그렇다면 예수 그리스도의 무엇이 이렇게 완전한 구원을 이루셨습니까? 그리스도가 흘리신 피였습니다. 이 피의 제사로 제사가 온전하게 되었고, 우리의 구원이 완성되었습니다. 주님이 자기의 피로 영원한 속죄를 단번에 이루셔서, 우리는 양심의 자유를 누리며 참된 봉사의 삶을 살 수 있게 된 것입니다.

화목케 하시는 능력

그러면 그 피의 능력은 과연 어떤 것입니까? 여기서 그 첫 번째 해답을 세 가지로 강조하고 있습니다. 첫째, 15절 상반절입니다. "이로 말미암아 그는 새 언약의 중보자시니." 그렇습니다. 예수 그리스도의 피의 첫 번째 능력은 하나님과 인간을 화해시켜 주신 것입니다. 거룩하신 하나님과 죄에 빠진 인간은 결코 만날 수 없었지만, 그 피로 인하여 그리스도가 중보자가 되심으로써 우리는 하나님을 "아바 아버지"라 부르게 되었습니다. 하나님의 자녀가 되었으며 천국을 소유할 수 있게 되었습니다. 아들이 있는 자에게는 영생이 있고 아들이 없는 자에게는 영생이 없다고 했습니다. 우리는 예수 그리스도를 통해서 하나님의 자녀가 되었습니다. 이것이 바로 그리스도의 중보입니다.

둘째는, 15절 중반절입니다. "이는 첫 언약 때에 범한 죄에서 속량하려고 죽으사." '죽었다'는 말은 피를 흘렸다는 말입니다. 예수가 피를 흘리심으로 말미암아 우리 과거의 모든 죄악들, 우리의 옛 허물들을 친히 없애 주셨습니다. 이것은 실로 우리에게 놀라운 말씀입니다. 왜냐하면 사람들은 누구나 실패와 좌절의 경험을 가지고 있기 때문입니다.

사람마다 회상하고 싶지 않은 과거가 있습니다. 너무나 부끄럽고 치욕스럽기 때문에 좀처럼 노출하려고 하지 않고 기억하려고 하지도 않습니다. 예수님 앞에 그 문제를 내놓기보다는 자신의 내면세계 속에 꼭꼭 감추어 둡니다. 기도로도 고백할 수 없을 정도로 수치스러워합니다. 그래서 얼굴에는 그늘이 있습니다. 마음에 깊은 상처가 있고 열등의식이 있습니다. 과거에 부모와 자녀 관계, 형제 관계, 친구 관계 등 여러 관계에서 본의 아닌 허물과 죄들을 지었기 때문입니다. 그러나 치료받기조차 원하지 않습니다. 겉은 멀쩡하지만 속은 썩을 대로 썩어 있는 상처투성이인데도 누구에게도 이야기할 수 없습니다.

놀라지 마십시오. 예수님은 이미 그 문제를 알고 계시고, 예수님의 보혈의 능력은 우리의 숨은 죄와 과거의 죄를 씻어 줄 수 있다고 성경은 말하고 있습니다. 문제를 내놓고 영원한 치유를 받을 때 우리는 양심의 자유를 얻을 수 있습니다. 숨은 죄를 치료받기 전에는 결코 우리의 얼굴은 피어나지 않습니다. 어두움이 계속해서 깃들어 있기 때문입니다. 사람 앞에 그것을 고백할 수 없을지라도 하나님 앞에서는 그 죄를 고백하시기 바랍니다. 왜냐하면 예수 그리스도의 보혈이 우리의 과거의 죄, 첫 언약 때부터 지은 죄라도 모두 씻어 주시기 때문입니다.

셋째, 예수님의 피는 우리 앞날에 새로운 길과 소망을 열어 주십니다. 15절 하반절 말씀입니다. "부르심을 입은 자로 하여금 영원한 기업의 약속을 얻게 하려 하심이라." 예수 그리스도의 보혈은 영원한 기업의 약속을 보증합니다. 이 피는 우리의 과거의 죄를 속해 주실 뿐만 아니라, 현재도 미래도 책임져 주십니다. 사람의 미래, 사람의 꿈은 기껏해야 80년입니다. "소망 있는 인간이다. 저 사람의 미래는 밝다. 저 젊은이의 미래는 밝다" 하더라도 죽을 때까지입니다. 그러나 우리 하나님이 주신 미래는 이 세상뿐 아니라 죽음 이후, 즉 영원까지 의미합니다. 얼마나 놀라운 미래와 기업을 우리에게 보증하여 주셨습니까? 베드로전서에서는 이렇게 표현하고 있습니다.

우리 주 예수 그리스도의 아버지 하나님을 찬송하리로다 그의 많으신 긍휼대로 예수 그리스도를 죽은 자 가운데서 부활하게 하심으로 말미암아 우리를 거듭나게 하사 산 소망이 있게 하시며 썩지 않고 더럽지 않고 쇠하지 아니하는 유업을 잇게 하시나니 곧 너희를 위하여 하늘에 간직하신 것이라(벧전 1:3-4).

이것이 피의 능력입니다. 예수 그리스도의 보혈의 능력은 우리가 영원한 기업을 받는 데 결정적인 역할을 했습니다. 그런 까닭에 피의 속죄를 받은 성도는 영광스런 미래를 가지고 있습니다. 이 피의 능력으로, 피의 속죄로 영원한 기업을 보증받고 영원한 미래를 약속받은 사람은 현재의 고난이 슬프지 않습니다. 현재의 아픔은 아픔이 아닙니다. 왜냐하면 그것은 영원한 미래의 영광과 비교해 볼 때 아무것도 아니기 때문입니다. 그래서 그리스도를 위해 사는 사람은, 고난을 받고 여러 가지 수치를 당하며 손해를 본다 할지라도 그로 인해 흔들리거나 개의치 않습니다. 이것이 피를 믿는 사람들입니다. 보혈의 능력을 체험한 사람들입니다.

언약을 성취하시는 능력

두 번째로, 예수 그리스도의 피는 실제 언약의 효과를 가져왔습니다. 9장 16절에는 "유언은 유언한 자가 죽어야 되나니"라고 기록되어 있습니다. 유언은 유언한 자가 죽어야 효과가 있다는 말씀입니다. 아버지가 유언장을 써 놓았을지라도 아버지가 돌아가시지 않으면 유언장은 휴지 조각에 불과합니다. 유언장은 언제 효과가 발생합니까? 아버지가 돌아가셔야 합니다. 우리 주님도 언약의 중보자가 되셨고, 새 언약을 약속해 주셨습니다. 엄청난 약속들을 많이 해 주셨습니다. 그러나 그 언약은 우리 주님이 피 흘려 죽으심으로 말미암아 효과를 발생하기 시작했습니다. 놀랍게도 언약이라는 뜻의 헬라어 '디아데케'는 유언이라는 말과 똑같습니다. 이말은, 예수 그리스도가 십자가에 못 박혀 피 흘려 죽으심으로 말미암아 주님이 하신 모든 말씀이 실효성을 가지고 능력을 발휘하게 되었다는 뜻입니다.

그런데 많은 사람들이 아직도 이 능력을 소유하지 못하고 있습니다. 성경을 휴지 조각처럼 믿고 있는 사람들이 많습니다. "수고하고 무거운 짐 진 자들아 다 내게로 오라 내가 너희를 쉬게 하리라"는 말씀은 실제로 효과가 있는 말씀입니다. 실제로 우리 주님이 기도에 응답해 주시고, 모든 병든 것을 고쳐 주시며, 구원의 역사를 일으켜 주신다는 말입니다.

베드로전서 1장 19절에서는 보혈이 우리를 구속한다고 말했고, 에베소서 2장 13절에서는 우리가 이 보혈 때문에 서로 가까워졌다고 하며, 골로새서 1장 20절에서는 죄에서 해방되었다고 말씀합니다. 로마서 5장 9절에서는 의롭다고, 요한일서 1장 7절에서는 이 보혈 때문에 모든 죄에서 깨끗케 된다고 말씀하셨습니다. 히브리서 13장 12절에는 거룩을, 요한계시록 12장 11절에는 승리를,

마태복음 26장 28절에는 용서를 주신다고 말했습니다. 이 모든 약속들은 실제로 효력이 있는 것입니다. 부도난 수표가 아닙니다. 우리 주님의 모든 능력은 보혈로 말미암아, 십자가에서 죽으심으로 말미암아 실효를 가지게 되었습니다.

히브리서 9장 17절을 보십시오.

유언은 그 사람이 죽은 후에야 유효한즉 유언한 자가 살아 있는 동안에는 효력이 없느니라.

보혈은 주님의 죽음이요, 언약의 능력을 의미합니다.

죄 사함의 능력

보혈의 능력은 9장 22절에도 기록되어 있습니다.

율법을 따라 거의 모든 물건이 피로써 정결하게 되나니 피 흘림이 없은즉 사함이 없느니라.

첫 언약도 비록 동물의 피였지만 피의 제사를 통해서 이루어졌습니다. 9장 18절에서 "이러므로 첫 언약도 피 없이 세운 것이 아니니"라고 말했습니다. 19절에 보면 모세에 의하여 율법도 피로써 뿌려졌다고 말하고 있습니다. 모세가 율법대로 모든 계명을 온 백성에게 말한 후에, 송아지와 염소의 피와 물과 붉은 양털과 우슬초를 취하여 그 두루마리와 온 백성에게 뿌렸다고 합니다. 이것이 피입니다. 구약에 나타난 피의 역사였습니다. 21절을 보십시오. "또한 이와 같이 피를 장막과 섬기는 일에 쓰는 모든 그릇에 뿌렸느니라." 또 22절을 보십시오. "율법을 따라 거의 모든 물건이 피로써 정결하게 되나니"라고 말했습니다. 그러면서 22절 마지막 부분에 한마디로 이렇게 요약하고 있습니다. "피 흘림이 없은즉 사함이 없느니라." 얼마나 놀라운 말씀입니까? 이 말씀은 레위기 17장 11절에서 유래된 것입니다.

> 육체의 생명은 피에 있음이라 내가 이 피를 너희에게 주어 제단에 뿌려 너희의 생명을 위하여 속죄하게 하였나니 생명이 피에 있으므로 피가 죄를 속하느니라.

그래서 구약에서는 피를 먹지 못하게 했습니다. 물론 신약 시대에 오면 사슴피 같은 것을 먹는 사람들이 가끔 있었지만, 역시 피를 먹는 것은 꺼립니다. 피를 흘렸다는 것은 곧 누군가를 죽였다는 것을 의미하기 때문입니다. 성경은 피를 흘림으로 말미암아 죄가 속죄됨을 말하고 있습니다.

성경에서 말하는 것을 들어 보십시오. "이 세상에서 누가 가장 행복한 자일까"라는 질문에 시편 32편 1절은 이렇게 대답하고 있습니다. "허물의 사함을 받고 자신의 죄가 가려진 자는 복이 있도다." 그렇습니다. 인간의 가장 근본적이고 본질적인 문제의 해답은 죄에서 벗어나는 것입니다. 인간은 죄 문제를 해결해야만 모든 것이 의미가 있습니다. 죄 문제를 해결하지 않으면 모든 것이 주어진다 할지라도 아무 의미가 없습니다. 인간의 본질적인 문제는 하나님 앞에서의 죄의 문제입니다. 이 죄는 피를 흘려야만 씻어지는 까닭입니다.

피의 대가로 얻은 용서

구약에서는 '용서'가 세 가지 뜻으로 쓰이고 있습니다. 첫째 '덮는다', 둘째 '치운다', 셋째 '멀리 보낸다'입니다. 우리 주님의 보혈은 죄를 덮어 주고 치워 주며 멀리 보내 버립니다. 이것이 보혈의 능력입니다. 성경은 주님이 우리의 모든 죄를 기억도 안 하고 멀리 치워 버리셨다고 말씀하고 있습니다. 미가서에 보면 우리 죄를 발로 밟고 깊은 바닷속에 던져 버리겠다고 했고, 예레미야 50장에서는 우리 죄를 우리가 찾을지라도 발견하지 못하도록 하나님이 치워 버리신다고 말씀하고 있습니다. 이 보혈로 인해 우리 죄는 기억되지도 않을 것이라고 말했습니다. 이것이 보혈의 능력입니다.

보혈은 용서를 가져왔습니다. "피 흘림이 없이는 죄 사함이 없느니라." 이 말은 우리 주님의 보혈이 하나님과 인간 사이에 있는 무섭고 엄청난 죄를 근본적으로 치워 주시고 덮어 주시고 멀리 보내심으로써 용서받도록 해 주셨다는 의미입니다. 반대로 이렇게도 이해할 수 있습니다. 용서에는 피의 대가가 있습니다.

　죄는 누가 용서할 수 있습니까? 죄는 하나님만이 용서할 수 있습니다. 예를 들면 어떤 사람이 내 재산의 일부를 도둑질했다고 합시다. 그때 내가 그 사람을 용서해 줄 수 있습니다. 그 사람이 내 재산에 피해를 주었기 때문입니다. 그러나 그 사람이 국법을 어겼다면 그때는 내가 용서해 주고 안 하고 의미가 없습니다. 국가가 법에 의해 용서해 줄 때 그 용서가 효력이 있는 것이지, 내가 용서한다고 용서가 되는 것이 아닙니다. 개인 자격으로는 용서해 줄 수 없습니다. 하물며 하나님께 범죄한 것을 국가가 용서하겠습니까? 인간이 하나님께 저지른 근본적인 죄는 하나님만 용서하실 수 있습니다.

　그러면 하나님이 어떻게 이 죄를 용서하셨습니까? "그래, 용서해 주마. 그러면 이거 없었던 걸로 하자." 하나님이 이렇게 용서해 주셨습니까? 아닙니다. 하나님은 이 죄를 용서해 주시기 위해 엄청난 대가를 치르셨습니다. 독생자 예수 그리스도를, 죄 없으신 그분을 십자가에서 죽게 하셨습니다. 그것도 보통 죽음입니까? 참형입니다. 극형입니다. 예수님은 가시 면류관을 쓰고, 창에 찔리고, 매를 맞고, 수치를 당하셨습니다. "엘리 엘리 라마 사박다니" 외치면서 무서운 고통 가운데 죽으셨습니다. 그 대가가 있었기 때문에 우리 죄는 용서를 받았습니다.

많은 그리스도인들이 왜 죄를 반복해서 짓습니까? 지은 죄를 왜 또 짓습니까? 우리 주님이 대가를 치렀다는 생각을 하지 못하기 때문입니다. 우리가 죄를 짓고 와서 회개하면 주님은 기쁜 마음으로 우리 죄를 용서하실 것입니다.

그러나 우리는 다음 사실을 잊어서는 안 됩니다. 우리가 회개하고 돌아오면 하나님은 분명히 용서하시고 죄를 바닷속에 깊이 던져 버리시고 발로 밟아 다시는 기억하지 않으시지만, 그때마다 하나님은 자기 아들의 죽음을 기억하신다는 것입니다. 죄를 고백할 때마다 우리 주님이 치르신 대가를 기억할 수 있기를 바랍니다. 그 대가 때문에, 그 엄청난 대가 때문에 우리 죄가 용서받았습니다.

부부 관계에서도 가장 중요한 것이 용서입니다. 남편이 부인에게 해 줄 수 있는 최대의 사랑은 용서입니다. 대개 남자들이 부인에게 나쁜 짓을 많이 하면 물건으로 보상을 합니다. 반지도 사 주고 옷도 사 주면서 자기 허물을 가리려고 합니다. 하지만 물질은 보상이 될 수 없습니다. 우리는 영적인 존재이기 때문입니다. 뿌리부터 용서할 줄 알아야 합니다. 서로의 허물을 봐준다는 차원이 아니라 진심으로 용서해야 합니다. 부부가 용서할 때 깊은 사랑을 체험하게 되고 공감대를 형성하게 됩니다. 용서하지 않는 부부처럼 무서운 부부는 없습니다. 그런 부부는 형식적으로 몸만 함께 있을 뿐입니다. 둘 사이에는 무서운 심연과 계곡이 있습니다. 국가와 국민, 부모와 자녀 사이에도 용서가 필요합니다. 왜냐하면 누구나 다 허물이 있기 때문입니다. 일방적으로 잘한 사람이 없으며 일방적인 죄인이 없습니다. 용서해야 합니다. 서로를 위해서 기도해야 합니다. 서로의 입장이 되어서 이해해 주어야 합니다.

저는 오래전에 읽은 한 교수님의 글을 아직도 생생하게 기억하고 있습니다. 미국에 가신 이 교수님은, 한국 아이를 양자로 삼은 어느 부부의 집을 방문하고 난 후 충격을 받았습니다. 이전까지는, 미국 사람들이 한국 아이를 입양하는 것은 아기도 없고 살 만하기 때문이라고 생각했었답니다. 그런데 그 집에 가 보니까 그 아이 말고도 사랑받을 자녀가 있었습니다. 그 남편은 광부였는데, 부부가 열심히 일해야 겨우 먹고사는 집이었습니다. 그런데 그들은 신실한 그리스도인이었습니다. 아이가 없어서도, 돈이 남아서도 아니었습니다. 그리스도의 명령 때문에, 복음 때문에 아이를 데려다 키운다는 사실 앞에 이 교수님이 충격 받았던 것입니다. 그렇습니다. 우리는 대가를 치러야 합니다.

주님이 우리 죄를 용서하실 때 그냥 용서해 주신 것이 아닙니다. 우리 하나님은 용서의 하나님이시기 때문에, 우리 하나님은 뭐든지 하실 수 있기 때문에, 그냥 봐주느라고 용서해 주시는 것이 아닙니다. 용서는 말할 수 없이 큰 대가와 눈물과 아픔을 거쳐서 이루어진 것입니다. "수고하고 무거운 짐 진 자들아 다 내게로 오라 내가 너희를 쉬게 하리라"는 말씀은 쉽게 하신 것이 아닙니다. 대가를 치르신 다음에 하신 말씀입니다. 그렇기 때문에 그 말에는 능력이 있습니다. 예수 그리스도는 양과 염소와 송아지의 피가 아니라 자기의 피를 뿌려서 우리에게 구원을 주셨고 용서를 주셨습니다. 은혜의 보혈 앞으로 나오십시오. 대가를 치른 이 피에 여러분의 영혼을 적실 수 있기를 바랍니다.

> 여호와께서 말씀하시되 오라 우리가 서로 변론하자 너희의 죄가 주홍 같을지라도 눈과 같이 희어질 것이요 진홍같이 붉을지라도 양털 같이 희게 되리라(사 1:18).

엄청난 대가를 치르신 하나님 아버지가 베풀어 주시는 용서의 잔을 마시기를 바랍니다.

18

최후의 날을 위한
준비가 되었는가

히브리서 9:23-28

성경의 최대 관심은 바로 우리의 구원에 있습니다. 이 구원 때문에 예수님이 십자가에 못 박혀 죽으셨고 부활하셨고 승천하셨습니다. 따라서 교회의 관심은 성경이 갖는 관심과 일치합니다. 즉 구원 문제입니다. 복지나 건강 같은 문제보다 구원에 관한 문제를 최우선 순위에 둡니다. 사실 구원 문제처럼 심각하고 시급한 것이 없습니다. 그러나 놀라운 사실은, 많은 그리스도인들과 교회가 이 구원의 문제를 너무나 등한시한다는 것입니다.

만약 어떤 사람이 혼자 헤어날 수 없는 깊은 우물에 빠졌다고 생각해 봅시다. 이 사람은 빠져나오기 위해 소리 지르고 몸부림치며 애를 쓸 것입니다. 그때 그 옆을 지나가던 사람이 우물 안에서 외치는 소리를 들었습니다. 깊은 우물 속에 있는 사람을 발견하고는 "무엇을 원하느냐"고 묻습니다. 그때 우물 속에 있는 사람이 울면서 밖에 나가게 해달라고 말했습니다. 우물 밖에 있는 사람이 가만히 생각하더니 종이에 글을 써서 주었습니다. 우물에 빠진 사람이 황급하게 그 종이를 주워서 펼쳐 봤더니 거기에는 다음과 같은 말이 쓰여 있었습니다. '우물에 빠지지 않기 위한 열 가지 규칙.'

우물에 빠진 사람에게 필요한 것은 규칙이 아닙니다. 우물에서 빠져나오는 일이 급합니다. 우물 같은 이 세상에서 시급한 것은,

그곳에서 어떻게 사느냐가 아니라 그곳에서 어떻게 빠져나오느냐 하는 문제입니다. 빨리 빠져나오는 일이 중요합니다. 우물 밖에 놀랍고 찬란한 세계가 있는 것처럼 이 세상 밖에는 천국이 있다는 사실, 우리의 영원한 거주지가 있다는 사실을 알아야 합니다.

사람은 반드시 죽습니다

이렇게 구원이 중요하고 시급함에도 불구하고 많은 사람들이 구원에 대해서 대수롭지 않게 여기는 이유가 무엇일까요?

> 한 번 죽는 것은 사람에게 정해진 것이요 그 후에는 심판이 있으리니(히 9:27).

사람들이 구원을 대수롭지 않게 여기고 등한히 여기는 첫째 이유는, 사람이 반드시 죽는다는 사실을 알면서도 실감하지 못하고 믿지 않기 때문입니다. 성경은, 사람이 죽는 것은 정해진 일이라고 했습니다. 이렇게 성경이 말하고 있는데도 사람들은 죽지 않을 것처럼 착각하며 살고 있습니다. 그렇기 때문에 구원이 심각하지 않은 것입니다. 젊은 사람이나 늙은 사람이나 영원히 죽지 않을 것이라는 착각에 빠져 살아갑니다. 다른 사람은 다 죽어도 나는 안 죽을 것이라고 생각합니다. 제가 경험한 바로는 병들면 악착같이 삶에 매달립니다. 암에 걸려 곧 죽을 수밖에 없는 사람도 절대로 죽는다고 생각하지 않습니다.

살날이 얼마 남지 않은 사람과 상담한 적이 있습니다. 오후에 상담을 했는데 그는 그날 오전에도, 자기가 살면 이렇게 이렇게 살겠다는, 찬란한 계획을 세웠다고 했습니다. 의사가 곧 운명하실 거라고 얘기했는데도 말이죠. 이처럼 사람들은 죽는 순간까지도 죽음을 거부합니다. 죽지 않을 거라 생각하고 죽을 수 없다고 스스로 믿습니다. 목사는, 죽을 수밖에 없는 사람에게 죽음을 준비시켜야 하는데 이것은 매우 어려운 일입니다. "당신, 오늘 죽습니다. 그러니까 산다는 거짓 환상을 버리고 죽음을 준비하십시오. 마지막 정리를 해야 합니다." 이걸 가르쳐 줘야 하는데 참으로 어려운 일입니다.

심판은 반드시 있습니다

사람들이 구원을 등한히 여기고 이 문제를 대수롭지 않게 여기는 둘째 이유는, 그다음 구절(9장 27절 후반부)에 있습니다. "그 후에는 심판이 있으리니."

사람들이 또 착각하는 것은, 설령 진짜 죽는다면, 그것으로 모든 것이 끝날 것이라는 생각입니다. 성경은 죽음이 끝이 아니라고 말합니다. 사람이 한 번 죽는 것은 정한 일이지만 그 후에는 "반드시 심판이 있다"고 말했습니다. 죄의 삯은 사망입니다. 우리가 행한 대로 받을 것입니다. 죽음으로 모든 것이 끝나지 않습니다. 어떤 사람들은 자기 의 때문에 분신자살을 합니다. 그러나 그것도 심판 받을 것입니다. 그것을 하나님이 이해하실 것이라고 착각해서는 안 됩니다. 자살하면 자살에 대한 대가와 심판을 받게 됩니다. 그러므로 우리는 자살할 수 없습니다.

사람들은 이 엄청난 영적 현실을 무시하려고 합니다. 그렇지 않다는 착각 속에 살기 때문에 구원 문제를 우선순위에 두지 않습니다. 사람들이 제일 급하게 생각하는 것은 현실입니다. 이 땅의 문제입니다. 그러나 이 땅에서의 80-100년 삶은, 영원에 비하면 하나의 점에 불과합니다. 성경은 영원을 가르쳐 주고 있습니다. 내세를 말하고 있습니다. 천국이 있다고 말합니다. 지옥이 있다고 말합니다. 죽음은 끝이 아니라 한순간에 불과한 것이고, 죽은 후에 영원한 선택의 길이 갈려 있다고 말합니다.

저는 예수를 잘 믿고 있는 당신에게 어리석은 질문 하나를 던지고자 합니다. 당신은 구원을 받으셨습니까? 구원의 확신이 있으십니까? 송아지와 염소의 피가 아니라 예수 그리스도의 피로 단번에 완성된 구원을 받으셨습니까? 우리는 이 사실을 다시 한 번 확인해야 합니다. 이것은 너무나 중요한 일이기 때문입니다.

그리스도의 구원은 초월합니다

본문에서는 예수님이 오늘 우리에게 베풀어 주신 구원을 세 가지로 설명하고 있습니다. 우리의 구원은 첫째, 장소를 초월한 구원입니다. 둘째, 시간을 초월한 구원입니다. 셋째, 심판을 초월한 구원입니다.

장소의 초월

첫째, 장소를 초월한 구원에 대해서는 9장 23절부터 말하고 있습니다. 구약의 제사와 의식과 규례는 인간의 손으로 만든 성소와 지성소, 즉 성막이라고 하는 특별한 장소에서 이루어졌습니다. 그래서 사람들은 꼭 그 장소에 가야 했습니다. 매년, 그곳에서 짐승의 피를 흘려 하나님께로부터 죄 용서함을 받고 구원의 삶을 살았습니다.

> 그리스도께서는 참 것의 그림자인 손으로 만든 성소에 들어가지 아니하시고 바로 그 하늘에 들어가사 이제 우리를 위하여 하나님 앞에 나타나시고(히 9:24).

예수님이 드린 구원의 제사는 사람이 만든 성소에서 드려진 것이 아니라 하늘에서 이루어졌고, 그것은 우리를 위한 것이라는 설명입니다.

우리는 요한복음 4장 20절 이후에 나오는 한 사건을 기억합니다. 남편이 다섯 명이던 수가 성의 한 여인에 관한 것입니다. 이 여인은 사람이 아무도 없는 정오에 물을 길러 나왔습니다. 그곳에 예수님이 홀로 계셨습니다. 그때 여자는 "우리는 지금까지 이 산에서 대대로 예배를 드려왔는데 당신들은 예루살렘에서 예배를 드려야 된다고 합니다"라고 말합니다. 이에 예수님은 "이 산에서도 말고 예루살렘에서도 말라. 하나님은 영이시니 예배하는 자가 영과 진리로 예배하여야 하느니라"고 답하시며, 너희들이 진정 예배할 때가 온다고 하셨습니다. 로마서 12장을 기억하십니까?

> 그러므로 형제들아 내가 하나님의 모든 자비하심으로 너희를 권하노니 너희 몸을 하나님이 기뻐하시는 거룩한 산 제물로 드리라 이는 너희가 드릴 영적 예배니라(롬 12:1).

예수 그리스도가 우리를 위하여 흘리신 보혈과 구원은 장소를 초월합니다. 구약 시대로 돌아갈 필요도 없고, 예루살렘 성전으로 갈 필요도 없으며, 사람들이 손으로 지은 성막에 가서 제사를 드릴 필요도 없습니다. 우리 주님이 주신 구원은 장소를 초월한 것이며, 주님께 드리는 예배는 이 산에서도 예루살렘에서도 아니라고 하셨습니다. 하나님은 영이시니 예배하는 자가 영과 진리로 예배하는 것이라고 하셨습니다. 그렇습니다. 우리의 구원은 실로 장소를 초월하는 것입니다.

신앙이란 장소와 건물을 초월하는 것입니다. 교회란 그리스도의 몸이지 건물이 아닙니다. 그리스도인이란 누구입니까? 교회 교인이 아니라 하나님을 "아바 아버지"라 부르며 하나님의 자녀가 된 사람들입니다. 하나님과의 참된 교제권 안에 사는 사람들을 교회라고 말합니다. 건물 자체가 교회는 아니라는 사실을 알아야 합니다. 그 안에 있는 사람들이 교회입니다. 이 사람들이 거기서 무엇을 하느냐, 무엇을 생각하느냐, 어떤 기도를 드리느냐, 어떤 예배를 드리느냐, 어떤 구원의 축제가 있느냐가 교회를 결정합니다. 교회가 크고 작은 것은 문제가 되지 않습니다.

구원의 기쁨과 감격 속에서 이 시대의 사명을 감당하는 사람들이 있는 곳이 교회입니다. 교회는 장소를 초월합니다. 어디서든지 누구든지 예수 그리스도를 영접하고 믿기만 하면 하나님의 자녀가 되며, 주의 몸 된 교회의 지체가 된다는 사실을 기억하십시오.

한 걸음 더 나아가 성경은 "하나님은 사람의 손으로 지은 성막이 아니라 하늘에서 구원을 이루어 주셨는데 이것은 바로 너희를 위한 것이다"라고 말합니다. 예수님이 십자가에서 피 흘려 돌아가신 것은 바로 당신을 위해서였습니다. 우리는 그것을 너무나 당연한 것처럼 여기고 있지는 않나 생각해 볼 필요가 있습니다. 예수는 당신을 위해 죽었습니다! 당신의 죄 때문에 피 흘리셨다는 사실을 성령님을 통해서 새롭고 감격스럽게 받아들여야 합니다.

사도행전을 보면 재미있는 기록이 많습니다. 120명이 마가의 다락방에서 성령 세례를 받습니다. 베드로가 설교할 때 3,000명이 회개하고 주 앞으로 돌아왔습니다. 사도행전 3장에 보면 나면서부터 못 걷게 된 사람이 성전 미문에서 구원을 받습니다. 빌립이 전도한 에디오피아 내시는 광야에서 구원을 받았습니다. 사울은 다메섹 도상에서 구원을 받았습니다. 고넬료는 집에서 세례를 받았습니다. 루디아는 강가에서 예수를 믿었습니다. 간수장은 감옥에서 예수를 만났습니다. 이들이 받은 구원은 장소를 초월했습니다. 어디서든지 누구든지 예수 그리스도의 이름을 부르며 성령의 역사 앞에 무릎 꿇으면 하나님이 구원을 베풀어 주십니다. 당신은 구원을 받으셨습니까? 예수를 만났습니까? 결국 죽어야 할 인간에게 있어서 이것이 최우선 순위가 아니겠습니까?

시간의 초월

둘째, 구원은 시간을 초월합니다. 구약의 제사는 해마다 되풀이해서 드릴 수밖에 없었습니다.

대제사장이 해마다 다른 것의 피로써 성소에 들어가는 것같이 자주 자기를 드리려고 아니하실지니 그리하면 그가 세상을 창조한 때부터 자주 고난을 받았어야 할 것이로되 이제 자기를 단번에 제물로 드려 죄를 없이 하시려고 세상 끝에 나타나셨느니라(히 9:25-26).

대제사장은 해마다 다른 것의 피로써 성소에 들어갔지만 예수 그리스도는 자기를 단번에 드렸다고 말하고 있습니다. 이것은 무엇을 의미합니까? 그리스도의 십자가 사건이, 그리스도의 구원 사건이 언제나 현재적 제사라는 뜻입니다. 단번에 드림으로써, 과거와 현재와 미래 시간을 초월해서 효력을 발생하게 되었다는 말입니다. 그러므로 하나님은 과거의 죄를 용서해 주십니다. 뿐만 아니라 현재의 죄, 미래에 지을 죄까지도 용서해 주십니다. 우리 주 예수 그리스도의 구원은 이 모든 것을 포함하고 있습니다. 예수님의 제사는 예수님 당시 사람들에게나 21세기를 살고 있는 우리에게나 동일하게 역사합니다. 예수 그리스도는 어제나 오늘이나 영원토록 동일(히 13:8)하신 분입니다.

그리스도 안에서는 잃어버린 시간과 과거가 없습니다. 우리의 과거에 치욕스럽고 상처가 깊고 회복할 수 없는 죄가 있다면 예수 그리스도의 구원이 그 과거 속에 들어가서 치료해 주십니다. 주님이 당신의 과거 죄를 땅에 묻어 버리십니다. 당신 과거의 죄를 피로 덮어 주십니다. 이것이 시간을 초월한 구원의 역사입니다. 이 사실을 믿으십시오. 예수 그리스도를 믿으면 당신 과거의 죄는 치유되는 것입니다. 그렇기 때문에 우리 그리스도인들은 과거로 인해 절망할 필요가 없습니다. 예수 그리스도의 구원은 시간을 초월하는 것입니다.

그리고 미래의 불안이 없어집니다. 미래도 하나님이 책임져 주시기 때문입니다. 하나님은 오늘 이 시간을 위하여 여러분을 기다리셨습니다. 그러므로 어떤 상처와 장벽과 고통이 있을지라도 문제 삼지 마십시오. 왜냐하면 하나님에게는 불가능이 없기 때문입니다.

> 그런즉 누구든지 그리스도 안에 있으면 새로운 피조물이라 이전 것은 지나갔으니 보라 새것이 되었도다(고후 5:17).

이천 년이 지난 지금도 예수 그리스도를 믿고 영접하는 자에게는 새로운 피조물의 역사를 주신다고 했습니다.

저는 교회가 구원의 공동체가 된다고 믿습니다. 날마다 교회에서 세례가 있었으면 좋겠습니다. "나는 이제 그리스도인이 되었다, 새사람이 되었다"는 고백을 매일 들었으면 좋겠습니다. 예수 믿고 마음에 평화와 자유와 기쁨을 맛보는 사람을 매일 목격했으면 좋겠습니다. 이것이 교회요, 이것이 구원입니다.

> 그러므로 이제 그리스도 예수 안에 있는 자에게는 결코 정죄함이 없나니 이는 그리스도 예수 안에 있는 생명의 성령의 법이 죄와 사망의 법에서 너를 해방하였음이라(롬 8:1-2).

> 내가 확신하노니 사망이나 생명이나 천사들이나 권세자들이나 현

재 일이나 장래 일이나 능력이나 높음이나 깊음이나 다른 어떤 피조물이라도 우리를 우리 주 그리스도 예수 안에 있는 하나님의 사랑에서 끊을 수 없으리라(롬 8:38-39).

이것이 구원받은 사람의 현재입니다. 구원은 시간을 초월해서 하나님이 현재의 나에게 다가오시는 능력입니다. 우리는 이 구원의 기초 위에서 삽니다. 이 얼마나 놀랍고 능력 있는 말씀입니까?

심판의 초월

셋째, 구원은 심판을 초월합니다. 9장 27절로 다시 눈을 돌리시기 바랍니다. "한 번 죽는 것은 사람에게 정해진 것이요 그 후에는 심판이 있으리니"라고 말했습니다. 이것이 성경의 진리인데 지금까지의 철학은 죽음이 이 세상의 끝이라고 가르치고 있습니다. 마귀는 사람들이 영원한 세계와 영생이 있다는 사실을 보지 못하도록 유혹합니다. 그래서 사람들은 어디에 관심을 둡니까? 현세에만 관심이 있습니다. 내세에는 관심이 없습니다. 사람들의 유일한 관심, 가장 큰 관심은 현실뿐입니다.

영원을 생각하지 않는 사람에게 현실은 주어지지 않습니다. 동시에 현실 없는 영원도 없습니다. 영원과 현실은 동시적입니다. 무엇이 잘못된 것입니까? 극단화하는 것이 잘못입니다. 내세만 생각하는 것도 잘못이고 현실만 생각하는 것도 잘못입니다. 현실의 문은 영원이라는 열쇠로 풀어야 합니다. 현실은 현실로 풀어지지 않습니다. 현실만 보면 극단으로 갑니다. 영원으로만 가면 현실 도피가 됩니다. 우리의 삶은 현실에서 시작해서 영원까지 가는 것입니다. 죽음으로 모든 것이 끝나지 않습니다. 죽은 후에 영생이 있고 천국이 있고 지옥이 있다는 사실을 알아야 합니다.

이와 같이 그리스도도 많은 사람의 죄를 담당하시려고 단번에 드리신 바 되셨고 구원에 이르게 하기 위하여 죄와 상관없이 자기를 바라는 자들에게 두 번째 나타나시리라(히 9:28).

여기서 중요한 것은 "두 번째 나타나시다"입니다. 주님은 다시 오십니다. 주님은 우리 죄를 위하여 죽으셨고 피를 흘리셨고 부활하셨고 승리하셨고 승천하셨고 지금 하나님 우편에 앉아 계십니다. 그리고 우리를 보고 계십니다. 역사를 섭리하고 계십니다. 그러나 주님은 분명히 말씀하셨습니다. 다시 오실 것이라고.

현재 그리스도인들과 교회의 비극은, 주님이 다시 오실 것이라는 설교를 하지 않는 데 있습니다. 자꾸 현실만 얘기합니다. 병 고치면 되고, 잘 살면 되고, 예수 잘 믿으면 되고, 성공하면 되고… 모든 것이 현실에서 만족되면 신앙생활 잘하는 것처럼 착각합니다. 주님은 다시 오십니다. 왜 오십니까? 심판하기 위해서 오십니다. 양과 염소를 구분하기 위해서 오십니다. 이 세상에는 마지막 종말이 옵니다. 그리고 종말이 끝난 후에는 천국과 지옥이 있습니다. 우리는 그때 죄의 대가와 심판을 받게 될 것입니다.

그러나 구원은 무엇을 의미합니까? 심판 때 심판 받지 않는다는 것을 의미합니다. 구원은 심판을 초월합니다. 사람이 죽는 것은 정하신 것이요, 그 후에는 자기가 지은 죄의 대가로 심판을 받을 것입니다. 그러나 예수 그리스도의 보혈에 의지하는 사람은 심판을 뛰어넘을 것입니다. 그리고 하나님이 우리를 영접하실 것입니다. 이것이 구원입니다.

초대 교회 성도들은 재림의 희망을 결코 잃지 않았습니다. 그들의 신앙은 곧 재림이었습니다. 주님이 다시 오신다고 믿었습니다. 그래서 그들은 로마의 대학살과 엄청난 핍박 속에서도, 십자가에 매달려 화형당하는 순간에도, 찬송을 불렀습니다. 무엇 때문인지 아십니까? 주님이 다시 오신다는 생각 때문입니다. 사자들이 그들을 찢어 죽였습니다. 그래도 그들은 찬송을 불렀습니다. 그리고 신앙 고백을 했습니다. 무엇 때문입니까? 재림 때문입니다. 누군가 다시 온다고 믿는 사람은 결코 삶을 헛되게 살지 않습니다. 남편이 멀리 갔다가 다시 올 것을 믿는 아내는 정결하게 삽니다. 주님이 다시 오실 것을 믿는 사람은 깨끗하게 살게 됩니다.

오늘날 우리의 교회는 어떤 교회여야 합니까? 말씀을 사랑하고 말씀을 중심으로 하는 교회여야 합니다. 이것밖에는 교회가 살길이 없습니다. 말씀이 명한 대로 살고 말씀을 사모하는 교회여야 합니다. 교회는 신랑이신 예수님이 다시 오실 것을 기다리는 신부의 자세로 살아가야 합니다.

최후의 날은 반드시 옵니다. 이 최후의 날에 두 가지 현상이 벌어질 것입니다. 구원은 심판을 초월한 것이기 때문에 예수 그리스도를 믿는 성도들에게 그날은 기쁜 날이요, 영광의 날이요, 축제의 날입니다. 감격의 날이요, 눈물과 고통이 사라지는 날이요, 모든 고난에서 벗어나 하나님의 품에 안기는 영광스런 날입니다. 그러나 하나님을 믿지 않는 사람들에게는 그날이 어떤 날입니까? 심판의 날입니다. 공포의 날입니다. 저주의 날입니다.

많은 현대인들이 하나님을 믿지 않습니다. 천국도 믿지 않습니다. 내세도 인정하려 들지 않습니다. 왜 그런지 아십니까? 상대적으로 그들은 죄의식이 있기 때문입니다. 그래서 죄나 지옥이나 죽음에 대한 얘기를 하면 아주 듣기 싫어합니다. 지옥에 관해 설교하면 기분 나쁘다고, 재수없다고 말합니다. 모두 다 지옥에 갈 사람들이기 때문에 두려운 것입니다.

천국에 갈 사람은 지옥 설교를 아무리 해도 겁나지 않습니다. 심판 설교를 아무리 해도 두렵지 않습니다. 구원이 심판을 초월하기 때문입니다. 주님이 다시 오셔서 우리를 영접하시고 구원해 주실 것을 믿기 때문입니다.

최후의 날, 구원의 날

세상 종말은 반드시 옵니다. 그리스도인에게는 영광의 날이요 기쁨과 감격의 날이겠지만, 불신자들에게는 심판의 날이요 절망의 날일 것입니다. 당신은 어떤 날로 맞이하시겠습니까? 그것은 당신이 지금 예수 그리스도와 어떤 관계를 맺고 있느냐로 결정됩니다. 영광스러운 날로 맞이하기를 바랍니다. 구원의 감격과 기쁨으로 그날을 맞이할 수 있기를 바랍니다.

다시 한 번 예수를 깊이 생각하고 바라보십시오. 장소를 초월하고 시간을 초월하고 심판을 초월하는 이 놀랍고 완전한 구원의 반열에 서십시오. 예수를 희미하게 믿었던 사람들이 지금 예수님을 영접하고 구원을 노래하도록 기도하십시오. 이 시급하고 결정적인 구원 사건이 우리 안에 온전히 이루어지길 바랍니다.

19

그림자놀이를
멈추라

히브리서 10:1-18

이 장에서는 그림자와 실체, 직접적으로 말한다면 율법과 복음, 율법과 그리스도라는 주제를 다루고자 합니다. 성경 주석가 존 맥아더의 히브리서 강해를 보면 다음과 같은 재미있는 얘기가 있습니다.

영국의 한 마을에 교회가 하나 세워졌는데 정문 아치에 다음과 같은 문구가 새겨졌습니다. 'We preach Christ crucified(우리는 예수 그리스도가 십자가에 못 박힌 것을 설교한다).' 그 교회 성도들은 예수님이 십자가에 못 박혀 죽은 것에 대한 설교를 듣고 싶었고, 목사님 역시 그것을 설교하고 싶었습니다. 왜냐하면 그것이 바로 성경에서 말하는 복음의 핵심이기 때문입니다.

그러나 세월이 가고 시대가 바뀌어 감에 따라서, 사람들은 예수가 십자가에 못 박혀 죽었다는 말을 골동품처럼 느끼기 시작했습니다. 그 설교를 너무 많이 들었기 때문에 별로 매력적이지 않은, 시대에 뒤떨어지는 얘기로 간주했습니다. 그래서 '예수의 피로 구원받는다'라는 말 중에서 '피'라는 말이 좀 촌스러우니까 '예수님의 삶이 우리를 구원한다'로 잠깐 바꾸었습니다. 그런데 교회 정문 옆에 있는 담쟁이덩굴이 자라 crucified라는 말을 가리고 말았습니다. 그랬더니 '우리는 그리스도를 설교한다'가 되었습니다. 그래서 이제 편안한 마음으로 사회 참여 문제나 정치 문제, 철학이나 도덕 등 여러 가지 세상적인 이슈들에 대해 설교하기 시작했고, 사람들은 그 문제들에 관심을 가지기 시작했습니다. 성경의 핵심적인 메시지를 타협하기 시작했던 것입니다. 그런데 덩굴이 계속 자라서 Christ라는 말까지 가리고 말았습니다. 그래서 그들이 볼 수 있는 단어는 'We preach(우리는 설교한다)'뿐이었습니다. 무엇을 설교하는지 아무도 모른 채 설교하게 된 것입니다. 그래서 결국 복음을 잃어버린 교회가 되어 버렸다는 얘기입니다.

오늘날 많은 사람들이, 많은 교회가, 복음의 핵심에 대해 얘기하는 것을 두려워합니다. 또 그런 얘기를 하면 굉장히 촌스럽거나 현대적이지 못하다고 생각합니다. 그러나 고린도전서 2장 2절에서 바울은 "내가 너희 중에서 예수 그리스도와 그가 십자가에 못 박히신 것 외에는 아무것도 알지 아니하기로 작정하였음이라"고 말하고 있습니다. 예수의 십자가처럼 중요한 것이 어디 있습니까? 이것처럼 영원하고 본질적인 메시지가 어디 있습니까?

그런데 세상의 여러 가지 문제들로 인해 이 중요한 메시지가 퇴색해 가고 본질을 잃어 가는 것을 발견하게 됩니다. 물론 세상에는 할 말들이 많습니다. 하고 싶은 얘기가 왜 없겠습니까? 다루고 싶은 주제가 왜 없겠습니까? 그러나 그리스도인과 교회는, 하나님의 궁극적인 관심이 무엇인지, 성경이 우리에게 원하는 게 무엇인지에 집중해야 합니다. 이것을 선포해야 하고, 이것을 끝까지 지켜야 합니다. 이것이 교회의 본질적 사명이기 때문입니다.

그림자에 불과한 율법

이 장에서는 참된 구원과 영원한 제사를 가르쳐 주기 위해, 일단 구약 제사의 실패부터 이야기하고 있습니다.

> 율법은 장차 올 좋은 일의 그림자일 뿐이요 참 형상이 아니므로 해마다 늘 드리는 같은 제사로는 나아오는 자들을 언제나 온전하게 할 수 없느니라(히 10:1).

그리스도의 십자가와 구약 율법과의 관계를 설명하기 위해서 성경은 두 가지 단어를 사용합니다. 이를 통해 대칭적으로 구분하고 있습니다. 그것은 '그림자'라고 하는 말입니다. 율법은 장차 오는 좋은 일의 그림자입니다. 그림자는 내용이 없는 형상, 단순한 윤곽, 영상을 뜻하는 말입니다. 이와 반대로 세밀한 부분까지 완전하게 재현된 것을 '참된 형상'이라고 표현하고 있습니다. 이것은 사진이나 초상화를 뜻하는 말이 아닙니다. 그림자에 대비해 실제 사람이 존재하는 모습 전체를 표현하는 단어입니다. 여기서 구약에 있는 제사, 율법은 하나의 그림자에 속하는 것이고, 예수 그리스도의 복음은 참 형상, 실체로 설명되고 있는 것입니다.

먼저, 구약의 율법적 의미가 무엇인가를 생각해 보겠습니다. "율법은 장차 올 좋은 일의 그림자일 뿐이요 참 형상이 아니므로"(히 10:1)라고 합니다. 다시 말해 율법은 장차 올 예수 그리스도의 그림자라는 의미입니다. 참 형상이 아니라고 하면서 그렇기 때문에 세 가지 현상이 나타난다고 말씀하고 있습니다. 첫째, 이 구약의 제사는 사람을 온전케 할 수 없습니다. '사람을 온전케 할 수 없다'는 말은 무슨 의미를 내포하고 있습니까? 그것은 사람이 하나님께 나아갈 수 없다는 뜻을 내포합니다.

구약의 율법으로는 부분적이고 제한적인 제사를 드리기 때문에 온전한 속죄를 이루지 못합니다. 결국 하나님께 온전하게 나아갈 수 있는 길을 제시하지 못합니다. 사람이 가지고 있는 가장 큰 소원과 이상은 하나님께 가까이 나아가는 것입니다. 하나님을 만나는 일입니다. 많은 사람들이 종교적인 형식과 종교적인 의식에 근거해서 자신들이 신앙생활을 잘하고 있다고 착각하고 있습니다. 그러나 구약의 제사, 구약의 율법은 사람을 온전케 할 수가 없기 때문에 그러한 제사 방법으로는 하나님 앞에 온전히 나아갈 수가 없습니다.

또한 구약의 제사는 반복되는 제사이기 때문에 이 구약의 제사를 드리는 사람은 영원하고도 완전한 구원을 사모하게 됩니다. 구약의 제사를 드릴 때마다 죄의 삯이 사망이라는 엄청난 현실을 깨닫게 됩니다. 그들은 영원한 속죄양이 필요하다는 사실을, 제사를 드리면서 알게 됩니다.

성경에서는 어떤 사람이 가장 행복하다고 말합니까? '악인의 꾀를 따르지 아니하며 죄인의 길에 서지 아니하며 오만한 자의 자리에 앉지 않은 사람, 여호와의 율법을 주야로 묵상하는 사람이 가장 행복한 자'(시 1:1-2)라고 합니다. 또한 시편 32편에서는 '허물의 사함을 받고 자신의 죄가 가려진 사람'이 가장 행복하다고 합니다. 인생에 있어 가장 중요한 문제는 다른 문제가 아닙니다. 먹고 마시는 문제, 사는 문제, 사업하는 문제, 결혼하는 문제, 교육하는 문제보다도 더 본질적인 문제는 죄의 문제입니다.

그런데 많은 사람들이 이 죄의 문제를 심각하게 다루는 것을 좋아하지 않기 때문에 그냥 다 덮어 놓고 있습니다. 별 필요 없는 피상적인 얘기를 하면서 흥분하곤 합니다. 그러나, 사람 내면의 가장 치명적이고 결정적인 문제는 바로 죄의 문제입니다. 행위로 짓든 무의식으로 짓든, 알고 짓든 모르고 짓든, 죄는 창살 없는 감옥입니다. 인간을 가두어 놓습니다. 죄의 문제를 해결하고 자유와 평화를 얻기 전까지는 인간에게 진정한 평화와 자유가 없습니다.

그러나 구약의 제사로는 도저히 죄의 문제가 해결되지 않습니다. 해마다 죄의 무서움과 죄의 현실이 적나라하게 드러날 뿐입니다. 마치 병을 발견하긴 했는데 치료의 길이 없는 것과 마찬가지입니다.

이는 황소와 염소의 피가 능히 죄를 없이 하지 못함이라(히 10:4).

황소와 염소의 피로는 인간의 죄를 해결할 길이 없다고 합니다.

구약의 제사라고 하는 것은 형식적이며 상징적인 제사였습니다. 황소와 염소의 피는 하나의 모형을 보여 준 것에 불과합니다. 문제는 예수 그리스도가 십자가에 못 박히심으로써 우리에게 완전한 구원을 제시했는데도, 교회 안에는 아직도 구약 제사의 테두리에서 벗어나지 못한 성도들이 너무나 많다는 사실입니다.

교인들 중 많은 사람들이 교회 나와서 행하는 종교적인 의식에는 아주 숙달되어 있습니다. 즉 헌금을 하고, 십일조를 하고, 교회 봉사를 하고, 성가대를 하고, 주일학교를 섬기는 등 여러 가지 교회 행사에는 익숙합니다. 그러나 그 영혼은 아직도 하나님을 만나는 경험이 분명하지 않습니다. 자기 죄가 씻어지는 경험과 그리스도의 완전한 구원이 자기를 자유하게 하는 이 자유감을 잘 모르는 분들이 너무나 많습니다.

하나님은 제사와 예물, 즉 형식적인 제사를 원하지 않으셨습니다(히 10:5 참조). 진정한 회개와 내적인 자유와 영적인 변화가 없는 형식적인 종교 생활에 대해 분노하시고 진노하십니다(히 10:6 참조).

참된 실체로서의 복음

구약의 율법과 구약의 제사가 하나의 그림자 형태였다면, 이는 실체가 있음을 증거하는 것입니다. 실체 없는 그림자는 없습니다. 우리는 이 그림자를 통해 그리스도를 멀리서 내다봤던 것입니다. 그러므로 이 그림자는 실체를 추적하는 결정적인 열쇠입니다. 우리는 이 율법을 통해서 복음으로 들어가게 됩니다.

그러면 복음이란 무엇입니까? 예수란, 또 우리가 믿는 구원이란 무엇입니까? 진짜 구원받았다고 하는 것은 무엇입니까? 첫째, 성육신(incarnation)입니다. 복음은 하나님이 인간의 죄 문제를 해결하기 위하여 인간이 되신 것을 의미합니다. 실체는 하나님이 인간의 몸을 입고 오신 것입니다. 신앙은 영화 보는 것이 아닙니다. 실제로 만나는 것을 얘기합니다. 예수에 대한 설교를 듣는 것이 중요한 것이 아니라 예수를 만나는 것이 중요합니다.

둘째, 이 복음은 참된 실체, 즉 그리스도가 제사와 예물을 통해서 우리에게 오신 것이 아니라 겸손과 순종을 통해서 인간에게 오신 것입니다. 그리스도의 참된 제사는 순종을 통해서 이루어졌습니다. 여기에 우리가 주의를 기울여야 될 부분이 있습니다. 히브리서 기자는 시편 40편 6절의 얘기를 다르게 인용하고 있습니다. 다시 말하면 5절에 "나를 위하여 한 몸을 예비하셨도다"라고 기록되어 있는데, 6절에는 "주께서 내 귀를 통하여 내게 들려 주시기를"이라고 기록되어 있습니다. 그래서 어떤 사람은 히브리서 기자가 성경 인용을 잘못했다고 하지만 잘못된 것은 아닙니다. 그 의미를 신약의 의미로 바꾸어 설명한 것입니다. 직역을 하면 "주께서 나의 귀를 뚫으셨다"는 뜻이 됩니다.

귀를 뚫었다는 것은 무슨 뜻입니까? 출애굽기 21장에 보면, 종이 자유를 얻게 되었는데도 주인이 너무 좋아서 자유인이 되지 않고 영원한 종이 되겠다고 서약할 때 송곳으로 귀를 뚫었습니다. 영원한 종의 표식이 귀 뚫는 것이었습니다. "내가 당신의 영원한 종이 되겠습니다. 내가 당신에게 영원히 순종하겠습니다"라는 뜻이 내포되어 있습니다. 참된 제사란 동물의 제사로서가 아니라 귀를 뚫음으로써, 다시 말해서 순종과 헌신을 함으로써 이루어진다는 말입니다. 그러므로 우리는 두 가지 단어를 합쳐야 될 것 같습니다. 귀를 뚫었다는 말과 한 몸을 예비하셨다는 말은, 영원한 실체인 그리스도가 세상에 오셔서 순종을 통해 하나님의 뜻을 이루셨다는 말입니다.

이것이 바로 실체인 그리스도, 우리의 완전한 구원을 이루신 그리스도의 모습을 보여 주는 부분입니다.

순종과 사랑으로 이루심

이것을 좀 더 확증해 주는 말이 있습니다.

이에 내가 말하기를 하나님이여 보시옵소서 두루마리 책에 나를 가리켜 기록된 것과 같이 하나님의 뜻을 행하러 왔나이다(히 10:7).

예수님이 세상에 오신 목적이 무엇입니까? 하나님의 뜻을 행하러 오셨습니다. 성령이 세상에 오신 목적은 무엇입니까? 예수 그리스도의 뜻을 이루기 위하여 오셨습니다. 예수님이 세상에 오셔서 철저하게 살았던 것은 자신의 뜻을 이루기 위해서가 아니라 하나님의 뜻을 이루기 위해서였습니다. 신앙은 자기 뜻을 관철하는 것이 아닙니다.

요즘 많은 사람들이 믿음을 잘못 가르치고 있습니다. 믿음은 내가 기도해서 무엇을 성취하는 것이라고 생각합니다. 적극적, 창조적으로 생각하고 내가 열심히 애써서 하나님으로부터 뭔가 얻어내는 것을 믿음의 성취라고 생각합니다. 그러나 믿음은 자기 포기입니다. 자기 성취가 아닙니다. 내 뜻을 이루는 것이 믿음이 아닙니다. 자기 꿈을 이루는 것이 믿음이 아닙니다. 대부분의 사람들은, 하나님의 뜻에 순종하고 그것을 이루기보다는 자기의 계획과 비전과 뜻을 세워놓고 하나님에게 사인해 달라고 하고 있습니다.

"죽어도 좋고 병들어도 좋습니다. 병들어서 당신께 영광 돌릴 수 있으면 하나님, 저는 그것을 택하기를 원합니다. 제가 세상에서 버림을 받고 세상에서 창피를 당한다 할지라도 하나님, 그런 것을 통해서도 하나님께 영광을 돌릴 수만 있다면 저를 부요하게 마옵시고 가난하게 하여도 감사하겠습니다." 이게 신앙입니다. 교회에서도 자기 뜻과 생각을 펼쳐 나가는 것을 믿음이라고 착각하는 사람들이 많은데 그것은 성경과 거리가 아주 먼 이야기입니다.

예수님도 자신의 뜻을 이루기 위하여 세상에 온 것이 아니라

'아버지의 뜻을 이루기 위하여' 오셨습니다. 그것이 성육신입니다. "내가 당신의 뜻을 위해서 십자가를 지겠습니다. 내가 수모를 당하겠습니다. 억울한 일을 당하겠습니다. 고난을 당하겠습니다. 내 뜻대로 마옵시고 아버지의 뜻대로 이루어 주옵소서!" 이것이 믿음입니다.

신앙생활이란 참된 순종을 배우는 것입니다. 그러나 요즘 현대인들은 그렇지 않습니다. 현대인들의 이상적인 상은 반항하는 스타일입니다. 틀린 것에 대해서 파괴하고 반항합니다. 혁명적인 인간을 만들어 놓습니다. 죽음을 무릅쓰면서까지 자기 뜻을 성취하려고 하는 것이 현대인의 모습입니다. 이것은 비성경적입니다.

예수님도 십자가에서 죽지 않고 혁명을 하실 수 있었습니다. 얼마든지 주장하실 수 있었고 소리 지르실 수 있었고 도전하실 수 있었습니다. 그러나 이는 비성경적입니다. 왜냐하면 순종을 통해서 이기는 것이 성경적이기 때문입니다. 사랑으로 미움을 이겨 내야 합니다. 분노와 폭발로 이기는 것은 어떤 것도 정당화되지 않습니다. 하나님 말씀에 순종하는 태도를 보여야 합니다. 교회에 순종하는 태도를 배워야 합니다. 배우자에게 순종하는 태도를 배워야 합니다.

순종은 굴욕이 아닙니다. 순종과 사랑을 통해서 이기는 것, 이것이 복음입니다. 이 모습이 바로 그리스도의 모습이었습니다. 오늘 교회는 이 정신을 다시 배워야 합니다. 악을 어떻게 이깁니까? 악으로는 악을 이길 수가 없습니다. 선으로 악을 이겨야 합니다. 순종으로 악을 이겨야 합니다. 사랑으로 악을 이겨야 합니다. 이것이 성경적입니다. 이것이 바로 그리스도의 '내가 하나님의 뜻을 이루기 위하여 왔다'고 하는 표현입니다.

예수 그리스도는 구약의 제사를 완전하게 대치시켜 주신 분입니다. 이사야 40장 6절, 8절을 다시 해석한 말씀이 히브리서 10장 8-10절입니다. 그리스도는 이렇게 말씀하십니다.

위에 말씀하시기를 주께서는 제사와 예물과 번제와 속죄제는 원하지도 아니하고 기뻐하지도 아니하신다 하셨고 (이는 다 율법을 따라 드리는 것이라) 그 후에 말씀하시기를 보시옵소서 내가 하나님의 뜻을 행하러 왔나이다 하셨으니 그 첫째 것을 폐하심은 둘째 것을 세우려 하심이라.

예수님은 첫째 것을 폐하고 둘째 것을 완성하신 분이었습니다. 이 말은 예수님이 율법을 완성했다고 하는 말과도 일맥상통합니다. 첫째 것을 폐했다는 말은 첫째 것을 버렸다는 뜻이 아닙니다. 첫째 것을 완성했다는 의미입니다. 율법이 결코 잘못된 것이 아니라 인간이 잘못된 것뿐입니다. 잘못된 인간이 율법 앞에 섰을 때 그 잘못이 백일하에 드러나는 것뿐입니다.

이 뜻을 따라 예수 그리스도의 몸을 단번에 드리심으로 말미암아 우리가 거룩함을 얻었노라(히 10:10).

하나님이 우리에게 원하시는 것은 거룩입니다. 순종을 통한 거룩, 겸손을 통한 거룩, 예수 그리스도의 죄 씻음을 통한 온전한 거룩이 내 인격의 내면까지 깊이 들어와서 인격화되어야 합니다. 이것이 성숙한 성도요, 복음을 깨달은 성도입니다. 이렇게 될 때 거룩하신 하나님을 만날 수 있고, 더러워졌던 우리의 영과 육은 다시 정결함을 받아 하나님께 담대히 나아갈 수 있습니다. 영원하신 대제사장이요, 우리의 사도시요, 우리의 영원한 구원자이신 예수 그리스도를 다시금 깊이 생각하십시오. 그분을 바라보십시오. 우리 안에 아무것도 없다 할지라도, 예수 그리스도의 복음에 깊이 동참하십시오. 종교적인 형식과 습관에 젖어 있는 것이 아니라 자기가 믿는 바를 성경적으로 분명히 깨닫는 여러분이 되기를 원합니다.

20

의인의 양식은
오직 믿음이다

히브리서 10:19-39

이 장의 본문 중에서 히브리서 10장 19-25절은 그리스도인들에게 두 가지 권면의 말씀을 전하고 있습니다. 첫째, 성도는 예수 그리스도의 피를 힘입어 성소에 들어갈 담력을 얻게 되었다고 기록하고 있습니다. 그래서 마음과 온전한 믿음으로 하나님 앞에 나아갈 수 있게 되었습니다. 또한 우리의 믿는 도리의 소망을 가지고 하나님께 나아가야 하며, 서로 돌아보아 이웃을 사랑하고 격려함으로 하나님께 나아가야 된다고 권면합니다. 그리고 무엇보다도, 모이기를 피하는 어떤 이들의 습관과 같이 하지 말고 그날이 가까이 올수록 더 열심히 모여서 하나님의 말씀을 들으라고 합니다.

이것이 첫째 권면이라면, 어떤 경우에라도 구원받은 그리스도인들은 우상 숭배에 빠지지 말고 인내로써 끝까지 믿음의 선한 싸움을 싸워 승리하라는 말씀이 그리스도인이 들어야 할 둘째 권면의 말씀입니다.

의도적인 죄인들에게 임할 심판

다음으로 살펴보고자 하는 본문 말씀은 히브리서 10장 26절 이하입니다. "우리가 진리를 아는 지식을 받은 후 짐짓 죄를 범한

즉." 여기서 '짐짓 죄를 범한즉'이란 말을 영어 성경으로 보면 현재 분사 형태로서, 고의적으로, 계속적으로, 습관적으로 짓는 죄를 일컫습니다.

죄를 짓고 싶어서가 아니라 인간의 육체적 연약함 때문에 할 수 없이 죄를 지을 때가 참 많습니다. 믿음이 약해서, 아직 신앙의 기초가 약해서, 판단하는 능력이 부족해서, 세상 개념과 성경적 개념이 구분이 안 돼 나도 모르는 사이에 실족하는 수가 있습니다.

> 내가 행하는 것을 내가 알지 못하노니 곧 내가 원하는 것은 행하지 아니하고 도리어 미워하는 것을 행함이라(롬 7:15).

죄짓고 싶은 사람은 아무도 없습니다. 그러나 인간은 연약하기 때문에 순간적으로 죄를 짓게 됩니다.

그런데 지금 본문에서는 이런 죄를 짓는 사람을 가리키는 것이 아닙니다. 여기서 말하는 죄는, 하나님 앞에서 잘못된 줄 알면서도 계속해서 의식적으로 짓는 죄를 말합니다. 교만하고, 고집이 있고, 어떤 나쁜 목적이 있어서, 결과가 나쁠 줄 알면서도 포기하지 않고 계속 짓는 죄가 있다는 것입니다. 이런 사람의 마음에는 하나님을 무시하는 마음이 있습니다. 또 자기중심적인 교활함이 있습니다.

성경은 이런 죄를 짓는 사람에게 무서운 경고를 내리고 있습니다. 10장 26절 하반절을 보십시오. "다시 속죄하는 제사가 없고."

지금까지 히브리서의 주제가 무엇입니까? 예수 그리스도의 피로 인하여 영원하고 완전한 속죄를 이루었다고 하는 것이었습니다. 그런데 고의로 죄를 계속해서 짓는 사람에게는 속죄가 없다는 이야기를 하고 있습니다. 속죄의 제사가 더 이상 허락되지 않는다고 말씀하십니다. 우리는 가끔, 죽는 순간까지 악마의 화신으로 살면서 파멸과 심판의 행위를 하는 사람들을 봅니다. 누구입니까? 무서운 이단들입니다. 이 이단들은 누구보다도 자기 자신이 잘못된 것을 알고 있는 사람들입니다. 그러나 영적 화인을 받아서 고의로 하나님을 반역하고 하나님을 대적하고 하나님을 무시하고 있습니다.

성경은 이 사람들이 "오직 무서운 마음으로 심판을 기다리는 것"(히 10:27)이라고 말하고 있습니다. 하나님은 이런 사람들이 마음속으로 지옥의 형벌을 경험하도록 만들어 놓으셨습니다. 그래서 그들의 마음속에는 이미 무서운 죄의식과 형벌, 심판에 대한 의식이 들어 있습니다. 이 사람들은 이런 무서운 하나님의 심판을 벗어나기 위해서 물질로, 권력으로, 섹스로, 명예로 도피하는 것입니다. 많은 이단들의 이면에는 물질과 섹스와 권력이 숨어 있습니다. 통일교 같은 것이 아주 전형적입니다. 세상에 있는 모든 권력을 쥐려고 합니다. 그럼으로써 내재적으로 하나님이 주신 이 형벌을 피하고, 지상에서 만족을 누리려고 합니다.

또한 하나님을 대적하는 자들에게는 '태울 맹렬한 불'이 내립니다. 대적하는 자들에게 심판의 불이 가까이 온다고 말했습니다.

27절 하반절에 보면 "대적하는 자를 태울 맹렬한 불만 있으리라" 고 말씀하고 있습니다. 빛을 선택하지 못한 자에게는 어둠이 있고, 축복을 선택하지 못한 자에게는 저주가 있다는 사실을 우리는 알아야 합니다. 하나님을 선택하지 않는 사람은 마귀가 기다리고 있습니다. 빛과 어두움의 중간 지대는 없습니다. 영생을 택하지 못하면 멸망이 기다리고 있습니다.

알면서도 계속 게으른 신앙생활을 하고 있지 않습니까? 이렇게 신앙생활하면 안 된다는 것을 잘 아는 사람은 목사가 아니라 자기 자신입니다. 자신의 현재 신앙생활이 하나님 앞에서 옳은 태도인지 마음속에 물어보십시오. 죄송스러운 신앙생활을 잠깐 하고 있는 것은 어쩔 수 없지만, 계속하고 있는 것은 문제입니다. 신앙의 슬럼프에 빠져서 잠깐 실수할 수는 있습니다.

남자가 부인이 아닌 다른 여자와 잠깐 실수했다고 합시다. 그러나 계속해서 교제하는 것은 의도적인 것입니다. 그것은 잠깐 실수가 아닙니다. 고의적인 것입니다. 어떤 특별한 목적을 가지고 하나님을 무시하면서, 계속해서, 의도적으로, 알면서도 죄를 짓는 것입니다. 우리의 신앙생활도 의도적으로 하나님을 기피하거나, 어떤 나쁜 목적을 가지고 하나님을 거부하는 경우가 계속해서 쌓이면 바로 이런 결과에 이르게 됩니다.

너무 오랫동안 방관하지 않기를 바랍니다. 예수님 믿는 것을 방학하는 사람들이 참 많습니다. 오랫동안 방학하지 않기를 바랍니다. 봉사도 방학하고, 기도도 방학하고, 성경 공부도 방학하고, 구역 예배도 방학하는 시간이 자꾸 길어지면 의도적이고 계속적이고 습관적인 하나의 신앙 형태가 형성됩니다. 그래서 급기야는 10장의 말씀과 같은 형태로 사람이 변하게 됩니다.

29절은 고의적으로 짓는 죄를 말하고 있습니다. "하나님의 아들을 짓밟고." 고의로 짓는 죄는 하나님의 아들인 예수 그리스도를 발로 밟는 행태입니다. 이것은 예수 그리스도의 이름을 무참히 짓밟고 예수의 아들 되심과 주권을 무시하는 태도입니다.

29절 중반은 은혜의 성령을 욕되게 하는 죄라고 말합니다. 신약은 성령을 훼방하는 죄라고 이야기합니다. 다른 죄는 모두 용서를 받지만 성령을 훼방하는 죄는 용서받지 못합니다. 성령이 강하게 역사할 때 순종해야 합니다. 하나님의 성령이 교회로 이끌 때 골프장으로 가면 안 됩니다. 하나님의 성령이 기도하고 성경 공부하라고 마음을 갈급하게 만들어 주었는데 점 보러 가면 안 됩니다.

성령을 훼방하는 사람은 그리스도와 접촉할 수 없으며, 예수 그리스도를 접촉할 수 없는 사람은 하나님을 "아바 아버지"라 부를 수 없게 됩니다. 그러므로 성령을 훼방하는 자는 다시 속죄하는 제사를 가질 수 없다고 하는 것입니다. 하나님의 성령은 오늘도 우리에게 오실 것입니다. 그리고 움직이실 것입니다. 감동을 주실 것입니다. 일하게 하시며 봉사하게 하시며 헌신하게 하시며 기도하게 하시며 전도하게 하십니다. 성령에 응답하십시오. 성령의 이 역사에 순종할 수 있기를 바랍니다.

29절 마지막 부분은 이렇게 말했습니다. "당연히 받을 형벌은 얼마나 더 무겁겠느냐 너희는 생각하라." 사실, 알면서도 이 얘기는 듣고 싶지 않습니다. 그러나 우리는 이 말씀을 들어야 합니다. 하나님의 형벌이 얼마나 무서운 줄을 알아야 합니다.

신앙의 위기란 고난의 때가 아니라 평안의 때에 오는 것입니다. 위기가 와 보십시오. 보따리 싸 들고 산에 가서 기도하지 교회에 앉아 있을 줄 압니까? 새벽부터 저녁까지 금식하며 "하나님, 나 어떻게 하면 좋습니까"라며 매달립니다. 사업이 부도 직전에 이르러 보십시오. 남편이 암에 걸려 보십시오. 이렇게 편안하게 기도하고 있을까요? 못합니다. 고난의 때에 신앙이 자랍니다. 언제가 위기입니까? 평안의 때입니다.

평안하면 사람들의 신앙이 게을러지고 불평이 많아지고 모든 것에 나태해지기 쉽습니다. 입술에서 불평과 원망이 나오는 것은 신앙이 해이해졌다는 증거입니다. 신앙이 벌써 게을러졌다는 증거입니다. 나의 생명, 내가 붙잡지 않으면 견딜 수 없는 하나님과 나의 생명 관계가 바로 신앙이 아니겠습니까? 위기의식을 가지고 허리를 졸라매고 정신을 똑바로 차린 후 하나님 앞에 나와서 마귀를 대적해야 합니다. 지금은 은혜 받을 때요, 구원의 날임을 알아야 합니다. 이렇게 게으르게 믿을 때가 아닙니다.

고난의 큰 싸움을 이긴 자들

이제는 히브리서 10장 32-39절을 보겠습니다. 32절은 "전날에 너희가 빛을 받은 후에 고난의 큰 싸움을 견디어 낸 것을 생각하라"고 말하고 있습니다. 예수 그리스도를 처음 믿은 초대 교인들은 평안한 환경에서 믿지 못했습니다. 초대 교인들에게는 너무나 큰 시련과 고통과 죽음의 위기가 항상 따라다녔습니다. 그 위기를 넘겼기 때문에 신앙에 능력이 생긴 것입니다. 지금 당신은 자신의 믿음으로 세상을 움직일 수 있습니까? 지금 믿고 있는 신앙의 형태로 세상을 깜짝 놀라게 할 수 있습니까? 자기 신앙 가지고 자기도 안 놀랍니다. 그런 신앙이 어떻게 다른 사람에게 감동을 주고, 영향을 주며, 어떻게 마귀를 떠나게 하겠습니까?

초대 교인들은 어떻게 시련을 받았습니까?

> 여자들은 자기의 죽은 자들을 부활로 받아들이기도 하며 또 어떤 이들은 더 좋은 부활을 얻고자 하여 심한 고문을 받되 구차히 풀려나기를 원하지 아니하였으며 또 어떤 이들은 조롱과 채찍질뿐 아니라 결박과 옥에 갇히는 시련도 받았으며 돌로 치는 것과 톱으로 켜는 것과 시험과 칼로 죽임을 당하고 양과 염소의 가죽을 입고 유리하여 궁핍과 환난과 학대를 받았으니 (이런 사람은 세상이 감당하지 못하느니라) 그들이 광야와 산과 동굴과 토굴에 유리하였느니라(히 11:35-38).

이것이 초대 교인들의 모습입니다. 자기 할 일 다 하고 나중에 자투리 쓰듯 예수 믿으면 하나님의 영광이 되겠습니까? 다 쓰고 난 후 남은 찌꺼기를 헌금하면 안 됩니다. 하나님은 거지가 아니십니다. 세상일에 다 쓰고 난 후 남는 자투리 시간 가지고 어떻게 하나님께 영광을 돌릴 수 있겠습니까? 내 마음과 뜻과 정성을 다하지 않는 것이 어떻게 하나님께 영광이 될 수 있으며, 어떻게 신앙이 될 수 있겠습니까? 신앙만이 세상을 변화시키는 것이요, 사람에게 감동을 주는 것이요, 기적을 낳게 합니다.

초대 교인들은 비방과 환난을 받았다고 말하고 있습니다(33절). 사람들에게 비방과 환난을 받고 구경거리가 되었으며 이런 형편에 있는 자들과 친구가 될 수밖에 없었습니다. 이것이 신앙입니다.

오늘날 현대 교회에서 신앙이 하나의 사치요 종교적 쾌락의 도구로 변질되어 가고 있는 모습을 볼 때 울지 않을 수가 없습니다. 병 낫는 도구요, 부자가 되는 도구요, 정신적 사치로 신앙이 변질됐다면, 이 신앙은 세상을 구원하지 못할 뿐만 아니라 우리도 구원하지 못할 것입니다. 교회에 많은 사람이 오는 것이 중요하지 않습니다. 바른 신앙을 가진 사람들이 모이는 것이 중요합니다. 그 사람들이 모여서 기도하고, 그 사람들이 모여서 하나님께 헌신할 때, 우리 자신이 변하고 가정이 변하고 세상이 변하게 될 것입니다.

참 신앙이란 어렵고 가난하고 억눌린 자들을 생각할 뿐만 아니라 자기의 산업과 재산을 빼앗길 때도 기뻐하는 것입니다.

너희가 갇힌 자를 동정하고 너희 소유를 빼앗기는 것도 기쁘게 당한 것은 더 낫고 영구한 소유가 있는 줄 앎이라(히 10:34).

어떻게 이 사람들이 자기 재산을 손해 보고 산업이 무너질 때도 기뻐할 수 있었겠습니까? 그 사람에게는 무엇이 있습니까? 더 낫고 영구한 소유가 있기 때문입니다. 세상에서 손해를 보면서도 감사할 수 있는 것은 바로 그 사람의 눈앞에 천국이 보이기 때문입니다. 하나님의 손을 지금 이렇게 가깝게 느끼는 사람들은, 세상 때문에 그처럼 번민하고 괴로워하지 않습니다. 천국도 눈에 안 보이고, 하나님의 손도 눈에 안 보입니다. 보이는 것은 세상뿐입니다. 그러니 이 세상의 것들에 기대를 걸고 거기에 가치를 두고 거기에 따라 울고불고 속상해하는 것입니다.

당신 눈에 천국이 보일 수 있기를 바랍니다. 하나님이 좀 더 가까이 느껴질 수 있기를 바랍니다. 하나님의 음성을 듣기를 바랍니다. 하나님의 마음을 깨닫기를 바랍니다. 이것이 가까이 느껴지는 사람은 천국과 현실을 왔다 갔다 하며 삽니다. 이런 사람에게는 진정한 믿음이 의미가 있습니다. 믿음이란 결코 자기 확신이나 신념이 아닙니다. 하면 된다고 하는 식의 값싼 정신적 도박도 아닙니다. 믿음은 하나님과 나와의 살아 있는 관계입니다.

의인은 용기와 인내로 살리라

성경은 이 믿음을 위해서 두 가지를 제시합니다.

> 그러므로 너희 담대함을 버리지 말라 이것이 큰 상을 얻게 하느니라(히 10:35).

믿음에서 중요한 것이 무엇입니까? 첫째, 용기와 담대함을 잃어버리지 않는 것입니다. 정말 눈앞에 하나님이 보이는 사람, 천국이 내 앞에 느껴지는 사람은 어떤 시련과 고난과 역경이 온다 해도, 천 사람, 만 사람이 내게 불평하고 비난하고 조롱한다 해도 결코 용기를 잃어버리지 않습니다. 이것이 믿음입니다.

> 너희에게 인내가 필요함은 너희가 하나님의 뜻을 행한 후에 약속하신 것을 받기 위함이라(히 10:36).

둘째, 진정한 믿음을 가진 사람은 끝까지 기다릴 수 있습니다. 도중에 포기하는 것은 믿음이 없기 때문입니다. 그가 믿음의 소망을 갖지 않았기 때문입니다. 저 끝에서 나를 기다리시는 그리스도를 보지 못하기 때문에 도중에 하차해 버리는 것입니다. 어떤 길을 가고 있다고 상상해 봅시다. 저 끝에서 나를 기다리는 어떤 분이 손을 흔들고 있습니다. 그러면 어떤 고난이 있어도 거기까지 갈 것입니다. 그러나 그것이 안 보이는 사람은 가다가 도중에 포기하고 말 것입니다. 예수 그리스도를 보고 계십니까? 푯대이신 예수 그리스도를 보고 계십니까? 그렇다면 끝까지 행진해야 합니다. 도중에 포기하면 안 됩니다.

주님은 믿음을 위해 용기를 잃지 말고 끝까지 끈질기게 인내하라는 말씀을 하고 계십니다. 고린도전서 13장에서 사랑은 오래 참는 것이라고 말하고 있습니다. 얼마나 놀라운 메시지인지 모릅니다. 성경은 믿음을 갖기 위해 끝까지 오래 참기를 부탁하고 있습니다. 도중에 포기하지 마십시오. 믿음의 줄을 붙잡고 계속 나아가십시오. 도중에 용기를 잃고 포기하지 마십시오. 끝까지 나아가십시오.

잠시 잠깐 후면 오실 이가 오시리니 지체하지 아니하시리라
(히 10:37).

이 말씀은 우리가 용기를 가지고 끝까지 인내할 이유를 보여 주고 있습니다. 주님을 대망하면서 하루를 살기를 바랍니다. 오늘 낮에 오실지 저녁에 오실지 모릅니다. 그 생각을 하면 가슴이 뜁니다. 우리 주님은 언제 오실지 모릅니다. 그렇기 때문에 용기를 잃지 말아야 하며, 그렇기 때문에 끝까지 기다려야 합니다.

지금까지 얘기한 것을 한마디로 정리하면 히브리서 10장 38-39절 말씀입니다.

나의 의인은 믿음으로 말미암아 살리라 또한 뒤로 물러가면 내 마음이 그를 기뻐하지 아니하리라 하셨느니라 우리는 뒤로 물러가 멸망할 자가 아니요 오직 영혼을 구원함에 이르는 믿음을 가진 자니라.

오직 나의 의인은 무엇으로 살리라고 말씀하십니까? 믿음으로 살리라고 말씀하십니다. 이것이 신앙인의 모습입니다. 의인은 믿음으로 사는 것입니다. 여기서 '믿음으로 살리라'는 말을 특별히 '용기와 인내로 살리라'는 말로 바꾸어서 해석할 수 있습니다.

성경은, 믿음을 가지고 나아가는 자는 하나님이 기뻐하시지만 믿음을 포기하고 도중에 뒤로 물러서는 사람은 기뻐하시지 않는다고 말했습니다. 우리는 뒤로 물러설 수 없는 사람들입니다. 왜냐하면 주님이 계시기 때문입니다. 우리는 뒤로 물러가 멸망에 빠질 사람들이 아니요, 완전한 구원함에 이르는 믿음을 가진 사람들임을 명심하십시오. 이것이 우리의 삶입니다. 하나님은 우리를 축복하기 원하시고 우리가 믿음의 삶을 살기를 원하십니다.

3부

예수님만 믿으면 행복해집니다

히브리서 11:1 - 12:2

처음부터 온전하고 위대한 믿음을 가진 사람은 없습니다.
모두 불완전합니다.
그러나 우리의 믿음은 만들어지며,
그리스도의 장성한 분량까지 성장할 것입니다.
세상이나 환경에 매이지 말고 하나님을 바라보고 말씀을 바라보십시오.
그럴 때 우리의 불완전한 믿음은 날마다 새로워질 것입니다.
믿음을 갖겠다고 결정하십시오.

21

믿음이 주는
선물

히브리서 11:1-3

‘믿음 장'이라고도 불리는 히브리서 11장은 “나의 의인은 믿음으로 말미암아 살리라”(히 10:38)는 말씀을 자세히 풀어서 설명해 주는 아주 중요한 본문입니다. 우리는 여기에서 믿음의 사람들과 그들이 사는 방법을 통해 믿음의 진수를 맛보게 됩니다. 우선 믿음이란 무엇인지 살펴보겠습니다.

전적인 은혜요 구원의 열쇠

너희는 그 은혜에 의하여 믿음으로 말미암아 구원을 받았으니 이것은 너희에게서 난 것이 아니요 하나님의 선물이라 행위에서 난 것이 아니니 이는 누구든지 자랑하지 못하게 함이라(엡 2:8-9).

첫째, 믿음은 하나님의 전적인 은혜로 주어지는 것입니다. 내가 가지고 싶다고 해서 가질 수 있는 것이 아니라 하나님의 은혜가 있어야 가질 수 있습니다. 어머니가 차려 주신 밥을 먹고 안 먹고는 자녀의 문제지만, 어머니가 아예 밥을 차려 주지 않았다면 아이가 밥을 먹고 안 먹고 할 상황조차 없는 것과 마찬가지입니다. 우리가 믿음을 가졌다면 그것은 전적인 하나님의 은혜입니다.

둘째, 믿음은 우리가 구원을 얻는 열쇠입니다. 믿음 자체가 구원은 아니지만, 구원에 있어서 믿음은 결정적인 열쇠가 됩니다. 예수님이 병든 자를 고쳐 주실 때 꼭 믿음에 대해 거론하셨음을 생각해 보십시오. 예수님은 눈먼 자, 한센병자, 앉은뱅이, 손 마른 자, 각색 병든 자, 미치광이, 귀신 들린 자 등 참으로 많은 이들을 고쳐 주셨습니다. 그런데 예수님은 그들의 병을 고쳐 주실 때 그냥 고쳐 주시지 않았습니다. 믿음을 보시고 병을 고쳐 주셨습니다. 혹시 병을 고칠 만한 믿음이 없다면 우선 믿음을 심어 주신 뒤, "믿음이 너를 낫게 하였다"고 하셨습니다. 사람들에게 들려 온 중풍병자의 경우에는 그를 데려온 사람들의 믿음을 보시고 고쳐 주셨습니다. 믿음이 있을 때 하나님의 역사가 일어났던 것입니다.

우리가 믿음에 대해 생각할 때 반드시 잊지 말아야 할 점은, 믿는다는 사실보다 믿음의 내용이 더 중요하다는 것입니다. 내 믿음보다 더 중요한 것은 믿음의 주인이신 하나님입니다. 내 믿음이 중요한 것이 아니라 하나님이 중요합니다.

그러면 믿음의 내용은 무엇입니까? 우리는 무엇을 믿는 것입니까? 성경적인 믿음은 세상 사람들이 말하는 신념이나 믿음과 다릅니다. 구약에서 말하는 믿음은 하나님과 하나님이 하신 말씀을 믿는 것입니다. 신약에서는 예수 그리스도와 그분이 하신 말씀과 행하신 모든 일을 믿는 것입니다. 히브리서 식으로 표현하자면, 우리의 사도시며 대제사장이신 예수 그리스도의 영원하고 완전한 구원 사역을 믿고, 예수 그리스도의 피를 힘입어 성소에 들어갈 담력을 얻게 된 것, 이것이 믿음입니다. 우리가 이미 살펴본 대로, 히브리서 1-10장이 예수님에 대해서 말하는 바가 바로 우리가 믿어야 할 믿음의 내용입니다. 믿음이란 예수 그리스도를 영접하고 그가 하신 모든 일을 믿고 신뢰하는 것입니다.

그렇다면 우리가 믿을 때 무슨 일이 일어납니까? 먼저, 우리 안에 있는 모든 죄가 씻겨 나갑니다. 천국과 내세가 분명해집니다. 성령의 역사로 구원에 대한 확신이 생깁니다. 안심하는 마음이 생깁니다. 기쁨과 평안이 밀려옵니다. 이렇게 될 때 그 사람은 어떤 핍박과 환난과 역경 속에서도 용기를 잃지 않습니다. 끝까지 참고 기다리는 인내를 지니게 됩니다.

어떤 사람들은 즉각적 응답에만 주목해서 믿음을 생각하는 경향이 있습니다. 병이 낫고 죽은 자가 살아나고 귀신이 떠나가고 방언을 하는 등, 현상에만 집중해서 믿음의 반응을 보이는 것입니다. 이런 일이 일어나지 않으면 믿음이 없는 것입니까? 아닙니다. 이것은 믿음의 극히 작은 부분에 불과합니다.

바라는 것들의 실상

진짜 믿음은 무엇입니까? 진짜 믿음은, 병들고 역경을 겪고 환난과 핍박을 당한다 해도 절망하거나 포기하지 않고, 끝까지 성경에 기록된 하나님의 말씀을 믿고 예수 그리스도의 사역을 담당하는 것입니다. 이런 관점에서 히브리서 11장 1절을 보면 믿음의 성격이 몇 가지로 요약됩니다.

믿음은 바라는 것들의 실상이요 보이지 않는 것들의 증거니.

첫째, 믿음은 바라는 것들의 실상입니다. 믿음을 가지면 바랄 수 없는 것을 바라보는 능력이 생깁니다. 여기서 '바라는 것'은 내가 상상하는 것, 내가 소원하는 것이 아닙니다. 믿음은 자기 신념이나 철학, 최면이 아닙니다. 진정한 믿음은 하나님으로부터 온 것을 바라는 것입니다. 말씀으로부터 온 것을 소원하고 바라보는 것이 참된 바람입니다. 다시 말하면, 성경에 기초해서 하나님이 말씀으로 약속해 주신 것과 예수 그리스도 안에서 허락해 주신 내용들을 바라는 것이 진정한 믿음입니다. 이런 신앙을 가질 때 우리는 헛된 것을 추구하지 않게 됩니다. 세상의 부와 성공에 매달리지 않게 됩니다. 새로운 가치관을 가지고 살아가게 됩니다.

그런즉 누구든지 그리스도 안에 있으면 새로운 피조물이라 이전 것은 지나갔으니 보라 새것이 되었도다(고후 5:17).

이 말씀처럼 완전히 바뀐 삶을 살게 됩니다. 땅이 아닌 하늘을, 영원한 가치를 바라보게 됩니다. 무엇을 먹고 마시고 입어야 할까를 고민했던 사람이, 믿음을 가진 뒤로는 하나님의 나라와 의를 바라보게 되는 것입니다. 믿음을 가지면 주님이 주신 영원한 진리를 바라볼 수 있게 됩니다. 진리란 하나님이 주신 천국과 내세, 능력, 사랑, 용서, 평화, 기쁨, 자유 등입니다. 이런 것들은 현재가 아닌 미래에 완전하게 이루어집니다. 미래에 있는 영원한 것을 현재에 있는 것처럼 느끼도록 하는 것, 그것이 믿음입니다.

히브리서는 이것을 '실상'(히 11:1)이라고 기록했습니다. '실상(히포스타시스)'은 '아래에서 받쳐 준다'는 뜻으로 기초, 근거, 확신이라는 말로 바꿀 수 있습니다. 믿음은 예수 그리스도의 십자가와 부활을 근거로 하나님을 믿게 합니다. 믿음은 내 이성이나 상식을 뛰어넘게 합니다. 현재의 믿음은 아직 도래하지 않은 미래를 미리 당겨서 보는 눈을 가지게 합니다. 자기 신념이나 철학이 아니라 하나님이 주신 말씀에 근거해서 확신을 가지게 하는 것입니다.

보이지 않는 것들의 증거

둘째, 믿음은 보이지 않는 것들을 보게 합니다. 하나님으로부터 난 참된 믿음은, 현재는 보이지 않지만 보이는 것보다도 더 분명하게 마음에 증거를 남깁니다. 예를 들어, 망망대해를 항해하던 두 사람이 서로 다른 말을 합니다. 한 명은 "우리 앞에는 아무것도 없어"라고 했고, 다른 사람은 "섬이 있다"고 했습니다. 똑같은 바다를 보고서도 왜 상반된 말을 했을까요? 한 사람은 망원경으로 바다를 보았고 다른 사람은 맨눈으로 보았기 때문이었습니다.

믿음으로 사는 사람은 망원경으로 바다를 본 사람과 같습니다. 자연인의 눈에는 하나님의 깊은 세계가 전혀 보이지 않습니다. 그러나 믿음으로 보는 사람에게는 영원과 천국, 미래가 보입니다. 하나님의 자녀라면 보이지 않는 하나님을 보는 믿음의 눈을 가지고 있습니다.

육에 속한 사람은 하나님의 성령의 일들을 받지 아니하나니 이는 그것들이 그에게는 어리석게 보임이요, 또 그는 그것들을 알 수도 없나니 그러한 일은 영적으로 분별되기 때문이라(고전 2:14).

당신은 하나님을 본 적이 있습니까? 본 적은 없지만 본 것보다 더 분명하게 하나님을 믿고 있지 않습니까? 천국에 가 보았습니까? 가 본 적이 없어도 예수님을 믿으면 천국이 마음속에 있는 것을 느끼기 시작합니다. 이에 대해 매튜 헨리는 "믿음은 육체의 눈으로 볼 수 없는 것의 실체를 마음의 눈으로 보게 한다"고 했습니다. 그렇습니다. 믿음은 이성, 상식, 합리성, 육체, 현실의 모든 조건을 뛰어넘게 합니다. 영혼의 새 지평을 열어 주고, 마음을 강하게 하며, 의지를 굳게 해 주고, 삶의 변화를 가져다줍니다.

믿음의 사람 vs 이성의 사람

셋째, 믿음은 믿음의 선배들에 의해 증거된 것입니다.

> 선진들이 이로써 증거를 얻었느니라(히 11:2).

증거란 법적 증거로서, 확실한 것을 말합니다. 성경에서 말하는 믿음은 막연한 추측이나 선입관이 아닙니다. 변화되거나 바뀔 수 있는 것이 아닙니다. 왜냐하면 믿음의 내용이 하나님과 하나님이 하신 말씀이기 때문입니다.

구약 성경에 등장한 하나님의 사람들이 믿음의 실제적인 증거를 보여 주었다고 할 때, 우리는 세상에 두 종류의 사람이 있음을 깨닫습니다. 첫째는 믿음의 세계 속에 사는 믿음의 사람, 둘째는 이성과 경험, 상식 속에 사는 합리적인 사람입니다.

믿음으로 사는 사람은 세상을 철학이나 자기 주관대로 살지 않습니다. 그는 하나님과 하나님의 말씀에 뿌리를 두고 살아갑니다. 신약의 개념으로 표현하자면, 예수님이 하신 말씀과 사역에 뿌리를 두고 사는 믿음의 사람이라고 할 수 있을 것입니다.

반면 이성의 사람들은 그 삶의 뿌리가 말씀이 아닌 자기 자신입니다. 그는 자신의 지식과 경험과 사상에 근거를 두고 살아갑니다. 얼핏 생각하면 인간의 이성과 상식, 경험이 옳은 것처럼 보입니다. 그러나 그것은 신기루에 불과합니다. 그런데도 많은 사람들이 하나님을 거부하고 말씀을 거부하여 믿음의 세계를 포기합니다.

합리성과 이성, 경험과 상식의 세계에서 얻는 결론이 무엇인지 압니까? 절망입니다. 허무와 좌절입니다. 믿음을 거부한 현대인들은 이런 것을 경험합니다. 하나님이 없는 정치·교육·사회 속에서 결국 혼돈과 파괴, 절망을 맛봅니다. 그리고 그 책임을 서로에게 떠넘기다가 결국에는 다시 하나님에게 떠넘깁니다. 사람의 죄로 말미암아 이 세상이 파괴되었고, 전쟁과 기근, 파괴, 말할 수 없는 부조리, 부패가 생겼음에도 불구하고 사람들은 하나님이 자신들을 이렇게 만들었다면서 그 책임을 하나님에게 전가합니다.

인간이 절망과 고통을 느끼고 불안해하고 삶의 보람을 찾지 못한 채 허무감에 사로잡히는 이유가 무엇인지 압니까? 하나님을 거부했기 때문입니다. 교회에 다니면서도 하나님을 거부할 수 있습니다. 성경 공부를 하면서도 하나님의 말씀을 거부할 수 있습니다. 이 세상에 전쟁과 기아와 폭력이 난무하고 인간이 점점 악해지는 이유가 무엇이라고 생각합니까? 그 대답도 간단합니다. 세상이 하나님과 그 말씀을 버리고, 민족과 국가와 인간들이 하나님 자리를 대신했기 때문입니다.

어찌하여 이방 나라들이 분노하며 민족들이 헛된 일을 꾸미는가 세상의 군왕들이 나서며 관원들이 서로 꾀하여 여호와와 그의 기름 부음 받은 자를 대적하며 우리가 그들의 맨 것을 끊고 그의 결박을 벗어 버리자 하는도다 하늘에 계신 이가 웃으심이여 주께서 그들을 비웃으시리로다 그때에 분을 발하며 진노하사 그들을 놀라게 하여 이르시기를 내가 나의 왕을 내 거룩한 산 시온에 세웠다 하시리로다(시 2:1-6).

마음의 경영은 사람에게 있어도 말의 응답은 여호와께로부터 나오느니라(잠 16:1).

인간들은 자신이 무엇을 할 수 있다고 곧잘 착각하곤 합니다. 하나님 없이는 절망 외에 아무것도 할 수 없는 존재임을 자주 잊고 삽니다. 그래서 자신이 하나님 자리를 대신 차지하려고 합니다. 그래서 세상이 더욱 악해지는 것입니다.

하지만 믿음의 사람들은 그렇지 않았습니다. 그들은 세상 사람들이 바라보지 않고, 볼 수 없던 약속의 세계를 믿음으로 바라보았기 때문에 하나님으로부터 약속의 기업을 받았습니다. 믿음은 하나님과 관계를 맺었던 사람들에 의해 증명된 것입니다.

증거를 받은 믿음

특별히 믿음과 증거라는 말을 좀 더 생각해 보겠습니다. 히브리서 11장에는 '믿음'이라는 말 못지않게 '증거'라는 말이 많이 나옵니다.

믿음은 바라는 것들의 실상이요 보이지 않는 것들의 증거니 선진들이 이로써 증거를 얻었느니라(1-2절).

믿음으로 아벨은 가인보다 더 나은 제사를 하나님께 드림으로 의로운 자라 하시는 증거를 얻었으니 하나님이 그 예물에 대하여 증언하심이라 그가 죽었으나 그 믿음으로써 지금도 말하느니라 믿음으로 에녹은 죽음을 보지 않고 옮겨졌으니 하나님이 그를 옮기심으로 다시 보이지 아니하였느니라 그는 옮겨지기 전에 하나님을 기쁘시게 하는 자라 하는 증거를 받았느니라(4-5절).

이 사람들은 다 믿음을 따라 죽었으며 약속을 받지 못하였으되 그 것들을 멀리서 보고 환영하며 또 땅에서는 외국인과 나그네임을 증언하였으니(13절).

이 사람들은 다 믿음으로 말미암아 증거를 받았으나 약속된 것을 받지 못하였으니(39절).

우리는 이 각 구절들을 통해서 믿음에는 반드시 증거가 따른다는 사실을 깨닫게 됩니다. 믿음은 증거를 갖는 일입니다. 현실적으로 받은 것은 없어도 하나님으로부터 엄청난 약속을 받았기에 그것을 붙잡고, 증거처럼 가지고 있는 것이 믿음입니다.

하지만 세상 사람들은 진정한 믿음이 무엇인지 알 길이 없습니다. 성도들이 믿음을 너무 값싸게 취급해 버리는 것을 봐 왔기 때문입니다. 성도들이 믿음을 통해 영생과 영원, 눈에 보이지 않는 하나님의 세계를 보여 주지 못했기 때문입니다. 용기와 인내하는 믿음이 아닌 세상의 가치와 별로 다를 바 없는 믿음을 보여 주었기 때문입니다. 하지만 믿음은 그런 것이 아닙니다. 구약의 선진들이 증거로 받았던 믿음, 그것이 성경이 말하는 진짜 믿음입니다.

볼 수 없는 것을 보게 하는 믿음

넷째, 믿음은 이성, 합리성, 과학, 철학, 역사의 세계를 초월합니다.

> 믿음으로 모든 세계가 하나님의 말씀으로 지어진 줄을 우리가 아나니 보이는 것은 나타난 것으로 말미암아 된 것이 아니니라(히 11:3).

이 구절에서 "믿음으로 … 아나니"라는 표현을 보십시오. 세상 사람들은 알아야 믿는다고 말합니다. 그러나 성경은 믿으면 알게 된다고 합니다. 이런 논리는 "만일 너희가 굳게 믿지 아니하면 너희는 굳게 서지 못하리라"(사 7:9)에도 나옵니다. 어거스틴도 "나는 알기 위해서 믿노라"고 했습니다. 참 인식은 참 믿음을 통해서만 가능합니다. 믿지 않으면 영적인 세계를 결코 이해할 수 없습니다. 우리는 믿음을 통해서 우주나 인간의 기원에 대해서도 알게 됩니다.

예수님은 "내 말이 네가 믿으면 하나님의 영광을 보리라 하지 아니하였느냐"(요 11:40)라고 말씀하셨습니다. 생각하는 것마다 죄요, 더러운 것으로 가득 차 있는 사람이 어찌 하나님의 영광을 볼 수 있겠습니까? 그런데 하나님은 믿는 사람에게는 그분의 영광을 보여주겠다고 약속하셨습니다. 하나님의 영광은 오직 하나님을 믿는 사람에게만 보입니다. 세상 사람의 눈에는 이것이 전혀 보이지 않습니다.

이렇듯 믿음은 모든 것, 특히 인식을 초월합니다. 믿음을 갖게 될 때, 예수 그리스도에 대한 믿음이 생기기 시작할 때 새로운 세계가 펼쳐집니다. 새로운 영적 질서가 그 생애 속에 들어옵니다. 세상 사람들이 볼 수 없는 것을 보고, 바랄 수 없는 것을 바라며, 세상 사람들이 받을 수 없는 증거를 마음에 지니게 됩니다. 그래서 어떤 고난과 비난과 세상의 논리로 흔든다 해도 요동치 않는 믿음을 갖게 됩니다.

믿음으로 알게 되는 것들

그렇다면 이 믿음으로 우리가 알 수 있는 것은 무엇일까요?

> 믿음으로 모든 세계가 하나님의 말씀으로 지어진 줄을 우리가 아나니 보이는 것은 나타난 것으로 말미암아 된 것이 아니니라(히 11:3).

첫째, 하나님이 우주 만물뿐 아니라 모든 세대도 지으셨음을 알게 됩니다. 위 말씀에서 '모든 세계'는 '우주'만 뜻하는 것이 아니라 '모든 세대'까지 포함합니다. 즉 우리는, 하나님이 세상을 지으셨을 때 우주 만물뿐 아니라 모든 세대까지도 지으셨으며, 그 모든 것이 하나님의 섭리로 운행된다는 것을 믿음으로 알게 됩니다.

둘째, 이 세상은 스스로나 우연히 창조, 진화된 것이 아니라 하나님이 지으신 것임을 알게 됩니다. 히브리서 11장 3절은 모든 세계가 하나님의 말씀으로 '창조되었다'는 표현 대신 '지어졌다'는 단어를 사용했습니다. 여기엔 독특한 의미가 들어 있습니다. 즉 하나님이 세상을 창조하셨을 뿐 아니라, 창조하신 모든 것의 질서를 세우고 배치하고 설비하고 완성하고 장식하셨다는 의미가 있습니다. 사람이 아기를 낳을 뿐 아니라 키우고 보살피는 것처럼, 하나님도 세상을 단순히 창조만 하신 것이 아니라 창조하신 모든 것을 관리하고 지배하고 성실하게 보호하신다는 뜻입니다.

셋째, 우리가 믿음으로 알게 되는 사실 또 하나는 하나님이 친히

'말씀'으로 세상을 창조하셨다는 사실입니다. 여기서의 말씀은 '로고스'가 아닌 '레마'입니다. 레마는 로고스보다 더 강렬한 의미를 가진 말입니다. 레마는 하나님의 입으로 선포된 말씀이고 행동과 능력을 포함하는 말씀입니다.

> 여호와의 말씀으로 하늘이 지음이 되었으며 그 만상을 그의 입 기운으로 이루었도다 그가 바닷물을 모아 무더기같이 쌓으시며 깊은 물을 곳간에 두시도다 온 땅은 여호와를 두려워하며 세상의 모든 거민들은 그를 경외할지어다 그가 말씀하시매 이루어졌으며 명령하시매 견고히 섰도다(시 33:6-9).

이것이 바로 성경에서 말하는 우주 창조의 기원입니다. 세상이 말씀으로 창조되었다는 사실은 이성이나 상식, 경험이 아닌 믿음으로 알게 되는 진리입니다.

넷째, 우리는 '보이는 것은 나타난 것으로 말미암아 된 것이 아님'을 믿음으로 알게 됩니다. 즉 창조는 유에서 유가 생긴 것이 아니라 무에서 유가 생긴 것임을 알게 됩니다. 보이는 것들은 보이는 것들로 만들어진 것이 아니라 보이지 않는, 즉 하나님의 영원하신 신성과 능력과 지혜로 만들어진 것입니다.

우리는 우주의 기원에 대한 모든 사실을 믿음으로 알고 확신하며, 믿음으로 증거하고 선포해야 합니다. 이것은 과학이나 철학,

이성으로는 도저히 도달할 수 없는 믿음의 세계입니다. 믿음은 영원과 내세는 물론 보이지 않는 것에까지, 바랄 수 없는 것과 우주의 기원과 우리 삶의 미래에까지 적용되어야 합니다.

믿음의 눈으로 보면 우리의 모든 과거가 선명하게 해석됩니다. 과거 속에서 하나님의 섭리와 역사를 보게 됩니다. 믿음의 눈으로 보면 미래가 소망스럽습니다. 두렵지 않습니다. 믿음의 눈으로 보면 현재의 삶을 세상적인 가치와 개념으로 보지 않게 됩니다. 바라는 것이 현실에서 이루어지지 않았더라도, 수중에 가진 게 별로 없을지라도 하나님이 하신 약속을 믿으며 흔들리지 않습니다. 고난을 겪으면서도 용기와 인내를 가지고 끝까지 걸어갈 수 있게 되는 것, 이것이 바로 믿음입니다. 절망하지 않는 것 자체가 믿음의 상급입니다.

> 그러므로 믿음은 들음에서 나며 들음은 그리스도의 말씀으로 말미암았느니라(롬 10:17).

이 말씀처럼, 믿음은 내 생각이 아닙니다. 내 안에서 저절로 생기는 것이 아닙니다. 믿음은 하나님 말씀을 붙잡고, 하나님 말씀을 듣고, 하나님 말씀 안에 들어감으로써 생기는 것입니다. 말씀은 곧 믿음의 씨앗이기 때문입니다. 이 믿음을 가질 때 우리는 바라볼 수 없는 것을 바라볼 수 있게 되고, 볼 수 없는 것을 보게 됩니다.

믿음은 예수 그리스도와 그가 하신 모든 말씀, 하신 모든 일을 믿고, 확신하고, 그대로 살고, 증거할 때 생깁니다. 우리 모두가 이런 믿음의 삶을 살기 바랍니다.

22

믿음은
죽어서도 말한다

히브리서 11:4

믿음을 가장 잘 설명하는 방법은 믿음으로 살았던 실제 인물을 보여 주는 것입니다. 아담과 하와가 타락한 이후부터 믿음의 조상 아브라함까지, 그 사이에 참된 믿음을 가졌다고 인정받은 사람은 아벨, 에녹, 노아입니다. 이 장에서는 가장 먼저 아벨에 대해 살펴보겠습니다.

믿음으로 제사를 드린 아벨

믿음으로 아벨은 가인보다 더 나은 제사를 하나님께 드림으로 의로운 자라 하시는 증거를 얻었으니 하나님이 그 예물에 대하여 증언하심이라 그가 죽었으나 그 믿음으로써 지금도 말하느니라(히 11:4).

아벨의 믿음을 한마디로 요약하면 하나님께 참된 제사를 드린 믿음입니다. 아벨은 인류가 타락한 이후 최초로 하나님께 올바른 예배, 올바른 제사를 드린 사람입니다.

제사란 무엇입니까? 제사는 죄지은 인간이 하나님께 나아갈 수 있는 길입니다. 로마서 6장 23절에서 "죄의 삯은 사망"이라고 말했듯이 죄짓고 타락한 인간은 죽을 수밖에 없는 처지에 있었습니다. 하나님은 그런 인간을 위해, 인간이 자신에게로 올 수 있는 두 가지 방법으로 율법과 제사를 주셨습니다. 완전하고 거룩한 하나님의 율법은 하나님께로 가는 첫 번째 길임에도 불구하고, 그 앞에 서면 인간은 절망하게 될 뿐이었습니다. 그래서 두 번째로 주신 것이 제사였습니다.

매년 짐승의 피를 흘림으로써 하나님께 나아갈 수 있도록 제사법을 주셨지만 제사 역시 되풀이해서 드릴 수밖에 없는 불완전한 것이었습니다. 그래서 결국 예수님이 오셨습니다. 예수님은 자신의 삶을 통해 율법을 완성하셨을 뿐 아니라 죽음을 통해 제사를 완성하셨습니다.

하나님께 최초로 제사를 드렸던 두 사람이 가인과 아벨입니다. 세상 사람들은 아벨보다 가인에게 더 관심을 가집니다. 그래서 〈에덴의 동쪽〉,《카인의 후예》같은 영화나 소설을 만들기도 했습니다. 가인을 동정이나 연민의 대상으로 생각한 것입니다.

하지만 "화 있을진저 이 사람들이여, 가인의 길에 행하였으며 삯을 위하여 발람의 어그러진 길로 몰려갔으며 고라의 패역을 따라 멸망을 받았도다"(유 1:11)나 "가인같이 하지 말라 그는 악한 자에게 속하여 그 아우를 죽였으니"(요일 3:12) 하는 구절들을 보십시오. 우리가 관심을 가져야 할 대상은 가인이 아닌 아벨임을 알게 됩니다.

아벨은 어떤 사람입니까? 그는 하나님께 믿음으로 제사를 드린 사람입니다. 즉 자신의 생각과 뜻과 방법이 아닌 하나님의 뜻과 생각, 하나님의 방법으로 제사를 드렸습니다. 이는 하나님을 믿고 순종하는 제사를 말합니다.

성경에서 '믿음'이라는 말을 할 때는 이미 하나님이 어떤 말씀을 하셨다는 걸 전제로 합니다. 따라서 아벨이 믿음으로 제사를 드렸다는 것은 어떻게 제사를 드려야 하는지를 하나님이 미리 알려 주셨다는 말이 됩니다. 그리고 믿음으로 제사를 드리느냐 아니냐는, 그 말씀에 대한 순종 여부와 연관됩니다. 그러므로 아벨이 믿음으로 순종했다는 말은 인간의 상식이나 지식, 합리성이 아닌 하나님의 말씀에 근거해서 제사를 드렸다는 말이 됩니다. 그는 인간의 이성과 상식, 합리성과 상관없이 하나님만을 신뢰하며 제사를 드렸던 것입니다.

당신은 어떻습니까? 신앙생활을 시작할 때의 동기가 무엇이었습니까? 나입니까, 하나님입니까? 만일 나로부터 출발했다면 절망하거나 실망하기 쉽습니다. 하지만 하나님께 순종하려는 겸손한 태도로 시작했다면 그 신앙은 반드시 아름다운 열매를 맺을 것입니다.

제사를 드리는 마음과 태도

또한 아벨은 하나님께 가인보다 더 나은 제사를 드린 사람입니다. 제사는 인간이 하나님께 드릴 수 있는 가장 위대한 신앙적 행위입니다. 가인과 아벨은 열심히 수고해 수확한 것을 제물로 드리면서, 회개와 감사의 제사를 드렸습니다. 그러나 문제가 생겼습니다. 두 사람이 같은 장소, 같은 시간에 예배를 드렸건만 하나님은 한 사람의 예배만 기쁘게 받으시고, 다른 한 사람의 예배는 거절하신 것입니다.

> 아벨은 자기도 양의 첫 새끼와 그 기름으로 드렸더니 여호와께서 아벨과 그의 제물은 받으셨으나 가인과 그의 제물은 받지 아니하신지라(창 4:4-5).

예배라고 해서 다 예배가 아닙니다. 어떤 태도와 방법으로 드리느냐에 따라서 하나님이 그 예배를 기쁘게 받으시냐 아니냐가 결정됩니다. 우리는 여기서 하나님이 받으신 것이 제물만이 아님을 알게 됩니다. 하나님은 제물과 함께 그 제물을 드리는 사람도 받으십니다. 하나님은 돈이나 물건에 관심 있으신 분이 아닙니다. 하나님께 무엇인가를 드릴 때, 겉으로는 별로 다를 것 없어 보일지라도 사람에 따라 동기가 다를 수 있습니다. 예수님이 말씀하셨던, 부자의 헌금과 가난한 과부의 헌금을 생각해 보십시오(막 12:41-44). 겉으로 볼 때는 부자들이 더 많이 헌금했습니다. 그러나 예수님은 가난한 과부가 더 많이 냈다고 말씀하셨습니다. 그 마음과 형편을 보셨기 때문입니다. 하나님께 드리는 제물보다 더 중요한 것은 사람입니다. 그 사람의 마음입니다.

아벨이 의로운 것은 양의 첫 새끼를 바쳤기 때문이 아닙니다. 그가 의로운 사람이었기 때문에 믿음과 정성을 다해서 기름진 첫 양 새끼를 바칠 수 있었던 것입니다. 가인이 악한 것은 농산물을 바쳤기 때문이 아닙니다. 가인은 본래 악한 사람이었기 때문에 인간적이며 정성 없는 제물을 바쳤던 것입니다. 더 나아가 가인이 동생 아벨을 죽였기 때문에 살인자가 된 것이 아니라, 그가 살인자였기 때문에 동생 아벨을 죽인 것입니다.

중요한 것은 사람의 마음입니다. 우리가 악한 사람이기 때문에 악한 짓을 하는 것이지, 나쁜 짓을 했기 때문에 악한 게 아닙니다. 이미 사람들 마음속에는 더럽고 추악하고 못되고 악한 생각과 행동들이 들어 있습니다. 그것이 교양이나 철학, 절제로 감추어져 있을 뿐입니다. 예수님이 뭐라고 하셨습니까? 여자를 보고 음욕을 품는 자마다 마음으로 이미 간음했다고 말씀하셨습니다. 행동으로는 간음하지 않았을지 모르지만 이미 그 마음으로는 간음했다는 말씀입니다. 이것이 인간입니다. 사람 자체가 악하기 때문에 악한 행동을 하는 것입니다.

여기서 좀 더 성경을 살펴보면, 가인은 제물을 거절당했을 때 회개하고 "하나님, 제가 잘못했습니다. 제물을 너무 인간적인 생각으로 드렸습니다. 제가 바꾸겠습니다"라고 할 수도 있었습니다. 하지만 그는 회개하거나 반성하지 않고 오히려 안색이 변했습니다(창 4:5). 가인에게는 근본적으로 악한 마음이 있었던 것입니다. 동기와 태도 자체에 문제가 있었던 것입니다.

당신은 어떤 마음으로 예배를 드립니까? 가인의 마음입니까, 아벨의 마음입니까? 교회 안 가면 벼락 맞을 것 같아서, 집안이 3대째 믿는 집안이기 때문에 으레 교회 가는 것으로 알고 있어서 가는 것입니까? 평소에는 영적으로 패배하고, 죄짓고, 거짓말하고, 사기치고, 상처 주면서, 그렇게 하나님 없는 사람처럼 살다가 주일에만 "하나님, 죄송합니다. 한 번만 봐주세요" 하는 마음으로 드리는 것은 아닙니까? 만약 그렇다면 마음을 돌이켜야 합니다. 하나님은 그런 예배를 받으시지 않습니다. 하나님은 그런 위선적인 예배를 기뻐하시지 않습니다.

세상, 마귀, 자기 육체, 정욕과 싸우면서 하나님 말씀을 지키려고 애쓰다가, 기도하고 전도하고 사랑하려고 노력하다가 교회에 온 사람이라면 교회 문턱을 넘어서면서부터 눈물이 날 것입니다. 하나님은 "주님, 감사합니다. 이 예배를 받아 주시옵소서. 저를 불쌍히 여겨 주시옵소서" 하는 겸허한 예배를 받으십니다.

진정한 눈물과 참회, 고백과 감격, 감사가 있는 예배가 참된 예배입니다. 예배는 가만히 앉아서 설교 듣는 것, 성가대 찬양 듣는 것이 아닙니다. 돈 몇 푼 헌금하는 것이 아닙니다. 예배는 그리스도의 이름으로 살아온 사람들이 찬양과 말씀과 교제를 통해 경험하는 축제입니다. 아무렇게나 살아온 사람이 교회에 잠깐 나와서 예배드리는 시늉만 하는 것은 진정한 예배가 아닙니다. 예배는 하나님을 만나는 것입니다. 죄 씻음을 경험하고 놀라운 하나님의 영광을 경험하는 것입니다. 이런 예배를 경험한 사람은 받은 능력을 삶으로 드러내게 됩니다.

한 가지 더 생각해 볼 점은, 제물도 제사를 드리는 사람 못지않게 중요하다는 것입니다. "하나님이 그 예물에 대하여 증언하심이라"(히 11:4)고 했습니다. 하나님이 예물에 대하여 증언하셨다는 말에서 보듯, 하나님은 예물도 중요하게 여기십니다. 사실 마음이 있다면 물질도 따라가게 마련입니다. 예전 시골 교회 할머님들은 사과 하나, 계란 하나라도 전도사들에게 갖다주며 마음을 표현하지 않았습니까? 마찬가지로 하나님을 사랑하면 자꾸 드리고 싶어집니다. 내 것은 비록 낡았어도 하나님께는 새것으로 드리고 싶어집니다.

그러나 하나님께 드릴 때는 내가 좋아하는 것이 아니라 하나님이 기뻐하시는 것을 해야 합니다. 그것이 신앙입니다. 하나님이 기뻐하시는 제물이 참된 제물입니다. 가인의 제사가 마치 인간이 스스로 만들어 입었던 무화과 나뭇잎 옷 같았다면, 아벨의 제사는 하나님이 지어 주신 가죽옷 같은 것이었습니다. 그것은 어린 양 예수 그리스도의 피를 상징하는 구속의 예물이었습니다.

단지 주일이기 때문에 교회에 나가 드리는 예배라면, 그저 예배 순서에 따라 부르는 찬송이라면, 남들 하니까 어쩔 수 없이 드리는 헌금이라면 그것은 참된 예배, 참된 찬송, 참된 헌금이 아닙니다. 우리는 아벨처럼 믿음으로 드리는 예배, 하나님 방법대로 순종하는 예배를 드려야 합니다. 내 방법이 아닌 하나님이 원하시는 방법을 선택하며 결정해 나아가십시오.

아벨이 받은 복

믿음으로 제사를 드리고 자원하는 마음으로 예물을 드렸던 아벨은, 두 가지 복을 받았습니다.

첫째, '의로운 자'라는 칭함을 받았습니다(히 11:4). 예수님도 아벨을 '의인 아벨'(마 23:35)이라고 지칭하셨습니다. 참된 예배를 드렸던 아벨은 믿음으로 의롭게 되는 복을 받았습니다.

둘째, 죽은 후에도 영향력을 미치는 복을 받았습니다. "그가 죽었으나 그 믿음으로써 지금도 말하느니라"(히 11:4)는 말씀에서 보듯, 그의 삶은 죽음으로 끝나지 않고 역사를 통해 계속해서 믿음의 삶에 대해 증언합니다. 예수님도 그에 대해 "그러므로 의인 아벨의 피로부터 성전과 제단 사이에서 너희가 죽인 바라갸의 아들 사가랴의 피까지 땅 위에서 흘린 의로운 피가 다 너희에게 돌아가리라"(마 23:35)고 하셨습니다.

아벨이 흘린 피는 예수 그리스도가 흘리신 속죄의 피까지 연결됩니다. 순교자의 죽음은 그것으로 끝이 아닙니다. 순교자의 피는 그가 죽은 후에 더 강력하게 역사합니다. 진정한 의인의 피는 죽음을 통해서 살아 있는 모든 사람에게 증언합니다.

당신의 마음속에도 아벨의 피가 강하게 흐르기를 바랍니다. 하나님께 예배드리는 우리의 제단에서 이런 진정한 예배가 계속해서 드려지길 소원합니다. 아벨이 드렸던 참된 믿음의 예배가 오늘날 우리의 예배가 되기를 바랍니다. 예배를 통해 하나님을 만나는 놀라운 역사를 경험하십시오.

23

"주님과 함께한 한평생, 행복했습니다"

히브리서 11:5-6

에녹은 하나님과 300년 동안 동행하는 삶을 살았습니다. 그는 죽지 않고 하나님 나라로 옮겨 간, 몇 안 되는 사람 중 한 명이기도 합니다. 히브리서에 언급된 에녹의 믿음은, 하나님을 경험하고 하나님과 동행하는 삶으로 드러난 믿음입니다. 이 장에서는 에녹에 대해 자세히 살펴보겠습니다.

믿음으로 에녹은 죽음을 보지 않고 옮겨졌으니 하나님이 그를 옮기심으로 다시 보이지 아니하였느니라 그는 옮겨지기 전에 하나님을 기쁘시게 하는 자라 하는 증거를 받았느니라(히 11:5).

하나님을 기쁘시게 한 에녹

첫째, 에녹은 하나님을 기쁘시게 하는 믿음을 가진 사람이었습니다. 믿음이란 나를 기쁘게 하는 것이 아니라 하나님을 기쁘시게 하는 것입니다. 오늘날 많은 사람들이 자신을 기쁘게 하고 자신의 이득을 얻고자 믿음을 이용합니다. 그것은 참 믿음이 아닙니다. 성경은 나를 기쁘게 하고 유익하게 하는 것이 아니라 하나님을 기쁘시게 하는 것을 믿음이라고 말합니다.

사실 우리가 드리는 예배, 설교, 찬양, 헌금 그리고 여러 가지 봉사가 하나님을 기쁘시게 하는 것이 아니라면 드릴 필요도 없고, 드려서도 안 됩니다. 창조주 하나님을 기쁘시게 할 때에만 피조물인 인간에게 기쁨이 있고 인간의 행위가 의미 있습니다. 우리가 아무리 웅장하고 멋진 예배를 드린다 한들 하나님이 받으시지 않는다면 하나님과 아무 상관이 없습니다.

에녹이 가졌던 하나님을 기쁘시게 하는 믿음은 어떤 믿음입니까?

믿음이 없이는 하나님을 기쁘시게 하지 못하나니 하나님께 나아가는 자는 반드시 그가 계신 것과 또한 그가 자기를 찾는 자들에게 상 주시는 이심을 믿어야 할지니라(히 11:6).

첫째, 하나님이 반드시 계신다는 것을 믿는 믿음입니다. "하나님은 지금도 역사하십니다. 살아 계십니다"라고 고백하는 믿음입니다. 우리가 하나님을 확실히 믿을 때, 예수 그리스도를 구세주와 주님으로 영접하게 되고 하나님을 "아바, 아버지"라고 부르게 됩니다.

하나님을 인정할 때 우리 삶이 의미 있습니다. 삶의 목적이 분명해집니다. 당신 삶의 목적은 무엇입니까? 조국, 휴머니즘, 사회 개혁을 위해서 삽니까? 아무리 가치 있는 일이라도 하나님을 배제하면 삶의 목적이 불투명해지고 벽에 부딪힐 뿐입니다. 그러므로 하나님이 계시다는 것을 인정하십시오. 믿으십시오. 우리가 하나님을 인정하고 하나님이 계시다는 것을 믿을 때, 하나님은 아주 기뻐하십니다.

둘째, 하나님이 기뻐하시는 믿음은 하나님이 자기를 찾는 자들에게 상 주시는 분임을 믿는 믿음입니다. 단순히 하나님의 존재를 믿는 것으로는 충분하지 않습니다. 하나님은 인격자요 도덕자이시며, 사랑과 긍휼과 은혜가 넘치는 분입니다. 우리가 이런 인격적인 하나님을 믿고, 그분을 믿는 우리에게 상 주시는 분임을 믿을 때 하나님은 아주 기뻐하십니다.

여기서 '상 주신다'는 말은 매우 혁명적인 말입니다. 죽은 돌부처는 상을 줄 수 없습니다. 하지만 하나님은 살아 계신 인격체이기 때문에 상을 주실 수 있습니다. 죽은 존재와는 동행할 수 없지만, 하나님은 살아 계시기 때문에 동행이 가능합니다. 그분은 살아 계실 뿐 아니라, 내 생활에 간섭하시고 잘못을 깨닫게 하시며, 잘했을 때는 상을 주십니다.

하나님이 세상을 이처럼 사랑하사 독생자를 주셨으니 이는 그를 믿는 자마다 멸망하지 않고 영생을 얻게 하려 하심이라(요 3:16).

하나님은 상 주시는 분입니다. 하나님이 우리에게 주신 가장 큰 상은 '믿음으로 구원 얻는 것'입니다. 하지만 사람들은 내세보다 현재의 삶에 더 관심이 많습니다. 그래서 우리가 받을 상도 하늘의 신령한 복으로 놔두지 않고 이 세상 것으로 끌어내리고 말았습니다. 하지만 성경이 말하는 상은 죽어서 가는 내세에 이르는 완전한 보상입니다. 우리는 믿음으로 하나님의 자녀가 되었습니다. 믿음으로 용서받고 영생을 얻었습니다. 바로 이것이 하나님이 주시는 놀라운 비밀이며, 상입니다.

하나님과 동행하는 삶

둘째, 에녹은 하나님과 동행하는 믿음을 가진 사람이었습니다. 창세기에 따르면 에녹은 300년 동안 하나님과 동행했습니다. 하나님과 동행한다는 것은 내 발과 하나님의 발을 함께 묶어 놓았다는 것입니다. 하나님이 가시는 곳에 나도 가고 하나님이 서시는 곳에 나도 서면서, 하나님이 계시는 곳에 언제나 함께 있는 삶이 하나님과 동행하는 삶입니다.

창세기를 보면 에녹은 65세 때 거듭났습니다. 65세에 므두셀라를 낳았는데, 이때부터 에녹의 생애는 급선회합니다. 므두셀라를 낳은 이후 300년 동안 하나님과 동행했던 것입니다. 왜 그렇게 되었는지는 알 수 없지만, 여기서 중요한 사실은 에녹의 인생 전환점이 있었고, 그때가 65세였다는 것입니다.

유다서 1장 14-15절을 보면, 에녹이 살던 시대는 말할 수 없이 패역하고, 하나님의 심판이 임박했던 아주 타락한 시대였습니다. 에녹이 므두셀라를 낳고, 므두셀라가 라멕을, 라멕이 노아를 낳은 후 노아 때 대홍수 심판이 있었던 것을 보면 그 당시 사회가 얼마나 타락했는지 알 수 있습니다. 성경에 기록되지 않았기 때문에 다 알 수는 없지만 에녹은 분명히 심판에 관한 하나님의 경고를 받았을 것입니다. 그는 하나님이 심판하실 수밖에 없는 상황 속에서 므두셀라를 낳았고, 므두셀라가 죽고 난 후 대홍수가 일어났습니다.

므두셀라를 보면서 에녹은 경고를 받았던 것입니다. 아마 심판이 있다는 것을 알면 누구라도 함부로 살 수 없을 것입니다. 주님이 곧 다시 오신다는 생각을 하는 사람은 자기 멋대로 신앙생활하지 않습니다. 세상의 마지막, 종말이 있다는 것을 아는 사람은 함부로 살지 않습니다. 자신이 죽는다는 사실을 아는 사람은 심각하게 생각하면서 삽니다. 신앙도 마찬가지입니다.

창세기 5장 24절은 "에녹이 하나님과 동행하더니"라고 말합니다. 여기서 '에녹이 하나님과 동행'했다는 말의 의미는 무엇일까요? 첫째, 하나님과 동행했다는 말은 하나님과 화해했다는 말입니다. "두 사람이 뜻이 같지 않은데 어찌 동행하겠으며"(암 3:3)라는 말씀처럼, 동의 없이 동행할 수는 없습니다. 하나님과 동행했다는 말은 에녹이 하나님과 화해했다는 말입니다. 화해 없이 동행할 수 없습니다. '본질상 진노의 자녀'였던(엡 2:3) 인간은 죄를 가지고 태어나기 때문에 그리스도의 피로, 예수 그리스도의 이름으로만 하나님과 화해할 수 있습니다. 하나님과 동행하고 싶습니까? 그렇다면 먼저 예수 그리스도 안에서 거듭나고 변화되어야 합니다. 그것이 선결 조건입니다.

둘째, 하나님과 동행했다는 말은 하나님 수준에서 살았다는 말입니다. 아마 에녹은 하나님을 닮았을 것입니다. 그가 하나님의 가치와 도덕 기준에 합당했기 때문에 하나님과 동행이 가능했을 것입니다. 가치관이 다른 사람끼리는 대화가 되지 않습니다. 에녹은 하나님과 같은 도덕 기준, 가치 기준을 가지고 있었기 때문에 300년 동안이나 하나님과 동행하는 것이 가능했습니다.

창세기 5장 22절을 보면, 에녹이 하나님과 동행했고 '자녀를 낳았다'고 합니다. 가족 없이 독신으로 혼자 살았다면 하나님과 동행하기가 더 쉬웠을 것입니다. 세상과 차단된 수도원에서 살았다면 하나님과 동행하기가 더 쉬웠을지도 모릅니다. 하지만 에녹은 죄악 세상 한복판에서 살았습니다. 그는 일상생활과 보통의 인간관계 속에서 하나님과 동행했습니다. 우리보다 훨씬 더 악하고 심판이 임박한 상황 속에서 하나님을 믿었습니다. 하나님과의 동행은 이 세상을 떠나서 하는 것이 아닙니다. 죄악 세상 한복판에서, 아기를 기르면서, 직장에 다니면서 해야 하는 것입니다. 신앙생활에서 변명은 불필요합니다. 오히려 우리에게 믿음이 없다고 하는 편이 더 정직한 말일 것입니다.

셋째, 하나님과 동행했다는 말은 하나님께 순종하는 의지가 있었다는 말입니다. 하나님 앞에서 자존심을 내세우고 자기주장을 펴면 하나님과 동행할 수 없습니다. 교만하면 절대로 하나님을 믿을 수 없습니다. 자신을 내세우면 신앙생활하기가 무척 힘듭니다. 하나님을 믿을 때는 겸손이 필요합니다. 그래서 예수님은 "아무든지 나를 따라오려거든 자기를 부인하고 날마다 제 십자가를 지고 나를 따를 것이니라"(눅 9:23)고 하셨던 것입니다. 자존심을 꺾고 겸손해야 합니다. 그럴 때 하나님과 동행할 수 있습니다.

넷째, 하나님과 동행했다는 말은 그분을 닮아갔다는 말입니다. 하나님의 모습을, 하나님의 성품을 그대로 닮아가는 것입니다. 에녹은 그렇게 300년을 지내더니 결국 죽음을 보지 않고 하나님께 갔습니다.

에녹이 믿음으로 하나님과 동행하는 복을 누린 것처럼, 당신도 하나님과 동행하는 복을 누리길 바랍니다. 하나님과 동행하는 법을 배워 믿음으로 그 길을 걷기 바랍니다. 당면한 현실이 부패와 죄악으로 가득해도, 가정에 문제가 많아도, 변명하지 마십시오. 죄 많은 세상 속에서도 오랜 세월 하나님과 동행했던 에녹처럼 믿음으로 승리하는 삶을 살기 바랍니다.

24

바보라는 소리를
들어도 좋았다

히브리서 11:7

노아는 하나님의 지시를 받았는데, 그 내용이 다소 황당하고 비합리적이었습니다. 그것은 무엇입니까?

> 믿음으로 노아는 아직 보이지 않는 일에 경고하심을 받아 경외함
> 으로 방주를 준비하여 그 집을 구원하였으니 이로 말미암아 세상을
> 정죄하고 믿음을 따르는 의의 상속자가 되었느니라(히 11:7).

이성을 버리고 순종한 노아

창세기 6장을 보면, 하나님이 노아에게 하신 말씀의 내용이 더 자세히 나옵니다. 노아가 들은 하나님의 말씀은, 첫째, 한 번도 보지 못한 일에 대한 경고였습니다. 그것은 '대홍수 심판'으로, 당시로서는 상상할 수조차 없는 일이었습니다. 왜냐하면 창세기 2장 5절에 "여호와 하나님이 땅에 비를 내리지 아니하셨고"라고 했는데, 비가 없었다는 말은 곧 바람도, 홍수도 없었다는 말이기 때문입니다. 없는 것을 어떻게 상상할 수 있었겠습니까?

둘째, 하나님은 '방주를 지으라'고 말씀하셨습니다. 이는 상식적이고 합리적인 말씀이 아닙니다. 당시 노아가 살던 곳은 메소포타

미아 지방으로, 티그리스와 유프라테스 강에서 500마일이나 떨어진 곳이었습니다. 강에서 500마일이나 떨어진 곳에서 방주를 지으라고 하셨으니, 이는 결국 산꼭대기에 방주를 지으라는 말씀이었습니다. 물에 띄워야 할 방주를 산꼭대기에다 지으라니, 인간의 이성으로는 말도 안 되는 명령이었습니다. 게다가 하나님은 기한도 없이 그냥 지으라고만 하셨습니다. 창세기 6장 3절에 근거해 볼 때, 방주를 지은 기간은 약 120년입니다. 120년 동안 바닷가나 강가가 아닌 산꼭대기에 배를 짓다니, 인간의 상식으로는 도저히 이해할 수 없는 일이었습니다.

셋째, 하나님은 노아에게 방주 짓는 방법을 말씀하셨습니다. 그런데 이 모양과 용도가 또 이상합니다. 방주는 엄밀히 볼 때 배가 아니었습니다. 가로, 세로, 높이가 물에 떠 있을 수 있는 비례지만 스스로 움직일 수는 없었습니다. 키가 없었던 것입니다. 아마 이런 배를 만드는 노아를 보면서 주위 사람들은 그가 미쳤다고 생각했을 것입니다. 조롱했을 것입니다.

만약 하나님이 우리에게 이런 말씀을 하신다면 어떤 반응을 보일까요? 아마 놀라고 당황할 것입니다. 내가 잘못 들었을 거라고, 착각했을 거라고 생각하고 말지도 모릅니다. '하나님은 왜 내가 감당할 수 없는 일을 명령하시는 걸까?' 하며 거부할 수도 있습니다.

그러나 노아는 달랐습니다. 인간의 이성으로 이해할 수 없는 하나님의 지시를 받은 노아는 어떻게 믿음의 사람이 되었을까요?

경외함으로 순종함

첫째, 노아는 하나님의 명령에 경외함으로 순종했습니다(히 11:7). 믿음은 바랄 수 없는 것들을 바라는 것이고, 볼 수 없는 것들을 보는 것입니다. 노아는 하나님의 음성을 들었을 때, '두렵고 떨림으로', 다른 말로 하면 '경외함'으로 하나님의 말씀을 받아들였습니다. 경외한다는 것은, 겁먹고 무서워하고 두려워하는 것이 아닙니다. 이는 하나님을 향한 거룩한 존경이요, 확신이요, 관심입니다. 항상 복종하여 두렵고 떨림으로 구원을 이루라는 빌립보서 말씀처럼, 언제나 처음 믿는 심정으로 하나님 앞에 나아가는 태도입니다.

성경의 많은 인물들이 우리에게 하나님 경외하는 모습을 보여주고 있습니다. 이사야는 하나님을 거룩, 거룩, 거룩하다고 말했고, 모세는 시내 산에서 하나님을 만났을 때 두려워서 어쩔 줄 몰랐습니다. 여호수아도 여호와의 군대 장관을 만났을 때 무릎 꿇고 두려워했습니다.

당신은 어떤 마음으로 교회에 갑니까? 영화 보러 가거나 음악회 가는 마음 같지는 않습니까? 예배는 하나님을 만나러 가는 것입니다. 예배를 통해 당신이 만나야 할 분은 하나님입니다. 두렵고 떨리는 마음으로 거룩하신 하나님을 만나 뵙는 것이 안식일의 특권입니다. 만일 당신이 하나님을 만나지 못한다면 일주일을 아주 무능하고 무력하게, 세상과 마귀와 죄 속에서 살 수밖에 없을 것입니다.

노아는 하나님의 명령을 들었을 때 자기 이성이나 경험, 상식에 의존하지 않았습니다. "노아가 그와 같이 하여 … 다 준행하였더라"(창 6:22)고 했듯, 노아는 하나님이 명령하신 대로 다 준행했습니다. 이것이 노아의 믿음이었습니다. 우리 같으면 선별적으로 순종했을 것입니다. "하나님, 저는 목사가 아닙니다. 저는 평신도입니다. 그러니 제가 할 수 있는 건 한계가 있습니다. 할 수 있는 것만 순종하겠습니다"라고 말할지도 모르겠습니다. 그러나 노아는 자기의 이성과 상식, 합리에 맞지 않더라도, 하나님이 명하신 대로 다 순종했습니다(창 7:5 참조).

믿음은 순종하기로 결정하는 것입니다. 우리가 순종하면 하나님이 행하시지만, 순종하지 않으면 행하지 않으십니다. 믿음의 도전을 하면 하나님이 응답하시지만, 처음부터 포기한 사람에게는 아무것도 주시지 않습니다. 그러므로 순종하겠다고 결정하십시오. 그럴 때 하나님은 당신에게 은혜를 더해 주십니다. 예수님은 말씀을 듣고도 순종하지 않는 자를, '모래 위에 집을 지은' 자라고 하셨습니다(마 7:26). 모세는 하나님의 말씀을 듣고도 행하지 않으면 엄청난 비극이 임할 것이라고 말했습니다(신 28:58-59).

이제 하나님의 말씀을 듣고 순종하기로 결심한 사람에게는 두 가지가 필요하다는 걸 잊지 마십시오. 절망하지 않는 용기와 끝까지 견디는 인내입니다(히 10:35-36 참조). 어떤 의미에서 믿음은 자기와의 싸움이요, 세상과의 싸움입니다. 그렇기 때문에 하나님을 향한 믿음을 가진 자는 외롭습니다. 세상은 결코 그를 환영하거나 영웅으로 보지 않습니다.

예수님을 믿었는데 인기가 많아졌다면 그것은 문제가 있는 것입니다. 정말로 하나님을 경외하는 사람은 고독합니다. 세상 사람들은 그를 이해하지 못하고 조롱하고 비판합니다. 그것이 믿음의 속성입니다. 믿음은 아무나 갖는 것이 아닙니다. 교회를 오래 다녔다고 해서 믿음이 생기는 것이 아닙니다. 예수님을 믿어야 믿음이 생깁니다. 하나님은 이런 믿음의 사람에게 은혜를 더해 주십니다. 땅의 위로가 아닌 하늘의 위로를 내리십니다. 그리고 친히 그와 동행해 주십니다.

의를 설교하는 믿음

둘째, 노아는 세상을 심판하겠다는 하나님의 뜻을 사람들에게 전하는 믿음을 보여 주었습니다. 7절에 "이로 말미암아 세상을 정죄하고"라 했는데, 이는 세상을 심판하겠다는 하나님의 뜻을 세상에 전했다는 말입니다. 노아는 "이제 곧 대홍수 심판이 옵니다. 여러분, 회개하십시오. 간음하지 마십시오. 살인도 도둑질도 하지 마십시오"라고 계속 외쳤을 것입니다. 그러나 사람들은 그런 노아를 향해 "미쳐도 한참 미쳤다. 산에다 방주를 짓더니, 이제는 헛소리까지 하는구나"라고 했을 것입니다.

노아가 사람들을 향해 의를 설교하는 모습은 베드로후서에서

엿볼 수 있습니다. 베드로후서 2장 5절은 '오직 의를 전파하는 노아'라고 말합니다. 노아는 설교자였습니다. 어찌 생각하면 그에게 방주 짓는 것보다 더 중요한 것이 설교였습니다. 노아는 "심판이 온다. 너희들이 계속 이렇게 하면 망한다"고 외치는 설교자였습니다.

하지만 노아 당시 사람들은 노아의 말을 듣지 않았습니다. 베드로가 그들을 가리켜 "노아의 날 방주를 준비할 동안 … 복종하지 아니하던 자들"이라고 말한 것을 보면 알 수 있습니다(벧전 3:20). 예수님은 재림에 대해 말씀하시면서 노아의 때를 "홍수 전에 노아가 방주에 들어가던 날까지 사람들이 먹고 마시고 장가들고 시집가고 있으면서 홍수가 나서 그들을 다 멸하기까지 깨닫지 못하였으니"(마 24:38-39)라고 묘사하셨습니다. 노아는 이런 세상을 정죄했습니다.

이런 세상을 향해 설교하는 일은 참으로 어려운 일이었을 것입니다. 노아는 믿음 없는 사람들을 향해서, 자신과 전혀 통하는 바 없고 비전을 보지 못하는 사람들을 향해서 이야기해야 했습니다. 이런 일만큼 고통스러운 일도 없을 것입니다. 당시 하나님은 "사람의 죄악이 세상에 가득함과 그의 마음으로 생각하는 모든 계획이 항상 악할 뿐임을 보시고"(창 6:5) 심판을 결정하셨습니다. 창세기 6장 11-12절은 당시 상황을 이렇게 말합니다.

그때에 온 땅이 하나님 앞에 부패하여 포악함이 땅에 가득한지라

하나님이 보신즉 땅이 부패하였으니 이는 땅에서 모든 혈육 있는
자의 행위가 부패함이었더라(창 6:11-12).

이런 세상을 보는 노아의 마음은 찢어질 듯 아팠을 것입니다.
하나님의 대심판이 임한다는 것을 아무리 이야기해도 듣지 않
는 사람들, 이는 요한복음 1장의 상황과 유사합니다.

빛이 어둠에 비치되 어둠이 깨닫지 못하더라(요 1:5).

예수님이 이 세상에 오셨지만 사람들은 예수님을 영접하지 않
았고, 복음이 이 세상에 왔지만 복음을 배척했습니다. 오늘날의 상
황도 그렇습니다. 이제는 다만 물 심판이 아닌 불 심판이 있을 뿐
입니다. 노아 때에는 구원이 있었지만 불 심판이 끝나면 마지막이
라는 것이 다를 뿐입니다. 그리고 노아 때 방주를 예비해 주셨던
하나님은 우리에게 예수 그리스도라는 구원을 보여 주셨습니다.

의의 후사가 되는 믿음

셋째, 노아는 의의 후사가 되는 믿음을 지녔습니다. 히브리서 11장
7절 마지막 부분은 노아에 대해 "믿음을 따르는 의의 상속자가 되
었느니라"고 했습니다. 또한 창세기 6장 9절은 "이것이 노아의 족

보니라 노아는 의인이요 당대에 완전한 자라 그는 하나님과 동행하였으며"라고 했습니다. 그는 분명히 믿음을 좇는 의의 반열에서 있었습니다.

노아가 살던 시대가 무섭도록 타락한 시대라는 점을 볼 때 이는 쉬운 일이 아니었습니다. 여기서 우리는 신앙생활을 제대로 하지 못하는 이유를 세상으로 돌릴 수 없음을 알게 됩니다. 세상이 타락했기 때문에 나도 타락할 수밖에 없다는 말은 성립될 수 없습니다. 세상이 어두울수록 하나님의 사람들은 더 의롭게 살 수 있습니다. 이것이 성경의 증언입니다. 노아는 실제로 그렇게 살았습니다.

세상이 잘못되었다고, 누구 때문에 내가 못 사는 거라고 핑계치 마십시오. 죄짓고 사는 것은 내 잘못, 내 문제입니다. 절대로 다른 사람 핑계를 대서는 안 됩니다. 내가 잘못해서 죄를 지었다고 솔직하게 말하십시오. 내가 믿음이 없어서 그런 행동을 했다고 말하십시오. 하나님께는 변명이 통하지 않습니다. 지옥 가는 것은 다른 사람 탓이 아닙니다. 내가 예수를 안 믿어서 그런 것입니다.

당신 자신이 믿음의 후예인가, 믿음의 사람인가를 자문해 보십시오. 노아 같은 믿음의 사람이 되어 영혼을 구원하는 삶을 살기 바랍니다. 눈물 나고 고통스러울 때도 있지만 믿음의 길을 가기 바랍니다. 힘들지만 그 길을 같이 걸어갑시다.

○

25

신앙은 떠남에서
시작된다

히브리서 11:8-10

○

히브리서 11장은 대홍수 심판 이전에 살았던 세 사람의 믿음을 보여 주고 있습니다. 아벨, 에녹, 노아가 그들입니다. 이들을 강의 지류라고 본다면, 이 물줄기가 흘러서 바다가 된 것이 아브라함이라고 할 수 있습니다. 바울은 "아브라함은 우리 모든 사람의 조상이라"고 했습니다(롬 4:16). 우리는 보통 아브라함을 가리켜 믿음의 조상이라고 말합니다. 아브라함의 믿음이 어떠했기에 그토록 엄청난 사람으로 평가하는 것일까요?

행동으로 옮긴 믿음

> 믿음으로 아브라함은 부르심을 받았을 때에 순종하여 장래의 유업으로 받을 땅에 나아갈 새 갈 바를 알지 못하고 나아갔으며(히 11:8).

첫째, 아브라함의 믿음은 하나님의 부르심에 마음으로 순종하고 실제 행동으로 옮겼던 믿음입니다. 말이나 생각만으로 순종한 것이 아니라 믿음을 구체적인 행동으로 나타냈던 것입니다.

아브라함은 하나님의 부르심을 받았을 때 "갈 바를 알지 못하고 나아갔다"고 했는데, 이것은 참으로 쉽지 않은 일입니다. 사람이 어떻게 갈 바를 알지 못하고 갈 수 있습니까? 길을 떠날 때는 분명한 목적이나 행선지가 있어야 하지 않습니까? 휴가만 해도, 제주도든 강원도든 갈 곳을 분명히 알아야 떠날 수 있지, 무작정 떠나고서 결정하는 사람은 거의 없습니다.

그런데 아브라함은 갈 바를 알지 못하는데도 하나님의 부르심만 의지해서 떠났습니다. 아브라함은 하나님의 명령에 마음 깊이 순종하고, 하나님의 명령이 무엇이든 간에 순종하기로 결단한 것입니다. 이것이 아브라함의 믿음입니다. 그가 받았던 명령은 참으로 순종하기 어려운 것이었습니다. 그러나 그는 순종했습니다. 하나님은 우리에게도 순종하기 어려운 일을 하라고 명령하실 때가 가끔 있습니다. 하나님이 시키신 일이지만 도무지 이해가 되지 않고 순종하기 어려운 여건일 때가 있습니다. 하지만 그럴 때 우리는 명령의 내용 때문이 아니라 하나님 때문에 순종하게 됩니다. 아브라함도 그랬을 것입니다. 그것이 아브라함의 믿음이었습니다.

사람들은 보통 성경에 아무리 좋은 명령이 있어도 자기 생각과 경험, 현실에 맞지 않으면 순종하지 않습니다. 그것이 좋고 옳은 말씀이라도 현실적으로 소화해 낼 수 없기 때문에 거부하는 경우가 많습니다. 그러나 하나님의 말씀을 들으면 마음으로 순종하고 실제 행동으로 옮겨야 합니다. 말씀을 행동으로 옮길 때 갈등이 생길 수도 있습니다. 그럴 때는 자신을 쳐다보지 마십시오. 여건을 보지 마십시오. 오직 하나님만 바라보고 하나님만 믿고, 앞으로 나가십시오. 그럴 때 하나님이 문제를 풀어 주십니다. 이것이 바로 아브라함이 가졌던 놀라운 믿음입니다. 믿음은 순종입니다. 순종 없는 믿음은 없습니다. 순종하고 행동하는 믿음이 참 믿음입니다.

우리가 여기서 잠깐 짚고 넘어가야 할 것이 있습니다. 아브라함의 믿음보다 더 중요한 것은 아브라함의 하나님이라는 사실입니다. 성경을 보면 알겠지만, 정말 위대한 존재는 아브라함이 아니라 하나님입니다. 아브라함은 많은 실패와 좌절, 절망을 경험한 사람입니다. 그런 그를 지켜보시며 인도하신 하나님, 그 하나님이 위대하신 것입니다. 그러면, 아브라함에게 나타나셨던 위대한 하나님은 어떤 분입니까?

히브리서 11장 8절에 "믿음으로 아브라함은 부르심을 받았을 때"라는 구절이 있습니다. 하나님은 부르시는 하나님입니다. 초청하며 명령하시는 하나님입니다. 로마서 4장 17절은 아브라함과 그의 하나님에 대해서 "기록된 바 내가 너를 많은 민족의 조상으로 세웠다 하심과 같으니 그가 믿은 바 하나님은 죽은 자를 살리시며 없는 것을 있는 것으로 부르시는 이시니라"고 말합니다. 하나님은 죽은 자를 살리시며 없는 것을 있는 것처럼 부르시는 분입니다. 이렇게 부르시며 초청하시는 하나님이 아브라함의 믿음의 근거입니다.

우리 믿음도 그 근거가 하나님의 부르심에 있습니다. 부름이 있기에 대답이 있습니다. 부름이 없는 응답은 없습니다. 부름을 받았다고 착각하거나 하나님을 믿는다고 착각하는 것처럼 불행한 일도 없습니다. 이와 관련해서 바울은 이렇게 말했습니다.

우리가 알거니와 하나님을 사랑하는 자 곧 그의 뜻대로 부르심을 입은 자들에게는 모든 것이 합력하여 선을 이루느니라(롬 8:28).

부름을 받은 자만이 하나님의 뜻을 성취할 수 있다는 말입니다.
교회란 무엇입니까? 어떤 사람들이 모인 곳입니까? 교회는 오가다 만난 사람들이 만든 것이 아닙니다. 사람들이 외로워서 만든 모임도 아닙니다. 혁명과 이상을 이루기 위해 만든 조직도 아닙니다. 교회는 하나님이 친히 불러 주신 사람들이 모인 공동체입니다. 따라서 교인들은 하나님께 부름을 받았다고 생각하는 사람, 구원을 받았다고 생각하는 사람, 하나님의 백성이 되었다고 생각하는 사람들입니다. 분명한 구원의 확신과 성령의 부름이 있다고 고백하는 사람들입니다.

현재로부터 떠나라는 명령
하나님이 아브라함을 부르셨을 때, 그 부르심의 내용은 무엇이었습니까?

여호와께서 아브람에게 이르시되 너는 너의 고향과 친척과 아버지의 집을 떠나 내가 네게 보여 줄 땅으로 가라(창 12:1).

이것이 하나님이 아브라함에게 명령하신 내용입니다. 한마디로 '떠나라'는 말입니다. 집도, 친척도 모두 떠나라는 것입니다. 실제로 아브라함은 이 말씀에 순종했습니다.

여기서 우리는 믿음의 핵심 한 가지를 발견하게 됩니다. "신앙은 떠남에서부터 시작한다"는 것입니다. 떠나지 않으면 신앙생활은 시작되지 않습니다. 하지만 대부분의 신자들은 떠나기보다는 안주하려고 합니다. 교회에 오는 분들의 요구를 살펴보면, 자신의 현재를 인정해 주고, 자신과 자신의 직장, 가족을 보호해 주며, 자신이 좀 더 발전하도록 도와 달라는 것입니다. 이는 떠나라고 하신 하나님의 명령과 정반대입니다. 아무리 오래 교회를 다녀도 신앙이 안 생기는 것은 떠나지 않았기 때문입니다. 하나님이 "가라" 명령하실 때 떠나지 않았기 때문입니다.

하나님은 우리에게 무엇을 요구하십니까? 우리의 잘못된 현재를 부인하라고 하십니다. 잘못된 태도를 바꾸고 그 자리에서 벗어나라고 하십니다. 세상적인 가치관에서 떠나라는 것입니다. 현재에 안주하는 것이 행복이라고 생각하면 착각입니다.

물론 떠나라는 명령을 들으면 아주 괴로울 것입니다. 아브라함 이야기니까 재미있지 내가 이런 명령을 받았다면 아주 고통스러울 것입니다. 하지만, 신앙은 여기에서 시작되는 것입니다. 현재를 움켜쥐고 변화하지 않으려 하면 믿음이 성장하지 않습니다. 하나님을 자신의 현재를 축복해 주는 수단으로만 보는 사람이 있습니다. 그런 사람은 겉으로는 믿음 있어 보일지 몰라도 실은 아무 믿음이 없는 사람입니다. 예전 것을 붙들고 있으면 새것이 될 수 없습니다.

누구든지 그리스도 안에 있으면 새로운 피조물이라 이전 것은 지나 갔으니 보라 새것이 되었도다(고후 5:17).

신앙생활은 하면 할수록 싸움입니다. 하나님은 우리가 변화되기를 원하십니다. 언어, 생각, 가치관을 바꾸겠다고 결정하십시오. 지금 결정하십시오. 이전 것으로부터 떠나는 것, 이것이 믿음입니다.

믿음은 만들어지는 것

둘째, 아브라함의 믿음은 태어날 때부터 있던 믿음이 아니라, 후천적인 믿음입니다. 점진적이며, 만들어진 믿음입니다.

아브라함은 원래 메소포타미아 지방의 이방 세계에서 자라났습니다. 어떤 사람들은 그가 하란을 떠나기 전인 약 50-60세 정도에 하나님의 명령을 받았다고 봅니다. 명령을 행동으로 옮긴 것은 75세

때지만 부름 받은 때는 그때쯤일 것이라고 말합니다. 여호수아 24장 2절은 "옛적에 너희의 조상들 곧 아브라함의 아버지, 나홀의 아버지 데라가 강 저쪽에 거주하여 다른 신들을 섬겼으나"라고 말하고 있습니다. 즉 아브라함의 가족은 우상을 숭배하고 있었습니다. 아브라함은 우리와 마찬가지로, 하나님 없는 가정과 세상 속에서 자랐습니다. 50-60년을 그렇게 살았습니다.

그런데 하나님이 갑자기 그를 택하고 부르셨습니다. 처음에 아브라함은 어떤 반응을 보였을까요?

> 데라가 그 아들 아브람과 하란의 아들인 그의 손자 롯과 그의 며느리 아브람의 아내 사래를 데리고 갈대아인의 우르를 떠나 가나안 땅으로 가고자 하더니 하란에 이르러 거기 거류하였으며(창 11:31).

이 말씀을 보면, 아브라함도 처음에는 하나님의 명령을 그대로 따르지 못했습니다. 친척을 다 버리지 못하고 롯을 데리고 갑니다. 그리고 본토를 떠나기는 했지만 도중에 하란에서 약 15년 동안 머물렀습니다.

이렇듯 아브라함의 처음 믿음은 불완전하고 상황에 민감하고 시대에 편승하는 믿음이었습니다. 아브라함은 처음에 실패했습니다. 그러나 하나님은 실패하지 않으셨습니다. 하나님은 용기와 인내를 가지고 아브라함을 25년 동안 기다려 주셨습니다. 아브라함은 하나님의 약속을 기다리지 못하고 사라의 몸종을 통해 이스마엘을 낳기도 했습니다. 그는 평범한 보통 사람이었습니다. 그러나 아브라함은 25년 동안 하나님과 함께 살면서 독생자 이삭을 하나님께 바칠 만큼 믿음 있는 사람으로 바뀌었습니다.

처음부터 온전하고 위대한 믿음을 가진 사람은 없습니다. 날 때부터 믿음을 가지고 태어난 사람도 없습니다. 모두 불완전합니다. 회개할 것도 많습니다. 그러나 아브라함처럼 우리의 믿음 또한 만들어지며, 그리스도의 장성한 분량까지 성장할 것입니다. 우리가 하나님과 동행하면, 시간이 지나면서 믿음은 더 성숙해지고 발전할 것입니다. 중요한 것은 여기에 반드시 성령과 말씀이 있어야 한다는 점입니다. 성령과 말씀이 있을 때 우리의 믿음은 날로 새로워질 것입니다.

자신을 보지 말고 주님을 보십시오. 세상이나 환경에 매이지 말고 하나님을 바라보고 말씀을 바라보십시오. 그럴 때 우리의 불완전한 믿음은 날마다 새로워질 것입니다. 지금 당신 안에 믿음이 없습니까? 한탄하지 말고 믿음을 갖겠다고 결정하십시오.

미래를 향한 믿음

셋째, 아브라함의 믿음은 종말론적인 믿음입니다.

종말에는 대심판이 있을 것입니다. 휴거와 재림, 천년왕국과 몸의 부활도 있을 것입니다. 믿음은 종말에 있을 것을 미리 보게 합니다. 종말을, 천국을 미리 본 사람은 순교도 마다하지 않습니다. 약속을 보았기 때문입니다. 믿음은 현재에서 미래로 가는 것이 아니라, 미래를 미리 보게 하는 것입니다. 기독교에 있어서 미래는 내가 미래를 향하여 가는 것이 아니라, 미래가 나를 향해 오는 것입니다. 이것이 종말입니다. 우리는 예수 그리스도를 믿음으로써 이미 천국을 소유한 사람들입니다. 우리는 하나님의 자녀가 되어서 죽은 후의 약속을 미리 받아 놓았습니다. 이것이 종말론입니다.

이런 면에서 볼 때 아브라함은 선각자였습니다. 그는 하나님이 약속하신 미래, 약속의 세계와 땅, 영원한 본향을 보는 믿음의 눈을 가지고 있었습니다.

이는 그가 하나님이 계획하시고 지으실 터가 있는 성을 바랐음이라 (히 11:10).

아브라함은 하나님이 지으실 도성(City)을 보았습니다. 그는 거룩한 도성을 믿음의 눈으로 보았습니다. 이 성은 요한계시록 21장에 나타나는 새 하늘과 새 땅, 새 신부가 단장한 새 예루살렘입니다.

아브라함은 하나님의 음성을 들을 때 미래에 올 세계를 미리 약속으로 받았습니다. 이 나라는 하나님이 계획하시는 나라(히 11:10), 하나님이 통치하시는 나라, 하나님이 세우시는 나라입니다. 이 나라는 예수 그리스도를 통해서 완전히 이루어졌습니다. 아브라함은 이런 나라를 보았기 때문에 '갈 바를 알지 못해도'(히 11:8 참조) 갈 수 있었습니다. 그는 종말의 세계를 미리 보았기 때문에 그럴 수 있었습니다. 그는 외국 땅에서 아무런 보장 없이 나그네로 천대를 받았지만, 그 땅에 우거할 수 있었습니다(히 11:9). 미리 약속을 보장받았기 때문입니다. 그 때문에 아무리 이 세상에서 천대받고 욕먹고 고난당하고 매 맞는다 할지라도 "할렐루야"였던 것입니다. 이것이 종말 신앙입니다.

아브라함이 이삭과 야곱과 함께 장막을 치고 살 수 있었던(히 11:9) 것도 약속 때문이었습니다. 약속이 분명하면 고생이 무섭지 않습니다. 천국이 분명하고 하나님 나라가 분명하면 현실과 이 세상이 고달프지 않습니다. 이것이 종말 신앙입니다. 예수 믿는 것이 고달프고 힘듭니까? 그렇다면 아직 약속의 땅을 보지 못했기 때문입니다. 새 하늘과 새 땅, 마지막 날에 하나님께로부터 하늘에서 내려오는 새 예루살렘을 보지 못했기 때문입니다.

우리 모두가 이것을 볼 수 있기 바랍니다. 그렇게만 된다면, 예수 그리스도를 믿고 하나님이 약속하신 천국이 우리 마음속에 분명히 있다면, 우리는 어떤 일을 만나도 나그네처럼 순례자의 삶을 살 수 있습니다. 그렇게만 된다면, 하루아침에 반역죄로 몰려 감옥에 간다 해도 마음의 평화를 빼앗기지 않을 것입니다.

이것이 종말 신앙입니다. 이런 것이 바로 믿음입니다. 어떤 상황에서도 평화와 기쁨과 안심이 있는 것, "전쟁이 일어나 나를 치려할지라도 나는 여전히 태연하리로다"(시 27:3)라는 시편 기자의 고백이 절로 나오는 것, 바로 이것이 믿음입니다.

> 우리가 사방으로 욱여쌈을 당하여도 싸이지 아니하며 답답한 일을 당하여도 낙심하지 아니하며 박해를 받아도 버린 바 되지 아니하며 거꾸러뜨림을 당하여도 망하지 아니하고(고후 4:8-9).

바울처럼 이 같은 고백을 할 줄 아는 신앙이 종말론적 신앙입니다. 이런 믿음을 갖길 바랍니다. 아브라함처럼 하나님 말씀에 순종하고, 말씀대로 행동하십시오. 그렇게 하다 혹시 실패하더라도 내 믿음은 아직 완전한 것이 아님을 기억하며 너무 자책하지 마십시오. 지금은 비록 불완전한 믿음이지만 날마다 하나님이 나와 동행하심으로써 우리의 믿음은 더 새로워질 것입니다. 종말을 바라보는 믿음, 이 믿음이 당신의 믿음이 되길 바랍니다.

○

26

고향을 그리듯
하늘나라를 그리다

히브리서 11:11-16

믿음을 가진 사람은 높은 이상과 꿈을 가지고 있습니다. 그는 자신에게 이상과 꿈을 주신 하나님을 바라봅니다. 더 나아가 땅의 일을 생각하지 않고 떠나온 본향, 더 나은 본향(히 11:16)을 늘 사모합니다.

사람이면 누구나 본향을 생각합니다. 자기가 태어나고 자란 고향을 사랑합니다. 오랜 세월 타향에서 살았더라도 죽을 때는 고향에서 죽고 싶어 하는 사람이 많은 것은 그 때문입니다. 인간이 자신이 태어난 고향을 그리워하고 사랑하듯, 믿음의 사람들은 영혼의 고향인 하늘나라를 땅의 고향보다 더 그리워하고, 날마다 생각하고 사모합니다.

저 높은 곳을 향하여 날마다 나아갑니다. 내 뜻과 정성 모아서 날마다 기도합니다. 내 주여 내 맘 붙드사 그곳에 있게 하소서. 그곳은 빛과 사랑이 언제나 넘치옵니다(새찬송가 491장, 〈저 높은 곳을 향하여〉).

우리가 자주 부르는 이 찬송가 가사처럼 믿음의 사람들은 저 높은 곳 하늘나라를 그리워하며 그곳을 향해 하루하루 나아갑니다.
히브리서에 기록된 믿음의 사람들은 천국을 사모하는 마음과 확신 때문에 그 믿음을 따라 죽을 수 있었습니다. 비록 생전에 하나님이 약속하신 것들을 실제로 받지 못했다 할지라도, 그들은 하나님의 약속을 멀리서 보고 환영하였습니다. 그리고 세상에서는 나그네 같은 처지더라도 기뻐하며 죽었습니다.

이제 여성으로서는 히브리서에 처음 나오는 인물 사라가 어떤 믿음의 어떤 세계를 보여 주는지 살펴보겠습니다.

믿음 없던 사람, 사라

아브라함의 아내 사라도 처음부터 믿음의 사람은 아니었습니다. 하지만 하나님의 도우심에 의해 믿음의 사람으로 인정받고 복을 받게 됩니다. 처음에 그녀는 아브라함에게 이끌려 수동적으로 신앙생활을 한 사람입니다.

우리나라는 대개 남자보다 여자 성도들의 믿음이 더 좋아서 남편이 아내를 따라 신앙생활하는 경우가 많은데, 사라는 정반대였습니다. 고향인 갈대아 우르를 떠나 순례길에 접어들었을 때, 사라는 하나님의 음성을 듣거나 직접 부름을 받지 않았습니다. 당시 그녀는 하나님 말씀에 순종해서가 아니라, 남편을 따라 그냥 수동적으로 길을 떠났습니다.

창세기 16장에는 사라가 자기 몸종인 하갈을 아브라함에게 주어서 아들을 낳게 하는 장면이 나옵니다. 이어서 사라는 이스마엘을 낳은 하갈을 학대하고 내쫓기까지 합니다. 이런 모습을 볼 때, 사라는 아브라함과 10년 동안 믿음의 여행을 했지만, 도저히 믿음의 사람이라고 말할 수 없습니다. 또한 하나님이 사라의 몸으로 아들을 낳게 될 거라고 계속 말씀해 주셨지만 사라는 믿지 않았습니다. 아들을 낳기 직전, 90세가 되어서도 사라는 그 말을 그대로 믿지 않고 웃어 넘겼습니다. 사라는 이처럼 믿음 없는 사람이었습니다.

우리 주위에서도 사라처럼 믿음 없는, 지극히 현실적인 사람들을 많이 목격하게 됩니다. 물론 처음부터 좋은 믿음을 가진 사람이 어디 있겠습니까? 성경만 봐도 처음부터 좋은 믿음을 가진 사람은 없습니다. 당신 자신이 너무 믿음 없다고 생각합니까? 그렇다고 해도 너무 자책하지 마십시오. 일단은 교회에 나가는 것, 설교 듣는 것만으로도 감사하십시오. 우리가 교회 나가서 귀를 열어 하나님 말씀 듣는 것만도 기적이기 때문입니다.

하나님이 오랜 세월 사랑과 인내와 믿음을 가지고 사라를 기다려 주셨고 그녀를 믿음의 사람으로 바꿔 주신 것처럼, 우리의 믿음도 앞으로 하나님과 함께 성장할 것입니다. 우리는 잘 기다리지 못하지만 하나님은 기다리시며, 우리는 조급하지만 하나님은 서두르지 않으며 너그러우십니다. 하나님은 우리보다 훨씬 더 여유를 가지고 우리를 이끌어 주신다는 사실을 기억하십시오. '나는 언제쯤 놀라운 믿음의 삶을 살게 될까' 하고 고민합니까? 그렇다면 안심하기 바랍니다. 하나님은 당신의 삶에 계속 간섭하시고, 당신을 결코 포기하지 않으실 것입니다. 당신은 그분의 손에 의해 점점 더 위대한 믿음의 사람으로 빚어질 것입니다.

믿음은 계속해서 자랍니다. 교회에 열심히 나가고, 날마다 하나님 말씀 듣고, 잘하지 못하더라도 기도하려고 애쓰면, 하나님이 그 사람의 믿음을 날마다 강건하게 하시고 새로운 길로 인도해 주실 것입니다. 이 사실은 사라를 통해 입증되었습니다.

사라를 통해 배우는 믿음

우리가 사라의 삶을 통해 알 수 있는 믿음의 모습은 어떻습니까?

> 믿음으로 사라 자신도 나이가 많아 단산하였으나 잉태할 수 있는 힘을 얻었으니 이는 약속하신 이를 미쁘신 줄 알았음이라(히 11:11).

첫째, 믿음은 불가능에서 시작됩니다. 그냥 아무나 할 수 있는 일이라면 무슨 믿음이 필요하겠습니까? 믿음은 내 힘으로는 어찌할 수 없는 불가능의 상황에서 시작됩니다. 다시 말하면, 믿음에는 반드시 장애가 있다는 말입니다. 사라의 경우에는 아이를 낳지 못하는 것이 장애물이었습니다. 성경은 "그가 단산했다"고 말합니다.

사라는 '불임'이라는 절대 불가능 상황에 있었습니다. 그런데도 하나님은 아이를 낳을 수 있다고 말씀하셨습니다. 절대 불가능 상황이었지만 믿음을 갖게 되자 잉태하는 힘을 얻어 결국은 아들을 낳았습니다. 이를 통해 우리가 깨닫는 진리가 있습니다. 믿음을 가지려 할 때 장애물과 불가능이 방해하지만, 일단 믿음을 가지면 그 장애물과 불가능은 믿음에 의해 제거된다는 것입니다.

하나님을 우리 수준으로 끌어내리려 해서는 안 됩니다. 하나님은 우리보다 뛰어나신 분입니다. 우리가 하나님을 바라보면 하나님이 우리처럼 되는 것이 아니라, 우리가 하나님처럼 변합니다. 하나님을 생각하십시오. 하나님께는 불가능이 없습니다. 하나님께는 모든 것이 가능합니다. 우리에게는 장애물일지라도 하나님께는 그것이 전혀 문제 되지 않습니다.

히브리서 기자는 사라가 믿음을 가졌을 때 아이를 낳을 수 있었다고 설명합니다(히 11:11). 그래서 예수님은 "할 수 있거든이 무슨 말이냐 믿는 자에게는 능히 하지 못할 일이 없느니라"(막 9:23)고 말씀하셨고, 바울도 "내게 능력 주시는 자 안에서 내가 모든 것을 할 수 있느니라"(빌 4:13)고 했습니다. 우리는 능력 주시는 그분 안에서 모든 것을 할 수 있음을 기억하십시오.

둘째, 믿음에는 인내와 용기가 필요합니다. "사라 자신도 나이가 많아 단산하였으나"(히 11:11)라는 구절에서 보듯, 사라는 오랜 세월 기다렸음을 알 수 있습니다. 응답은 벼락처럼 오지 않았습니다. 하나님은 오랜 세월 동안 사라를 연단시키셨습니다. 믿음을 가진 사람들은 그 세월을 견딥니다. 용기를 가지고 인내하며 기다립니다. 우리에게도 이런 인내와 용기의 믿음이 필요합니다.

우리는 실패할지라도 하나님은 결코 실패하지 않으십니다. 우리는 포기해도 하나님은 포기하지 않으십니다. 하나님은 기어코 우리를 하나님의 사람으로 만드실 것입니다. 우리가 하나님을 피해 도망가더라도 우리를 붙잡으시고야 말 것입니다. 비록 지금은 만족스럽지 못하더라도 앞으로 5년 후, 10년 후를 기대하십시오. 믿음이 자라서 지금은 상상도 못할 모습으로 바뀌어 있을 당신을 기대하십시오.

하나님은 사라에게 약속을 주실 때, 한꺼번에 주시지 않고 점진적으로 주셨습니다.

첫 번째 약속, "내가 너로 큰 민족을 이루고 네게 복을 주어 네 이름을 창대하게 하리니 너는 복이 될지라"(창 12:2).

두 번째 약속, "내가 네 자손이 땅의 티끌 같게 하리니 사람이 땅의 티끌을 능히 셀 수 있을진대 네 자손도 세리라"(창 13:16). 이 구절을 보면, 첫 번째 약속보다 좀 더 발전한 것을 알 수 있습니다. 즉 첫 번째는 '너로 큰 민족'을 이룰 것이라고 하셨는데, 여기서는 더 구체적으로 '네 자손이'라는 표현을 사용하셨습니다.

세 번째 약속, "네 몸에서 날 자가 네 상속자가 되리라 하시고"(창 15:4). 여기서는 '계집종의 몸'에서가 아닌 '네 몸'에서라고 더 구체적으로 말씀하셨습니다.

네 번째 약속, "내가 그에게 복을 주어 그가 네게 아들을 낳아 주게 하며 내가 그에게 복을 주어 그를 여러 민족의 어머니가 되게 하리니 민족의 여러 왕이 그에게서 나리라"(창 17:16). 여기서는 사라가 자손을 낳되 아들을 낳을 것이라고 더 좁혀 말씀하셨습니다.

다섯 번째 약속, "그가 이르시되 내년 이맘때 내가 반드시 네게로 돌아오리니 네 아내 사라에게 아들이 있으리라 하시니 사라가 그 뒤 장막 문에서 들었더라"(창 18:10). 이 말씀을 통해서는 '내년 이맘때 기한이 차면 아이를 낳을 것'이라고 날짜까지 계시해 주셨습니다.

사라와 관련한 이런 일련의 계시는 25년에 걸쳐 일어났습니다. 참으로 놀라운 일입니다. 우리가 기도하는 것도, 시간이 걸려서 그렇지 반드시 이루어집니다. 우리는 하나님의 놀라운 계획 속에 있는 사람들입니다. 그냥 믿음 안에 거하십시오. 그러면 하나님의 때에 아름답게 열매 맺을 것입니다.

> 우리가 시작할 때에 확신한 것을 끝까지 견고히 잡고 있으면 그리스도와 함께 참여한 자가 되리라(히 3:14).

이는 이미 예수님도 보증해 주신 것입니다.

예수께서 대답하여 이르시되 내가 진실로 너희에게 이르노니 만일 너희가 믿음이 있고 의심하지 아니하면 이 무화과나무에게 된 이런 일만 할 뿐 아니라 이 산더러 들려 바다에 던져지라 하여도 될 것이요 너희가 기도할 때에 무엇이든지 믿고 구하는 것은 다 받으리라 하시니라(마 21:21-22).

셋째, 믿음은 미쁘신 하나님을 바라보는 것입니다. 약속하신 하나님을 바라보는 것, 이것이 믿음의 뿌리요 기반입니다. 하나님은 신실하시며, 변함없으십니다. 전능하신 하나님을 바라보십시오. 세상 지식으로 머리를 채우지 말고, 하나님을 아는 지식으로 영혼을 채우십시오. 하나님을 신뢰할 때 나중에 어떻게 될지를 따지지 마십시오. 전능하신 하나님께 맡기십시오. 그러면 하나님이 이루십니다(살전 5:24).

넷째, 믿음은 결국 열매를 맺습니다. 사라는 불가능의 상징이었습니다. 하지만 불가능했던 상황에서 미쁘신 하나님과 그분의 약속을 믿어 열매를 얻었습니다.

이러므로 죽은 자와 같은 한 사람으로 말미암아 하늘의 허다한 별과 또 해변의 무수한 모래와 같이 많은 후손이 생육하였느니라(히 11:12).

예수 그리스도를 믿는 자들은 마귀의 손아귀에서 하나님의 품으로 넘겨지게 됩니다. "나 보내신 이를 믿는 자는 영생을 얻었고 심판에 이르지 아니하나니 사망에서 생명으로 옮겼느니라"(요 5:24)는 말씀처럼, 하나님은 죽음에서 생명으로, 불가능에서 가능으로 우리를 옮기시고 우리의 믿음에 응답해 주십니다. 바로 이것이 사라를 통해 배우는 믿음에 관한 진리입니다.

이 세상에는 세 종류의 사람이 있습니다. 첫째, 습관과 본능에 따라 반복되는 삶을 사는 사람들입니다. 이 사람들에게 있어서 삶은 일종의 숙련된 기술이고 매일 반복되는 생활일 뿐입니다. 둘째, 생각하면서 사는 사람들입니다. 이들은 삶의 의미와 보람을 추구하고 정신적 활동을 하면서 사는 사람들입니다. 셋째, 하나님의 약속을 확신하면서 예수님 중심으로 나그네와 순례자의 삶을 살아가는 사람들입니다.

참된 그리스도인은 셋째 유형에 속하는 사람들입니다. 이들은 히브리서 11장에 나오는 아벨, 에녹, 노아, 아브라함, 사라처럼 믿음으로 살아갑니다. 더 나은 본향을 사모하면서 말입니다.

믿음은 땅에만 예속된 삶을 살게 하지 않습니다. 믿음은 우리로 하여금 하늘을 바라보고, 하늘을 향해 전진하도록 합니다. 비록 우리가 시간과 공간의 제한 속에서 살고 있지만, 믿음은 이 땅이 아닌 영원한 세계를 바라보며 사모하게 만듭니다. 결코 뒤돌아보지 않고 앞에 계신 예수 그리스도를 향해 나아가게 합니다.

죽는 순간까지 확신한 사람들

이런 믿음을 가진 사람의 특징은 무엇일까요? 히브리서 11장을 통해 몇 가지 특징을 발견할 수 있습니다.

첫째, 믿음의 사람은 믿음을 따라 죽습니다. 그들은 믿음을 따라 죽는 것을 두려워하지 않습니다.

이 사람들은 다 믿음을 따라 죽었으며 약속을 받지 못하였으되 그것들을 멀리서 보고 환영하며(히 11:13).

히브리서 기자는 지금까지 소개한 믿음의 사람들이 다 믿음을 따라 죽었다고 말합니다. '믿음을 따라 죽었다'는 말은 믿음 안에서 죽었다는 말로서, 죽는 순간까지 하나님의 신실한 약속을 붙잡고 갔다는 뜻입니다.

살면서 갑자기 어려움을 만나고 불의가 득세하는 것을 볼 때 우리의 믿음은 흔들리기 쉽습니다. '과연 하나님은 살아 계시는 것일까? 정말 그분의 약속이 신실한 것일까?' 하는 의심을 품게 됩니다. 그러나 믿음의 사람들은 모든 것이 기대처럼 이루어지지 않는 순간에도 하나님의 약속을 믿고 확신했습니다.

그리고 그들은 약속을 받지 못했어도 그것들을 멀리서 보고 환영했습니다. '환영했다'는 말은 '기뻐했다'는 뜻입니다. 순교자들이 기쁘게 죽을 수 있었던 이유가 여기에 있습니다. 스데반을 생각해 보십시오. 그는 원수들에게 돌 세례를 받았지만 반항하지 않았습니다. 아무도 그의 얼굴에서 미소와 기쁨을 빼앗을 수 없었습니다. 그는 엄청난 고통과 죽음 앞에서도 자기를 죽이려는 사람들을 위해 기도했습니다. "주여, 이 죄를 그들에게 돌리지 마옵소서" 하며 죽었습니다. 스데반이 이런 고난을 기꺼이 겪을 수 있었던 것은 하늘 보좌 우편에 서신 예수 그리스도를 보았기 때문입니다(행 7:55). 진정한 믿음은 죽는 순간까지도 흔들리지 않고 하나님과 하나님이 하신 약속을 믿는 것입니다.

항상 떠날 준비를 하는 사람들

둘째, 믿음의 사람은 언제나 떠날 준비를 합니다. 그들은 이 세상에서 외국인과 나그네로 살아갑니다.

> 또 땅에서는 외국인과 나그네임을 증언하였으니(히 11:13).

믿음의 사람은 세상에 살지만 결코 세상에 집착하거나 빠지지 않습니다. 믿음의 사람은 언제나 떠날 준비를 하고 있습니다. 그는 자신이 사는 이유와 목적을 분명히 인식하고 있습니다. 그리고 하나님의 부르심을 따라 최선을 다해 살아갑니다.

오늘날 우리는 너무나 물질적이고 세속적인 문화와 사상에 젖어 살고 있습니다. 저는 이것을 "반쯤 죽어 산다"고 표현하고 싶습니다. 이제 깨어야 합니다. 깨어 일어나야 합니다. 그리고 우리의 고향은 여기 세상이 아닌 천국임을 날마다 깨우쳐야 합니다.

대개 천국을 생각하는 사람은 현실 감각이 없을 것 같지만, 그렇지 않습니다. 그 마음에 천국이 없는 사람이 오히려 현실 감각이 더 없습니다. 천국에 갈 것을 아는 사람은 결코 시시하게 살지 않습니다. 천국에 간다고 생각하는 사람은 이 세상 삶에서도 절대 흐트러지지 않습니다. 천국에 가서 부끄럼 없도록 삶을 잘 정돈하면서 살아갑니다.

구약 시대 사람들은 하나님의 약속을 멀리서 보고 환영했다고 했는데, 그 약속은 예수 그리스도입니다. 반면, 신약 시대에 살고 있는 우리는 역사적 예수님을 목격하고 성령을 통해서 예수님을 영접하는 믿음 속에 살고 있습니다. 이것은 엄청난 특권입니다. 그래서인지 구약 시대에서는 순교의 삶과 선교의 삶을 찾아볼 수 없습니다. 순교와 선교의 삶은 신약 시대 이후로나 찾아볼 수 있습니다. 구약 시대 믿음의 사람들은 하나님의 약속인 예수님을 희미하게 바라봤고, 그마저도 이스라엘에 국한되어 있었습니다. 하지만 예수 그리스도가 오심으로써 희미한 약속이 분명히 나타났고, 이로 말미암아 기독교는 세계적이고 우주적인 종교가 되었습니다.

본향을 사모하는 사람들

셋째, 믿음의 사람은 더 나은 본향을 사모합니다. 믿음은 더 나은 본향을 찾고 사모하게 합니다.

그들이 이같이 말하는 것은 자기들이 본향 찾는 자임을 나타냄이라 그들이 나온 바 본향을 생각하였더라면 돌아갈 기회가 있었으려니와 그들이 이제는 더 나은 본향을 사모하니 곧 하늘에 있는 것이라 이러므로 하나님이 그들의 하나님이라 일컬음 받으심을 부끄러워하지 아니하시고 그들을 위하여 한 성을 예비하셨느니라(히 11:14-16).

하나님에 대한 믿음을 가지면 땅이 아닌 하늘을, 태어난 고향이 아닌 영원을 생각하게 됩니다. 믿음을 가지면 민족주의, 지역주의를 초월하게 됩니다. 하나님의 세계를 바라보고 하나님의 시각으로 우주를 바라봅니다. 내 민족만이 아니라 온 세상 모든 이들에게 복음을 전하고 싶어 합니다. 이것이 올바른 그리스도인의 마음입니다. 믿음은 뒤가 아닌 앞을 보게 하고, 땅이 아닌 하늘을 바라보게 하고, 세상이 아닌 천국을 생각하게 합니다.

어찌 보면, 믿음이 있는지 없는지는 아주 쉽게 판별할 수 있습니다. 예배드릴 때는 하나님 생각을 하지만 끝나고 나면 하나님 생각이 나지 않는 사람, 그 사람은 믿음 없는 사람입니다. 믿음 있는 사람은 화장실에 가도, 공부를 해도, 밥을 먹어도 하나님 생각을 합니다. 하루 종일 하나님 생각을 하는 사람은 믿음이 있는 사람입니다. 설교 들을 때나 조금 하나님 생각을 하다가 설교가 끝남과 동시에 하나님 생각도 끝나는 사람은 믿음이 없는 사람입니다.

더 나은 본향에 대한 환상을 가지기 바랍니다. 매일 천국을 생각하고 예수 그리스도를 생각하며 살다가 죽는 사람이 되십시오. 바울은 이렇게 살았던 자신의 생애를 다음과 같이 표현했습니다.

형제들아 나는 아직 내가 잡은 줄로 여기지 아니하고 오직 한 일 즉 뒤에 있는 것은 잊어버리고 앞에 있는 것을 잡으려고 푯대를 향하여 그리스도 예수 안에서 하나님이 위에서 부르신 부름의 상을 위하여 달려가노라(빌 3:13-14).

유명한 부흥사 무디가 가장 좋아한 설교는 천국에 관한 설교였다고 합니다. 그는 설교할 때마다 "오늘 우리는 천국에 더 가까이 와 있습니다"라고 말했다고 합니다. 그만큼 천국을 사모했던 것입니다.

지금 우리는 천국에 더 가까이 와 있습니다. 매 순간 천국을, 하나님과 예수님이 계시는 곳을 사모하십시오. 천국이 마음을 지배하도록 하십시오. 날마다 본향을 사모하는 믿음을 가지기 바랍니다.

날마다 바라보아야 할 천국

우리가 날마다 바라보아야 할 천국은 무엇입니까? 어떤 곳입니까?

첫째, 천국은 하나님이 계신 곳입니다. 구약 성경에는 천국에 대한 이야기가 별로 없지만, 아브라함은 천국을 경험했습니다. 그가 경험한 천국은 무엇입니까? 하나님이 계신 곳이었습니다. 하나님의 임재가 있는 곳, 그곳이 천국입니다. 이런 의미에서 보면, 아브라함은 갈대아 우르를 떠날 때부터 죽어서 막벨라 굴에 장사될 때까지 천국을 경험했습니다. 하나님과 동행하면서 살았기 때문입니다.

시편 기자가 "주여 주는 대대에 우리의 거처가 되셨나이다"(시 90:1)라고 표현했듯이, 하나님은 우리의 거처입니다. 그리고 우리의 천국입니다. 하나님이 내게 오셨다는 말은 천국이 내게로 왔다는 말입니다. 그렇게 보면 아브라함은 하나님이 임하셨을 때 천국을 경험한 것입니다.

예수님이 계신 곳이 천국입니다. 하나님 나라는 예수의 생명으로 가득 차 있습니다. 예수 그리스도를 영접했습니까? 그렇다면 당신 안이 천국입니다. 땅이든 하늘이든, 생전이든 사후든 예수님이 나를 지배하고 통치하고 주관하시는 그곳이 천국입니다.

둘째, 천국은 이미 이루어졌고, 이루어지고 있으며, 이루어질 것입니다. 예수님의 죽음과 부활을 통해서 하나님 나라는 이미 우리 가운데 임했습니다. 성령님을 통해 예수 그리스도를 믿는 자 안에 하나님의 나라가 시작되었습니다. 그리고 천국은 주님의 재림과 함께 영원하고도 완전하게 이루어질 것입니다. 구약 시대 성도들은 예수 그리스도를 멀리서 보고 환영했지만, 우리는 하나님이 보내 주신 예수 그리스도를 믿고 영접하면 됩니다. 그분이 우리 안에, 우리가 그분 안에 거하며 살 수 있게 되었습니다.

예수 그리스도를 영접했습니까? 그렇다면 다음으로 할 일은, 예수님이 약속하신 천국을 인정하고 누리고 확보하는 것입니다. 안타깝게도 우리 주위에는 예수님을 믿으면서도 천국을 경험하기는커녕 지옥을 경험하는 사람들이 많습니다. 예수님을 믿으면서도 갈등과 번민에 눌려 사는 사람이 많습니다. 천국을 옆에 놓고도 지옥을 사는 사람들입니다. 예수님이 계신 곳, 예수님이 지배하시는 곳은 다 천국입니다. 부자나 가난한 자, 병든 자나 건강한 자, 성공한 자나 실패한 자가 상관없습니다. 마음에 천국이 있다면 세상 살아가는 게 아무리 힘들어도 고통스럽지 않습니다.

하나님의 나라는 먹는 것과 마시는 것이 아니요 오직 성령 안에 있는 의와 평강과 희락이라(롬 14:17).

모든 눈물을 그 눈에서 닦아 주시니 다시는 사망이 없고 애통하는 것이나 곡하는 것이나 아픈 것이 다시 있지 아니하리니 처음 것들이 다 지나갔음이러라(계 21:4).

이런 천국에 계신 하나님이 당신의 하나님입니다. 그 하나님이 우리 아버지입니다. 이 얼마나 놀라운 복입니까?

그들을 위하여 한 성을 예비하셨느니라(히 11:16).

하나님은 믿음의 사람들을 위해 성을 예비하셨습니다. 이 말씀은 예수님이 하신 말씀을 생각나게 합니다.

너희는 마음에 근심하지 말라 하나님을 믿으니 또 나를 믿으라 내 아버지 집에 거할 곳이 많도다 그렇지 않으면 너희에게 일렀으리라 내가 너희를 위하여 거처를 예비하러 가노니 가서 너희를 위하여 거처를 예비하면 내가 다시 와서 너희를 내게로 영접하여 나 있는 곳에 너희도 있게 하리라(요 14:1-3).

예수님은 우리가 죽으면 가게 될 장소를 예비해 두셨습니다. 우리에게 오셔서 이곳에서 천국을 경험하게 하시고, 이제는 우리가 죽은 후에 갈 성을 예비해 두신 것입니다. 얼마나 감사한 일입니까? 이제부터는 예수님이 당신을 위해 예비해 두신 본향, 천국을 사모하며 살아가십시오. 이 땅이 아닌 하나님을 바라보고 하나님을 위해 살아가기 바랍니다.

27

최고의 것을
최고 되신 그분께

히브리서 11:17-19

예수 그리스도의 십자가와 부활에 대한 확신을 가지고 저 높은 곳을 향해 걸어가는 사람들, 이들이 그리스도인들입니다. 그리스도인들은 현재에서 약속된 미래를 체험하고, 죽어서 썩어 버릴 몸에서 영원한 생명을 경험합니다. 그리스도인들이 삶 전체를 하나님께 헌신하고자 갈망하는 이유가 바로 여기에 있습니다.

우리 그리스도인들은 하나님으로부터 세상 무엇과도 비교할 수 없는 엄청난 선물, 곧 영원한 생명을 받았습니다. 그래서 자신의 것 중에서 최상의 것을 하나님께 드리고 싶어 합니다. 그러나 이는 결코 생각처럼 쉬운 것이 아닙니다. 많은 신앙 훈련과 단계를 거쳐야 가능합니다.

믿음의 조상 아브라함이 그랬습니다. 그는 믿음의 여러 단계를 거쳐 결국에는 자신이 가진 최상의 것을 기꺼이 하나님께 바치는 단계에까지 이르렀습니다. 그리하여 믿음의 조상이라 일컬음 받게 되었습니다. 이 장에서는 그가 믿음의 조상이 되기까지 거쳤던 믿음의 단계를 살펴봄으로써 최상의 것을 드리는 믿음을 배우고자 합니다.

믿음의 시련을 겪는 단계

아브라함의 믿음은 몇 단계를 거쳐 성장했습니다. 첫 번째는 믿음의 시련을 겪는 단계입니다. 어느 날 하나님은 아브라함에게 청천벽력 같은 명령을 하셨습니다. 하나님의 약속으로 받은 아들을, 그것도 100세에 얻은 독자를, 한창 귀엽게 자라고 있는 아들 이삭을 번제물로 바치라는 기막힌 명령이었습니다.

> 그 일 후에 하나님이 아브라함을 시험하시려고 그를 부르시되 아브라함아 하시니 그가 이르되 내가 여기 있나이다 여호와께서 이르시되 네 아들 네 사랑하는 독자 이삭을 데리고 모리아 땅으로 가서 내가 네게 일러 준 한 산 거기서 그를 번제로 드리라(창 22:1-2).

성경에는 이삭의 나이가 기록되지 않았지만 대충 15-16세 정도가 아니었나 추측합니다. 하나님은 한창 사랑스럽게 자라고 있는 이삭을 제물로 바치라고 명령하셨습니다. 이에 비하면 고향과 친척과 아버지의 집을 떠나라고 하셨던 명령(창 12장)은 별로 심각한 것이 아니었습니다. 세상 무엇보다도 귀한 독자 이삭을 번제로 바치라는 명령 앞에서 아브라함은 기가 막혔을 것입니다.

그런데 저는 이 장면에서 하나님이 참 지혜로우시다는 생각이 들었습니다. 만일 이런 명령을 신앙 초기에 내리셨다면, 아브라함은 서슴지 않고 "못 합니다"라고 했을 것입니다. 하나님은 아브라함이 받아들일 만한 때에 그것을 명령하셨습니다. 우리도 비슷합니다. 지금 무엇인가를 시키시면 "못 합니다" 할 사람이 많습니다. 그런데 1년이나 2년이 지나면 "해 보겠습니다"라고 말할 사람이 꽤 있습니다.

아들을 죽이라는 명령을 받았을 때, 아브라함의 심정이 어떠했겠습니까? 이 기막힌 명령은 아브라함에게 시련의 말씀이었습니다. 믿음이 있다 해도 감당하기 어려운 명령이었습니다. 하나님의 존재를 의심케 하는 명령이요, 믿음의 뿌리를 송두리째 흔드는 명령입니다. 여기서 우리는, 믿음에도 시련이 있으며 성숙한 신앙인이 되기 위해서는 감당할 수 없는 갈등도 통과해야 한다는 가르침을 얻게 됩니다. 보통은 욕심 때문에 죄짓고, 자기가 잘못해서 시련을 겪는 경우가 대부분이지만, 때로는 하나님이 우리의 믿음을 성숙시키고 연단하시기 위해서 시련을 겪게 하실 때가 있습니다. 이럴 때는 "환난은 인내를, 인내는 연단을, 연단은 소망을 이루는 줄 앎이로다"(롬 5:3-4)라는 말씀을 기억하며 하나님의 뜻에 순종해야 합니다.

그릇이 비어 있는지 차 있는지, 깨졌는지 아닌지 알려면 두드려 보지 않습니까? 마찬가지로 하나님도 우리 믿음이 진짜 믿음인지 두드려 보십니다. 미워서 때리시는 것이 아닙니다.

이는 너희 믿음의 시련이 인내를 만들어 내는 줄 너희가 앎이라 인내를 온전히 이루라 이는 너희로 온전하고 구비하여 조금도 부족함이 없게 하려 함이라(약 1:3-4).

믿음의 초기 단계에서는 시련보다는 눈에 보이는 성취감, 건강, 성공, 만족감 등 받는 것이 많습니다. 그러나 믿음의 성숙 단계에 접어들면 하나님이 자꾸 포기하도록 만드십니다. "네 것이 아니다" 하시며 재물을 포기하게 하십니다. 사업이 망하거나, 열심히 기도했는데도 병을 고치지 못해서 가족이 죽을 때도 있습니다. 세상적인 성공이나 친구, 마지막에는 자신까지 포기하게 하십니다. 자기의 분신인 아들까지 포기하도록 하셔서 믿음의 사람을 만드는 것이 하나님의 방법입니다.

믿음의 절정에서 하나님은, 우리 것은 아무것도 없음을 가르치십니다. 그렇게 하심으로써 우리가 세상 떠날 때 세상 것, 즉 재물이나 자식이나 건강이나 명예를 의지하지 않고 하나님만 의지하고 갈 수 있도록 만드시는 것입니다. 생명을 포함해서 우리의 모든 것이 주의 것이요, 하나님의 것임을 철저히 인식하게 만드시는 것입니다. 예수님은 "아무든지 나를 따라오려거든 자기를 부인하고 날마다 제 십자가를 지고 나를 따를 것이니라"(눅 9:23)고 하셨습니다.

아브라함에게 있어서 이삭을 번제로 드리는 것은 가장 견디기 힘든 혹독한 시련이었습니다. 어쩌면 아브라함은 인생 전체를 빼앗긴 듯했을 것입니다. 그럼에도 그는 하나님께 순종했습니다. 자식 문제로 시련을 겪고 있습니까? 그렇다면 그것은 믿음의 연단과 연관 있음을 알아야 합니다. 원망하거나 불평하지 마십시오. 하나님이 당신의 믿음을 정상으로 끌고 가시려는 과정이기 때문입니다. 시련에 처했을 때 우리가 취해야 할 행동은 하나님을 신뢰하는 것입니다. 하나님께 맡겨야 문제가 풀립니다.

최상의 것을 드리는 단계

두 번째는 하나님께 최상의 것을 드리는 단계입니다.

> 아브라함은 시험을 받을 때에 믿음으로 이삭을 드렸으니 그는 약속들을 받은 자로되 그 외아들을 드렸느니라(히 11:17).

아브라함은 혹독한 시련에 대해 믿음으로, 순종으로 대처했습니다. 이삭을 바치려면 칼로 죽이고 불에 태워 번제로 드려야 했습니다. 자기 손으로 자식을 죽여야 했습니다. 자기 생애 최상의 것을 하나님께 자기 손으로 드려야 했습니다. 그는 이 모든 상황을 자신의 이성으로는 납득할 수 없었지만, 명령에 순종하여 이삭을 드렸습니다.

최상의 것을 하나님께 드리지 않고 자신이 갖는 사람들이 많습니다. 이런 사람들은 교회에는 항상 헌 것, 쓰다 남은 것을 드립니다. 시간도 자투리 시간을 드립니다. 친구 만나고 사업한다고 바쁘게 돌아다니다가 잠깐 틈내서 교회에 가 주는 것입니다. 헌금도 자신이 쓸 것 다 쓰고 남으면 합니다. 봉사도 그렇습니다. 우리는 그렇게 해서는 안 됩니다. 최상의 것을 하나님께 바치는 것이 참 믿음입니다.

당신은 하나님께 무엇을 바칩니까? 양으로 봐서는 많지 않지만 자신의 전부였던 두 렙돈을 드린 과부처럼 당신의 전부를, 최상의 것을 드립니까? 아니면 체면, 인색한 마음, 자랑하는 마음이 담긴 헌금을 드립니까? 자신에게 물어보십시오. 과연 내가 하나님께 드리는 시간, 재물, 봉사는 어떤 것들입니까?

아브라함은 하나님의 명령에 순종하여 "아침에 일찍이 일어나 나귀에 안장을 지우고 두 종과 그의 아들 이삭을 데리고 번제에 쓸 나무를 쪼개어 가지고 떠나 하나님이 자기에게 일러 주신 곳"(창 22:3)으로 갔습니다. 이때 아브라함의 심정이 어땠을까요? 그가 너무나 담담하고도 침착하게 명령을 수행하는 모습이 참으로 놀랍기만 합니다.

제 삼 일에 아브라함이 눈을 들어 그곳을 멀리 바라본지라 이에 아브라함이 종들에게 이르되 너희는 나귀와 함께 여기서 기다리라 내가 아이와 함께 저기 가서 예배하고 우리가 너희에게로 돌아오리라 하고 아브라함이 이에 번제 나무를 가져다가 그의 아들 이삭에게 지우고 자기는 불과 칼을 손에 들고 두 사람이 동행하더니(창 22:4-6).

자기 아들의 죽음을 눈앞에 두고 어쩌면 이렇게 행동할 수 있었을까요? 우리로서는 상상하기 힘든 모습입니다. 하지만 이것이 우리가 본받아야 할 믿음입니다. 아브라함은 이삭을 통해서 자신의 자손이 나오리라는 것을 알고 있었습니다.

그에게 이미 말씀하시기를 네 자손이라 칭할 자는 이삭으로 말미암으리라 하셨으니(히 11:18).

그랬기 때문에 아브라함은 하나님의 명령을 담담한 심정으로 받아들이고 순종한 것입니다. 물론 그 사실을 알았더라도 아브라함처럼 행동하기는 결코 쉽지 않을 것입니다. 그가 취한 태도는 보통 사람으로서는 도저히 이해할 수 없는 태도입니다. 하지만 이것이 믿음의 두 번째 단계입니다. 어떤 상황, 어떤 환경에도 불구하고 자신이 가진 것 중 최상의 것을 하나님께 드리는 것입니다.

부활 신앙을 발견하는 단계

세 번째는 부활 신앙을 발견하는 단계입니다. 아브라함이 최상의 것을 서슴지 않고 바칠 수 있었던 것은 부활 신앙 때문입니다.

그가 하나님이 능히 이삭을 죽은 자 가운데서 다시 살리실 줄로
생각한지라 비유컨대 그를 죽은 자 가운데서 도로 받은 것이니라
(히 11:19).

이 신앙이 있었기 때문에 아들 이삭을 바칠 수 있었던 것입니다.
아브라함은 하나님이 이삭을 능히 죽은 자 가운데서 다시 살리실
것을 믿었습니다. 죽은 자를 살리시며 없는 것을 있는 것같이 부르
시는 하나님을 믿었습니다. "나는 부활이요 생명이니 나를 믿는 자
는 죽어도 살겠고 무릇 살아서 나를 믿는 자는 영원히 죽지 아니하
리니"(요 11:25-26)라는 부활 신앙을 가지고 있었던 것입니다. 아브
라함은 하나님이 죽은 자를 살리시는 분임을, 아들 독자 이삭을 살
리실 것임을 믿었습니다. 이것이 아브라함의 믿음입니다.

기독교의 원동력은 바로 이 부활의 능력입니다. 부활 신앙을 가
지면 절망했던 사람이 소망을 가지게 됩니다. 병들어 낙심했던 사
람이 천국의 소망을 가지고 다시 일어납니다. 부활의 능력은 사람
을 강건하게 합니다. 인생의 낙오자를 신앙의 영웅과 성자로 만듭
니다. 부활 신앙을 가지면 인생 쓰레기라고 지탄받던 이들도 변합
니다. 부활하신 예수를 만나 소망을 가지게 됩니다.

아브라함이 이삭을 덜 사랑해서 아무 거리낌없이 하나님께 번

제로 드리려 했던 것이 아닙니다. 너무나 크고 완전한 하나님의 사랑과 부활을 믿었기 때문에 자신이 가진 최상의 것을 드렸던 것입니다. 아브라함은 '독자 이삭이 죽더라도 하나님이 다시 살려 주실 것이다'라고 믿었을 것입니다.

이런 믿음의 행동에 하나님은 어떻게 응답하셨습니까? 칼로 이삭을 치려는 아브라함에게 "아브라함아, 아브라함아" 두 번이나 부르시면서 "그 아이에게 네 손을 대지 말라 그에게 아무 일도 하지 말라 네가 네 아들 네 독자까지도 내게 아끼지 아니하였으니 내가 이제야 네가 하나님을 경외하는 줄을 아노라"(창 22:12)고 하셨습니다. 그리고 숫양을 보내셔서 이삭 대신 죽게 하셨습니다. 이것이 하나님의 방법입니다.

이삭 대신 죽은 숫양은 누구를 상징합니까? 우리 죄를 위해 갈보리 언덕 십자가에서 피 흘려 돌아가신 하나님의 어린 양 예수 그리스도입니다. 하나님은 이삭을 바치기로 결심한 아브라함에게 오히려 자신의 독생자 예수 그리스도를 주셨던 것입니다.

예수님보다 더 큰 것은 없습니다. 하나님은 나에게 예수 그리스도를 주셨는데 내가 하나님께 무엇을 못 드리겠습니까? 돈, 명예, 보석, 자식 그 무엇을 예수님과 바꿀 수 있겠습니까? 부활 신앙을 가진 사람은 하나님을 위해 어떤 희생이라도 합니다.

이렇게 사는 대표적인 부류가 선교사들입니다. 그들은 시간이나 재물의 십일조 정도가 아니라 온 생애를 하나님께 바쳤습니다.

위클리프 성경 번역 선교회(WBT)에는 박사 학위 소지자만 해도 120여 명이나 있습니다. 그 사람들이 어디 가면 대학 교수 정도 못 하겠습니까? 자기들 먹고살 정도의 돈을 못 벌겠습니까? 그런데도 그들은 평생 오지에서 가난하게 살며 복음을 전합니다. 무엇 때문입니까? 하나님께 자신의 생애 전체를 최선의 것으로 드리기 위함입니다.

당신의 생애 전부를 하나님께 바쳐 보십시오. 하나님은 더 큰 것으로 보상해 주실 것입니다. 세상에서는 물론 천국에서 보상해 주실 것입니다. 당신의 시간을, 생애 전체를 하나님을 위해 사용하십시오. 한 알의 밀알이 땅에 떨어져 썩지 아니하면 한 알 그대로 있고, 죽으면 많은 열매를 맺을 것입니다.

28

하나님은 인간의
실수도 사용하신다

히브리서 11:20

인간이 저지르기 쉬운 두 가지 실수

이삭은 인생에서 크게 두 가지를 실패했습니다. 첫째, 그는 자식을 편애했습니다. 쌍둥이 에서와 야곱 중에서 에서를 더 사랑했습니다. 그 편애의 동기가 아주 육적입니다. 창세기 25장 28절을 보면 사냥꾼인 에서가 가져오는 고기 때문에 그를 편애했음을 알 수 있습니다. 잘못된 동기로 자식을 편애하여 결국 큰 비극을 낳았습니다.

둘째, 이삭은 하나님 뜻을 잘 깨닫지 못하는 등, 영적으로 무지했습니다. 결혼 후 기도 끝에 임신한 리브가가 "두 국민이 네 태중에 있구나 두 민족이 네 복중에서부터 나누이리라 이 족속이 저 족속보다 강하겠고 큰 자가 어린 자를 섬기리라"(창 25:23)는 하나님의 말씀을 들었습니다. 리브가는 남편에게도 이 이야기를 했을 것입니다. 이 말씀을 하나님의 섭리라는 관점에서 깨달은 리브가는, 속임수를 쓰면서까지 야곱이 에서의 축복을 가로채게끔 했습니다. 반면 영적으로 우둔한 이삭은 이 말씀을 제대로 깨닫지 못해서 세상의 전통대로 맏아들 에서를 축복하려 했습니다. 그리고 결국에는 야곱을 에서인 줄 알고 그에게 축복했습니다. 이것은 하나님의 역전 드라마였습니다. 하지만 이삭은 끝까지 하나님의 뜻을 깨닫지 못했습니다.

그렇다고 하나님이 이삭을 버리셨습니까? 아닙니다.

> 믿음으로 이삭은 장차 있을 일에 대하여 야곱과 에서에게 축복하였
> 으며(히 11:20).

이삭은 실수하고 실패했지만, 하나님은 끝까지 그를 붙들어 주
셔서 오늘날 우리로 하여금 "아브라함의 하나님, 이삭의 하나님,
야곱의 하나님"이라는 말을 듣게 하셨습니다.

호세아가 간음한 아내 고멜을 버릴 수 없었고, 하나님이 타락한
이스라엘을 버리지 않으셨던 것처럼, 하나님은 오늘날 우리도 버
리지 않으십니다. 우리를 끝까지 붙들어 주시고 새롭게 하십니다.
하나님은 산 소망을 주시고, 역전 드라마를 연출하시는 연출가입
니다.

형편없던 돌에서 멋진 조각품으로

히브리서 기자는 "믿음으로 이삭은 장차 있을 일에 대하여 야곱과
에서에게 축복하였으며"(히 11:20)라고 이삭에 대해 아주 간단하
게 설명했지만 이 말 속에는 많은 사연이 숨어 있습니다.

우리는 이미 아브라함의 생애를 살펴보면서 그가 처음부터 믿

음의 사람은 아니었고 실수도 많이 했음을 보았습니다. 하나님은 그런 아브라함에게 은혜를 베풀어 주셔서, 생애 마지막에는 그의 최상의 것, 즉 이삭을 바치는 믿음을 소유한 자로 키워 주셨습니다. 오랜 세월에 걸쳐, 연약한 아브라함을 굳건한 믿음의 사람으로 키워 주셨던 하나님은 이삭 역시 그렇게 인도해 주셨습니다. 히브리서에 그 내막이 다 기록되지는 않았지만, 하나님은 참으로 연약한 이삭을 붙들어 주셨습니다. 그리고 세상에서 제일 다루기 힘든 부류 가운데 한 명인 야곱마저 꺾으셔서 자신의 사람으로 만드셨습니다.

믿음의 조상들로 일컬어지는 아브라함, 이삭, 야곱을 돌보신 하나님을 생각할 때, 믿음의 세계에서 그 주역은 인간이 아니라 하나님이라는 사실을 깨닫습니다. 그러나 오늘날 많은 교인들은 믿음의 주역이 '나'라고 착각합니다. 그러나 인간은 결코 믿음의 주역이 될 수 없습니다. 믿음의 주인공은 하나님입니다. 나는 넘어져도 하나님은 넘어지지 않으십니다. 나는 실패할지라도 하나님은 실패하지 않으십니다. 나는 포기할지라도 하나님은 나를 포기하지 않으십니다. 내가 믿음이 있어서 하나님께 간 것이 아니라, 하나님이 내게 믿음을 주셔서 그분을 바라보게 된 것입니다.

위대한 조각가가 형편없는 돌을 다듬어서 불후의 명작을 만드는 것과 마찬가지입니다. 하나님은 형편없는 우리를 깨뜨리고 붙이고 닦고 어루만지셔서 하나님의 사람으로 조각해 가십니다. 어쩌면 지금 우리는 반쪽만 완성된 상태인지도 모릅니다. 나머지 반쪽은 아직 무디고 흉할지도 모릅니다. 그러나 점점 더 완성에 가까운 모습으로 조각될 것입니다. 아직 많은 부분이 미완성입니다. 전체적으로는 불완전합니다. 하지만 결국에는 하나님이 우리의 생애를 불후의 명작으로 만드실 것입니다. 성격이 못된 사람은 성격을, 언어가 상스럽고 좋지 않은 사람은 언어를, 손버릇이 못된 사람은 손버릇을, 마음이 더러운 사람은 마음을 더 온전하게 조각하실 것입니다. 하나님은 우리 생애 전체를 통해서 하나님 사람으로 만들어 가십니다.

이삭의 자아가 깨지던 순간

히브리서 11장 20절을 보니, 이삭이 믿음으로 '야곱과 에서'에게 축복했다 합니다. 왜 '에서와 야곱'이 아니라 '야곱과 에서'일까요? 그 이유는 창세기 26-27장에 나와 있습니다.

이삭이 나이가 많아 눈이 어두워 잘 보지 못하더니 맏아들 에서를 불러 이르되 내 아들아 하매 그가 이르되 내가 여기 있나이다 하니 이삭이 이르되 내가 이제 늙어 어느 날 죽을는지 알지 못하니 그런즉 네 기구 곧 화살통과 활을 가지고 들에 가서 나를 위하여 사냥하여 나의 즐기는 별미를 만들어 내게로 가져와서 먹게 하여 내가 죽기 전에 내 마음껏 네게 축복하게 하라(창 27:1-4).

이삭은 나이 들어 죽을 때가 가까워 오자 에서에게 축복하려고 합니다. 그때까지도 이삭은 하나님의 뜻을 모르고 있었습니다. 이 말을 엿들은 리브가가 속임수를 씁니다. 야곱에게 에서의 옷을 입히고 그 팔에는 염소 새끼 가죽을 감겨서 에서인 듯 가장하게 하고, 별미와 떡을 들려서 이삭에게 보냅니다. 에서 대신 이삭의 축복을 받게 하기 위해서입니다. 영적인 눈도 어둡고 나이 들어 육신의 눈마저 잘 보이지 않는 늙은 이삭은 잠시 의심하긴 했으나, 야곱을 에서로 잘못 알고 할 수 있는 모든 인간적인 축복을 해주었습니다.

> 내 아들의 향취는 여호와께서 복 주신 밭의 향취로다 하나님은 하늘의 이슬과 땅의 기름짐이며 풍성한 곡식과 포도주를 네게 주시기를 원하노라 만민이 너를 섬기고 열국이 네게 굴복하리니 네가 형제들의 주가 되고 네 어머니의 아들들이 네게 굴복하며 너를 저주하는 자는 저주를 받고 너를 축복하는 자는 복을 받기를 원하노라(창 27:27-29).

엄청난 축복이 끝난 뒤 에서가 등장합니다. 에서가 뒤늦게 별미를 들고 와서 축복해 달라고 하자 이삭은 '심히 크게 떨었습니다'(창 27:33). 에서는 상황을 파악하고 방성대곡하며 이삭을 졸라 댑니다. "아버지, 어떻게 이러실 수 있습니까? 제게도 축복해 주십시오. 제게 빌 복을 남겨 두지 않으셨습니까? 남은 축복이라도 해 주십시오." 하지만 이미 빼앗긴 축복은 울고 화낸다고 해서 되찾을 수 있는 것이 아니었습니다. 이삭은 아쉬운 대로 에서에게 이렇게 축복합니다.

> 네 주소는 땅의 기름짐에서 멀고 내리는 하늘 이슬에서 멀 것이며 너는 칼을 믿고 생활하겠고 네 아우를 섬길 것이며 네가 매임을 벗을 때에는 그 멍에를 네 목에서 떨쳐 버리리라 하였더라(창 27:39-40).

에서는 참으로 비참한 심정으로 축복을 받았을 것입니다. 예전에 팥죽 한 그릇에 장자의 명분을 빼앗긴 것도 억울한데, 이제는 축복마저 빼앗겼으니 그 마음이 얼마나 상했겠습니까. 결국 에서는 "야곱을 미워하여 심중에 이르기를 아버지를 곡할 때가 가까웠은즉 내가 내 아우 야곱을 죽이리라"(창 27:41)고 결심합니다.

이삭은 속아서 야곱에게 축복했지만, 사실 이는 하나님의 뜻이었습니다. 이삭의 무지로 일어난 일이지만 거기에는 하나님의 뜻이 개입되어 있었습니다. 그래서 인간의 실수는 하나님의 성취일 수 있습니다. 세상만사가 내 뜻대로 안 될 때, 어쩌면 그때는 하나님의 뜻이 이뤄지고 있는 것인지도 모릅니다. 내가 실패라고 생각하는 그 실패가 하나님의 성공일 수도 있습니다. 반대로, 세상에서 성공한 것이 하나님 편에서는 실패일 수도 있습니다.

그러므로 세상에서 일어난 사건이나 우리 인생 가운데 일어난 어떤 일들을 해석할 때는 그 이면에 담겨 있는 하나님의 뜻을 찾아서 볼 줄 알아야 합니다. 내가 하나님 안에 있느냐 없느냐, 하나님의 뜻 안에 있느냐 없느냐로 내 생애가 결정되는 것이지 세상적인 가치관으로 내 생애가 결정되는 것이 아닙니다.

이삭이 야곱에게 속은 사실을 알았을 때 "심히 크게 떨었다"고 했는데, 이것은 속은 것에 대한 노여움이 아니라 하나님의 섭리에 대한 충격이었습니다. 어떤 주석가는 이 부분을 이렇게 해석합니다. "이삭이 속았음을 깨닫고 심히 크게 떨었던 그때 그 순간은, 이삭의 자아가 깨지고 육체가 깨지는 순간이었다."

우리 또한 이런 때가 있지 않습니까? 자기가 기대했던 것, 원했던 것이 무너질 때 자기 인생이 무너지는 것을 느낍니다. 수치와 모멸, 손가락질당하는 순간이 당신의 자아가 깨어지는 순간입니다. 당신 안의 이삭이 깨어지는 순간입니다. 분명히 이삭은 에서를 축복했는데, 하나님은 축복의 대상을 야곱으로 바꾸어 놓으셨습니다. 내 뜻이 무너지고 하나님의 뜻이 이뤄지는 순간입니다. 이런 때는 고난당하면서도 오히려 기쁘고 감사한 생각이 듭니다.

하나님의 뜻을 발견한 사람은 이런 반응을 보입니다. 병들어 죽게 되어도 "할렐루야, 감사합니다. 이런 시련을 주셔서 감사합니다"라고 고백합니다. 그래서 병상에서도 하나님을 만나고, 시련 중에도 하나님을 깨닫고, 역경 속에서도 하나님의 섭리를 발견합니다. 이것이 믿음입니다. 이런 사람은 어려움 속에서도 곧 일어날 것입니다. 하나님이 그 삶을 역전의 드라마로 만들어 주실 것입니다. 야구 경기에서 계속 지다가 마지막 회에 만루 홈런을 쳐서 역전하듯이 말입니다.

하나님은 충분히 그렇게 하실 수 있습니다. 그러므로 세상에서 크게 성공했다고 자만하지 마십시오. 반대로, 큰 어려움과 실패를 당했다고 너무 실망하지도 마십시오. 하나님의 뜻은 그런 데 있지 않습니다.

끝까지 책임져 주시는 하나님

우리가 히브리서 11장 20절과 이삭의 가족을 통해 배우는 진리는 이것입니다. 첫째, 축복은 사람의 뜻대로 하는 것도 아니고, 사람이 만드는 것도 아닙니다. 어떤 사람은 믿음으로 축복을 만들려고 합니다. 십일조 헌금 드리고, 주일 성수하고, 아침부터 저녁까지 봉사하면 하나님이 축복하실 것이라 생각합니다. 이는 믿음을 이용해서 축복을 제조하려는 어리석은 태도입니다. 축복은 하나님이 주시는 것이지 인간이 좌지우지할 수 없습니다. 참된 믿음은 내 뜻을 성취하는 것이 아니라 하나님의 뜻을 받아들이는 것입니다. 하나님의 뜻이면 싫어도 받아들이십시오. 그러면 하나님은 복을 주십니다. 오히려 인간의 생각으로 골라서 복을 선택하면 위기가 옵니다.

둘째, 육체적으로 먼저 났다고 해서 영적으로도 우선하는 것은 아닙니다. "육으로 난 것은 육이요 영으로 난 것은 영이니"(요 3:6)라는 말씀이 있습니다. 인간적인 우선순위가 하늘의 우선순위와 늘 일치하는 것은 아닙니다. 큰아들이 작은아들보다 반드시 우선해야 된다는 법은 없습니다. 높은 사람이 낮은 사람보다 우선된다, 배운 사람이 못 배운 사람보다 우선된다, 잘난 사람이 못난 사람보다 우선된다, 이런 것은 다 세상의 원리입니다.

성경은 그렇게 말하지 않습니다. 하늘나라에서는 그런 법칙이 통하지 않습니다. 교회 안에는 높고 낮음이 없습니다. 먼저 태어났다고 해서 무조건 영적으로 더 많이 축복받는 것은 아닙니다. 예수님은 "이와 같이 나중 된 자로서 먼저 되고 먼저 된 자로서 나중 되리라"(마 20:16)는 말씀을 하신 적이 있습니다. 예수님을 오래 믿었다고 자랑하지 마십시오. 유아세례 받았다고 자랑하지 마십시오. 오직 예수 그리스도를 아는 것을 자랑하십시오. 나중 된 자가 먼저 될 수 있습니다. 먼저 믿었다고 교만하지 말고, 나중에 믿었다고 낙심하지 마십시오.

셋째, 아무리 좋은 복도 소홀히 하면 빼앗길 수 있습니다. 에서가 그랬습니다. 그는 장자 직분을 소홀히 여기고 영적으로 무지했기 때문에 축복을 빼앗겼습니다. 반면, 야곱은 속임수와 거짓을 사용하긴 했으나 영적인 것에 대한 갈급함이 있었습니다. 그는 장자의 직분과 축복이 귀한 것임을 알았습니다. 그래서 에서에게서 그것을 빼앗았던 것입니다. 우리는 야곱에게서 영적인 것을 사모하는 마음을 배워야 합니다. 영적인 것 외에도 건강, 재물, 주신 환경과 여건 등을 귀하게 여기십시오. 이런 것을 소홀히 여기면 잃을 수 있습니다. 가정과 교회와 나라의 소중함을 알고 귀하게 여기며 지켜 나가십시오.

넷째, 야곱의 영적인 열망과 사모함은 아름다운 것입니다. 하지만 거짓말을 한 것은 합리화할 수 없습니다. 때로 신앙이라는 이름으로 자기의 허물을 합리화하는 사람들이 있습니다. 하지만 거짓은 거짓입니다. 잘못은 잘못입니다. 성경책을 읽기 위해 촛불 한자루 훔치는 일을 합리화해서는 안 됩니다. 헌금을 하겠다고 도둑질하지 마십시오. 옳지 못한 방법으로 번 돈을 가지고 교회에 오지마십시오. 하나님은 기만당하지 않으십니다.

결국 야곱도 거짓말에 대한 대가를 톡톡히 치렀습니다. 속이는 사람은 속게 마련입니다. 이것이 성경의 원리입니다. 장자의 명분은 얻었지만, 그 역시 삼촌이자 장인인 라반에게 속았습니다. 라반의 딸 라헬을 아내로 얻기 위해 라반의 집에서 7년을 일했지만 그 대가로 얻은 것은 라헬이 아니라 레아였습니다. 라반이 그를 속인것입니다. 야곱은 라헬을 얻기 위해 7년을 더 일해야 했습니다. 그가 속은 것은 그뿐만이 아닙니다. 라반의 집에 있을 때, 그는 10번이나 노동의 대가를 제대로 받지 못했습니다(창 31:7). 남을 속였던 대로 그 역시 평생 동안 고생했습니다. 은혜는 받았지만 생애는 편안하지 못했습니다. 그래서 야곱은 마지막에 자신의 생애를 '험악한 세월'이라고 했습니다.

우리는 이삭을 통해 영적 둔함이 얼마나 치명적인 결과를 가져오는지 알았습니다. 그러나 그런 인간의 연약함에도 불구하고 하나님이 끝까지 책임져 주신다는 것도 배웠습니다. 영적인 것을 사모하고 추구하되 정직하고 성실하게 하십시오. 매 순간 하나님의 뜻을 헤아려 그분의 뜻을 이루어 드리는 삶을 살기 바랍니다.

29

죽음에도
믿음이 필요하다

히브리서 11:21

어떻게 사는가도 중요하지만, 어떻게 죽는가도 그에 못지않게 중요합니다. 때에 따라서는 죽음으로 그 사람의 전 생애가 평가되기도 하기 때문입니다. 대부분의 사람들에게 죽음은 인간의 무력함과 허무를 느끼게 합니다. 그러나 믿음의 사람에게는 죽음이 잠자는 것처럼 평안하고 행복하게 느껴집니다. 신실한 그리스도인들은 내일을 위해 피곤한 몸을 기쁘게 침대에 의탁하듯, 부활의 새 아침과 영광스러운 보좌를 생각하면서 조용히 죽음을 맞이합니다. 그리스도인들은 죽음을 향해 "사망아 너의 승리가 어디 있느냐 사망아 네가 쏘는 것이 어디 있느냐"(고전 15:55)고 꾸짖기도 합니다. 그렇게 죽음 앞에 당당합니다.

예수 믿는 사람으로서 우리는 죽음을 어떻게 맞이하는 것이 좋을까요? 죽음 앞에 두려움 없고, 죽음 앞에 부끄러움 없고, 죽음 앞에 당황함 없이 승리의 개선가와 찬양을 부르면서 죽음을 맞이할 수 있다면 그 인생은 정말 훌륭한 인생입니다. 여기, 험한 인생을 살았으나 죽음을 앞두고 의연히 죽음을 준비했던 믿음의 사람 야곱에게서 그 지혜를 배우기 바랍니다.

세상적 성공과 영적 가난을 겪은 야곱

믿음으로 야곱은 죽을 때에 요셉의 각 아들에게 축복하고 그 지팡이 머리에 의지하여 경배하였으며(히 11:21).

이 말씀은 믿음의 조상 야곱이 죽음을 준비했다는 내용입니다. "믿음으로 야곱은 죽을 때에." 사람은 누구나 한 번은 죽음에 직면합니다. 죽음에 직면할 때의 모습에 따라 두 부류로 나눌 수 있는데, 절망으로 죽음을 만나는 사람과 믿음으로 죽음을 만나는 사람입니다.

성경에서 가장 극적인 삶을 살았던 사람을 소개한다면 아마 야곱일 것입니다. 인생에서 많은 우여곡절을 겪었던 야곱도 예외 없이 죽음에 직면하게 되었습니다. 그는 자기의 삶에 대해서 이렇게 고백한 적이 있습니다. "나의 삶은 나그네 삶이었다. 나는 험악한 삶을 살았다"(창 47:9 참조).

야곱은 어쩌다가 이런 고백을 하게 되었을까요? 야곱은 자기밖에 모르는 죄 많은 현대인의 모습을 닮았습니다. 그는 태어나면서부터 고집 세고 이기적이었으며, 자라면서는 사기와 거짓에 정통했고, 목적을 위해서는 수단과 방법을 가리지 않았습니다. 야곱의 인생을 보면 크게 세 가지 특징을 발견할 수 있습니다.

첫째, 그는 명분을 아는 사람이었습니다. 축복권을 알고 명예를 아는 사람이었습니다. 그랬기 때문에 형 에서를 속이고 팥죽 한 그 릇에 장자권을 빼앗았던 것입니다. 비록 도둑질해서 얻은 장자권 이지만, 그것이 아주 소중하다는 것을 알았던 사람입니다.

둘째, 야곱은 사랑을 아는 사람입니다. 한 여자를 얻기 위해 무려 14년을 수일처럼 보낸 집념의 사람입니다. 한 여자를 위해 14년 동 안 자기 생애를 투자할 수 있다면 그는 멋진 남자입니다. 인간적으 로 볼 때 야곱은 사랑을 아는 진짜 남자였습니다.

셋째, 그는 돈과 재물을 아는 남자였습니다. 돈의 위력을 알고, 재물의 소중함과 유용성을 아는 사람이었기에 삼촌 라반의 집에 있을 때 양과 소를 합리적인 방법으로 취했던 것입니다. 그는 아무 도 비난할 수 없는 방법으로 라반의 기축 일부를 자기의 것으로 만 들었습니다.

그러고 보면 야곱은 명분과 명예를 알고, 사랑을 알고, 돈과 재 물을 아는, 현대인이 추구하는 남성상입니다.

그러나 문제는 그에게 평안할 날이 없었다는 것입니다. 사랑도 얻고, 돈과 재물도 얻고, 비록 도둑질한 것이지만 장자의 명분도 얻어서 부족함이 없는 듯했는데 사실은 불안하고 쫓기는 신세였 습니다. 야곱이 편하게 발 뻗고 잔 날이 과연 며칠이나 될까 생각 해 봅니다. 야곱은 특히 정신적, 영적인 고통을 겪었습니다. 자기 가 살아온 삶이 근본적으로 잘못되었고 죄와 허물로 가득 찼다는 것을 누구보다도 자신이 잘 알고 있었기 때문입니다. 세상적인 성공 앞에서 그는 영적인 비참함을 맛보아야만 했습니다.

그래서 야곱은 얍복 강에서 천사를 만났을 때 그와 심각하게 씨름했습니다. 천사를 붙들고는 축복해 주지 않으면 놓을 수 없다고 매달렸습니다. 천사가 그의 허벅지 관절을 쳐서 부러뜨렸는데도 놓지 않았습니다. 결국 천사는 야곱에게 '이스라엘'이라는 새 이름을 주고 축복한 후에야 떠날 수 있었습니다. '이스라엘'은 '하나님과 겨루어 이겼다'는 뜻입니다.

야곱은 하나님께 은혜를 받는 것까지도 이렇게 인간적으로 했습니다. 허벅지 관절이 부러지면서까지 천사를 놓아 주지 않고 축복을 받은 것, 장자의 명분을 훔쳐서 이삭의 축복을 받은 것, 이 모두 인간적으로 애써서 얻어 낸 것입니다. 야곱은 하나님의 은혜조차도 전투적으로 싸우면서 받은 사람입니다. 그러니 자신 말대로 그의 인생은 험악한 나그네 생애였습니다.

그러나 야곱은 하나님을 경험하고, 하나님께 새 이름을 받고 나서 달라집니다. 야곱에서 이스라엘로 변화된, 참으로 겸손하고 하나님의 뜻에 순종하는 삶을 살았습니다. 우리도 어떤 삶을 살았든지 마지막 날에는 인생을 결산해야 합니다. 그리고 세상을 떠날 때는 가지고 있던 모든 것, 재물, 명예, 명분, 사랑, 자식도 다 놓고 떠나야 합니다. 아무것도 가져갈 수 없습니다. 오직 하나님께 의로운 것만 남습니다. 그러므로 우리는 죽음을 준비하되 제대로 해야 합니다. 믿음으로 죽음을 준비해야 합니다.

세상 질서와 다른 하나님의 질서

히브리서 11장 21절 뒷부분을 보면, 야곱은 믿음으로 죽음을 준비하면서 두 가지를 행했습니다. 하나는, 죽기 전에 하나님의 뜻대로 요셉의 아들들을 축복했습니다. 또 하나는, 죽기 전에 그 지팡이에 의지해서 하나님께 경배했습니다.

부모가 죽을 때 자식들에게 축복하고 유언하는 일은 믿음의 사람이 아니더라도 많이 하는 일입니다. 그러나 야곱이 요셉의 각 아들들을 축복했다는 말에는 특별한 의미가 있습니다.

창세기 48장 1절을 보면, 야곱이 병들어 죽게 되었을 때 열두 명의 아들 중에 가장 사랑하는 아들 요셉이 이 소식을 듣고 아버지 앞에 나아갑니다. 요셉에게는 두 아들이 있었습니다. 므낫세와 에브라임입니다. 야곱은 두 손자를 축복하려고 했습니다.

그런데 야곱의 축복 과정에 이상한 점이 있습니다. 요셉은 분명히 '므낫세와 에브라임'이라고 했는데 야곱은 5절에서 '에브라임과 므낫세'라고 순서를 바꾸어 말합니다.

> 내가 애굽으로 와서 네게 이르기 전에 애굽에서 네가 낳은 두 아들 에브라임과 므낫세는 내 것이라 르우벤과 시므온처럼 내 것이 될 것이요.

또 하나 이상한 점은, 야곱이 손을 바꾸어 축복한 것입니다. 요섭은 야곱의 축복을 받도록 장자 므낫세를 야곱의 오른손 쪽에, 에브라임을 왼손 쪽에 세웠는데, 야곱은 팔을 어긋맞게 손을 얹었습니다. 즉 오른손은 에브라임의 머리에, 왼손은 므낫세의 머리에 얹은 것입니다. 이 모습을 본 요셉은 마음이 좋지 않았습니다. 오른손을 장자인 므낫세에게 얹어야 한다고 생각했기 때문입니다.

> 요셉이 그 아버지가 오른손을 에브라임의 머리에 얹은 것을 보고 기뻐하지 아니하여 아버지의 손을 들어 에브라임의 머리에서 므낫세의 머리로 옮기고자 하여(창 48:17).

요셉은 야곱의 손을 옮기려 했습니다. 그러자 야곱은 거절하면서 의미 있는 말을 합니다. "나도 안다. 내 아들아, 나도 안다." 야곱은 같은 말을 두 번이나 합니다. 그리고 이렇게 덧붙입니다. "그도 한 족속이 되며 그도 크게 되려니와 그의 아우가 그보다 큰 자가 되고 그의 자손이 여러 민족을 이루리라" 하면서 그냥 그대로 축복을 마칩니다(창 48:19).

이 부분을 오해하지 마십시오. 이 말씀은 하나님이 편애하셔서 큰아들보다 작은아들을 더 사랑하셨다는 이야기가 아닙니다. 이는 하나님의 뜻과 섭리가 있다는 것을 보여 주고자 하는 말씀입니다. 많은 경우, 우리는 하나님의 뜻과 섭리를 헤아리기보다 세상 전통을 의지하여 그에 따라 해석하고 일을 처리합니다. 큰아들은 작은아들보다 나아야 하고, 배운 자는 못 배운 자보다 나아야 하고, 있는 자는 없는 자보다 나아야 한다는 세상의 계급 체계와 사고방식과 전통은 천국의 질서가 아닙니다. 성경은 "나중 된 자로서 먼저 되고 먼저 된 자로서 나중 되리라"(마 20:16)고 했습니다. 이것이 성경의 진리입니다. 9시에 온 자나 5시에 온 자나 상급은 똑같다는 것입니다(마 20:1-16).

요셉의 아들들을 축복하는 야곱의 행위는, 하나님 나라의 질서는 세상과 다르다는 것을 보여 줍니다. 그러므로 우리가 분명히 알아야 할 것은 하나님의 질서, 하나님의 진리, 하나님의 뜻입니다. 장자냐 차자냐, 부자냐 가난한 자냐, 오래된 신자냐 새 신자냐, 이런 것이 중요한 문제가 아닙니다. 하나님은 그 누구를 통해서도 구원 역사를 일으키실 수 있고, 하나님의 뜻을 이루실 수 있습니다.

사람의 시각으로 하나님의 질서를 판단하지 마십시오. 여기서는 하나님의 계획이 에브라임에게 있었던 것입니다. 그래서 에브라임을 축복해 주길 원하셨는데, 야곱이 그 뜻을 깨닫고 인간의 전통과 질서를 초월해 하나님의 뜻에 순종한 것입니다.

젊었을 때 혹시 자기 뜻대로 살았을지라도, 죽음 앞에 서기 전에는 하나님의 뜻에 순종하며 하나님의 뜻을 이뤄 드리고 세상을 떠나야 합니다. 젊었을 때 반항했다면 그것으로 족합니다. 나이 들어 늙어서까지 그런 인생을 살아서는 안 됩니다. 그러면 비참한 죽음을 맞이할 것입니다. 세상을 초월해 하나님 뜻대로 살다가, 모든 것을 놓고 깨끗하게 하나님 앞에 갈 수 있는 준비를 미리 해야 합니다.

그래서 어떤 사람들은 평생 모은 재산을 자식에게 물려주지 않고 사회에 바칩니다. 혹은 하나님께 바칩니다. 많은 선교 단체들이 이런 사람들의 기부금으로 오랫동안 명맥을 유지해 왔습니다. 당신의 남은 생애를 어떻게 깨끗이 마칠 것인가를 야곱을 통해 배우십시오. 야곱은 하나님 뜻에 순종했습니다. 그래서 그는 므낫세와 에브라임을 축복할 때 손을 엇갈려 얹었던 것입니다.

오직 하나님이 약속하신 땅으로

야곱이 죽음을 준비하면서 행한 것이 또 하나 있습니다. 히브리서 11장 21절에 나오듯이, 그는 지팡이 머리에 의지하여 하나님을 경배했습니다. 창세기에도 야곱이 죽음을 앞에 두고 하나님께 경배하는 내용이 나옵니다.

이스라엘이 죽을 날이 가까우매 그의 아들 요셉을 불러 그에게 이르되 이제 내가 네게 은혜를 입었거든 청하노니 네 손을 내 허벅지 아래에 넣고 인애와 성실함으로 내게 행하여 애굽에 나를 장사하지 아니하도록 하라 내가 조상들과 함께 눕거든 너는 나를 애굽에서 메어다가 조상의 묘지에 장사하라 요셉이 이르되 내가 아버지의 말씀대로 행하리이다 야곱이 또 이르되 내게 맹세하라 하매 그가 맹세하니 이스라엘이 침상 머리에서 하나님께 경배하니라(창 47:29-31).

야곱의 생존 당시 애굽은 매우 발달된 도시였고, 문화 도시였습니다. 미라를 통해서 알 수 있듯이, 시체 보관 기술이나 무덤 등 장례 관련 기술이 금세기도 따라갈 수 없을 만큼 발달했습니다. 장례식의 화려함은 이루 말할 수 없었습니다. 그러나 야곱은 애굽의 장례도 원치 않았고, 애굽 땅에 묻히는 것도 원치 않았습니다. 요셉에게 자신을 약속의 땅에 묻어 달라고 부탁합니다. 선조들이 있는 믿음의 땅에 묻어 달라고 합니다.

요셉이 그렇게 하겠다고 약속하자 야곱은 하나님께 경배합니다. 죽음을 준비하는 야곱에게 있어서 중요한 것은 문화적 화려함, 물질적 풍성함이 아니었습니다. 그는 오직 하나님이 약속하신 땅에 관심이 있었습니다. 오늘을 사는 당신은 어떻습니까? 현실의 화려함에 만족하고 있습니까? 아니면 당신이 가야 할 약속의 땅에 관심이 있습니까?

죽음을 앞둔 야곱은 믿음의 조상 아브라함과 이삭 옆에 묻혀야겠다는 의지를 보여 줍니다. 그리고 살기 좋고 풍요로운 애굽 땅에 계속 거하려 할 자신의 후손들에게 미리 경종을 울립니다. 야곱은 이 유언을 통해 후손들에게 이렇게 말하고 있는 것입니다. "여기 애굽은 너희가 살 땅이 아니다. 너희는 하나님이 약속하신 땅,

더 나은 본향을 사모해야 한다." 야곱의 유언은 이 사실을 일깨워 줍니다.

야곱은 자신의 유언을 통해 자손들에게 위대한 진리를 전하고 있습니다. 믿음은, 하나님이 원하시는 곳이라면 나쁜 환경일지라도 기꺼이 가는 것이라는 사실입니다. 사람은 자신을 높이기는 쉬우나 낮추기는 어렵습니다. 좋은 곳에서 살기는 쉬우나 어떤 뜻과 의지 때문에 더 나쁜 환경으로 옮기는 것은 쉬운 일이 아닙니다. 예를 들어, 큰 집에 살다가 작은 집으로 가면 무척 불편해합니다. 힘들어합니다. 이렇게 집 하나 좁아져도 힘든데, 아무리 고귀한 목적이 있다 한들 스스로 더 나쁜 환경으로 가는 것은 결코 쉬운 일이 아닙니다. 그러나 믿음은 그렇게 할 수 있게 합니다.

아프리카 감비아에서 사역했던 선교사 가운데 이재환 선교사가 있습니다. 그 아내가 감비아에서 임신을 했는데 통 먹을 게 없었습니다. 돈이 있어도 사 먹을 것이 없을 정도였습니다. 외국인 가게에 가지 않으면 식료품 살 데가 없었습니다. 그래서 임신을 했는데도 라면 하나가 없어서 굶은 적이 있다고 합니다.

감비아는 먹을 것이 없을 뿐 아니라 기후도 그리 좋지 않습니다. 습도가 보통 80% 이상입니다. 습기는 너무 많고 날은 너무 뜨거워서 피부에 안 좋습니다. 이곳에서 1년 지낸 처녀 선교사가 보기 흉할 정도로 얼굴이 상해서 휴식하러 나온 것을 보았습니다.

이들이 무엇 때문에 전도의 열매도 별로 없는 곳에서 평생을 이리 어렵게 살아야 합니까? 예수 그리스도의 명령 때문에, 주님 때문에 그러는 것 아니겠습니까? 믿음은 하나님을 위해서 우리 자신을 더 낮은 곳으로 기꺼이 내모는 것입니다.

더 나은 본향을 맞을 준비

예수님은 본래 하나님과 동등하셨습니다. 그러나 자신의 높은 자리를 버리고 낮은 곳으로 오셨습니다. 종이 되어 우리 인간과 같이 되셨습니다.

> 그는 근본 하나님의 본체시나 하나님과 동등됨을 취할 것으로 여기지 아니하시고 오히려 자기를 비워 종의 형체를 가지사 사람들과 같이 되셨고 사람의 모양으로 나타나사 자기를 낮추시고 죽기까지 복종하셨으니 곧 십자가에 죽으심이라(빌 2:6-8).

신앙은 안일한 것을 추구하지 않습니다. 예수님처럼 자신을 찢고 쪼개서 가난한 사람, 어려운 사람, 도움이 필요한 사람들을 찾아가 자신을 내주고 복음을 전합니다. 신앙의 궁극적인 목표는 개인의 행복과 안일과 평안이 아닙니다.

우리에게는 더 나은 본향이 있습니다. 그 본향을 사모하십시오. 언젠가 죽을 그때, 우리는 기쁘게 죽어야 합니다. 찬송을 부르면서, 후회 없이, 평안하게 죽어야 합니다. 그러려면 이 땅에서는 좀 고생하더라도 의를 추구하십시오. 세상 사람같이 편안함만 추구하지 마십시오. 예수님은 하늘 보좌를 버리고 우리에게 오셨습니다. 오셔서 제자들의 발을 씻겨 주셨고, 세리, 창녀, 귀신 들린 자, 각색 병든 자들의 친구가 되어 주셨습니다. 이스라엘은 애굽의 편안한 생활을 버리고 약속의 땅으로 길을 나섰습니다.

우리에게도 약속의 땅, 새 하늘과 새 땅이 있습니다. 그러므로 고난을 두려워하지 말고, 역경을 두려워하지 말고, 주님이 부르시면 언제 어디나 갈 준비를 해야 합니다. 야곱이 자신의 죽음을 앞두고, 하나님 뜻대로 후손들을 축복하고 하나님을 경배하며 죽음을 준비했던 것처럼, 우리도 죽음 앞에서 마지막 올바른 선택을 할 수 있기 바랍니다.

하나님이 오늘 당신을 부르시면, 어떤 모습으로 그분 앞에 서게 될지 생각하며 살아가십시오. 하나님이 언제 부르셔도 기쁘게 그분 앞에 갈 수 있도록 준비하십시오. 영원한 나라를 바라보며 야곱처럼 믿음으로 죽음을 준비하고, 세상에 미련 두지 않는 천국 시민의 삶을 살기 바랍니다.

30

하나님과 함께함이
형통이다

히브리서 11:22

믿음은 우리 삶뿐 아니라 죽음도 주관합니다. 믿음은 우리가 죽음을 초월하여 하나님께 나아갈 수 있는 길을 열어 줍니다. 우리는 요셉에게서 그러한 믿음을 봅니다. 이 장에서는 요셉의 생애를 통해 '믿음은 죽음을 준비할 뿐 아니라 죽음을 초월한다'는 진리를 살펴보겠습니다.

믿음으로 요셉은 임종 시에 이스라엘 자손들이 떠날 것을 말하고 또 자기 뼈를 위하여 명하였으며(히 11:22).

요셉의 생애에 관해서는 이야기할 것이 참 많습니다. 그런데 히브리서 기자는 왜 하필이면 그가 죽을 때 한 이 말만 소개했을까요?

파란만장했던 요셉 일대기

요셉은 꿈꾸는 소년이었습니다. 요셉은 하나님이 보여 주시는 꿈을 꿀 줄 아는 사람이었습니다. 그는 다른 형제들보다 훨씬 더 아버지의 총애를 받았고, 그 때문에 형들이 그를 시기했습니다. 요셉은 형들의 미움을 받아 열일곱 살 때부터 고난을 겪기 시작했습니다. 고난을 알기에는 아직 어린 나이입니다. 그는 형들에 의해 깊은 구덩이에 던져지고, 이국의 상인들에게 팔려 한 번도 가 본 적 없는 먼 외국 땅에 끌려갔습니다.

애굽으로 끌려간 요셉은 애굽 왕의 신하 보디발의 집에 팔렸습니다. 어린 나이에 강제로 부모 형제와 헤어져 먼 땅에 끌려온 요셉, 그는 절망과 고난 속에서도 어릴 적부터 섬겨 온 하나님을 잊지 않았습니다. 변함없이 하나님을 경배하고, 그분께 감사하고, 기쁨 넘치는 삶을 살았습니다. 하나님도 그런 요셉과 함께하셨습니다. 요셉의 주위 사람들도 그의 형통함을 보고 하나님이 그와 함께하심을 볼 수 있었습니다. 요셉은 주인의 총애를 받아 그 집의 가정 총무가 됩니다. 주인이 자기 식료 외에 모든 소유를 맡길 정도로 신임을 얻었습니다.

그러나 또 하나의 고난이 기다리고 있었습니다. 보디발의 아내가 요셉을 유혹한 것입니다. 요셉은 이 여자의 유혹을 물리쳤으나 누명을 쓰고 감옥에 들어갔습니다. 그래도 요셉은 변명하지 않았습니다. 누구를 원망하지도 않았습니다. 주인집 여자한테 죄가 있다는 것도 말하지 않고 자신이 누명을 쓴 채 감옥에 들어갔습니다.

하나님을 섬기는 요셉은 감옥에서도 신실한 청지기 삶을 살았습니다. 그래서 지금의 교도소장인 간수장의 신임을 얻었습니다. 간수장은 옥의 모든 죄수를 요셉의 손에 맡겼습니다. 요셉은 옥에서도 하나님이 함께하심으로 형통했습니다.

요셉이 감옥에 있을 때, 떡 맡은 관원과 술 맡은 관원이 왕에게 죄를 지어 감옥에 들어왔습니다. 어느 날 그들은 이상한 꿈을 꾸고, 요셉은 그 꿈을 해석해 주었습니다. 사흘 후, 요셉의 해몽대로 한 관원은 왕에게 용서받아 풀려나고 한 관원은 사형에 처해졌습니다. 이 해몽이 계기가 되어, 요셉은 애굽의 총리대신으로 발탁되었습니다. 이때 요셉의 나이 서른 살이었습니다. 그 후에도 하나님이 함께하심으로 말미암아 요셉은 애굽의 흉년을 대비하고 막아내는 선정을 베풀었습니다.

요셉 생애의 인생 역전 드라마는 여기서 끝나지 않습니다. 그 절정은 아마도 자신을 판 형들과의 해후일 것입니다. 그는 자신을 미워하고, 괴롭히고, 상인들에게 팔았던 형들을 다시 만나 그들을 용서했습니다. 아버지 야곱을 만나 서로 껴안고 목 놓아 우는 장면 또한 요셉의 드라마에서 빼놓을 수 없는 대목입니다.

요셉에게서 배우는 인생 지혜

이러한 요셉의 인생을 볼 때, 결과적으로 그는 형통한 인생을 살았습니다. 하지만 사실, 억울한 것으로 치면 이 사람만큼 억울한 사람이 어디 있으며, 분한 것으로 치면 이 사람만큼 분한 생애를 산 사람이 어디 있겠습니까? 그는 상황이 어떻든 하나님 앞에 나아갔고 믿음, 정직, 성실로써 하나님을 섬기고 찬양했습니다. 언제나 하나님 앞에 최선의 삶을 살았는데, 유감스럽게도 그에게 주어진 응답은 최악의 조건과 최악의 환경이었습니다. 세상의 시각으로 말한다면 실패와 패배의 인생길을 수없이 걸었습니다.

형들의 미움, 구덩이에 던져짐, 아는 이 하나 없는 애굽 땅에 팔려가 겪은 노예 생활, 아무 죄 없이 겪어야 했던 감옥 생활, 감옥에서 오랜 시간 기다릴 수밖에 없었던 나날들. 어떤 성인군자인들 이런 환경에서 원망과 불평을 하지 않을 수 있겠습니까? "나는 정말 억울합니다. 나는 왜 이렇게 억울한 인생을 살아야 합니까?" 하며 하나님을 향해 주먹질하지 않을 사람이 얼마나 있겠습니까? 요셉의 경우, 하나님을 섬기면 섬길수록 환경은 더욱더 나빠졌습니다.

그러나 이러한 불행 속에서도 요셉은 한 번도 원망한 적이 없습니다. 하나님을 섬기는 것과 환경은 별개라는 듯이, 아무 상관없다는 듯이, 그는 하나님을 찬양하고 기뻐하고 의지하고, 하나님께 기도했습니다. 환경을 불평하거나 자신의 생애에 대해 비관하지도 않았습니다. 고난이 약이라도 되는 것처럼, 고난을 겪을수록 오히려 더, 하나님에 대한 그의 믿음은 짙어지고 깊어지고 강해졌습니다.

자학도, 교만도 버리십시오

요셉은 환경이 좋았기에 하나님을 믿은 사람이 아닙니다. 하나님이 복을 주었기에 하나님께 감사하고 헌금하고 헌신한 사람이 아닙니다. 그는 모든 상황을 초월해서 하나님을 믿었습니다. 자신이 믿는 하나님이 공의의 하나님이요, 거룩하고 전능하신 창조주 하나님이신 것을 믿었습니다.

요셉은 또한 나쁜 환경과 불행 속에서도 열등의식이나 우월의식을 품지 않았습니다. 그는 언제 어디서든 아름답고 깨끗한 영혼을 지켰습니다. 인간은 고난에 직면하고 어려움에 빠지면 자기 인격을 팔고 삶을 비관하거나 환경을 원망하는 것이 보통입니다. 그러다 보면 열등의식에 빠지기 일쑤입니다. 반대로, 조금만 잘나가도 하늘 높은 줄 모르고 교만해지는 것이 인간입니다. 그러나 요셉은 결코 그렇지 않았습니다. 그는 좋을 때나 나쁠 때나 하나님 앞에서 한결같이 성실했습니다.

열등의식은 신앙생활의 무서운 적입니다. 열등의식이 신앙으로 위장하면 아주 골치 아픕니다. 끊임없이 인간들을 괴롭혀 온 열등의식과 우월의식은 마귀가 주는 것입니다.

열등의식과 우월의식은 비교에서 비롯됩니다. 물건끼리는 비교해도 괜찮지만, 인간끼리는 비교하면 안 됩니다. 하나님의 형상대로 창조된 인간은 비교 대상이 아닙니다. 있는 그대로 받아들여야 합니다.

열등의식에 빠지면 절망하고 비관하고 자학합니다. 우월의식에 빠지면 하나님을 무시하고 교만하고 자신이 세상에서 가장 잘난 줄 압니다. 이 둘은 인간의 영혼을 아주 처참하게 파괴하는 요인들입니다. 우리가 신앙생활을 하면서도 괴로워하고 갈등을 느끼는 이유는, 우리 안에 열등의식이 있기 때문입니다. 열등의식을 신앙으로 포장하면 당장은 괜찮은 것처럼 보입니다. 하지만 이는 오래가지 못합니다. 열등의식을 뿌리째 뽑지 않으면, 아무리 신앙생활로 감춘다 해도 여전히 그로 인한 섭섭함, 괴로움, 원망 등이 계속 발생합니다.

그러나 요셉은 그렇지 않았습니다. 그렇게 힘든 삶을 살고 억울한 누명을 썼는데도 절대로 자학하지 않았습니다. 그의 영혼은 하나님 앞에서 순수하고 깨끗했습니다. 더 놀라운 점은, 젊은 나이에 총리대신이 되었어도 전혀 교만하지 않았다는 것입니다. 또한 자신을 상인에게 팔아 버린 형들을 다시 만났을 때도, 얼마든지 형들을 골탕 먹일 수 있었지만 그렇게 하지 않았습니다. 그는 어렵다고 해서 자학하지 않았고, 형통해졌다고 해서 교만하지 않았습니다.

지금까지 창세기에 기록된 말씀을 통해 요셉의 생애를 살펴보았습니다. 그의 위대한 믿음을 살펴보았습니다. 요셉의 생애에 관해서는 이야기할 것이 아직도 많습니다.

그런데 히브리서 기자는 왜 하필이면, 요셉이 임종 때에 했던 말한마디를 기록하면서 요셉의 믿음을 소개하고 있을까요? 요셉과 관련된 그 많은 놀라운 이야기들을 제쳐 두고 왜 이 이야기를 하는 것일까요?

죽음을 초월하고 준비하십시오

히브리서 11장은 믿음의 선조들의 삶을 통해 우리에게 믿음이 무엇인지 가르쳐 줍니다. 아벨을 통해서는 하나님께 진정으로 예배하는 것이 믿음이라고 합니다. 에녹을 통해서는 그처럼 하나님과 동행하는 삶이 믿음이라고 합니다. 노아를 통해서는 불가능한 일같아도 하나님께 순종하고 하나님을 증거하는 삶이 믿음이라고 합니다. 아브라함을 통해서는 이 땅에 집착하지 않고 더 나은 하늘의 본향을 바라보는 것이 믿음이라고 합니다. 또한 믿음은 하나님께 최선과 최상의 것을 드리는 것이며, 믿음을 통해서 궁극적으로 발견하는 것은 하나님께 순종하는 삶이라고 합니다.

히브리서 기자는 위의 선조들을 통해서 믿음이 무엇인지를 가르쳐 주되, 그 믿음을 삶에만 적용시킵니다. 그러나 야곱과 요셉을 통해서는 믿음을 죽음에까지 연결시킵니다. 즉 믿음은 삶뿐 아니라 죽음에도 적용되는 것으로서, 믿음은 죽음을 준비하는 것이고 죽음의 결론을 만들어 내는 것이라는 점을 가르쳐 주고 있습니다. 야곱과 요셉의 삶에서 유독 임종 때의 모습을 보여 주는 것은 이 때문입니다.

전도서 기자는 지혜로운 자의 마음은 잔칫집보다 초상집에 있다고 했습니다. 죽음을 통해 배울 것이 많기 때문입니다. 죽음을 준비하는 사람만이 죽음을 이기고 초월할 수 있습니다. 죽음을 준비하지 않는 사람은 죽음이 닥쳐올 때 삶에 대한 미련과 내세에 대한 두려움 때문에 몸부림칠 것입니다. 그렇기에, 히브리서 기자가 요셉의 생애에 일어났던 그 많은 사건들 중에서 유독 임종 때 한 말을 우리에게 전해 준 것은 의미가 깊습니다. 살아서 믿음의 삶을 살듯, 죽을 때 또한 믿음으로 죽음을 준비하고 맞으라는 교훈을 주는 것입니다.

믿음은 물질의 유혹을 넘어섭니다

요셉은 임종 때에 이스라엘 자손들에게 애굽을 떠나라고 명령했습니다. 이 명령은 요셉의 전 생애를 한마디로 대변해 주는 말입니다. 요셉이 남긴 "애굽을 떠나라"는 유언에서 믿음에 관한 두 가지 진리를 찾아볼 수 있습니다.

첫째, 믿음은 모든 물질의 유혹에서 자유롭다는 것입니다. 요셉의 삶과 유언을 통해 이 사실을 알 수 있습니다. 요셉의 유언과 죽는 장면을 보십시오.

요셉이 그의 형제들에게 이르되 나는 죽을 것이나 하나님이 당신들을 돌보시고 당신들을 이 땅에서 인도하여 내사 아브라함과 이삭과 야곱에게 맹세하신 땅에 이르게 하시리라 하고 요셉이 또 이스라엘 자손에게 맹세시켜 이르기를 하나님이 반드시 당신들을 돌보시리니 당신들은 여기서 내 해골을 메고 올라가겠다 하라 하였더라 요셉이 백십 세에 죽으매 그들이 그의 몸에 향 재료를 넣고 애굽에서 입관하였더라 (창 50:24-26).

창세기의 마지막 장은 이렇게 막을 내립니다. 요셉의 유언은, 그가 당시 어떤 상황에 있었는지를 생각해 보면 그 중요성을 더 잘 알 수 있습니다. 당시 요셉은 애굽 최고의 자리까지 승진했던 사람입니다. 사도행전 7장 10절을 보면, 애굽 왕이 요셉을 애굽과 자기 온 집의 통치자로 세웠음을 알 수 있습니다. 즉 요셉은 무엇이든지 할 수 있는 부귀와 영화와 권력을 가지고 있었습니다. 그러나 경건한 요셉은 자칫하면 빠지기 쉬운 부귀영화와 권력의 유혹에 빠지지 않았습니다. 그래서 죽는 순간에도 하나님의 약속을 기억하고 하나님의 약속대로 삶의 마지막을 결론지었습니다. 요셉은 물질과 부귀, 영화와 권력의 노예가 되지 않고, 그것으로부터 자유로웠습니다.

요셉의 경우를 보면, 부귀영화, 명예, 권세가 나쁘지 않음을 알 수 있습니다. 높은 위치에 오르는 것이 왜 나쁘겠습니까? 권력을 잡는 것이 왜 나쁘겠습니까? 돈이 있는 것이 왜 나쁘겠습니까? 그 자체는 나쁜 것이 아닙니다. 할 수 있거든 부자가 되십시오. 권력도 잡을 수 있으면 잡으십시오. 세상의 부귀와 명예를 가질 수 있으면 가지십시오. 그 자체가 나쁜 것은 아닙니다. 다만, 그것에 빠져 하나님의 뜻을 잊는다면 가지지 않은 것만 못합니다. 그것에 빠질 때 나쁜 것입니다.

요셉은 높은 지위, 권력, 부귀영화를 누렸지만 결코 거기에 빠지지 않았습니다. 하나님의 약속과 새 하늘과 새 땅의 가치를 결코 세상의 것과 바꿀 수 없다는 분명한 신앙이 있었습니다. 권력과 부귀영화 속에 있으면서도 그것에 빠지지 않는 것, 그것이 믿음입니다. 돈이 나쁜 것이 아니라 돈을 사랑하는 것이 나쁜 것이요, 권력 그 자체가 나쁜 것이 아니라 권력을 악용하는 것이 나쁜 것입니다.

요셉은 죽음이 가까웠을 때 이 모든 것에서 자유하여 믿음을 선택할 수 있었고, 이생에서 소유했던 모든 것을 미련 없이 버릴 수 있었습니다. 이것이 바로 믿음입니다. 이로 보건대, 믿음은 죽음을 이기게 하고, 모든 물질에서 자유하게 하고, 하나님이 약속하신 세계를 바라보게 하고, 하나님의 영광스런 보좌를 바라보게 합니다. 그래서 죽을 때 추하게 죽지 않고, 귀하고 아름답고 떳떳하게 죽을 수 있도록 합니다.

믿음은 자기를 포기하게 합니다

둘째, 믿음은 개인보다 국가를, 나보다 공동체를 더 사랑하게 합니다. 이것이 요셉의 유언을 통해 알 수 있는 믿음에 관한 또 한 가지 진리입니다.

요셉은 임종 때에, 이스라엘 백성에게 반드시 애굽을 떠날 것과 떠날 때 자신의 해골을 가지고 갈 것을 당부했습니다. 애굽은 이스라엘 백성이 영원히 살아야 할 곳이 아니기 때문입니다. 그리스도인들에게 이 세상이 영원한 거처가 아닌 것처럼 애굽은 이스라엘 백성이 계속 살아야 할 땅이 아닙니다. 잠깐 거쳐 가는 곳입니다. 그렇기 때문에 요셉은 자신이 이뤄 놓은 모든 것을 버리더라도 이스라엘 민족이 그 땅을 떠나야 한다고 유언했습니다.

인간의 비극은 너무 이기적이라는 데 있습니다. 인간은 하나님보다, 가족보다, 이웃보다 자신을 더, 아니, 자신만 생각하는 경향이 있습니다. 바로 여기에서 비극이 시작됩니다. 이기주의적인 믿음은 비극의 씨앗입니다. 이기적인 믿음은 가짜입니다.

진정한 믿음은 나를 버리게 합니다. 믿음은 자기 성취가 아니라 자기 포기요, 자기를 내세우는 것이 아니라 자기를 죽이는 것입니다. 예수님은 "누구든지 나를 따라오려거든 자기를 부인하고 자기 십자가를 지고 나를 따를 것이니라"고 말씀하셨습니다. 너를 버리면 하나님이 너를 세우실 것이요, 네가 세우겠다고 하면 하나님은 너를 버리실 것이라는 말씀입니다. 생명을 얻고자 하는 자는 잃을 것이요, 잃고자 하는 자는 얻을 것이라는 말씀과도 일맥상통합니다. 이것이 믿음입니다. 진짜 믿음을 가진 사람은 하나님을 생각하고, 이웃을 생각하고, 나라를 생각합니다. 자기 유익만 구하는 것은 믿음이 아닙니다. 하나님을 위해 죽을 각오도 하고, 다른 사람을 위해서 희생도 마다않고 헌신하는 것이 믿음입니다.

당신에게 믿음이 있다면 당신은 민족 복음화를 생각할 것입니다. 세계 복음화를 꿈꿀 것입니다. 믿음은 자기 추구가 아닙니다. 자기 성취가 아닙니다. 자신의 행복 추구가 아닙니다. 하나님께 영광 돌리기를 원하는 것이 믿음입니다.

우리에게는 요셉 같은 믿음이 필요합니다. 죽을 때 요셉처럼 말할 수 있는 믿음, 즉 자기 자신보다 하나님 나라를 생각하고, 하나님의 공동체와 국가를 생각하는 믿음이 필요합니다.

죽음 앞에서 하나님을 생각함

하나님 앞에서 죽음을 준비하는 것, 죽음 앞에서 하나님을 생각하는 것, 이것이 믿음입니다.

요셉은 임종을 앞두고 자손들에게 한 가지 부탁을 합니다. 자신의 해골을 약속의 땅에 묻어 달라는 부탁입니다. 히브리서 11장 22절에서는 요셉이 자기 뼈를 약속의 땅에 묻어 달라고 '명했다'고 기록했는데, 창세기 50장 25절을 보면 좀 더 강한 표현이 나옵니다. "요셉이 또 이스라엘 자손에게 맹세시켜 이르기를." 명령한 정도가 아니라 맹세를 시켰다고 합니다. 여기서 우리는 요셉의 확신을 볼 수 있습니다. 말씀에 대한 확신, 하나님의 약속에 대한 확신, 그가 들었던 음성에 대한 확신입니다.

변화가 많고, 유혹이 많고, 환난이 많을 때도 동요 없는 믿음을 갖기 바랍니다. 뿌리 깊은 믿음을 갖기 바랍니다. 죽을 때까지 흔들리지 않는 믿음, 철을 따라 열매를 맺으며 그 잎사귀가 마르지 않는 시냇가에 심긴 나무 같은 믿음을 우리는 가져야 할 것입니다. 주님이 지금 당장 당신을 부르신다면 하나님 앞에 어떤 모습으로 서게 될지를 생각하며 살아가십시오. 요셉처럼 믿음으로 죽음을 맞이하고, 세상에 미련 두지 않고 영원한 그 나라를 바라보며 살기를 바랍니다.

31

하나님을 배우고
하나님을 가르치라

히브리서 11:23

오늘날 가장 크게 대두되고 있는 문제는 가정의 붕괴입니다. 세속화, 물질화, 비인간화 시대에 사탄이 최우선으로 공격하는 전략 지대는 가정입니다. 가정을 파괴하면 사탄은 하고 싶은 일들을 좀 더 수월하게 할 수 있습니다.

가정 문제는 크게 두 가지로 나눌 수 있습니다. 부부 문제와 자녀 문제입니다. 심각한 부부 관계나 절망적인 자녀 문제는 현대 가정의 두드러진 특징입니다. 특히 자녀 문제는 부부 문제보다 다루기가 더 어렵고, 미묘한 갈등과 아픔이 있습니다. 떼려야 뗄 수 없는 부모 자식 관계는 피를 나눈 혈육 관계로서, 문제가 생겼을 때 그 상처가 더 깊고 고통이 더 크기 때문입니다.

부모와 자녀 사이에 생기는 갈등 원인은 크게 몇 가지로 나눌 수 있습니다. 첫째, 불행한 가족 구조 때문에 갈등이 일어납니다. 부모가 이혼이나 재혼을 하는 등 가족 구조가 어그러졌을 때 부모와 자녀의 갈등이 생깁니다. 둘째, 사랑의 결핍 때문에 갈등이 일어납니다. 부모가 지나치게 물질 중심적이거나 성공에 집착하여 자녀 돌보는 것을 소홀히 하면, 부모와 자녀 사이에 단절을 초래하고 갈등을 일으킵니다. 셋째, 부모와 자녀의 사고 구조와 가치관 차이도 갈등을 일으키는 요인이 됩니다. 흔히 말하는 세대 차이로 인한 갈등을 말합니다. 이는 부모 자녀 간 갈등 요인에서 점점 더 큰 비중을 차지하고 있습니다. 넷째, 때로는 부모의 지나친 관심이나 지나친 무관심이 갈등 요인이 됩니다.

그러나 앞에 열거한 요인들보다 더 중요한 갈등 요인이 있습니다. 그것은 영적인 무지입니다. 즉 부모들이 자녀는 내 것이 아니라 하나님의 것이라는 생각을 하지 못하는 것입니다. 내가 낳은 자식이지만 그는 하나님께 속해 있다는 것을 잊고 사는 것이 갈등을 일으키는 원인이 됩니다.

모세의 부모를 통해 믿음으로 가르치는 하나님의 교육 원리를 살펴보고자 합니다. 믿음은 좋은 부모가 되게 하고, 가정의 좋은 신앙적 전통은 자녀를 하나님의 자녀로 자라게 합니다. 즉 믿음은 하나님의 자녀를 키우는 원동력입니다. 어떻게 하면 자녀를 잘 키우고, 하나님의 뜻에 맞는 신앙 전통을 세울 수 있는지 살펴보겠습니다.

믿음으로 모세가 났을 때에 그 부모가 아름다운 아이임을 보고 석 달 동안 숨겨 왕의 명령을 무서워하지 아니하였으며(히 11:23).

모세 부모의 자녀 교육

첫째, 자녀를 믿음으로 낳고 믿음으로 키워야 합니다. 모세의 부모는 이 점을 분명히 보여 주고 있습니다. 우리는 좋은 부모가 되어야 하고, 신앙이 확실한 부모가 되어야 합니다. 부모가 오락가락하는 믿음을 가졌다면 자녀도 올바른 믿음을 가질 수 없습니다. 문제 자녀가 있는 것이 아니라 문제 부모가 있을 뿐입니다.

자녀를 사랑하되 맹목적으로 사랑하는 부모들이 있습니다. 이런 부모들은 자녀를 하나님의 관점에서 키우기보다는 자신의 처지와 관점에서 키우는 경우가 많습니다. 이럴 경우, 부모가 잘해 주면 잘해 줄수록 부모 자식 관계가 더 어려워집니다. 그러므로 하나님의 관점을 가질 필요가 있습니다. 믿음은 하나님의 관점을 갖게 해 줍니다. 그래서 부모가 먼저 자신의 믿음을 튼튼히 세워야 합니다.

즉 자녀들을 믿음으로 키우기 위해서는 부모에게 믿음이 있어야 합니다. 돈으로, 폭력으로, 권력으로 자녀를 키워서는 안 됩니다. 그 속에서 자란 자녀들은 자립해야 할 때 제대로 홀로 서지 못합니다. 반대로, 부모에게 순종해야 할 때는 순종하지 않습니다.

"믿음으로 모세가 났을 때에." 이 표현은 모세가 믿음으로 태어났다는 것이 아니라, 모세 부모의 믿음에 의해 모세가 태어났다는 뜻입니다. 경건한 부모의 믿음과 기도는 자식에게서 열매 맺습니다. 자라나는 자녀들에게 경건하게 살아가는 부모의 믿음을 보여 주는 것보다 더 좋고 직접적인 영향을 주는 것은 없습니다.

모세가 태어난 시대를 잠깐 살펴보는 것이 도움이 될 것 같습니다. 모세가 태어날 당시는 이스라엘 백성에게 암울한 시기였습니다. 애굽에서 노예 생활을 하던 그들이 점점 수가 많아지고 강대해지자 애굽 왕은 특단의 조치를 취합니다. 산파들을 시켜서 이스라엘 사람들이 아들을 낳으면 모두 죽이라고 한 것입니다. 그래도 안되자 하수에 버리라고 하였습니다. 이스라엘 백성에게는 참으로 절망적인 시대였습니다.

오늘날에는 상상할 수도 없는 그런 일이 벌어지던 때였습니다. 배 속에서 열 달을 키워 세상에 내놓은 아이가 눈앞에서 버려지는 것을 봐야만 하는 시대였습니다. 부모로서 이보다 더 한스러운 것이 있겠습니까? 그러나 모세의 부모는 시대를 한탄하지 않고 하나님의 뜻을 헤아려 모세를 갈대 상자에 담아 믿음으로 강물에 띄워 보냈습니다.

당시와 비교하면, 우리는 시대를 탓할 수 없습니다. 교육 제도가 잘못되어 있다 해도, 사회 환경이 불공평하다 해도, 그것을 탓하고 원망할 수 없습니다. 자녀 교육 실패에 대한 책임을 제도나 환경에 돌릴 수 없습니다. 그 책임은 삶이 신앙과 일치하지 못한 모습을 보여 준 부모들에게 있습니다. 자녀들에게 믿음의 본을 보여 주십시오. 그리고 그들을 믿음으로 키우십시오.

하나님을 사랑하고 경외하도록

둘째, 자녀를 하나님께 맡기되, 그들에게 하나님과 그분의 말씀을 가르쳐야 합니다. 모세의 부모는 하나님을 신뢰했고 그분의 말씀을 믿었습니다. 그들은 아브라함과 이삭과 야곱의 하나님을 믿었고, 하나님이 요셉에게 하신 약속의 말씀을 믿고 바랐습니다. 이것이 모세의 부모가 우리에게 가르쳐 주는 자녀 교육의 원리입니다.

당신은 자녀를 어디에 맡깁니까? 학교에 보내고, 사회 교육 기관에 위탁해서 교육하는 것도 중요하지만, 하나님 신뢰하는 법을 가르치고 하나님이 약속하신 말씀을 믿게 하는 것보다 더 중요한 자녀 교육은 없습니다.

이스라엘아 들으라 우리 하나님 여호와는 오직 유일한 여호와이시니 너는 마음을 다하고 뜻을 다하고 힘을 다하여 네 하나님 여호와를 사랑하라 오늘 내가 네게 명하는 이 말씀을 너는 마음에 새기고 네 자녀에게 부지런히 가르치며 집에 앉았을 때에든지 길을 갈 때에든지 누워 있을 때에든지 일어날 때에든지 이 말씀을 강론할 것이며(신 6:4-7).

이것이 자녀 교육의 진수입니다. 모세의 부모는 모세에게 어떤 지식이나 방법론보다 더 중요한 것, 즉 하나님과 그분의 말씀을 가르쳤습니다. 이것이 그들의 자녀 교육 원리였습니다.

오늘날 교육 현실은 어떻습니까? 하나님을 가르치기보다 성취를 위한 기술이나 방법론을 가르치는 데 온 정성을 쏟습니다. 그러면서 자녀 교육에 최선을 다했고, 부모로서 할 일을 다했다고 생각합니다. 이것은 착각입니다. 자녀들이 뛰어난 기술을 습득하고, 일류 대학을 나오고, 세상 사는 데 유용한 지식을 가졌다고 해서 제대로 된 사람이 되는 것은 아닙니다. 하나님을 모른 채 단지 그런 것들만 습득하게 했다면 잘못된 교육입니다. 그리스도인으로서 자녀를 하나님 없는 인간으로 만드는 것은 불행입니다.

하나님을 사랑하고 두려워하고 섬기는 자녀를 만드는 것이 자녀 교육의 핵심입니다. 하나님을 사랑하면 나라를 사랑하고 이웃을 사랑하고 가정을 사랑하고 자기 자신을 사랑할 줄 알게 됩니다. 자녀들이 창조주 하나님을 기억하고 하나님의 공의와 사랑을 알도록 해야 합니다. 하나님을 두려워할 줄 모르면 방자하고 교만합니다. 자녀를 하나님 경외하는 겸손한 사람으로 키우십시오. 당신의 삶을 통해 영원하고 무한하고 능력이 한없으신 하나님을 자녀들에게 보여 주십시오.

하나님의 계획을 이루도록

셋째, 하나님이 자녀를 세상에 보내신 뜻을 알아야 합니다. 모세의 부모는 모세가 아름다운 아이임을 알아보았습니다.

믿음으로 모세가 났을 때에 그 부모가 아름다운 아이임을 보고

(히 11:23).

이 말씀이 의미하는 바는 "하나님이 모세를 이 세상에 보내신 아름다운 뜻을 알았다"는 것입니다. 사도행전 7장 20절을 보면 이 사실을 더 잘 알 수 있습니다.

그때에 모세가 났는데 하나님 보시기에 아름다운지라 그의 아버지의 집에서 석 달 동안 길리더니(행 7:20).

모세의 부모는 갓 태어난 모세가 예쁘게 생겨서 숨긴 것이 아닙니다. 그들은 모세의 삶에 하나님의 섭리와 뜻이 있음을 믿음으로 보았습니다. 사람 보기에 아름답고 귀해서가 아니라 하나님 보시기에 아름답고 귀해서 믿음으로 그 아이를 몰래 키웠던 것입니다.

당신은 자녀를 향한 하나님의 계획을 알고 있습니까? 하나님이 당신 품에 당신의 자녀들을 위탁하신 이유를 알고 있습니까? 이 것을 아는 것이 믿음입니다. 이것을 볼 수 있는 것이 신앙입니다. 자녀는 부모의 소유물이 아니라 하나님 것입니다. 하나님은 그들을 부모들에게 위탁하셨습니다. 그러므로 자신의 계획을 자녀에게 강요하는 것이 아니라 하나님의 아름다운 계획을 이루도록 도와주는 것이 바른 부모 역할입니다.

부모는 모세의 부모처럼 자녀들에게서 아름다운 모습을 볼 수 있어야 합니다. 하나님이 자녀에게 두신 귀한 뜻을 알아야 합니다. 그럴 때 올바른 자녀 교육이 이루어질 수 있습니다.

세상에 지혜롭게 대처하도록

넷째, 하나님의 말씀과 대치되는 잘못된 권위와 제도에 지혜롭게 대처해야 합니다. 모세의 부모는 잘못된 명령에 순순히 굴복하지 않았습니다.

> 석 달 동안 숨겨 왕의 명령을 무서워하지 아니하였으며(히 11:23).

이들에게 그 석 달은 엄청난 갈등의 시간이었을 것입니다. 석 달은 더 이상 아기를 숨길 수 없는 한계 기간이기도 합니다. 그들은 잘못된 명령을 따를 수 없어 아이를 석 달 동안 몰래 키웠습니다. 더는 몰래 키울 수 없을 때, 그들은 아기를 갈대 상자에 담아 물에 빠지지 않도록 조치한 다음 강가 갈대 사이에 두고 모세의 누이로 하여금 상황을 지켜보게 했습니다. 그리고 바로의 공주가 그 아이를 발견해서 유모를 찾을 때 적절히 대응하여 모세를 가까이에 두고 키울 수 있었습니다.

당신은 이런 상황에 직면했을 때 자녀 교육을 어떻게 하겠습니까? 교육과 관련된 것은 아니지만, 초대 교회 성도들도 이런 갈등 상황을 겪었습니다. 바울은 이런 상황 속에서 다음과 같이 말했습니다.

> 각 사람은 위에 있는 권세들에게 복종하라 권세는 하나님으로부터 나지 않음이 없나니 모든 권세는 다 하나님께서 정하신 바라(롬 13:1).

살다 보면 동의할 수도 없고 반항할 수도 없는 상황에 직면할 때가 있습니다. 그럴 때는 어떻게 하는 것이 좋을까요? 초대 교회는 순종하지도 않았지만 반항하지도 않았습니다. 그들이 택한 것은 순교였고 죽음이었습니다. 그 결과 로마는 기독교 국가가 되었습니다.

다니엘의 세 친구도 이런 상황에 처했던 적이 있습니다. 느부갓네살 왕이 신상에 절하지 않으면 뜨거운 풀무 가운데 넣겠다는 명령을 내렸지만, 그들은 그 명령에 순종할 수 없었습니다. 이때 그들의 거절 방식이 참으로 아름답고 정중합니다.

> 느부갓네살이여 우리가 이 일에 대하여 왕에게 대답할 필요가 없나이다 왕이여 우리가 섬기는 하나님이 계시다면 우리를 맹렬히 타는 풀무불 가운데에서 능히 건져내시겠고 왕의 손에서도 건져내시리이다 그렇게 하지 아니하실지라도 왕이여 우리가 왕의 신들을 섬기

지도 아니하고 왕이 세우신 금 신상에게 절하지도 아니할 줄을 아옵소서(단 3:16-18).

이것이 하나님 앞에 불경한 명령에 대해 그리스도인이 보여야 할 태도입니다. 일제 강점기에 우리 신앙 선배들이 신사 참배를 하지 않은 것과 같습니다. 자녀들을 교육할 때도 이 점을 기억해야 합니다. 하나님의 뜻에 순종하는 기본 원칙에는 철저하되 세상의 잘못된 명령이나 제도 앞에서는 타협하지 않고 지혜롭게 대처해야 합니다.

자녀를 하나님께 맡기고 있습니까?

자녀에게 존경받는 부모가 가장 훌륭한 부모입니다. 사람은 존경하는 사람에게 순종하게 되어 있습니다. 자녀가 순종하기 원하면 먼저 존경할 만한 부모가 되십시오. 하나님을 겉모습이 아닌 진심으로 경외하는 부모라면 자녀들이 존경할 수밖에 없습니다. 그러므로 하나님을 존경하십시오.

모세의 부모는 임금의 명령을 무서워하지 않았다고 합니다. 믿음은 두려움과 공포를 이기게 합니다. 죽음의 순간에도 왕을 두려워하는 것이 아니라 하나님을 더 두려워하는 것이 믿음이요, 신앙입니다. 이는 우리가 자녀들에게 보여 주어야 할 중요한 신앙의 모습이요, 교육입니다.

> 여호와는 나의 빛이요 나의 구원이시니 내가 누구를 두려워하리요
> 여호와는 내 생명의 능력이시니 내가 누구를 무서워하리요(시 27:1).

믿음은 모든 두려움을 떨치게 하고 자유를 줍니다. 믿음은 결코 타협하지 않습니다. 믿음은 하나님을 두려워하고 끝까지 신앙을 지켜나가게 합니다. 모세 부모가 그랬습니다. 성경은 모세 부모의 믿음에 많은 부분을 할애하지는 않지만, 그들은 하나님의 인도를 믿었고 왕을 두려워하지 않는 믿음으로 모세를 지켜냈습니다.

어려움이 닥칠 때 우리가 먼저 인정해야 할 것은 우리 자신이 그 어려움을 해결할 수 없다는 사실입니다. 하나님께 맡겨야 합니다. 그분을 신뢰해야 합니다. 그러면, 모세를 공주의 양아들 되게 하신 것과 같은 놀라운 일들을 하나님이 행하십니다. 세상 사람들은 공주가 모세를 발견한 것을 기막힌 우연이라고 말합니다. 그러나 그것은 하나님의 섭리요, 인도입니다. 자녀는 하나님이 키우고 양육하신다는 사실을 기억하십시오. 모세 부모는 모세에게 하나님을 가르쳤습니다. 이것이 우리가 기억해야 할 자녀 교육 원리입니다.

자녀를 어디에 맡기고 있습니까? 학교입니까, 학원입니까, 핸드폰입니까, PC방입니까? 하나님께 맡기고 하나님에 대해 가르쳐야 합니다. 자녀의 마음에 하나님을 심어 주어야 합니다. 자녀들을 세

상의 논리에서 해방시켜 온전히 하나님을 생각하면서 자라나도록 교육하십시오.

마땅히 행할 길을 아이에게 가르치라 그리하면 늙어도 그것을 떠나지 아니하리라(잠 22:6).

32

거절하는 믿음,
선택하는 믿음

히브리서 11:24-26

모세는 아브라함과 함께 이스라엘 역사상 가장 위대한 하나님의 사람이요, 믿음의 큰 산맥을 이룬 인물입니다. 아브라함의 시작이 개인이었다면 모세의 시작은 한 민족이었습니다. 성경은 이 두 사람을 하나님의 사람이요, 하나님의 친구로 소개합니다.

이 장에서 다룰 모세의 120년 생애는 실로 하나님의 감동 대하드라마입니다. 모세는 태어나 자라는 과정이나 그 삶도 범상치 않았지만, 그의 죽음은 더욱 그랬습니다.

> 이에 여호와의 종 모세가 여호와의 말씀대로 모압 땅에서 죽어 벳브올 맞은편 모압 땅에 있는 골짜기에 장사되었고 오늘까지 그의 묻힌 곳을 아는 자가 없느니라 모세가 죽을 때 나이 백이십 세였으나 그의 눈이 흐리지 아니하였고 기력이 쇠하지 아니하였더라 (신 34:5-7).

모세의 생애는 크게 시내 산에서 하나님의 부르심과 그 은총을 받기 전과 후로 나뉩니다. 마치 베드로의 생애가 오순절 날 성령 체험을 하기 전과 후로 갈라지는 것처럼, 모세의 생애도 시내 산에서 하나님의 불꽃을 경험하기 전과 후로 나뉩니다. 이 장에서는 시

내 산에서 하나님의 불꽃을 체험하기 전의 믿음에 대해서 살펴보
겠습니다.

거절하고 포기하는 믿음

모세의 믿음은 첫째, 거절할 것을 거절하는 믿음입니다. 다음의 말
씀을 보면 알 수 있습니다.

> 믿음으로 모세는 장성하여 바로의 공주의 아들이라 칭함 받기를 거
> 절하고(히 11:24).

모세는 절망적인 환경에서 출생했으나 하나님의 기적적인 도움
으로 죽음을 면하고, 왕실에서 자랐습니다. 그는 하나님의 예비하
심대로 공주의 아들이 되어 40세까지 애굽의 최고 교육을 받았습
니다. 모세의 삶은 역경 속에서 성취된 복이요, 죽음 속에서 건져
낸 하나님의 기적이었습니다.

그러나 모세의 나이 40세 때, 그는 공주의 아들이라 칭함 받기를
거절합니다. 남자 나이 사십이면 성공과 명예와 재물의 화신이 되
는 나이 아닙니까? 그러나 모세는 왕자로서 이 모든 것을 소유할
수 있고 무한한 가능성이 있는 자리를 내놓았습니다. 무엇이든 마
음대로, 자신의 뜻을 펼칠 수 있는 그 자리를 포기했습니다. 거절

했습니다. 공주의 아들로서 모든 것을 누릴 수 있는 지위를 포기했다는 것이 모세가 오늘 우리에게 보여 주는 믿음입니다.

흔히들 낳은 정이 있고 기른 정이 있다고 말합니다. 모세도 40년 동안 길러 준 애굽 공주의 그 정을 쉽게 무시할 수 없었을 것입니다. 그러나 그는 이 기른 정마저 끊어야 하는 결단 앞에 서게 되었을 때, 그렇게 했습니다. 모세는 어떻게 거절할 용기를 갖게 되었을까요?

모세는 명예, 부, 성공, 권력, 애정이 중요하지 않아서 끊은 것이 아닙니다. 그에게는 그것들보다 자기 민족과 하나님이 더 중요했기 때문에 결정적인 순간에 그것들을 다 포기할 수 있었습니다. 이런 의미에서 믿음은, 세상 가치를 포기하고 눈앞에 있는 성공을 대담히 버리는 힘이 있습니다. 그리고 믿음은 하나님이 주신 최고 가치, 세상의 눈으로 보면 하찮아 보일지도 모르지만, 그것을 선택합니다. 우리가 이런 믿음을 보일 때 하나님이 하늘의 복을 내려주십니다.

그런즉 너희는 먼저 그의 나라와 그의 의를 구하라 그리하면 이 모든 것을 너희에게 더하시리라(마 6:33).

왕자가 누릴 수 있는 모든 것을 거절하고 포기한 결과가 참으로 냉혹하다는 사실을 모세는 누구보다도 여실히 체험했습니다. 그는 거절의 대가로 40년 동안 광야에서 버려진 생애, 잊힌 생애, 아무도 기억해 주지 않는 절망의 시절을 보내야 했습니다.

선택과 축복은 포기와 거절 없이 주어지지 않습니다. 육체와 세상을 포기하지 않고 어찌 영생과 천국을 얻을 수 있으며, 마귀를 쫓아내지 않고서 어찌 성령이 거하실 수 있겠습니까? 지옥과 천국을 동시에 선택할 수는 없습니다. 우리가 천국을 선택했다면 지옥은 버려야 합니다. 영생을 선택했다면 순간은 버려야 합니다. 믿음을 선택했다면 세상 욕망은 포기해야 합니다. 양쪽 다 가질 수는 없습니다.

성경은 한 사람이 두 주인을 섬길 수 없다고 합니다. 재물과 하나님을 겸하여 섬길 수 없다고 합니다(마 6:24). 그러나 꾀 많은 현대인들은 돈도 얻고 믿음도 얻기를 원합니다. 명예도 얻고 신앙도 얻기를 원하기 때문에 삶에 깊은 갈등이 있습니다.

> 무릇 내게 오는 자가 자기 부모와 처자와 형제와 자매와 더욱이 자기 목숨까지 미워하지 아니하면 능히 내 제자가 되지 못하고 누구든지 자기 십자가를 지고 나를 따르지 않는 자도 능히 내 제자가 되지 못하리라(눅 14:26-27).

이 말씀은 생명이 덜 중요하다고 말하는 것이 아닙니다. 하나님이 이 모든 것보다 더 중요하다는 뜻입니다. 이것이 믿음입니다.

자신보다 하나님이 더 중요함을 깨달을 때 우리 안에 믿음의 싹이 자라기 시작합니다. 믿음의 사람들은 무엇을 하든지 하나님을 먼저 생각합니다. 하나님을 생각하면 거절해야 할 때 거절할 수 있습니다. 포기해야 할 때 포기할 수 있습니다. 그만두어야 할 때 그만두지 못하고, 거절해야 할 때 거절하지 못하면 나중에 비참하고 수치스러운 결과를 초래합니다.

모세가 공주의 아들이라는 신분을 포기해야 할 때 포기할 수 있었던 것은 기도와 신앙 교육 덕분입니다.

어쩔 수 없이 아들을 버려야 했던 모세의 어머니는 기회를 얻어 모세의 유모로 취직을 합니다. 모세가 40세 될 때까지 이 어머니는 이름도 없이 빛도 없이 유모의 입장에서 모세를 키웁니다. 모세를 키울 때 어머니가 어떤 교육을 시켰을 것이라고 생각합니까? 분명히 하나님 중심의 교육을 시켰으리라 믿습니다. 모세가 장성하여 유대인을 도우려 했고, 결정적인 순간에 공주의 아들 됨을 거절한 것을 보면 알 수 있습니다. 그리고 애굽의 명예와 권세와 부귀 아래 있기보다 하나님의 백성과 함께 고난을 자처한 것을 보면, 분명히 그 마음속에 믿음이 있었다고 여겨집니다. 모세는 애굽 왕실의 교육보다 하나님을 섬기는 부모의 교육에 더 많은 영향을 받았습니다.

자녀를 세상에만 맡겨 두면 안 됩니다. 자녀의 지적인 교육과 훈련은 세상에 맡기더라도 부모는 자녀를 위해 기도하고 그가 하나님의 사람으로 자라도록 힘써야 합니다. 세상에 보내는 것을 겁내지 마십시오. 세상에 보내 놓기만 하고 기도하지 않는 것을 겁내야 합니다. 모세는 부모의 기도와 신앙 교육 때문에 포기할 것을 포기하고 결단할 수 있었습니다. 아무리 타락한 자식이라도 부모의 기도 앞에서는 눈물 흘리며 돌아온다는 사실을 기억하십시오. 10년이고 20년이고 기도하는 부모가 있으면 어떤 탕자도 돌아옵니다. 그래서 부모의 기도와 신앙 교육이 중요합니다. 자녀를 주일학교에 보내는 데 게으르지 않기를 바랍니다. 하나님에 대해 가르치는 일을 귀하게 여기길 바랍니다.

모세의 믿음은 거절해야 할 것을 거절하는 믿음이었습니다. 그 믿음은 거절함으로써 자신의 권리를 다 잃더라도 하나님의 백성과 함께 고난 받는 것을 더 낫게 생각했던 믿음입니다.

고난을 선택하는 믿음

둘째, 모세의 믿음은 잠깐 죄악의 낙을 누리는 것보다 고난 받기를 더 즐거워하는 믿음이었습니다.

> 도리어 하나님의 백성과 함께 고난 받기를 잠시 죄악의 낙을 누리는 것보다 더 좋아하고(히 11:25).

믿음은 언제나 더 좋은 선택을 합니다. 믿음은 언제나 최선을 선택합니다. 순간의 쾌락, 형통, 기쁨, 명예, 부 등은 세상의 낙입니다. 이 모든 것들은 다 지나가고 맙니다. 세상의 것에는 영원한 것이 없습니다. 우리의 삶은 순간입니다. 영원하지 않습니다. 성경은 모세를 통해, 이러한 쾌락이나 쾌락이 주는 환상에 머물기보다는 하나님의 백성과 함께 고난 받는 것이 믿음의 선택임을 보여 줍니다. 모세는 공주의 아들에서 하루아침에 천대받는 이들의 고난에 동참하는 삶을 택했습니다.

하나님 안에서의 가난함이 세상에서의 부요함보다 낫고, 하나님 안에서의 실패가 세상에서의 성공보다 낫습니다. 하나님 모르고 세상 안에서 건강한 것보다 차라리 병들었더라도 하나님을 아는 것이 더 낫습니다. 모세의 믿음은 세상과 하나님 사이에서 더 나은 것을 선택하는 믿음이었습니다.

거절해야 할 것을 거절하는 것이 믿음의 소극적인 부분이라면, 선택해야 할 것을 선택하는 것은 믿음의 적극적인 부분입니다. 믿음은 좋은 환경을 택하는 것이 아니라 더 좋은 하나님을 선택하는 것입니다.

선교사들을 생각해 봅니다. 좋은 환경, 좋은 직업, 밝은 미래를 버리고 왜 죽음을 각오해야 하는 오지의 삶을 선택했을까요? 믿음이 있기 때문입니다. 믿음은 '바른' 선택을 하는 것입니다. 포기해야 할 것을 포기하고 선택해야 할 것을 선택하는 것입니다.

무엇을 선택하며 사느냐가 우리 인생을 결정합니다. 하나님이 기뻐하시는 것을 선택하는 믿음을 갖기 바랍니다.

> 또 여호와를 기뻐하라 그가 네 마음의 소원을 네게 이루어 주시리로다(시 37:4).

우리는 선택할 때 하나님의 뜻을 따라 결정해야 합니다. 하나님의 선하시고 온전하시고 기뻐하시는 뜻이 무엇인지 분별하라고 성경이 말씀하기 때문입니다(롬 12:2). 우리의 삶은 순간순간이 선택입니다. 하나님의 뜻에 합당한 선택을 하려면 그분의 뜻을 알아야 합니다. 그분의 뜻을 알려면 날마다 말씀과 기도로 그분과 교제해야 합니다. 예수님은 십자가를 지시기 전에 겟세마네 동산에서 기도하셨고 그래서 하나님의 뜻대로 선택하실 수 있었습니다. 그래서 십자가를 지실 수 있었습니다. 결코 내 생각과 내 환경에 따라 결정해서는 안 됩니다. 환경이 믿음을 지배하게 해서는 안 됩니다.

예비된 상급에 가치를 두는 믿음

셋째, 모세의 믿음은 하나님이 하늘의 상급을 예비하셨다는 사실을 믿는 믿음입니다.

그리스도를 위하여 받는 수모를 애굽의 모든 보화보다 더 큰 재물로 여겼으니 이는 상 주심을 바라봄이라(히 11:26).

믿음의 세계에서 재물이란, 애굽의 보화 같은 것이 아니라 그리스도를 위해 받는 고난과 능력입니다. 마태복음 5장 11-12절은 예수님을 위해 고난 받고 핍박받고 어려움당하고 능욕당하면 하늘에서 상이 크다고 말합니다. 이를 거꾸로 말하면, 예수님을 위해 고난 받은 적이 없는 사람은 하늘에서 상급이 없습니다. 예수님을 위해 억울한 일이나 핍박을 당해 본 적이 없는 사람, 손해 본 일도 없는 사람은 하늘에서 받을 상급이 없습니다. 그리스도인은 진리 때문에 반항하는 것이 아니라, 진리 때문에 당하는 사람들입니다.

천국의 보화는 그리스도를 위해 당하는 고난입니다. 천국의 보화는 핍박 그 자체입니다. 성경은 이것이 상급이라고 말하고 있습니다. 고난이 재물일 수는 없습니다. 핍박이 재물이나 보화일 수는 없습니다. 그러나 모세는 그것들을 재물로 여겼습니다. '여겼다'는 것은 그렇게 평가하고 생각했다는 것입니다. 이것은 가치관의 문제입니다. 주님을 위한 고난과 핍박이 소중하다고 생각하는 가치관, 그것을 세상의 어떤 재물이나 보화와도 바꿀 수 없다는 가치관, 이것이 중요합니다. 우리가 정말 두려워해야 할 것은 핍박이나 고난 그 자체가 아닙니다. 거기에 의미를 두지 않는 것이 두려운 일입니다. 핍박과 고난에 의미가 있다면 그것을 견딜 수 있습니다.

생각하건대 현재의 고난은 장차 우리에게 나타날 영광과 비교할 수 없도다(롬 8:18).

남을 돌아보는 믿음

모세는 나이 사십에 형제와 이스라엘 자손을 돌아볼 생각이 났다고 합니다. 우리도 이제는 더 이상 우리 자신만을 위해 추악하게 살아서는 안 됩니다. 거짓말하고 경쟁하면서 살 게 아니라, 하나님을 생각하며 살아야 합니다. 이웃, 나라, 세상의 영혼들을 생각하며 살아야 합니다. 하나님을 생각하며 영원을 준비해야 합니다.

　믿음은 거절할 것을 거절하고, 선택할 것을 선택하고, 그리스도를 위한 고난과 핍박이 진정한 우리의 보화라는 가치관을 갖게 합니다. 예수님은 이 땅에서 그런 삶을 사셨습니다. 당신의 삶에도 모세가 가졌던 믿음이 있기를 소망합니다.

33

두려움을 내쫓는 용기,
불안을 잠재우는 확신

히브리서 11:27-29

현대인의 마음속에는 불안과 두려움이 깊이 자리 잡고 있습니다. 그 때문에 신경쇠약, 불면증, 노이로제, 협심증 같은 병에 시달리는 사람들이 점점 늘어 가고 있습니다. 불안과 두려움은 현대인의 무서운 적입니다. 불안과 두려움은 구체적인 대상이 있어서 생길 때도 있습니다. 그러나 어떤 경우에는 전혀 대상이 없는데도 불안하고, 괴롭히는 사람이 없는데도 두려움에 사로잡힐 때가 있습니다. 두려움이 지나치면 극심한 공포감에 사로잡히고, 심한 경우 정신 착란을 일으키기도 합니다.

믿음과 두려움은 상반된 개념입니다. 믿음은 두려움을 쫓습니다. 그러나 연약한 그리스도인들의 경우, 이 두 가지가 공존합니다. 믿음을 가지고 있으면서도 불안해하고, 하나님을 믿으면서도 두려워하는 것입니다. 그러나 진정한 그리스도인의 믿음에는 두려움과 불안이 공존하지 않습니다. 그리스도인의 믿음은 용기와 확신 속에서 갖는 참된 믿음이요, 예수 그리스도의 이름으로 두려움을 내어 쫓는 믿음입니다.

자아가 깨져야 시작되는 믿음

이 장에서는 모세를 통해 용기와 확신의 믿음을 배우고자 합니다. 히브리서는 모세의 믿음에 대해 이렇게 말합니다.

> 믿음으로 애굽을 떠나 왕의 노함을 무서워하지 아니하고 곧 보이지 아니하는 자를 보는 것같이 하여 참았으며 믿음으로 유월절과 피 뿌리는 예식을 정하였으니 이는 장자를 멸하는 자로 그들을 건드리지 않게 하려 한 것이며(히 11:27-28).

말씀에 비추어 볼 때 모세의 믿음은 '용기와 확신'을 가진 믿음입니다. 모세가 나이 사십에 공주의 아들이라 칭함 받는 것을 거절하고 하나님의 백성과 함께 고난의 길을 선택했을 때 주어진 것은 무서운 시련이었습니다. 그는 자아가 깨어지고 자존심이 부서지는 경험을 해야 했습니다.

비참해지고 자아가 깨지는 경험 없이 새싹은 싹트지 않습니다. 대부분의 그리스도인들이 능력 있는 신앙생활을 하지 못하는 이유는 자아가 깨지는 것을 두려워하기 때문입니다. 많은 사람들이 예전 모습 그대로 신앙생활을 하려고 합니다. 예수를 믿기는 할 테니 내 자아는 건드리지 말라고 합니다. 그러나 자아가 부서져야만 새롭게 세워집니다. 어떤 병은 수술해야 고쳐지듯, 우리 자아도 수술하지 않고는 치료되지 않습니다. 교만과 자존심과 자아는 제거해야 합니다. 그래야만 새싹이 납니다. 더러운 것에는 새것이 있을 수 없습니다. 옛 사람에게는 새사람이 접붙여지지 않습니다.

신앙생활 초기에는, 자존심 건드리는 일들이 자주 생깁니다. 이상하게도 사람들이 자주 긁어 대고 괴롭힙니다. 그런데 그건 오히려 은혜를 받고 있다는 증거일 수도 있습니다. 그런 과정을 통해 우리의 자존심이 깨지기 때문입니다. 자존심이 상할 때마다 즉시 "아멘" 하십시오. 하나님이 당신을 하나님의 사람으로 새롭게 빚어 가실 것입니다.

모세는 자아가 깨지고 자존심이 무너지는 데 무려 40년이 걸렸습니다. 하나님은 그를 40년 동안 광야에 내보내셔서 자존심을 버리고 자아를 깨뜨리도록 훈련시키셨습니다. 나이 팔십이 다 돼서도 자아가 죽지 않아서 하나님이 길을 열어 주시지 않았습니다.

그러다가 때가 되자 하나님이 그를 만나 주셨습니다. 모세가 시내 산에서 하나님을 만났을 때 하는 말을 들어 보면 확실히 자아가 깨어졌다는 것을 알 수 있습니다. 하나님이 "모세야, 가서 내 백성을 탈출시켜라" 하셨을 때 모세는 이렇게 말합니다. "하나님, 사람 잘못 보셨습니다. 저는 그럴 만한 사람이 아닙니다. 옛날의 저는 할 수 있다고 생각했지만, 지금은 아닙니다. 다른 사람을 보내십시오. 저는 입이 둔한 사람입니다."

그 똑똑한 모세가 이렇게까지 변했습니다. 바로 이때부터 하나님은 모세를 쓰기 시작하셨습니다. 모세의 믿음은 여기서 탄생했습니다. 모세는 자아가 깨지는 고통을 겪으면서 용기와 확신을 가지는 믿음을 소유하게 되었습니다. 엄청난 세력, 당시 이스라엘로서는 감히 대적할 수 없는 애굽의 바로를 상대로 이스라엘 백성을 이끌어 낸 용기는 바로 여기서 비롯된 것입니다.

떠남으로부터 시작되는 믿음

히브리서 11장 27-29절을 통해 볼 수 있는 모세의 믿음은 크게 네 가지입니다. 첫째, 모세의 믿음은 애굽을 떠난 믿음입니다.

모세는 애굽을 두 번 떠났습니다. 첫 번째는 40세 때 살인을 한 후 원치 않는 비참한 모습으로 애굽을 떠났습니다. 두 번째는 하나님의 명령에 순종하여 이스라엘 백성을 데리고 애굽을 떠났습니다. 그때는 영광스러운 모습으로 애굽을 떠났습니다.

아브라함에게서도 보듯 신앙은 떠남에서 시작됩니다. 하나님의 말씀을 듣고 우리가 있던 자리에서 일어나 떠남으로써 우리는 하나님을 의지하게 됩니다. 그러나 떠나지 않으면 우리 자신과 환경을 의지하게 됩니다. 하나님을 의지하는 비결은 떠나는 것입니다. 우리에게 아무 도움이 없어야 하나님을 의지하게 됩니다. 보호해 주는 배경, 권력, 세력이 다 끊어질 때, 우리는 하나님을 붙잡게 됩니다. 그것이 때로는 돈일 수도 있고 건강일 수도 있습니다.

아브라함은 갈대아 우르를 떠났습니다. 이방 여인 룻은 모압을 떠났습니다. 그래서 하나님의 은총을 입었습니다. 우리는 언제나 떠날 준비를 해야 합니다. 이것이 죽음을 맞이하는 믿음입니다. 서울을 떠날 준비를 하십시오. 언젠가 한국을 떠날 준비를 하십시오. 하나님이 부르시면 내 사랑하는 조국도 떠나야 합니다. 하나님의 뜻이 허락하는 동안만 같이 있습니다. 하나님의 뜻이 없어지면 우리는 다니던 교회라도 떠나야 합니다. 떠날 각오가 되어 있을 때만이 하나님의 뜻을 이룰 수 있습니다. 성도들이 교회를 떠날 준비가 되어 있을 때, 교회는 하나님의 뜻을 수행할 수 있습니다.

사탄의 세력을 대표하는 애굽의 바로는 모세와 이스라엘 백성이 떠나지 못하도록 수차례 위협하고 약속을 어겼습니다. 하나님이 열 번째 재앙을 내리실 때까지 이스라엘 백성과 하나님의 사람 모세를 보내지 않으려고 열 번씩이나 거짓말로 붙잡았습니다.

모세와 이스라엘 백성이 바로와 대결하는 것을 보면 참 흥미롭습니다(출 8-11장). 바로가 이스라엘 백성을 순순히 내보내지 않자 하나님이 애굽에 재앙을 내리십니다. 재앙이 내리자 바로는 떠나가라고 합니다. 그러자 재앙이 끝납니다. 재앙이 끝나니까 바로는 다시 악이 올라 또 이스라엘 백성을 못 가게 붙잡습니다.

이런 식으로 재앙이 여러 번 반복되다 보니 바로가 할 수 없이 타협하려고 합니다. "가기는 가되 이 땅을 벗어나지 말고 땅 끝에 가서 하나님께 제사를 드려라." 그러나 모세는 거절합니다. "하나님이 내 백성을 가게 하라고 말씀하셨기 때문에 타협할 수 없다."

바로는 마음이 다시 완강해져서 이스라엘 백성이 떠나는 것을 허락하지 않습니다. 그러면 또 재앙이 내립니다. 바로는 여러 번 이런 식으로 모세에게 타협을 유도합니다. "가긴 가되 멀리 가지 말라." 하지만 이것도 안 통합니다. 그러자 바로는 이렇게 말합니다. "그러면 여자와 자녀와 숫양과 짐승은 내어 놓고, 남자만 가서 예배를 드려라." 이것도 안 통합니다. 그러니까 한 걸음 양보하듯 이렇게 말합니다. "애들과 여자들까지 다 데려가되 우양은 놓고 가라."

이렇게 타협을 시도하면서 이스라엘 백성이 떠나지 못하도록 붙잡던 바로는, 결국 애굽의 모든 장자가 죽는 재앙을 당하고 나서야 이스라엘 백성을 내보냅니다. "다 가라. 너희들 것은 하나도 남겨 놓지 말고 다 가져가라." 그러나 바로는 이렇게 말해 놓고도 순순히 보내 주지 않습니다. 막상 이스라엘 백성이 떠나자 군대를 풀어서 뒤쫓아갑니다.

마귀가 꼭 바로 같습니다. 마귀는 우리가 하나님의 사람이 되는 것을 싫어합니다. 우리가 하나님의 백성으로 사는 것을 싫어합니다. 그래서 집요하게 방해하고 타협을 유도합니다. 우리의 발뒤꿈치를 잡고 떠나지 못하게 하는 것이 사탄의 계략입니다. 이런 사탄의 방해에 타협하거나 굴복해서는 안 됩니다.

세상 줄을 끊어야 믿음의 항해가 시작된다는 사실을 기억하십시오. 항구에 밧줄을 매어 놓으면 아무리 좋은 배가 있어도 항해는 시작되지 않습니다. 깊은 바다로 들어가기 위해서는 줄을 끊어야 합니다. 줄을 끊는 것이 두렵고 무섭고, 줄을 끊으면 죽을 것 같지만, 믿음은 떠나야 할 때 떠나는 것입니다.

폭력을 쓰지 않는 믿음

둘째, 모세의 믿음은 절대로 폭력을 쓰지 않는 믿음입니다. 아무리 상대가 악하고 강할지라도 그리스도인은 폭력으로 문제를 처리하지 않습니다. 예수님이 그렇게 하셨고, 모세도 그랬습니다. 출애굽 당시 약 200만 명 정도의 이스라엘 백성이 있었지만, 모세는 군중을 선동하거나 폭력을 행사하지 않았습니다.

오늘날 세상의 많은 이익 단체들이 여론을 형성해서 힘을 갖고 싸우려고 합니다. 교회 안에서도 그런 일이 종종 있습니다. 그러나 이런 모습은 비성경적입니다. 반론을 제기하려면 먼저 기도해야 합니다. 그리고 하나님의 능력으로 뜻을 관철시켜야지 여론을 형성해서 일하는 것은 비성경적입니다.

모세는 바로와의 그 엄청난 투쟁을 단독으로 진행했습니다. 바로와 홀로 대결했고, 누군가를 옆에 두었다면 기껏 아론 정도였습니다. 그는 기도로 싸웠습니다. 하나님의 능력으로 싸웠습니다. 모세나 민중의 힘으로 싸움에서 이긴 것이 아니라, 하나님의 도움으로 이겼습니다. 우리의 믿음, 헌신, 희생이 승리를 가져다주는 게 아닙니다. 하나님이 승리하게 하심으로써 승리하는 것입니다. 그리스도인은 세상과의 싸움에서 이 점을 기억해야 합니다.

모세는 임금을 두려워하지 않았습니다. 군대를 두려워하지 않았습니다. 세상의 어떤 정치적 세력도 무서워하지 않았습니다. 그렇다고 폭력을 사용하거나 조직을 이용하거나 사람을 동원하지도 않았습니다. 그는 믿음을 가지고 홀로 대결했습니다.

보라 하나님은 나의 구원이시라 내가 신뢰하고 두려움이 없으리니 주 여호와는 나의 힘이시며 나의 노래시며 나의 구원이심이라 (사 12:2).

최후의 승리자는 하나님이십니다. 세상의 왕이나 세상의 정치 구조가 아니라, 하나님이 승리자시고 하나님이 왕이십니다.

앞에는 홍해가 가로막고 뒤에는 애굽의 병사들이 쫓아오고 있을 때, 불안과 두려움에 휩싸인 이스라엘 백성이 모세를 원망합니다. 우리를 죽이려고 여기까지 데리고 왔느냐고 불평하는 이스라엘 백성에게 모세는 이렇게 말합니다.

모세가 백성에게 이르되 너희는 두려워하지 말고 가만히 서서 여호와께서 오늘 너희를 위하여 행하시는 구원을 보라 너희가 오늘 본 애굽 사람을 영원히 다시 보지 아니하리라(출 14:13).

그 엄청난 세력과 맞선 이스라엘 백성은 무기 하나 들지 않고 이겼습니다. 오직 하나님을 의지하여 이겼습니다. 우리의 무기는 기도입니다. 우리의 무기는 말씀이요, 하나님을 신뢰하는 것입니다. 그리스도인에게 주어진 무기는 이것밖에 없습니다.

그러므로 우리가 담대히 말하되 주는 나를 돕는 이시니 내가 무서워하지 아니하겠노라 사람이 내게 어찌하리요 하노라(히 13:6).

진정으로 하나님을 바라본 믿음

셋째, 모세의 믿음은 하나님을 실제로 바라보는 믿음입니다.

앞서 설명한 27절에 따르면 모세는 보이지 아니하는 자를 보는 것같이 참았습니다. 이것이 모세의 믿음입니다. 믿음은 바라는 것들의 실상이요, 보이지 않는 것들의 증거입니다. 하나님을 보는 것처럼 느낄 때 우리의 믿음은 얼마나 새로워지겠습니까? 왜 우리의 믿음이 흔들립니까? 왜 우리의 믿음이 불안합니까? 왜 우리의 믿음에 능력이 없습니까? 하나님이 시각화되지 않았기 때문입니다. 생각으로만 하나님, 개념으로만 하나님이지 실제 하나님이 아니기 때문입니다. 하나님을 느낀다면, 하나님의 음성을 듣는다면, 하나님의 손길을 느낀다면, 하나님의 기적을 목격한다면 우리의 믿음은 새로워집니다. 우리의 믿음은 감격에 넘칠 것이며, 기쁨이 충만할 것입니다.

모세는 어떻게 했습니까? 보이지 아니하는 하나님을 보는 것처럼 참았습니다. 보는 것처럼 느꼈습니다. 당신은 어떻습니까? 하나님을 보지 못하고 하나님이 없는 것처럼 살기 때문에 당신의 삶에 능력이 없고, 감격이 없는 것은 아닙니까? "하나님을 믿습니까?"라고 물으면 "아멘" 하는 사람들도 염려와 근심과 걱정이 많은 것을 봅니다. 그러나 진정으로 하나님을 믿고 그분이 살아 계심을 믿는다면 담대함과 평안으로 하나님을 의지할 것입니다.

왜 하나님을 느낄 수 없습니까? 왜 하나님이 시각화되지 않습니까? 왜 하나님을 오늘 내 앞에서 보는 것같이 느낄 수 없습니까? 말씀이 없기 때문입니다. 말씀이 없으면 하나님이 느껴지지 않습니다. 그리고 기도하지 않기 때문입니다. 엎드려 무릎으로 하나님께 나아가지 않고 생각만 하면 하나님을 느낄 수 없습니다. 생각하는 사람은 인간의 이성과 합리의 지배를 받지만, 기도하는 사람은 성령의 인도를 받습니다. 기도하지 않으면 하나님이 느껴지지 않습니다.

왜 하나님이 느껴지지 않습니까? 영적 전쟁을 무시하기 때문입니다. 세상은 영적 전쟁터입니다. 여기서 우리의 싸움은 혈과 육에 관한 것이 아니요, 하늘에 있는 악의 영들과의 싸움입니다. 이 영적 전쟁이 마귀와의 싸움이라는 것을 아는 사람은 하나님의 실제를 느낍니다. 눈을 똑똑히 떠야 합니다. 마귀의 실제를 보고, 하나님의 큰 실제를 볼 수 있기를 바랍니다.

하나님의 실제를 느끼지 못하는 이유는 또 있습니다. 전도하지 않기 때문입니다. 하나님을 강렬하게 느끼고 싶다면 당장 나가서 전도하십시오. 전도하면 하나님의 임재를 더욱 강하게 경험할 수 있습니다.

주님은 우리와 항상 함께 계십니다. 우리와 함께 계셔서 우리의 연약한 손을 붙들어 주시고, 우리의 떨리는 무릎도 붙들어 주시고, 우리의 병든 몸도 치료해 주실 것입니다. 모세는 바로의 군대와 홍해 사이에서 그것들만 본 것이 아니라 그 앞에 계신 하나님을 보았습니다. 이것이 믿음입니다.

그리스도의 보혈을 의지한 믿음

넷째, 모세의 믿음은 어린 양 예수 그리스도를 바라보는 믿음입니다.

> 믿음으로 유월절과 피 뿌리는 예식을 정하였으니 이는 장자를 멸하는 자로 그들을 건드리지 않게 하려 한 것이며(히 11:28).

아브라함이 부활 신앙을 가졌다면, 모세는 십자가의 구원 신앙을 가졌습니다. 유월절과 피 뿌리는 예식은 죽음의 재앙이 애굽을 강타할 때 하나님이 이스라엘 백성을 구원하기 위해 지시하신 조치입니다. 그 재앙의 밤, 어린 양을 잡아 그 피를 문설주와 인방에 바른 집의 장자들은 무사했지만, 그렇지 않은 집의 장자들은 모두 죽었습니다.

> 내가 피를 볼 때에 너희를 넘어가리니(출 12:13).

피를 보면 재앙이 지나간다고 했습니다. 즉 피 흘림 없이는 죄 사함이 없습니다. 우리 주 예수 그리스도의 죽음이, 십자가에서 흘리신 피 뿌림이 전 인류의 죄악을 씻어 주었습니다. 내 죄를 씻어 주었고, 사망 권세를 지나가게 하였습니다. 예수 그리스도를 믿는 우리에게는 심판이나 저주가 없습니다. 죽음이 없습니다. 유월절 어린 양 예수 그리스도의 보혈이 우리 영혼에 뿌려졌기 때문입니다. 이것이 모세의 믿음이었습니다. 모세의 궁극적인 믿음은, 그 믿음의 절정은 어린 양 예수 그리스도의 보혈을 의지한 것이었습니다. 이 확신이 그에게 있었습니다.

보혈에 적셔지지 않은 믿음은 다 가짜입니다. 거짓입니다. 인간적입니다.

> 우리가 마음에 뿌림을 받아 악한 양심으로부터 벗어나고 몸은 맑은 물로 씻음을 받았으니 참 마음과 온전한 믿음으로 하나님께 나

아가자(히 10:22).

보혈의 능력을 믿습니까? '보혈이 흘렀다'는 것은 구원이지만, '보혈이 뿌려졌다'는 것은 적용입니다. 예수님은 보혈을 흘리심으로써 구원을 이루셨습니다. 이제 그 보혈이 당신에게 뿌려져야 합니다. 선한 행동이나 양심이 우리를 구원하는 것이 아닙니다. 예수 그리스도가 십자가에서 흘리신 그 보혈이 우리 죄를 제거하고 우리를 죽음에서 건진다는 사실을 믿을 때 구원을 얻습니다. 그 믿음이 있을 때, 어떤 두려움이나 불안도 우리를 넘어뜨릴 수 없습니다. 보혈을 의지하는 것이 신앙입니다. 이 사실을 믿기 바랍니다. 보혈을 의지하는 믿음이 믿음의 끝입니다.

34

당신 안의
여리고를 무너뜨리라

히브리서 11:30

새신자나 초신자들은 예수 믿으면 모든 문제가 사라지고, 만사형통하며, 승리와 기쁨만 있을 것이라고 생각하는 경향이 많습니다. 그러나 신앙생활을 오래 한 성도들은 그렇지 않다고 고백합니다. 오히려 신앙생활은 산 넘어 산이요, 넘을수록 더 큰 장애물을 만나는 여정입니다. 한 고비 겪으면 그것으로 천국이 오는 것이 아닙니다. 하나님은 우리에게 건너야 할 더 넓은 강을, 넘어야 할 더 높은 산을 주십니다. 신앙인은 마차 타고 평지를 달리는 사람들이 아니라, 첩첩산중 험한 길에 도전하는 산 사나이 같은 사람들입니다.

신앙인인 우리는 하나님의 도움과 은혜, 위로와 기적을 체험하면서 산을 오르는 사람들입니다. 우리로서는 정복이 불가능한 죄악의 산을, 우리를 괴롭히는 여러 장애물의 산을 믿음으로 한 발짝 한 발짝 정복해 가는 것입니다. 출애굽 후 이스라엘의 여정은 이런 신앙인의 여정을 잘 보여 줍니다.

히브리서 11장 30절은 이스라엘이 여호수아를 따라 기적적으로 요단 강을 건넌 후, 난공불락의 철옹성인 여리고 성을 믿음으로 무너뜨리고 가나안 땅을 점령하는 사건을 보여 주고 있습니다.

믿음으로 칠 일 동안 여리고를 도니 성이 무너졌으며(히 11:30).

당신의 여리고 성은 무엇입니까

고대 기록에 의하면, 이 당시 성들의 성벽은 마차 두 대가 나란히 지날 수 있을 정도로 넓었다고 합니다. 이로써 여리고 성의 크기가 어느 정도인지 짐작해 볼 수 있습니다. 여호수아와 이스라엘 백성이 믿음으로 요단 강을 건넌 후 만난 첫 장애물, 그들의 숨통을 막히게 한 것이 여리고 성입니다. 이 성이 가나안 땅 입구에 버티고 서 있었습니다. 가나안은 하나님의 말씀대로 젖과 꿀이 흐르는 약속의 땅입니다. 하나님은 그 땅을 점령하라고 명하셨습니다. 그런데 점령하려는 그 땅 입구에 이 엄청난 여리고 성이 버티고 있었습니다.

> 이스라엘 자손들로 말미암아 여리고는 굳게 닫혔고 출입하는 자가 없더라(수 6:1).

우리는 신앙생활을 하면서 종종 우리 앞에 여리고가 버티고 있는 것을 발견합니다. 신앙생활을 잘해야겠다고 결심하고, 좀 더 하나님 뜻대로 살아 보려고 하나님이 약속하신 땅으로 가려 할 때, 놀랍게도 여리고가 우리를 조롱하고 버티고 있습니다. 이 여리고는 우리를 무력하게 만드는 세상 물질과 성공 지상주의일 수도 있습니다. 혹은 세상의 악한 조직과 세력들일 수도 있습니다. 세상의 권력, 금력, 쾌락일 수도 있습니다.

이런 여리고 성 앞에 서면, '도대체 나같이 연약한 존재가 어떻게 이것들과 싸워 이길 수 있을까' 하는 생각이 들 때가 많습니다. 이런 생각 자체도 또 하나의 여리고입니다.

우리 안에 있는 죄악도 여리고 성이라고 할 수 있습니다. 나는 죄를 짓고 싶지 않지만, 죄악의 세력이 나를 붙들고 놓아 주지 않습니다. 이 밖에도 불신앙의 여리고, 원망과 불평의 여리고 등이 신앙생활의 길목에서 우리를 가로막을 때가 많습니다.

그렇다면 이 여리고 성을 어떻게 해결해야 합니까? 무너뜨려야 합니다. 이것을 정복하고 무너뜨려야만 하나님이 약속하신 젖과 꿀이 흐르는 땅으로 나아갈 수 있기 때문입니다. 이것이 무너지지 않고는 가나안 정복은 불가능합니다.

성경은 이것을 무너뜨릴 수 있는 것은 '믿음'이라고 말합니다. 믿음은 불가능을 가능케 하며, 하나님의 능력을 체험케 해 줍니다. 믿음은 이스라엘 백성을 가로막고 있던 홍해도 갈랐습니다. 여리고 성을 무너뜨렸습니다.

> 믿음으로 그들은 홍해를 육지같이 건넜으나 애굽 사람들은 이것을 시험하다가 빠져 죽었으며 믿음으로 칠 일 동안 여리고를 도니 성이 무너졌으며(히 11:29-30).

그런데, 히브리서 11장 29절과 30절 사이에는 무려 40년이라는 세월의 단절이 있습니다. 29절에서 30절로 넘어가는 데 40년이 걸렸습니다. 이것은 어떤 40년입니까?

이스라엘 백성이 믿음으로 홍해를 건넜습니다. 그러나 홍해를 건너고 나서 환경의 어려움에 직면했습니다. 먹을 물이 없었고 먹을 것과 잠잘 곳과 입을 옷이 없었습니다. 이런 환경의 고난에 부딪혔을 때, 그들은 하나님의 뜻을 깨닫지 못하고 원망과 불평과 반항을 일삼으면서 하나님께 대한 불신앙으로 우상 숭배를 자행했습니다. 그래서 그들은 40년이라는 기나긴 고통의 세월을 대가로 치러야만 했습니다. 그리고 40년 동안 엄청난 대가를 치르면서 자신들의 잘못을 깨닫고 믿음을 갖기 시작했습니다. 그리고 이제 하나님이 약속하신 가나안 땅을 앞에 두고 있습니다.

혹시 어렸을 때 예수님을 잘 믿었는데 30-40년 정도 쉬다가 교회에 다시 나온 분이 있을지 모르겠습니다. 세상에서 마음대로 살아보고 방황하다가 '이게 아니구나!' 하는 것을 깨닫고 다시 믿음으로 살아야겠다고 결심해서 교회 나온 분들이 있을 것입니다. 가나안 정복을 앞둔 이스라엘 백성의 상황이 이와 비슷합니다.

이스라엘 백성이 40년이라는 기나긴 세월을 방황하다가 하나님이 주신 약속과 명령을 기억하면서 다시 말씀과 기도와 믿음으로 뭉쳐서 시작한 것이 가나안 땅 점령 사건입니다. 그들이 여호수아를 중심으로 뭉쳐서 말씀에 순종하기로 결심하고 믿음을 갖기 시작했을 때, 놀랍게도 요단 강물이 역류했으며 철옹성 같은 여리고 성도 무너졌습니다.

하나님이 무너뜨리십니다

이스라엘은 여리고 성을 어떻게 무너뜨릴 수 있었을까요? 여호수아 5장 마지막 부분을 보면 여리고 성을 무너뜨린 원동력은 하나님이라는 것을 알 수 있습니다. 여리고 성 파괴는 하나님의 뜻이었고, 하나님의 역사였습니다. 홍해를 가른 것은 모세가 아닙니다. 하나님에게 홍해를 가르려는 계획이 있었는데, 그것을 모세가 깨닫고 순종했기 때문에 홍해가 갈라진 것입니다. 모세가 홍해를 가른 것이 아니라 하나님이 모세의 믿음과 순종을 통해서 홍해가 갈라지도록 하신 것입니다. 이것은 하나님이 보여 주신 모든 기적의 공통점입니다. 마찬가지로, 여리고 성을 무너뜨린 것은 여호수아가 아니라 하나님이셨습니다. 그것은 여호수아의 아이디어가 아니라 하나님의 아이디어였고, 하나님의 계획이었습니다.

하나님은 우리를 향한 놀라운 계획을 가지고 계십니다. 우리가 하나님께 순종하면 하나님은 우리로 기적을 체험케 하십니다. 하나님은 우리가 초자연적인 삶을 살도록 설계하셨습니다. 우리가 하나님께 믿음으로 순종하고 동의하고 그대로 행동하면 놀라운 축복과 초자연적인 능력의 삶을 경험할 수 있습니다.

여리고 성 전투는 마귀와 하나님과의 싸움이었습니다. 즉 영적 전쟁이었습니다. 겉으로는 성을 뺏고 빼앗기는 전쟁이었지만, 그 이면은 하나님과 사탄의 영적 전쟁이었습니다.

여호수아가 여리고에 가까이 이르렀을 때에 눈을 들어 본즉 한 사람이 칼을 빼어 손에 들고 마주 서 있는지라 여호수아가 나아가서 그에게 묻되 너는 우리를 위하느냐 우리의 적들을 위하느냐 하니 그가 이르되 아니라 나는 여호와의 군대 대장으로 지금 왔느니라 하는지라 여호수아가 얼굴을 땅에 대고 엎드려 절하고 그에게 이르되 내 주여 종에게 무슨 말씀을 하려 하시나이까 여호와의 군대 대장이 여호수아에게 이르되 네 발에서 신을 벗으라 네가 선 곳은 거룩하니라 하니 여호수아가 그대로 행하니라(수 5:13-15).

여호수아가 여리고 성에 접근하고 있을 때 갑자기 나타난 한 인물이 있는데, 그는 칼을 빼 들고 선 여호와의 군대 대장이었습니다. 하나님은 군대 대장을 보내심으로써 여호수아로 하여금 영적 전쟁에 대한 준비도 하게 하셨습니다. 우리의 싸움은 영적 싸움이라는 사실을 기억해야 합니다. 밖에서 싸우는 것도 중요하지만, 내 안에서 나와 싸워서 이기는 것이 더 중요합니다. 밖에서 승리해 놓고 안에서는 패하는 일이 없도록 주의하십시오. 우리에게 속한 싸움은 영적인 것입니다. 이 영적 싸움에서 우리가 어떻게 승리하느냐에 우리 믿음 생활의 사활이 걸려 있습니다.

예수님은 "세상이 너희를 미워하면 너희보다 먼저 나를 미워한 줄을 알라"(요 15:18)고 말씀하셨습니다. 그렇습니다. 세상과 우리와의 싸움이 아닙니다. 사실 사람들이 예수님을 믿는 우리를 조롱하고 공격하고 괴롭히는 것은, 먼저 예수 그리스도를 대적하고 예수 그리스도와 싸우는 것입니다.

여리고 성을 무너뜨린 것은 여호수아가 아닙니다. 여호수아 앞에 군대 대장을 보내신 하나님입니다. 오늘날 우리 대장은 예수 그리스도입니다. "믿는 사람들은 주의 군사니 앞서 가신 주를 따라갑시다. 우리 대장 예수 기를 들고서 접전하는 곳에 가신 것 보라"(새찬송가 351장, 〈믿는 사람들은 주의 군사니〉) 하는 찬송가처럼 우리는 대장 되신 예수님을 따라야 합니다. 우리는 영적 전쟁 중에 있는 군병입니다. 이 전쟁에서 승리하려면 우리 앞에 먼저 가신 예수님을 바라보아야 합니다. 당신을 위해 기도하시는 예수님을 보십시오. 당신을 위해 갈보리 언덕에서 마귀를 물리치신 예수 그리스도를 바라보아야만 영적 싸움에서 승리할 수 있습니다.

그리고 사실, 우리의 싸움은 이미 승리한 싸움입니다. 이미 예수님이 승리한 싸움에 우리가 동참하는 것입니다. 이 사실을 알고 나면 더욱 힘이 날 것입니다.

여리고 성을 무너뜨린 가장 큰 힘은 하나님의 계획과 역사였습니다. 그러나 이스라엘 백성의 믿음 또한 아주 중요한 요인이었습니다. 여리고 성을 무너뜨린 이스라엘의 믿음은 우리에게 몇 가지 믿음의 본질들을 가르쳐 줍니다.

말씀을 듣는 믿음

첫째, 말씀을 듣는 믿음입니다.

여리고 성을 무너뜨린 믿음은 말씀을 듣는 믿음이었습니다. 하나님의 군대 대장이 칼을 빼고 나타나서 여호수아 앞에 섰을 때, 여호수아는 그대로 무릎을 꿇고 묻습니다.

이르되 내 주여 종에게 무슨 말씀을 하려 하시나이까(수 5:14).

이것이 믿음의 중요한 본질입니다. "주여, 무슨 말씀을 하시렵니까?" 내 생각, 내 판단, 내 상식에 기초해서, 내 신념, 내 철학, 내 학문에 기초해서 결정하는 것이 아니라 "주여, 말씀하시옵소서. 제가 그 말씀에 의지해서 이제 믿음을 갖기 원합니다"라는 자세가 있어야 합니다.

믿음은 내게서 나오는 것이 아니라, 하나님의 말씀에서 나옵니다.

믿음은 들음에서 나며 들음은 그리스도의 말씀으로 말미암았느니라(롬 10:17).

여리고 성을 무너뜨릴 수 있었던 것은 하나님이 직접 싸우셨기 때문이기도 하지만, 여호수아와 이스라엘 백성이 하나님의 말씀을 기다렸고 들었기 때문입니다.

하나님의 말씀을 들을 때 우리는 세상에 나가서 싸워 이길 수 있습니다. 다른 것으로는 결코 세상을 못 이깁니다. 돈이나 권력으로는 세상을 이길 수 없습니다. 인간의 이성과 인간의 꾀와 인간의 방법으로는 세상을 이길 수 없습니다. 마귀도 이길 수 없습니다.

세상을 이길 수 있는 믿음의 비밀은 말씀입니다. 하루를 어떻게 승리할 수 있습니까? 아침에 말씀을 들어야 합니다. 조용히 무릎 꿇고 "하나님, 오늘 하루를 살 수 있는 말씀을 제게 주시옵소서" 이렇게 기도하며 말씀을 들어야 합니다. 화가 날 때 어떻게 이길 수 있습니까? 화를 내지 말아야지 하면 화가 더 납니다. 말씀을 생각해야 합니다. 화가 나는 순간에 하나님의 말씀을 묵상하면 내 안의 분노가 사라지는 것을 경험할 수 있을 것입니다. 마귀는 우리의 영혼을 혼미케 하지만, 말씀은 우리의 영혼을 깨웁니다. 정신이 번쩍 들게 합니다. 우리의 믿음은 말씀을 구하는 믿음이요, 말씀대로 사는 믿음이요, 말씀을 요청하는 믿음이어야 합니다.

성결한 믿음

둘째, 성결한 믿음입니다.

여호수아가 "주여 종에게 무슨 말씀을 하려 하시나이까" 하고 물었을 때, 여호와의 군대 대장이 이렇게 말합니다. "여호수아야, 네 발에서 신을 벗어라. 이곳은 거룩한 곳이다." 신을 벗는 믿음이 여리고 성을 무너뜨리게 한 것입니다. 하나님이 모세에게 일을 시키실 때 떨기나무 불꽃 속에서 하신 말씀이 무엇입니까? "모세야, 네 발에서 신을 벗어라"였습니다. 그렇습니다. 순결만큼 큰 능력이 없습니다.

오늘날 교회가 능력을 잃어버린 것은 순결을 잃어버렸기 때문입니다. 어느 한쪽만이라도 순결을 잃어버리면 부부 사이에 사랑이 식습니다. 순결만큼 큰 능력이 없고, 정직만큼 큰 능력이 없습니다. 순결은 능력입니다. 지저분해지면 능력이 없어집니다. 순결을 잃어버리고 교만하고 잡스러운 생각과 우상 숭배와 물질 숭배에 사로잡히면, 우리의 믿음 생활이 비틀거린다는 것을 알아야 합니다. 왜 신앙생활이 비틀거립니까? 기도도 하고 있는데 왜 내 신앙이 비틀거립니까? 순결하지 못하기 때문입니다. 이스라엘 백성이 여리고 성을 무너뜨릴 수 있었던 것은, 스스로를 성결케 했기 때문입니다. 성결이, 정직이, 진실이 하나님의 마음을 움직입니다.

순종하는 믿음

셋째, 순종하는 믿음입니다.

여호수아 5장 15절을 보면, "신을 벗으라"는 명령에 여호수아가 "그대로 행하니라"고 했습니다. 순종보다 더 위대한 것은 없습니다. 사무엘은 사울에게, 하나님께 대하여는 순종이 제사보다 낫다는 것을 가르쳐 주었습니다. 순종이 없는 믿음은 없습니다. 우리의 믿음이 능력이 없는 것은 순종이 없기 때문입니다. 오늘날 우리는 불신앙과 불순종과 반항의 시대에 살고 있습니다. 오늘날 전 세계는 반항합니다. 모든 사람이 분노하고 반항하는 시대적 기운 속에서 세상이 움직이고 있습니다. 이것은 마귀가 지배하는 세계라는 것을 그대로 보여 줍니다. 감당할 수 없고 이해할 수 없어도 순종하는 것이 참 순종입니다.

하나님이 여호수아에게 이렇게 명령하십니다.

여호와께서 여호수아에게 이르시되 보라 내가 여리고와 그 왕과 용사들을 네 손에 넘겨 주었으니 너희 모든 군사는 그 성을 둘러 성 주위를 매일 한 번씩 돌되 엿새 동안을 그리하라 제사장 일곱은 일곱 양각 나팔을 잡고 언약궤 앞에서 나아갈 것이요 일곱째 날에는 그 성을 일곱 번 돌며 그 제사장들은 나팔을 불 것이며 제사장들이 양각 나팔을 길게 불어 그 나팔 소리가 너희에게 들릴 때에는 백성은 다 큰 소리로 외쳐 부를 것이라 그리하면 그 성벽이 무너져 내리리니 백성은 각기 앞으로 올라갈지니라 하시매(수 6:2-5).

솔직히 얼마나 황당한 명령입니까? 만화 같은 명령입니다. 가만히 생각해 보십시오. 이것이 따를 만한 명령입니까? 상식과 이성에 맞지 않는 얘기입니다. 여호수아와 이스라엘 백성이 이 명령을 갈등 없이 들었을까 하는 의문을 가져 봅니다. 여호수아는 직접 들었으니 믿는다지만, 이스라엘 백성이 그 말을 전해 들었을 때 어땠을까요? 만약 제가 이런 명령을 듣고 설교 때 이런 말을 했다면 "목사님이 기도하시더니 정신이 좀 이상해졌다"고 말하지 않겠습니까?

120년 후에 있을 홍수를 대비해서 산꼭대기에 방주를 지으라는 명령을 받았던 노아는 어땠을까요? 그 명령이 이성에 맞습니까? 바다도 아닌 산에다가 120년 후에 있을 일을 대비해 생전 보지도 못한 물건을 만들라니 말입니다. 아브라함에게 갈대아 우르를 떠나라는 명령은 합리적인 명령입니까? 하루아침에 고향과 친척과 아버지의 집을 떠나는 것이 어디 쉬운 일입니까? 예수님에게 십자가를 지라는 명령은 합리적입니까? 쉽게 감당할 수 있는 것입니까?

그러나 이런 명령에도 순종하는 것이 믿음입니다. 믿음은 순종입니다. 이성과 상식과 합리와 의논하지 마십시오. 성경과 의논하십시오. 하나님과 의논하십시오. 그리고 순종할 때에 명령의 내용을 보면서 순종하지 말고, 명령하시는 분을 보십시오. 명령의 내용을 보면 순종하지 못할 것이 너무 많습니다. 십일조 생활, 어렵습니다. 전도 생활, 어렵습니다. 봉사 생활, 어렵습니다. 인간의 상식으로 생각하면 교회에서 신앙생활을 하는 것이 다 어렵습니다. 현실을 보면 가능한 것이 하나도 없습니다. 그러므로 상식적으로 생각하지 말고, 현실을 보지 말고 하나님과 의논하십시오. 말씀과 의논하십시오. 그리고 순종하십시오. 순종이 곧 믿음이기 때문입니다.

기대하는 마음

넷째, 기대하는 믿음입니다.

하나님의 말씀을 분명히 듣고, 읽고, 깨달았다면, 다음은 기다리고 기대해야 합니다. 사실 신앙은 기대하는 마음입니다. 주님이 오실 것을 기대하는 것, 그것을 기대하지 않는 사람은 다 재미없는 사람들입니다. 사람을 기다리는 것처럼 아름다운 흥분은 없습니다. 특별히 사랑하는 사람을 기다리는 것은 더욱 그러합니다. 우리는 주님이 곧 오실 것을 기다리며 삽니다. 오늘 오실지, 내일 오실지 모르지만, 주님은 곧 오신다고 말씀하셨습니다. 이것을 기대하는 것이 믿음입니다.

당신은 어떻게 변화되기를 기대합니까? 10년 후를 기대하는 믿음이 있습니까? 죽는 날을 기대하고 있습니까? 죽는 날을 기대할 수 있다는 것, 얼마나 멋진 일입니까? "내가 죽을 때 주님을 만난다." 이렇게 죽음을 기대해야 합니다. 신앙은 기대입니다. 약속이 분명했다면, 그리고 그 약속에 따라 순종했고 행동했다면, 이제는 기다리고 기대해야 합니다.

그러므로 내가 너희에게 말하노니 무엇이든지 기도하고 구하는 것은 받은 줄로 믿으라 그리하면 너희에게 그대로 되리라(막 11:24).

이스라엘 백성은 한 바퀴 돌고 기다렸고, 또 믿음의 성취가 이루어질 것을 기대했을 것입니다. 기대감이 있을 때 기적이 일어나고 응답이 일어납니다. 교회가 부흥할 것을 기대합니까? 이 기대감이 없으면 교회는 부흥하지 못합니다. 성도들에게 "우리 교회는 사랑이 넘친다. 우리 교회는 잘한다. 우리 교회는 이제 봉사와 구제와 선교로써 이 세상에 빛과 소금이 될 것이다. 하나님이 우리 교회를 귀히 사용하실 것이다"라는 기대감이 있어야 됩니다. 가정에 대해서 기대가 있습니까? 남편에 대해서 기대감이 있습니까? 자녀에 대한 기대감이 있습니까? 기대감을 가지고 기도하십시오.

기도하는 사람들은 나라를 생각할 때에 부정적인 기대를 합니까, 긍정적인 기대를 합니까? 현실은 부정적이지만 분명히 이 나라를 하나님이 쓰실 줄로 믿습니다. 인간의 연약함과 부정과 부패와 죄악을 넘어서서, 하나님이 초월적으로 이 민족을 사용하실 것을 우리는 기대합니다. 기도하는 사람들은 민족에 대한 기대감이 있습니다.

기대감을 가지고 교회에 가십시오. 하루를 시작하십시오. 직장에 나가십시오. 하나님은 당신을 사용하십니다. 이것이 바로 여리고 성을 무너뜨렸던 믿음입니다.

35

절망에서 피워 낸
소망의 꽃

히브리서 11:31

성경은 가끔 우리에게 전혀 생각지도 못하고 예기치도 못했던 진리들을 보여 줄 때가 있습니다. 예컨대 우리는 지금까지 히브리서를 통해 위대한 하나님의 사람들을 소개받았습니다. 아벨, 에녹, 노아, 아브라함, 모세 등입니다. 이 사람들의 믿음은 누가 봐도 참으로 훌륭하고, 믿음의 조상들이라고 부르기에 충분합니다. 그런데 이런 기라성 같은 믿음의 거성들 사이에 예기치 못한 인물이 끼어 있습니다. 그 사람은 죄인 취급받던 창녀요, 버림받은 이방인 기생입니다. 그 여인의 이름은 라합입니다. 어떻게 기생 라합이 이처럼 위대한 믿음의 거인들 옆에 같이 설 수 있었을까요?

"그러므로 생각하라 너희는 그때에 육체로는 이방인이요 손으로 육체에 행한 할례를 받은 무리라 칭하는 자들로부터 할례를 받지 않은 무리라 칭함을 받는 자들이라 그때에 너희는 그리스도 밖에 있었고 이스라엘 나라 밖의 사람이라 약속의 언약들에 대하여는 외인이요 세상에서 소망이 없고 하나님도 없는 자이더니"(엡 2:11-12)라는 말씀이 있는데, 이 말씀은 기생 라합에게 아주 적합한 말씀입니다.

라합의 신분과 처지와 여건으로 보면 어느 누구도 기억해 줄 만한 사람이 아닙니다. 한동네 사람들조차도 거들떠보지 않는 그런 여자인데, 하나님은 여리고 성이 무너지는 심판 중에 라합을 기억하셨습니다. 그리고 절망의 여자였던 그녀를 소망의 여자로 만드시고, 나중에는 예수님의 족보에 등장하는 예수님의 조상이 되게 하셨습니다. 기생 라합이 어떻게 위대한 믿음의 사람들과 어깨를 나란히 할 수 있었을까요?

절대 은혜로

이에 대해, 성경에서 보여 주는 대로 두 가지 측면에서 살펴보겠습니다. 첫째는 하나님의 측면이요, 둘째는 사람의 측면입니다.

먼저 하나님의 측면에서 보겠습니다. 기생 라합이 믿음의 조상이 될 수 있었던 것은 첫째, 하나님의 절대 은혜 때문입니다. 이것밖에는 설명할 길이 없습니다.

기생 라합은 어떤 여자입니까? 성경을 보면 기생이라고 했는데, 이는 창녀라는 뜻입니다. 이 말이 더 적합한 번역입니다. 가장 천대받는 계층이었고, 사람으로서는 가장 밑바닥 직업을 가진 여자였습니다. 그것뿐만이 아닙니다. 이 여자는 선택받지 못한 이방인입니다. 우상 숭배하는 아모리 족속 계열입니다.

그런데 이러한 여자가 여리고 성이 무너질 때 그 수많은 사람들 가운데 홀로 구원을 받았습니다. 어떻게 그랬을까요? 아무리 생각해 봐도 하나님의 은혜가 아니고서는 불가능한 일입니다. 은혜란 무엇입니까? 값없이 주어지는 혜택입니다. 구원은 하나님의 선물입니다. 이 여자가 하나님의 은혜와 축복을 받기 위해 한 것은 아무리 생각해 봐도 없습니다. 이것이 은혜입니다.

구원받을 자격이 있어서 구원받은 사람은 한 사람도 없습니다. 바울은 그래서 이런 말을 했습니다. "나의 나 된 것은 하나님의 은혜다." 시편 기자는 시편 116편 12절에서 "내게 주신 모든 은혜를 내가 여호와께 무엇으로 보답할까"라는 감격 어린 표현을 합니다. 죄와 허물로 죽었던 내가 어떻게 이처럼 하나님의 자녀로 부름을 받아 구원받게 되었는가 하는 감탄입니다.

당신 자신을 돌이켜보십시오. 어떻게 하나님의 자녀라 칭함을 받게 되었으며, 입을 열어 하나님을 '아바 아버지'라 부를 수 있게 되었습니까? 우리가 한 일이 조금이라도 있습니까? 우리가 그만한 자격이 있다고 생각합니까? 은혜입니다. 하나님은 전혀 소망 없는 사람을 하나님의 절대적인 은혜로 조건 없이 구원해 주십니다.

로마서를 보면 하나님이 은혜 베풀 자에게 은혜를 베푸시고, 긍휼히 여길 자를 긍휼히 여기신다는 말씀이 있습니다. 하나님 앞에는 자격 있는 사람도 없고, 자격 없는 사람도 없습니다. 자격이 있어서 하나님 앞에 오는 사람은 한 사람도 없습니다. 또 자격이 없어서 하나님께 못 오는 사람도 한 사람도 없습니다. 왜냐하면 내 자격 때문에 구원받은 것이 아니라 하나님의 은혜 때문에 구원받았기 때문입니다.

내가 하나님을 택한 것이 아니라, 하나님이 나를 택하셨습니다. 내가 교회에 간 것이 아니라, 하나님이 오게 하신 것입니다. 교회는 우리가 짓는 것이 아니라 하나님이 만드시는 것입니다. 이것은 불가항력적인 은혜입니다. 하나님이 나를 부르셨기에 내가 응답한 것입니다. 처음에는 내 발로 교회에 온 것 같고, 내가 기도한 것 같고, 내가 헌금한 것 같고, 내가 봉사한 것 같지만 더 깊이 십자가 앞에서 봤을 때 이 모든 것이 하나님의 은혜였다는 사실을 깨닫게 됩니다. 기생 라합이 구원받은 것은 하나님의 측면에서 보면 절대 은혜였습니다.

공평하신 계획으로

둘째, 하나님이 기생 라합을 믿음의 사람으로 부르신 이유는 하나님의 구원 계획 때문입니다. 이것은 선택된 백성과 구별하지 않고 이방인이라 할지라도 똑같이 구원하시는 하나님의 놀라운 계획입니다.

구약의 요나서를 보십시오. 하나님이 요나를 부르셔서 하나님을 믿지 않는 니느웨 백성에게 전도하라고 하십니다. 구약 때부터 하나님의 선교가 있었다는 사실을 알 수 있습니다. 민족을 구분하지 않고, 인류를 구분하지 않고, 사람을 구분하지 않고, 부자와 가난한 자를 구분하지 않고, 예수 그리스도의 이름으로 모든 사람을 구원하고자 하시는 하나님의 놀라운 계획이 구약 때부터 있었던 것입니다.

그런데 놀라운 사실은 예수님을 믿는 우리는 구분을 잘한다는 것입니다. 모두를 받아들이고 사랑해야 하는 교회가 오히려 계급을 형성하는, 그래서 성경과 정반대의 길로 가고 있는 모습을 종종 보게 됩니다. 이는 하나님이 원하시는 교회의 모습이 아닙니다. 하나님의 구원 계획은 놀랍습니다. 우리 주님은 우주적 주님이십니다. 교회는 우주적 교회입니다. 어느 제한된 교회와 어떤 민족의 교회일 수 없습니다. 그것은 그리스도의 교회이기 때문입니다.

비록 창녀이고 이방인이며 우상을 섬겼던 사람이라 할지라도 하나님은 개의치 않으십니다. 하나님은 기생 라합을 예수님의 족보에 넣고 구원의 반열에 올리셔서, 모든 사람이 구원받을 수 있는 길을 터 주셨습니다. 기생 라합이 구원받은 사실을 보면 세상 가치관을 넘어서 하늘의 가치관을 깨닫게 됩니다. 한 사람의 소중함을 알게 됩니다. 이 한 여자를 구원하기 위해서 하나님은 엄청난 구원의 행동을 하십니다. 성경은 숫자에 놀아나지 않습니다. 하나님의 뜻이 백성의 뜻과 다를 수 있습니다. 같을 수도 있지만 다를 수도 있습니다. 민중의 뜻이라고 다 옳은 것은 아닙니다. 하나님의 뜻과 다를 수도 있습니다. 이 경우, 하나님에게 있어서는 많은 백성보다 이 한 사람이 더 소중했습니다.

예수님도 한 사람을 소중히 여기셨습니다. 예수님은 전통 유대인들에게 충격을 줄 수 있는 행동을 참 많이 하셨습니다. 예컨대 세리, 창녀, 죄인들과 가까이 지내셨습니다. 그리고 그 당시에는 천형이라고 생각했던 한센병 환자들과, 사람들로부터 버린 바 되었던 귀신 들린 자들의 친구가 되어 주셨습니다.

오늘날 교회가 찾아가야 할 사람들은 바로 이런 사람들입니다. 교회는 버려지고, 잊히고, 냄새나고, 사람들이 환영하지 않는 이들과 함께 숨을 쉬어야 합니다. 그런 사람들을 끼고 살아야 합니다. 예수님은 그러셨습니다. 예수님은 삭개오가 뽕나무에 올라간 것을 보시고 "삭개오야, 속히 내려오라. 내가 오늘 네 집에 유하여야 하겠다"고 말씀하셨습니다. 예수님은 자격지심이 크고, 열등의식이 많고, 자기를 학대하고, 자기는 아무것도 아니라고 생각하는 사람의 집에 가기를 원하십니다. 스스로 버려졌고 잊혔고 외롭고 병들어서 아무 쓸데없다고 생각하는 사람에게 찾아가기를 원하십니다.

은혜에 반응하는 라합의 믿음

앞에서는 라합에 대한 하나님의 은혜의 측면을 살펴보았으므로, 이제는 라합의 믿음에 대해서 보겠습니다. 하나님의 은혜는 언제나 인간의 믿음과 짝을 이룹니다. 하나님이 아무리 은혜를 베풀어 주셔도 내가 믿음으로 응답하지 않으면, 그 은혜는 결국 그냥 지나

갈 수밖에 없습니다. 기생 라합은 하나님이 은혜를 주실 때 믿음으로 응답했습니다.

기생 라합의 믿음은 첫째, 하나님을 깊이 신뢰하는 믿음이었습니다.

> 믿음으로 기생 라합은 정탐꾼을 평안히 영접하였으므로(히 11:31).

'평안히'라는 말에 주의를 기울이십시오. 평안하게, 갈등 없이, 정말 양심에 부끄러움 없이 정탐꾼을 숨겨 주었다고 했습니다.

여호수아 2장 6절은 "그가 이미 그들을 이끌고 지붕에 올라가서 그 지붕에 벌여 놓은 삼대에 숨겼더라"고 말합니다. 여기에 보면 삼대 밑에 정탐꾼을 숨긴 사실을 볼 수 있습니다. 여호수아 2장 8-11절을 보면 라합이 그렇게 한 이유를 알 수 있습니다.

> 또 그들이 눕기 전에 라합이 지붕에 올라가서 그들에게 이르러 말하되 여호와께서 이 땅을 너희에게 주신 줄을 내가 아노라 우리가 너희를 심히 두려워하고 이 땅 주민들이 다 너희 앞에서 간담이 녹나니 이는 너희가 애굽에서 나올 때에 여호와께서 너희 앞에서 홍해 물을 마르게 하신 일과 너희가 요단 저쪽에 있는 아모리 사람의 두 왕 시혼과 옥에게 행한 일 곧 그들을 전멸시킨 일을 우리가 들었음이니라 우리가 듣자 곧 마음이 녹았고 너희로 말미암아 사람이

정신을 잃었나니 너희의 하나님 여호와는 위로는 하늘에서도 아래로는 땅에서도 하나님이시니라.

"하늘에서도 땅에서도 하나님이시다"라는 고백이 바로 라합의 믿음이었습니다. 라합은 하나님의 역사를 소문으로 들었습니다. 하나님이 바위를 쳐서 물을 내셨고, 만나와 메추라기를 주셨다는 놀라운 사건들에 대해서 이미 듣고 있었던 것입니다. 그리고 하나님이 홍해를 갈라서 이스라엘 백성을 건너게 하셨다는 소문도 들었습니다. 라합은 이 소문을 듣고 하나님을 믿었습니다. 얼마나 놀라운 믿음입니까?

의심 많은 도마는 두 가지 실수를 했습니다. 한 가지는 예수님이 부활하셔서 제자들에게 나타나셨을 때 다른 제자들은 그 자리에 다 있었는데 도마만 없었다는 것입니다. 무엇이 바빴는지는 모르지만 아무튼 그 자리에 없었습니다. 그리고 또 한 가지 실수는, 자기가 거기 없었다는 이유로 다른 제자들이 전해 주는 예수님의 부활 소식을 믿지 않은 것입니다. 그는 "내가 그의 손의 못 자국을 보며 내 손가락을 그 못 자국에 넣으며 내 손을 그 옆구리에 넣어 보지 않고는 믿지 아니하겠노라"(요 20:25)고 말했습니다. 저 같으면 이런 도마에게 "안 믿으려면 가라"고 했을 텐데, 예수님은 그렇게 하지 않으셨습니다. 그렇게 교만하고 자존심 강하고 합리적인 도마에게 예수님은 또 나타나셔서 "네 손가락을 이리 내밀어 내 손을 보고 네 손을 내밀어 내 옆구리에 넣어 보라 그리하여 믿음 없는 자가 되지 말고 믿는 자가 되라"(요 20:27)고 하셨습니다.

얼마나 고마운 예수님입니까? 죄와 허물로 죽었던 우리, 감히 하나님 앞에 설 수 없는 우리, 거기에다가 교만하고 하나님께 반항하는 우리를 주님은 거절하지 않으시고 "내게로 오라"고 말씀하십니다.

도마는 이런 예수님 앞에 드디어 무릎을 꿇습니다. "나의 주님이시요 나의 하나님이시니이다" 하며 부활하신 예수님 앞에 무릎 꿇고 신앙 고백을 합니다. 이때 예수님이 아주 중요한 말씀을 하셨습니다.

너는 나를 본 고로 믿느냐 보지 못하고 믿는 자들은 복되도다
(요 20:29).

성경을 읽으면서도 하나님이 계신가 안 계신가 의심하는 사람들, 교회를 다니고 말씀을 들으면서도 믿음이 안 생기는 사람들. 이런 사람들과, 소문만 듣고도 하나님을 하늘과 땅의 하나님이라고 말하는 사람의 믿음은 전혀 다릅니다. 라합의 믿음이 얼마나 귀합니까? 그는 율법을 들어 본 일이 없습니다. 하나님의 사람을 만나 본 일도 없습니다. 우상 숭배하는 환경 속에서 자란 사람이 하나님의 백성이 온다는 소문, 요단 강을 건너서 하나님의 백성이 온

다는 소문만 듣고 그들의 하나님을 온 천지의 하나님으로 믿는 것
은 놀라운 일입니다. 이것이 믿음입니다.

우리는 이 믿음을 배워야 합니다. 우리의 지혜나 능력으로 하나
님을 해석할 수는 없습니다. 우리의 이성이나 상식이나 논리로도
하나님을 설명할 수 없습니다. 하나님은 우리보다 크십니다. 하나
님은 우리보다 지혜와 능력이 많으십니다. 라합처럼 하나님에 대
한 소문만 듣고도 하나님을 신뢰하고 믿을 수 있는 믿음을 갖기 바
랍니다.

둘째, 기생 라합의 믿음은 행동하는 믿음이었습니다. 라합은 하
나님을 신뢰하고 하나님 편에서 행동했습니다. 이스라엘 정탐꾼
을 도와준 것을 보면 알 수 있습니다.

또 이와 같이 기생 라합이 사자들을 접대하여 다른 길로 나가게 할
때에 행함으로 의롭다 하심을 받은 것이 아니냐(약 2:25).

믿음은 곧 행동이요, 믿음은 곧 실천입니다. 믿는다고 하면서도
행하지 않고 생각과 입으로만 예수님을 믿으려 하지 마십시오. 몸
으로 믿으십시오. 삶 전체로 믿으십시오. 단순히 설교 듣고 은혜
받는 것은 중요하지 않습니다. 고치고 행동해야 합니다. 믿음대로
살아야 합니다. 자칫 잘못하면, 우리는 귀와 머리만 커지고 믿음이
생각 속에서만 뱅뱅 돌 수 있습니다. 삶과는 전혀 상관없는 믿음을

갖기 쉽습니다. 좋은 설교를 많이 들을 수 있는 기회가 있는 사람들은 특히 더 착각하기 쉽습니다. 믿음은 행동입니다. 행동이 없는 믿음은 죽은 믿음입니다.

셋째, 기생 라합의 믿음은 평안한 믿음입니다. 믿음은 사람을 불안하게 하지 않습니다. 당신도 예수 믿는 일만큼은 갈등이 없기를 바랍니다. 평안한 믿음이 넘치기를 바랍니다. 하나님이 주겠다고 약속하신 그 평안이 우리 마음과 생각과 삶의 모든 영역을 지배하게 될 때, 이 평화가 능력을 산출하게 될 것입니다.

머지않아 성경 말씀대로 세상의 종말이 올 것입니다. 재앙이 올 것입니다. 그날이 도둑같이 이르러 전 세계는 불바다가 될 것입니다. 여리고 성이 무너질 때 하나님을 믿었던 라합 외에 어느 누구도 구원받을 수 없었던 것처럼, 대심판 때에도 예외 없이 다 그 심판 안에 있을 것입니다. 그러나 보혈을 의지하는 사람, 어린 양 예수 그리스도의 피를 의지하는 사람은 심판이 멸망시키지 못할 것입니다. 기생 라합은 이 믿음을 가지고 있었습니다.

36

세상에서도 승리한
하나님의 사람들

히브리서 11:32-34

놀랍고도 위대한 믿음의 거장들을 속속 소개하던 히브리서 기자는 믿음의 행적들을 기록하다가 이렇게 말합니다.

내가 무슨 말을 더 하리요 기드온, 바락, 삼손, 입다, 다윗 및 사무엘과 선지자들의 일을 말하려면 내게 시간이 부족하리로다(히 11:32).

성경은 믿음의 책입니다. 믿음의 사람들 이야기입니다. 우리는 히브리서 11장 32절에 기록된 사람들의 믿음 이야기들, 즉 그들이 어떻게 하나님을 신뢰했고 어떻게 믿음으로 승리했는지에 관한 이야기들을 몇 년에 걸쳐 말해도 다 말할 수 없을 것입니다.

히브리서 11장 33-34절을 보면 믿음의 사람의 승리에는 두 가지 유형이 있음을 알 수 있습니다. 첫째는 정복자로서의 승리이고, 둘째는 순교자로서의 승리입니다. 일반적으로 '승리' 하면 정복자의 모습만 생각하기 쉽습니다. 그러나 패배처럼 보이고 실패처럼 보이지만, 영광스러운 순교를 통한 궁극적인 승리도 있습니다.

히브리서 11장 1절은 "믿음은 바라는 것들의 실상이요 보이지 않는 것들의 증거니"라고 말합니다. 정복자의 믿음이란 바라는 것들의 실상을 붙잡는 믿음이고, 순교자의 믿음이란 보이지 않는 것

들의 증거를 확신하는 믿음입니다. 이 장에서는 먼저 정복자로서
의 믿음을 살펴보겠습니다.

정복자의 승리하는 믿음

정복자들의 믿음은 첫째, 전쟁에서 승리하는 믿음이었습니다.

> 그들은 믿음으로 나라들을 이기기도 하며(히 11:33).

출애굽 당시, 애굽의 바로와 모든 정치권력들이 하나님의 말씀
을 갖고 있는 모세 한 사람과 대결합니다. 그런데 놀랍게도, 모세
가 애굽의 모든 정치권력 구조와 물리적 힘들을 믿음으로 이깁니
다. 하나님이 모세와 함께하셨기 때문입니다. 하나님의 능력으로
인해 자연환경이 그를 도왔고 역사가 그의 편에 서 주었습니다. 그
래서 애굽의 모든 군대와 모든 세력을 홍해에 집어넣는 놀라운 역
사가 있었습니다. 이것은 결코 모세의 힘이 아니라 하나님의 힘 때
문입니다. 그러나 모세의 믿음이 있었기에 가능했던 일입니다.

난공불락의 여리고 성을 무너뜨린 것도 믿음이었습니다. 이스
라엘 백성은 하나님 말씀에 순종하여 성 주위를 매일 한 번씩 돌았
습니다. 칠 일째 되는 마지막 날에는 일곱 번 돌았습니다. 그리고
제사장들이 나팔을 불 때 소리를 쳤습니다. 그때 여리고 성벽이 무

너졌습니다. 군사력 때문에 무너진 것이 아닙니다. 사람의 지혜와 철학과 능력으로 무너진 것도 아닙니다. 하나님의 능력으로 무너졌습니다. 그리고 그 능력을 믿는 믿음 때문이었습니다.

아이 성을 비롯해서 31개의 성을 연속적으로 무너뜨리고, 그 성의 왕들을 무릎 꿇게 하고, 가나안 정복에서 승승장구할 수 있었던 것도 믿음 때문이었습니다. 이스라엘 백성에게 단결력과 지혜가 있고 월등한 군사력이 있어서 이긴 것이 아닙니다.

우리가 여기서 배울 수 있는 것은 무엇입니까? 이 땅의 여러 가지 고통스러운 현실 가운데서 승리할 수 있는 길은, 세상적인 힘이 아니라 하나님을 의뢰하는 믿음뿐이라는 것입니다. 하나님이 함께해 주시는 은총만이 우리가 살 수 있는 길입니다.

정복자의 의로운 믿음

둘째, 정복자들의 믿음은 단순하게 승리만 하는 믿음이 아니라 의로 승리하는 믿음이었습니다.

의를 행하기도 하며(히 11:33).

의로운 믿음이 정복자들의 믿음입니다. 불의하게 이기는 것은 승리가 아닙니다. 의롭게 이기는 것이 진정한 승리입니다. 깡패들이 이기는 것은 승리가 아닙니다. 폭력으로 이기는 것은 승리가 아닙니다. 사랑으로 이겨야 승리입니다. 용서로 이겨야 승리입니다. 정복자들의 승리는 의로운 승리여야 합니다.

의란 무엇입니까? 의란 하나님이 요구하시는 수준입니다. 하나님은 의로운 정치, 의로운 믿음, 의로운 삶을 요구하십니다. 사무엘하 8장 15절은 "다윗이 온 이스라엘을 다스려 다윗이 모든 백성에게 정의와 공의를 행할새"라고 기록하고 있습니다. 노아를 보십시오. 홍수로 멸망할 수밖에 없는 그 참혹한 부패 앞에서 그의 모습이 어떠했는지 창세기 6장 9절에서 보여 주고 있습니다. "이것이 노아의 족보니라 노아는 의인이요 당대에 완전한 자라 그는 하나님과 동행하였으며."

의만이 승리하고 의만이 이기는 것입니다. 엘리야 역시 부패하고 악한 아합 왕과 믿음으로 싸우고 있었습니다. 그것은 엘리야의 마음속에 하나님의 의가 자리 잡고 있었기 때문입니다. 또 이사야, 예레미야, 아모스, 호세아 등 모든 선지자들의 마음속에는 하나님의 사랑도 있었지만 불타는 의도 있었습니다. 그래서 하박국은, 의인은 믿음으로 산다는 유명한 말을 하게 됩니다.

불의와 대항해서 의롭게 살고, 의롭게 믿고, 의로운 세상을 만들고, 의로운 정치를 할 수 있는 것은 오직 믿음뿐입니다. 하나님을 신뢰하는 믿음, 말씀을 의지하는 믿음만이 이것을 가능하게 합니다. 그래서 의인은 믿음으로 삽니다. 하나님을 신뢰하는 믿음이 없는 인간은 결코 의로울 수 없습니다. 교양이나 지식은 사람을 의롭게 만들지 못합니다. 종교적인 행위도 의롭게 하지 못합니다. 오직 믿음만이 사람을 의롭게 만듭니다. 의롭지 못한 자는 믿음이 없는 자요, 믿음이 없는 자는 누구를 막론하고 의롭지 못한 자입니다.

정복자의 약속을 성취하는 믿음

셋째, 정복자들의 믿음은 약속을 성취하는 믿음입니다.

> 약속을 받기도 하며(히 11:33).

성경에는 수많은 약속이 있습니다. 창세기 3장 15절부터 요한계시록까지 성경의 모든 부분이 약속이라고 해도 과언이 아닙니다. 믿음의 사람은 하나님이 주신 약속을 받은 사람들입니다. 약속을 받지 않은 사람은 믿음의 사람이라 말할 수 없습니다. 약속을 믿으면서 살고, 현실에서 약속의 성취를 분명히 경험하고, 미래에 이루어질 약속을 믿는 사람들, 그들이 바로 그리스도인입니다.

하나님은 아브라함에게 "내가 너로 복이 되게 하겠다", "너로 하여금 창대한 민족을 만들겠다", "네 이름을 온 세계에 떨치겠다"고 약속하셨습니다. 그리고 그 약속은 실제로 이루어졌습니다. 여호수아에게는 "네가 발로 밟는 땅은 다 네게 주겠다"고 약속하섰고 그대로 이행하셨습니다. 사사들을 보십시오. 그 어려운 시대에 하나님은 그들에게 전쟁에서 승리할 것을 약속하셨고, 실제로 사사들이 일어날 때 승리의 개선가를 부를 수 있었습니다. 다윗 왕을 통해서는 메시아를 약속하셨고, 약속대로 그 후손에게 메시아가 나게 하셨습니다.

하나님은 우리에게도 많은 약속을 주셨습니다. 예수 그리스도를 통해서 우리에게 풍성한 삶을 약속하셨습니다. 용서를 약속해 주셨습니다. 우리 죄가 주홍같이 붉을지라도 용서하겠다고 약속해 주셨습니다. 만일 우리가 우리 죄를 자백하면 그는 미쁘시고 의로우사 우리의 죄를 용서해 주신다고 약속하셨습니다.

예수님도 약속하셨습니다. 우리에게 참 평안을 주겠다고 약속하셨습니다. "수고하고 무거운 짐 진 자들아 다 내게로 오라 내가 너희를 쉬게 하리라"(마 11:28)고 약속하셨습니다.

뿐만 아니라 우리에게 능력을 주겠다고 약속하셨습니다. 내가 하는 일보다 너희가 더 큰일을 할 것이라고, 내 이름으로 무엇이든지 구하면 다 주겠다고 약속하셨습니다. 그리고 삶의 목적도 약속해 주셨습니다.

예수님이 하신 약속 중에 특히 더 중요한 약속이 있습니다. 주님이 다시 오실 것이라는 약속입니다. 저는 이 약속을 믿습니다. 주님은 곧 오실 것입니다. 반드시 오실 것입니다. 의의 심판장으로 오실 것입니다. 고통은 영원하지 않습니다. 불의도 영원하지 않습니다. 죄악도 영원하지 않습니다. 마귀도 영원하지 않습니다. 왜냐하면 주님이 오신다고 약속하셨기 때문입니다.

믿음이란 약속을 믿는 것이며 약속이 성취되는 것을 의미합니다. 우리 가운데 이러한 약속의 성취가 매일 있기를 바랍니다. 기도하는 것들이 이루어지기를 바랍니다. 약속의 성취를 체험하는 것이 믿음입니다. 그것이 정복자들의 믿음입니다.

정복자의 위기를 극복하는 믿음

넷째, 정복자들의 믿음은 위기를 극복하는 믿음입니다.

> 사자들의 입을 막기도 하며 불의 세력을 멸하기도 하며 칼날을 피하기도 하며(히 11:33-34).

실제로 사자의 입을 막아 보호받은 사람이 있습니다. 다니엘입니다. 그는 며칠 굶은 사자들이 있는 굴속에 던져졌지만, 털끝 하나 상하지 않았습니다. 사자는 다니엘 앞에서 입을 다물고 온순한 양같이 되었습니다. 다니엘을 사자 굴에서 꺼냈을 때 그 몸이 조금도 상하지 않았습니다. 이는 다니엘이 하나님을 의뢰했기 때문입니다. 다니엘이 하나님을 의뢰하고 신뢰했을 때 사자 입이 봉해진 것입니다. 다니엘의 용기나 지혜나 능력이 아니라 하나님을 신뢰했을 때 나타난 하나님의 능력이 사자의 입을 봉한 것입니다. 위대한 사건 뒤에는 언제나 위대한 믿음이 있습니다. 위기를 극복한 배경에는 언제나 위대한 믿음이 있습니다.

위기가 문제가 아니라 믿음이 문제입니다. 사자가 문제가 아니라 사자 뒤에 계시는 하나님을 보느냐 보지 못하느냐가 문제입니다. 많은 사람들은 위기에 부딪히면 위기에 갇혀 버리고 맙니다. 사건에 갇힙니다. 그러나 위기보다 뛰어나신 하나님을 발견하면 위기는 쉽게 지나갑니다. 홍해가 문제가 아닙니다. 그것을 바라보는 사람들의 믿음이 문제입니다. 홍해 앞에 섰을 때 이스라엘 백성은 홍해를 보고 두려워했지만 모세는 하나님을 보고 안심했습니다.

당신은 지금 누구를 보고 있습니까? 자신을 보고 있습니까, 세상을 보고 있습니까, 아니면 그리스도를 바라보고 있습니까? 당신은 정말로 하나님을 의지하고 있습니까? 그렇다면 환경의 위기는 지나갈 것입니다. 믿음이란 나를 붙드는 것이 아니라 전능자를 붙드는 것입니다. 신앙생활의 가장 큰 방해물은 우리 자신입니다. 나의 교만, 인간적인 생각, 정욕 등이 가장 큰 신앙의 방해자입니다. 우리 자신의 그릇된 믿음이 하나님을 못 보게 합니다. 자기 믿음이 옳다는 선입관이 하나님을 보지 못하게 가립니다. 우리는 겸손하게 자기를 낮추어야 합니다. 마음을 비워야 합니다. 자기의 생각이 옳은가를 다시 검토해 보아야 합니다. 심지어 자신의 믿음까지도

재검토해 봐야 합니다. 제일 위험한 사람은 믿음에 교만한 사람입니다. 예컨대 성경 읽는 교만이 있을 수 있습니다. 기도하는 교만이 있을 수 있습니다. 예수 오래 믿은 교만도 있을 수 있습니다. 정말 내 믿음은 겸손한가 물어봐야 합니다. 성경적인가 물어봐야 합니다. 하나님의 뜻인가 물어봐야 합니다.

불의 세력을 멸한 것, 즉 위기를 극복한 두 번째 예는 다니엘의 세 친구들입니다. 그들은 느부갓네살이 세운 금 신상에 절하지 않는다는 이유로 풀무불 가운데 던져졌습니다. 그들은 하나님이 자신들을 극렬히 타는 풀무불 가운데서 능히 건져 내실 것을 믿었습니다. 만약 그리 아니하실지라도 금 신상에게는 절하지 않을 것이라고 했습니다.

그들이 들어간 풀무불은 보통 불이 아닙니다. 평소보다 칠 배나 더 뜨거운 불이었고 그들을 끌고 갔던 사람들조차 태워 죽인 불입니다. 그러나 다니엘의 세 친구는 죽지 않았습니다. 하나님이 막아 주셨습니다.

불 속에 들어가는 것을 두려워하지 마십시오. 불 속에 하나님이 안 계시는 것을 두려워하십시오. 고난을 두려워하지 마십시오. 고난 속에 하나님이 안 계시는 것을 두려워하십시오. 다니엘의 세 친구는 불 속에서도 머리카락 하나 타지 않았습니다. 이것이 바로 정복자들의 믿음입니다. 오늘날 우리가 불 같은 이 세상에서, 굶주린 사자 같은 이 세상에서 살 수 있는 유일한 비결은 하나님을 신뢰하는 것입니다.

또한 믿는 자들에게는 죽음이 피해 가고 칼날이 피해 갑니다. 그 많은 교통사고의 위기, 사업의 위기, 건강의 위기, 죽음의 위기가 우리를 스쳐갔습니다. 사실 우리의 인생은 순간순간이 위기입니다. 위기가 아닌 때가 한 번도 없습니다. 어렸을 때는 어려서, 결혼한 사람은 결혼해서 위기입니다. 위기의 연속입니다. 다 위기 속에 삽니다. 그 위기를 극복하는 방법은 하나입니다. 하나님을 믿는 믿음입니다.

정복자의 연단하는 믿음

다섯째, 정복자들의 믿음은 연단하는 믿음입니다.

연약한 가운데서 강하게 되기도 하며(히 11:34).

이 말씀은 정복자의 믿음이 연단하는 믿음이라는 것을 보여 줍니다. 이것은 약한 자가 강해졌다는 뜻이라기보다는 약한 가운데서 강해졌다는 것을 의미합니다.

아브라함을 생각해 보십시오. 이삭과 야곱과 모세를 생각해 보십시오. 모두 강한 자들이 아니었습니다. 잔재주 많고 교활하고 변덕이 심하고 두려움이 많은 그런 유의 사람들이었습니다. 여호수아를 보십시오. 모세가 죽은 후 그가 가나안 정복을 앞두고 얼마나 떨었는지, 두려워하지 말라고 하나님이 계속 반복해서 말씀하셨습니다. 그런데 이런 사람들이 어떻게 애굽의 세력을 이기고 홍해를 가르고 요단 강을 건너고 가나안 땅을 정복한 믿음의 사람들로 탈바꿈했습니까? 하나님이 그들에게 연단된 믿음을 주셨기 때문입니다. 약한 것이 문제가 아닙니다. 믿음 없는 것이 문제입니다. 약한 것이 비극이 아니라 하나님을 신뢰하지 않는 것이 비극임을 기억하십시오.

하나님은 우리를 연단하시기 위해서 고난과 고통을 주십니다. 사랑도 주시지만 고난도 주십니다. 시련이라는 강을 건너고 시험이라는 산을 넘게 하십니다. 그래서 우리를 어떤 위기 가운데서도 흔들리지 않는 강하고 담대한 믿음의 사람으로 만들기 원하십니다.

고난이 있습니까? 시련과 시험 중에 있습니까? 그것을 감사하십시오. 그것은 하나님이 우리의 믿음을 연단하기 위해 만드신 것이기 때문입니다.

너희가 여러 가지 시험을 당하거든 온전히 기쁘게 여기라(약 1:2).

고난은 인내를 만들어 내고 우리를 온전하고 부족함이 없는 사람으로 만들어 줄 것입니다.

지금은 다 부족하지만 주님 앞에 서는 날 우리는 완전해질 것입니다. 하나님이 우리를 연단하셔서 흠 없고 티 없이 깨끗한 모습으로 주님을 맞이하도록 준비시키실 것입니다.

정복자의 용기 있는 믿음

여섯째, 정복자들의 믿음은 용기 있는 믿음입니다.

> 전쟁에 용감하게 되어 이방 사람들의 진을 물리치기도 하며
>
> (히 11:34).

믿음의 사람은 위대한 용기의 사람입니다. 블레셋과 싸운 삼손의 믿음, 골리앗과 싸운 다윗의 믿음을 예로 들 수 있습니다. 믿음은 엄청나게 불리한 난관을 불굴의 투지로 이기게 하고, 비겁한 생각을 갖지 않게 하고, 간사한 태도를 버리고 정직하게 합니다.

믿음은 우리에게 용기를 줍니다. 여리고 성 앞에서도, 전 세계의 불의 앞에서도, 원자 폭탄 앞에서도 믿음은 용기를 갖게 합니다. 우리의 질병이, 우리의 죽음이 문제가 아닙니다. 우리의 믿음은 이 모든 것을 이겨 내게 합니다. 진정한 용기가 있는 사람만이 최후에 승리할 수 있습니다. 이 시대는 성령의 용기를 가진 사람이 필요합니다. 이 나라는 참 용기를 가진 사람이 필요합니다. 용기 있는 믿음이 승리의 비결입니다.

내가 정복해야 할 것들

우리 그리스도인들이 믿음으로 정복해야 할 대상은 무엇입니까? 첫째, 우리가 정복하는 믿음을 가지고 정복해야 할 대상은 바로 나입니다. 나와 싸워야 합니다. 끊임없이 자기와 투쟁해야 합니다. 다른 사람과 싸워 이기는 것보다 자기를 꺾는 것이 더 중요합니다. 자기의 생각, 교만, 자존심을 꺾어야 합니다. 많은 사람들이 여기서 실패합니다. 하나님은 우리가 인간적인 생각, 교만한 생각, 오만한 의지를 꺾기 전에는 우리 안에서 역사하시지 않습니다.

바울은 고린도전서 9장 27절에서 다음과 같이 말합니다.

내가 내 몸을 쳐 복종하게 함은 내가 남에게 전파한 후에 자신이 도리어 버림을 당할까 두려워함이로다.

내 몸을 친다는 것은 자기의 정욕을 치는 것입니다. 자기 안에 자신이라는 우상이 생기지 않게 한다는 것입니다. 육신에 속한 생각, 성품, 행동들이 말씀과 성령과 믿음으로 정복되지 않으면 안 됩니다.

너희가 육신대로 살면 반드시 죽을 것이로되 영으로써 몸의 행실을 죽이면 살리니(롬 8:13).

둘째, 정복하는 믿음으로 정복해야 할 또 한 가지 대상은 몸 밖에 있는 것으로서, 세상적인 것들입니다.

이 세상이나 세상에 있는 것들을 사랑하지 말라 누구든지 세상을 사랑하면 아버지의 사랑이 그 안에 있지 아니하니(요일 2:15).

이 세상의 노예가 되어서는 안 됩니다. 세상을 무시하거나 도피하자는 것이 아닙니다. 더 이상 세상의 종이 되어서는 안 된다는 것입니다. 돈, 명예, 건강이 우상이 되어서는 안 됩니다. 세상을 사랑해서는 안 됩니다. "누구든지 세상과 벗이 되고자 하는 자는 스스로 하나님과 원수 되는 것"입니다(약 4:4).

요한일서 5장 4절은 이런 결론을 내립니다.

무릇 하나님께로부터 난 자마다 세상을 이기느니라 세상을 이기는 승리는 이것이니 우리의 믿음이니라.

하나님을 신뢰하는 믿음만이 내 자신을 이길 수 있고 세상을 이길 수 있습니다.

예수님이 바로 이러한 분입니다. 그분은 자신과 싸워 이기셨습니다. '내 뜻대로 하지 마옵시고 아버지의 뜻대로 하옵소서'라고 기도하면서 자신과 싸워 이기셨습니다. 예수님은 이 세상 속에서 세상 사람들을 사랑하셨지만 결코 세상의 노예가 되지 않으셨습니다. 그분은 정치권력 앞에, 인기 앞에, 세상의 물질 앞에 무릎 꿇지 않으셨습니다. 믿음의 주요 우리를 온전케 하실 주님만을 바라보는 복된 성도들이 되기를 바랍니다.

37

세상이 감당치
못한 사람들

히브리서 11:35-38

동전의 양면과 같이 믿음에는 두 가지 모습이 있습니다. 첫째는 정복자들의 믿음의 모습이고, 둘째는 순교자들의 믿음의 모습입니다. 앞 장에서 정복자들의 믿음을 살펴보았고, 이 장에서는 믿음의 클라이맥스로 불리는 순교자들의 믿음에 대해 나누고자 합니다.

믿음의 단계를 나누어 본다면, 크게 둘로 나눌 수 있습니다. 첫 번째 단계는 승리의 깃발을 들고 개선가를 부르는 믿음의 단계입니다. 믿음은 기적을 낳고, 불가능을 가능케 하고, 없는 것을 있게 합니다. 많은 성도들이 예수 그리스도로 말미암아 영생을 얻을 뿐 아니라 이 놀라운 믿음의 기적을 체험하게 됩니다. 그러나 이것이 전부는 아닙니다.

믿음의 두 번째 단계가 있습니다. 그것은 첫 번째 단계와는 정반대의 모습입니다. 모든 것을 얻는 것이 아니라, 모든 것을 빼앗기고 모든 것을 잃어버리고 어떤 의미에서는 패배하고 죽음으로 종말을 장식하는 모습입니다.

이처럼 믿음에는 순교의 정신이 담겨 있습니다. 모든 것이 패배한 것처럼 보이지만, 죽음 뒤에 사랑과 용서의 기적을 낳고 궁극적으로 부활의 승리를 안게 하는 믿음이 있습니다. 패배가 승리요 순교가 부활임을 보여 주는 믿음이, 바로 순교자들의 믿음입니다. 이것은 믿음에 있어서 절정이라고 할 수 있습니다.

예수 그리스도는 이러한 믿음의 모범을 보여 주셨습니다. 예수님은 서른세 살에 십자가에서 최후를 맞이하셨습니다. 사람들의 눈에는 예수님이 패배자처럼 보였습니다. 그분은 하나님이셨지만 하나님이기를 포기하고 인간의 모습으로, 종의 모습으로, 사람의 모습으로 이 땅에 오셔서 죽기까지 섬기면서 사셨습니다.

예수님의 믿음을 세상의 가치관으로 보면 패배자의 모습이요, 빼앗긴 자의 모습입니다. 어떤 사람은 예수님에게 "당신이 만약 하나님의 아들이라면 십자가에서 내려올 수 있지 않느냐"고 조롱했습니다. 그러나 예수님은 내려올 수 없어서, 마귀를 꺾을 수 없어서가 아니라 십자가를 지셔야 했기에 패배자의 모습으로 그 생애를 마치셨습니다. 예수님은 패배자처럼 보이지만 승리자입니다. 예수님의 십자가는 절망처럼 보이지만 참 소망이요, 부활입니다.

순교자의 부활을 믿는 믿음

히브리서 11장을 통해 순교자들의 믿음이 어떤 것인지를 살펴보겠습니다. 첫째, 순교자들의 믿음은 부활을 믿는 믿음입니다.

여자들은 자기의 죽은 자들을 부활로 받아들이기도 하며 또 어떤 이들은 더 좋은 부활을 얻고자 하여(히 11:35).

순교도 마다않고 그 어떤 고통과 환난도 견딜 수 있는 믿음의 근거는 부활에 있습니다. 예수님은 "나는 부활이요 생명이니 나를 믿는 자는 죽어도 살겠고 무릇 살아서 나를 믿는 자는 영원히 죽지 아니하리라"고 말씀하셨습니다.

아브라함은 25년 동안 믿음의 훈련을 받았습니다. 그의 믿음 훈련의 클라이맥스는 100세에 얻은 아들 이삭을 하나님이 내어놓으라고 하실 때였습니다. 이것이 아브라함의 믿음 훈련에서 마지막 단계였습니다. 이것은 자기 생명을 바치는 것보다 더 어려운 것입니다.

당신은 어떻습니까? "자식이 죽기를 원하느냐, 네가 죽기를 원하느냐?" 이런 선택 앞에 섰을 때 자식더러 죽으라고 말하겠습니까, 내가 죽겠다고 말하겠습니까? 내가 죽겠다고 말할 것입니다. 자식 대신에 내가 죽겠다고 말하는 것이 부모의 심정입니다. 이렇듯, 자기가 죽는 것보다 더 어려운 것이 자식을 내어놓는 것입니다. 하나님이 이 마지막 훈련을 아브라함에게 시키십니다. 그때 아브라함이 이삭을 어떻게 내어놓을 수 있었겠습니까? 히브리서 11장 19절을 보면, 그는 죽은 자를 다시 살리실 하나님을 믿었기 때문에 아들을 드릴 수 있었다고 합니다. 즉 그에게 부활 신앙이 있었기 때문에 기꺼이 이삭을 바칠 수 있었던 것입니다.

진리는 반드시 드러나며 정의는 반드시 승리한다는 확신, 죽어도 산다는 확신은 우리를 기꺼이 순교하게 만듭니다. 교회는 순교적 신앙을 가질 때에만 진정한 교회입니다. 성도는 순교적 신앙을 가지기 전까지는 다 진짜 성도가 아닙니다. 단지 자기 병을 고치기 위한 신앙, 자기 사업을 잘되게 하기 위한 신앙은 진짜 신앙이 아닙니다. 순교의 믿음이란, 죽음을 두려워하지 않고 현실에 집착하지 않는 단계까지 가는 것입니다. 열왕기상 17장 22-24절을 보면, 시돈 사람 사르밧 과부의 아들이 죽었습니다. 그때 이 과부가 엘리야를 만납니다. 엘리야가 그녀의 죽은 아들을 살려 줍니다. 또 열왕기하 4장 35-37절을 보면, 수넴 여인의 아들이 엘리사의 기적에 의해서 죽었다가 살아납니다. 이 여자들은 성경이 말한 대로 자기의 죽은 자를 부활로 받았습니다. 죽어도 다시 산다는 확신만 있으면, 우리는 언제나 기쁘게 죽을 수 있습니다. 이것이 순교자들의 믿음의 근거입니다.

순교자의 고난을 이기는 믿음

둘째, 순교자들의 믿음은 고난을 이겨 내는 믿음입니다.

> 또 어떤 이들은 더 좋은 부활을 얻고자 하여 심한 고문을 받되 구차히 풀려나기를 원하지 아니하였으며(히 11:35).

더 좋은 부활을 믿었던 순교자들은 어떤 고난을 받았습니까? 첫째, 심한 고문입니다. 여기서 말하는 심한 고문은 사람의 사지를 형틀 속에 묶어서 찢어 죽이는 형을 말합니다. 순교적 믿음을 가진 이들은 이처럼 무서운 악형 앞에서도 굴하지 않았습니다. 그들은 구차히 악형을 면하기 위해 예수님을 배신하거나 부인하지 않았습니다. 배교의 대가로 얼마든지 악형을 면할 수도 있었지만 그렇게 하지 않았습니다. 지독한 고문을 받을 것인가, 아니면 그리스도에 대한 신앙을 부인할 것인가? 신앙과 죽음(고문) 앞에서 그들은 결단해야만 했습니다.

155년경, 기독교사에서 길이 빛나는 순교자 한 명이 있었습니다. 폴리캅입니다. 이교도들과 로마 총독이 그를 붙들어서 원형 경기장에 데려다 놓고 "네가 예수 그리스도를 부인하고 예수를 저주하면 살려 주고 좋은 지위를 주겠다"고 약속했습니다. 그러나 이 유명한 믿음의 노장 폴리캅은 이렇게 말했습니다.

"나는 86년 동안 나를 구원하신 나의 왕을 섬겨 왔소. 그리고 그분은 단 한 번도 나를 배신하지 않으셨소. 그런데 내가 어떻게 그분을 배신하고 그분을 저주하겠소."

로마 총독과 대중들이 분노해서 불에 태워 죽이려 할 때 폴리캅이 또 이렇게 말합니다. "나를 산 채로 불에 태우시오. 나는 불 속에서 어떤 미동도 하지 않을 것이오." 그는 진짜로 불 속에서 그대로 죽었습니다. 믿음은 어떤 악형이 주어져도, 구차하게 자기 생명을 부지하기 위해서 주님을 배신하지 않습니다.

믿는 자들은 더 좋은 부활, 새 하늘과 새 땅, 영원한 천국이 있음을 믿기에 세상의 악형과도 싸워 이길 수 있습니다.

둘째, 순교자들이 받은 고난은 희롱입니다. 예수 그리스도를 잘 믿는 사람들, 하나님의 뜻대로 살다가 순교하려는 사람들에게 맨 처음 오는 고난은 조롱과 희롱입니다.

> 또 어떤 이들은 조롱과 채찍질뿐 아니라 결박과 옥에 갇히는 시련도 받았으며(히 11:36).

그리스도를 믿는다는 이유로 우리는 조롱당할 때가 많습니다. 이것은 순교자들의 고난 가운데 가장 가벼운 것, 가장 기초적인 고난입니다. 조롱과 모욕과 수치당하는 것은 하나님의 종들이 받아야 했던 고난의 목록 중 하나입니다.

역대하 36장 16절을 보면 사람들이 하나님의 말씀을 전하는 예레미야를 멸시하고 조롱하고 욕하는 모습이 나옵니다. 예레미야 20장 7-8절에 조롱받은 예레미야의 기도가 나옵니다. "여호와여 주께서 나를 권유하시므로 내가 그 권유를 받았사오며 주께서 나보다 강하사 이기셨으므로 내가 조롱거리가 되니 사람마다 종일토록 나를 조롱하나이다 내가 말할 때마다 외치며 파멸과 멸망을 선포하므로 여호와의 말씀으로 말미암아 내가 종일토록 치욕과 모욕거리가 됨이니이다."

예수 믿고 조롱당하신 일이 있습니까? 모욕과 치욕을 당해 본 적이 있습니까? 예수를 믿는다고 주먹질당하고 뺨을 맞아 본 일이 있습니까? 우리가 예수를 진짜로 믿으면 이 조롱과 모욕을 받게 되어 있습니다. 특히 이 조롱과 모욕은 먼 데 있는 사람에게서 받는 것이 아니라, 가까운 데 있는 사람에게서 받는 경우가 많습니다.

예수님을 생각해 보십시오. 사람들은 그에게 침을 뱉고 홍포를 씌우고 "네가 유대인의 왕이냐?"고 조롱했습니다. 시시한 사람들에 의해서 하나님의 아들이 조롱받고 모욕을 당했습니다. 예수님을 믿는 우리도 때로 조롱과 모욕을 당합니다. 그러나 영광스런 주님을 생각하면 이런 조롱과 희롱이 전혀 문제가 되지 않는 것이 바로 그리스도인의 믿음입니다.

순교자들이 받은 고난 가운데 셋째는 채찍입니다. 그 당시의 채찍은 가죽으로 만들고 쇠붙이가 붙어 있었습니다. 이 채찍은 그냥 때리는 것이 아니라 살갗을 찢는 채찍입니다. 극도의 공포로 몰아넣는 고문의 한 형태입니다. 예수님은 십자가를 지시기 전에 이 채찍으로 맞으셨습니다.

오늘날 우리는 육체의 채찍질을 당하지는 않지만 영적인 채찍질을 당할 수 있습니다. 예수님을 잘 믿어 보려고 할 때, 보이지 않는 수많은 채찍들이 우리의 등짝 위에 내리쳐지는 것을 느끼게 됩니다. 이런 채찍질을 잘 견뎌 내면 믿음은 더욱더 깊은 경지로 들어가게 됩니다.

이 땅에 다른 이유로 고문당하고 어려움을 겪는 사람들은 많습니다다만, 놀랍게도 예수 이름으로 고문당하는 사람은 별로 없습니다. 이것이 오히려 교회의 위기입니다. 예수를 믿기 때문에, 예수의 진리 때문에 고문당하는 일이 있어야만 교회는 살아 움직입니다. 그런데 요즘의 교회는 너무 편해졌습니다. 교회가 권력과 돈을 갖기 시작했습니다. 타락할 수밖에 없는 신호가 보이기 시작한 것입니다. 교회는 고난을 당해야 합니다. 정치적 이유 때문이 아니라 예수님 때문에 고난을 당해야 합니다. 이것이 교회의 본질입니다.

넷째, 순교자들이 당한 고난 가운데 또 하나는 결박입니다. 노끈이나 쇠줄, 수갑, 족쇄로 묶어서 도망가지 못하게 하는 것이 결박입니다. 양화진에 절두산이라는 곳이 있는데, 그곳에 가면 우리나라 초기 천주교 신자들이 순교했던 모습과 흔적들을 볼 수 있습니다. 족쇄, 방망이, 사지를 뒤트는 고문대 등이 있습니다. 예수님을 믿는 사람들을 결박했던 일은 역사적 사실입니다. 아랍 국가들에 가 보면 지금도 이런 얘기를 많이 들을 수 있습니다. 이렇게 세상은 순교자들을 육체적으로 결박했지만, 그들의 영혼은 결박할 수 없었습니다.

성경을 보면, 결박하며 옥에 가두었다고 했습니다. 이런 투옥은 강도나 살인자들에게 형벌을 주기 위한 것입니다. 그런데 초대 교회 성도들이 그런 취급을 받고 투옥되었던 경우를 볼 수 있습니다. 고대의 감옥은 현대의 감옥하고는 차원이 달랐습니다. 축축

하고 햇빛이 전혀 들어오지 않고 오물과 벌레가 우글거렸습니다. 〈벤허〉 같은 영화를 보면 그런 감옥의 모습을 볼 수 있을 것입니다. 여행 중에 바울이 투옥됐던 감옥에 가 보았는데, 문이 옆에 있는 게 아니라 위에 있었습니다. 사람을 줄에 매달아 위에서 내려 들어가게 만들고, 들어가고 나면 위에서 문을 닫아 햇빛이 전혀 들지 않는, 아주 캄캄한 감옥이었습니다. 존 번연도 이런 감옥에 갇혔었습니다. 그들은 예수 이름 때문에 이런 감옥에 들어가야 했고 거기에서 살아야 했습니다.

그다음에 돌로 치는 고문이 나옵니다. 복음을 전하다 돌에 맞아 죽은 성도들이 많습니다. 나봇은 이세벨의 화를 받아 돌에 맞아 죽었습니다. 사가랴 선지자도 돌로 쳐 죽임을 당했습니다. 스데반도 돌에 맞아 죽었습니다. 구약 시대에 돌로 치는 것은 극악한 범죄자들에게 가해지도록 만든 하나님의 법이었습니다. 그런데 사탄은 이것을 역이용해서 하나님의 사람들을 돌로 쳐 죽였던 것입니다.

순교자들이 받는 고문 중에는 톱으로 켜는 고문도 있었습니다. 전승에 의하면, 이사야 선지자가 므낫세 왕에 의해 톱으로 켜 죽임을 당했다고 합니다. 성경에는 기록이 없지만 순교자들이 예수님을 믿는다는 이유 때문에 톱으로 켜서 죽임을 당했던 역사가 있습니다.

이런 것들이 순교자들이 겪어야 했던 시험이었습니다. 이렇게 하면서까지 예수님을 믿을 이유가 무엇입니까? 이렇게 하면서까지 하나님을 배신하지 않을 이유가 무엇입니까? 만약 우리라면, 톱으로 켜는 고문은 차치하고 누군가 조롱만 해도 화가 나서 교회 안 나오려고 할 것입니다. 누가 사소한 오해를 하고, 좀 섭섭한 소리만 해도 펄쩍펄쩍 뛰면서 교회에 안 나오려고 할 것입니다. 그런 믿음을 가지고 무엇을 이기겠다는 말입니까? 그런 믿음을 가지고 어떤 기적이 일어나길 바랍니까? 이런 상황을 예수님처럼, 앞서간 순교자들처럼 묵묵히 당해 낼 때 믿음의 기적을 보게 될 것입니다.

순교자의 타협하지 않는 믿음

요즘 기독교는 종교적 사치품으로 전락하고 말았습니다. 교회는 하나님을 경배하기보다는, 자신의 기분을 좋게 하고 좋은 말이나 들으려고 오는 장소가 되어 버렸습니다. 교회 나오는 교인들의 모습이, 연극 보러 가거나 영화관 가는 사람과 다를 게 없습니다. 연극 보러 가고 영화관 가는 사람들은 아무 책임이 없습니다. 그냥 돈 주고 가서 공연을 보고, 보고 난 후에는 즐거워하면서 집으로 돌아가면 됩니다. 그러나 교회는 다릅니다. 책임져야 할 일도 많고 감당해야 할 것도 많습니다.

그런데 많은 성도들이 교회에 대하여 아무 책임도 지려고 하지 않습니다. 일을 맡겨도 안 하려고 하고, 조용히 예배만 드리고 갑니다. 표 내고 극장 가는 사람들과 똑같은 것입니다. 책임질 일은 아무것도 시키지 말라는 것입니다. 벌 받을까 봐 교회에 와서 예배 잠깐 드리고 가는 정도의 신앙을 가지고 어떻게 세상을 이길 수 있겠습니까? 그런 믿음과 성경에 나오는 믿음은 전혀 다릅니다.

우리는 타협해서는 안 됩니다. 성경이 요구하는 수준을 타협해서는 안 됩니다. 첫째, 육체적·정신적 고문이 증가되는 상황 속에서 신앙을 '포기'하도록 유혹하는 시험을 이겨야 합니다. 둘째, 무서운 고문 앞에서 '타협'의 유혹을 물리쳐야 합니다. "네가 배신만 하면, 하나님을 부인만 하면 내가 많은 보상을 해 주겠다." 이것이 사탄의 회유입니다. 이런 회유에 타협하거나 포기하지 마십시오.

성경은 믿음의 사람들이 칼에 죽임당하는 일이 비일비재했다고 말하고 있습니다. 예수님의 열두 사도들 가운데 칼에 맞아 죽은 사람이 많습니다. 사도 요한을 빼놓고 모든 제자들이 다 순교했다는 전승의 기록이 있습니다. 이런 순교들에 대해 성경은 계속해서 이렇게 말합니다.

양과 염소의 가죽을 입고 유리하여 (히 11:37).

이 말은, 양과 염소의 가죽을 뒤집어쓰고 정처 없이 이리저리 유리방황했다는 뜻입니다. 따뜻한 이불, 맛있는 음식은 꿈도 못 꾸고 쫓겨 다니면서 광야에서, 토굴에서, 암혈 같은 곳에서 뜬눈으로 살았다는 말입니다.

뿐만 아니라, 그들에게 궁핍과 환난과 학대가 기다리고 있었다고 성경은 기록합니다. 궁핍은 정상적인 생활의 필수품을 빼앗긴 경우입니다. 환난은 정신적 고통입니다. 학대는 비인격적 대우를 말합니다. 이들은 예수 그리스도를 믿는 대가로 이러한 삶을 살았습니다. 세상은 이런 믿음의 사람들을 감당하지 못했습니다.

이런 사람은 세상이 감당하지 못하느니라(히 11:38).

죽기로 결정한 사람은 두려울 것이 없습니다. 세상에서 제일 무서운 사람은 죽기로 작정한 사람입니다. 세상은 이 사람들을 감당하지 못합니다. 이런 믿음을 가지고 있다면 당신의 가족을 구원하는 것이나 한국을 변화시키는 것은 문제도 안 됩니다. 이러한 믿음이 없는 것이 문제입니다.

우리가 구원받은 것은 예수님의 죽음 때문입니다. 기독교의 탄생은 열두 사도의 순교가 있었기에 가능했습니다. 오늘날 한국 교회의 부흥은, 초기 한국 교회 목사들과 성도들의 신사 참배 거부와 죽으면 죽으리라는 일사각오(一死覺悟)의 믿음 때문에 가능했습니다. 그들이 피를 흘렸기 때문에 그 피의 대가로 오늘 우리에게 축복이 있는 것입니다.

문제는 오늘 우리에게 피가 없다는 사실입니다. 고난이 없다는 사실입니다. 축복만 원한다는 사실입니다. 이것은 망할 징조입니다. 고난에 대한 이야기를 들어야 합니다. 고난을 겪을 각오가 되어 있어야 합니다. 순교적 신앙을 가진 자만이 마귀를 이길 수 있기 때문입니다.

예수님을 믿으면서 치르는 대가가 무엇인가를 생각해 봅니다. "조롱과 채찍과 결박과 투옥과 돌로 치는 것과 톱으로 켜는 것을 당할 수 있겠는가?"라는 질문을 하고 싶습니다. 사업이 부도나서, 또는 정치적 이유 때문에 당하는 고난을 말하는 것이 아닙니다. 무엇을 위해서 고난을 당했는지가 중요합니다. 우리의 믿음이 혹시 안락의자에 앉아 있는 믿음은 아닌지 생각해 보십시오. 눈물 없는 기도, 가슴 찢어지는 애통이 없는 기도, 그것이 과연 하나님을 움직일 수 있을까 생각해 보십시오. 고난이 없는 사람에게는 감사와 기쁨이 결코 있을 수 없습니다. 고난이 없는 신앙은 죽은 신앙입니다.

성경은 눈물을 흘리며 씨를 뿌린 자만이 기쁨으로 단을 거둘 수 있다고 했습니다. 안일과 나태에 빠지는 것은 아주 위험한 일입니다. 반드시 우상 숭배로 가게 되고, 우상 숭배를 하는 사람들은 불평과 원망으로 빠지게 됩니다. 저는 한국 교회의 가장 큰 위기가 안일과 나태라고 생각합니다. 내 눈물과 내 고통과 내 아픔과 내 순교적 태도 없이 만들어진 것은 남는 것이 하나도 없습니다. 내 눈물이 있어야 하고 내 고난이 있어야 하고 내 찢어지는 아픔이 있어야 합니다. 그것을 통해서 이루어진 것만 남습니다. 그것은 기적을 일으킵니다.

우리에게는 가난한 사람과 병든 사람들이 많습니다. 농촌, 어촌 각 곳에 우리가 해야 할 일이 많습니다. 하나님은 우리가 받은 혜택보다 더 큰 노력과 헌신을 해야만 우리가 누리는 혜택과 축복을 감당하게 하십니다. 귀한 순교자들의 믿음의 피가 당신의 영혼에 흐르기를 바랍니다. 고난을 통한 감사와 순교를 통한 영광을 하나님 앞에 돌리십시오. 참으로 순교자의 믿음에까지 갈 수 있기를 바랍니다.

38

더 좋은
믿음이 있다

히브리서 11:39-12:2

사도 바울은, 신앙생활이란 운동장에서 혼신의 힘을 다해 경주하는 것과 같다고 말했습니다. 우리의 신앙생활은 조깅하는 것이 아닙니다. 산보하는 일도 아닙니다. 신앙생활은 운동선수가 어떤 목표를 향해, 분명한 목적을 가지고 땀을 흘리며 뛰어가는 것과 같습니다.

운동 경기라는 단어는 헬라어로 '아곤'인데 이 단어에서 온 영어 단어가 고뇌, 고민이라는 뜻의 'agony'입니다. 운동 경기는 기쁨이나 즐거움이 아니라, 무서운 싸움이요 고통입니다. 사치스러운 향락이나 정신적 유희가 아닙니다. 그것은 투쟁이요, 자기 극기입니다. 신앙생활도 운동 경기와 같습니다. 신앙생활이란 자기와의 끊임없는 싸움입니다. 그리고 세상과의 싸움이요, 마귀와의 싸움입니다.

운동 경기에는 두 가지 그룹이 있습니다. 하나는 실전에서 뛰는 운동선수 그룹이고, 다른 하나는 그 운동 경기를 관람하는 구경꾼 그룹입니다. 신앙생활은 이 두 그룹 중에서 실전에 뛰는 선수 그룹에 해당합니다. 결코 구경꾼이나, 흥분하고 소리 지르는 관객이나, 방관자가 아닙니다.

교인 수가 많아졌다고 하지만 사실 운동 경기를 하는 선수가 많아진 것이 아니라 구경꾼들이 많아진 것이라고 볼 수 있습니다. 그들은 프로그램을 화려하게 만들어 주고, 모든 것을 구미에 맞게 해주어야 편안하게 교회에 나옵니다. 부담을 주거나 고통을 주면 쉽게 도망가 버립니다.

그러나 경기를 치러야 하는 장본인인 선수는 그렇지 않습니다. 그는 아무리 힘들어도 자신이 치러야 할 경기에 최선을 다합니다. 상황이 어렵다고 도망가지 않습니다. 관객의 함성이 높아도 요동치 않습니다. 참 신앙인은 구경꾼이 아니라, 실전에 참여해서 땀을 흘리고 고통을 느끼며 혼신의 힘을 다해서 뛰는 운동선수와 같습니다.

오직 결승점을 향해

이 장에서는 운동 경기와 연관시켜서 신앙생활의 특징을 살펴보겠습니다. 첫째, 신앙생활에는 결승점이 있습니다.

믿음의 주요 또 온전하게 하시는 이인 예수를 바라보자(히 12:2).

왜 경기를 합니까? 왜 신앙생활을 합니까? 거기에는 분명한 방향과 목적이 있습니다. 즉 결승점이 있습니다. 우리 신앙의 결승점은 예수 그리스도입니다. 신앙생활은 내가 원하는, 또 나만이 아는 코스를 가는 것이 아닙니다. 그리스도인은 이곳저곳을 관광하는 사람이 아닙니다. 아침에 출근했다가 밤에 퇴근하는 사람도 아닙니다. 그리스도인은 예수 그리스도라는 한 목표를 향해 끊임없이 피땀을 흘리며, 외롭고 고독하게 뛰어가는 사람입니다. 멈출 수도, 뒤돌아설 수도 없으며, 양옆을 볼 수도 없습니다.

신앙생활은 자전거를 타는 것과 같습니다. 자전거는 뒤로 갈 수 없습니다. 자전거는 오직 앞으로 가야 합니다. 그리고 그냥 서 있을 수도 없습니다. 서 있으면 넘어집니다. 신앙생활도 앞으로 나가지 않고 서 있으면 넘어집니다. 끊임없이 움직여야 합니다. 고난이 있고 고통이 있고 오해가 있고 시험이 있다 할지라도 자꾸 넘어가야만 합니다. 머무르거나 시험에 빠지거나 어떤 사람의 소리에 귀를 기울이거나 할 때는 넘어져 버립니다. 길이요, 진리요, 생명이신 예수 그리스도를 쉬지 않고 닮아 가는 것, 그리하여 예수 그리스도의 장성한 분량에까지 자라는 것, 이것이 우리의 신앙생활이요, 운동 경기입니다.

현대인의 비극은 의미도 목적도 없이 막연히 살아가는 것입니다. 그저 동물처럼 생존하기만 하는 사람들이 많습니다. 그러다 어떤 사람들은 자살하거나 미치거나 현실을 도피해 버리기도 합니다. 절대 가치가 없기 때문입니다. 사실 그렇게 된 데는 교회의 책임이 큽니다. 절대 가치를 가지고 있는 교회가 세상에 그 절대 가치를 보여 주지 못했기 때문입니다. 만약 교회와 그리스도인들이 예수님의 절대 가치를 온 국민에게 심어 줬다면 그들은 상대적 가치 때문에 그렇게 방황하지 않았을 것입니다. 이것이 우리의 실패입니다. 교회와 교인들은 많아졌지만 세상 사람들에게 진정한 삶이 무엇인지, 참 영생하는 삶이 무엇인지에 대한 확신을 보여 주지 못했습니다.

신앙생활을 하는 데 있어 분명한 목표를 가지고 뛰어가고 있습니까? 한 목표를 바라보고 교회에 나갑니까? 이 목표 없이 교회에 왔다 갔다만 하는 사람은 10년, 20년을 다녀도 신앙에 아무 진보가 없습니다. 어디를 향해 가는지 모르기 때문입니다. 목표가 분명하고, 방향이 분명해야 합니다. 교회 다니는 것이 목표일 수는 없습니다. 직책을 갖고 봉사를 하는 것 자체가 목표일 수는 없습니다. 헌금이 목표일 수도 없습니다. 목표는 예수 그리스도입니다. 그분을 닮아 가는 일이 우리 신앙생활의 목표이자 결승점입니다.

모든 장애물을 벗어 던지고

둘째, 신앙생활에는 반드시 장애물이 있습니다. 우리의 걸음을 무겁게 하는 장애물이 있습니다. 히브리서 기자는 이 모든 것을 벗어 버리라고 합니다.

모든 무거운 것과 얽매이기 쉬운 죄를 벗어 버리고(히 12:1).

달리는 운동선수들은 불필요한 것을 다 벗어 버리고 뜁니다. 아무리 좋은 다이아몬드 반지라도 경기장에서 그것을 끼고 뛰지는 않습니다. 고가의 결혼 시계라 하더라도 풀어야 하고, 금 넥타이핀도 뽑아야 하고, 찬란한 목걸이도 벗어 놓아야 하고, 화려하고 멋진 옷도 벗어야 하고, 신용카드도 지참할 수 없습니다. 명함도, 신분증도 다 빼놓고 뛰어야 합니다. 운동선수에게는 단지 간단한 상의와 반바지만 있으면 족합니다.

우리의 신앙생활에서도 걸음을 무겁게 하는 짐이나 신앙 성숙을 가로막는 장애물을 버려야 합니다. 그것은 화려한 경력이나 자존심일 수 있습니다. 돈 몇 푼 있다는 것, 머리가 좀 똑똑하다는 것, 수많은 훈장들일 수도 있습니다. 이런 것들은 신앙의 경기를 하는 데 있어서 우리의 걸음을 무겁게 할 수 있습니다.

이것들을 다 벗어 버리지 않는 한 진정한 의미의 신앙생활은 어렵습니다. 통나무를 메고서는 산에 오르기가 힘듭니다. 나쁜 습관, 오락, 향락을 벗어 버리지 않고는 신앙생활을 제대로 할 수 없습니다. 예수님을 처음 믿게 된 사람에게는 담배 피우고 술을 마시는 채로 교회에 오라고 말합니다. 그러나 계속 그렇게 한다면 신앙은 절대로 성장하지 않습니다. 그것을 끊어야 합니다.

무거운 짐을 지고 어찌 신앙생활이 잘되겠습니까? 하루에 담배 세 갑씩 피우면서 어찌 기도가 되며 신앙생활이 되겠습니까? 매일 술 취해 집에 들어오면서 어찌 신앙생활이 되겠습니까? 도박을 하면서 어떻게 신앙생활이 되겠습니까? 진정으로 신앙생활을 하려면 자기와의 피눈물 나는 싸움을 통해 장애물을 제거해야 합니다. 죄악의 무거운 짐을 끊어 버려야 합니다.

영적 체중 조절

운동선수가 경기를 할 때 외부의 어떤 것 때문에 발걸음이 무거운 경우도 있지만, 자기 자신의 무게 때문에 몸이 둔해져서 발걸음이 무거울 때가 있습니다. 예를 들면, 체중 조절에 실패한 것입니다. 체중 조절에 실패한 운동선수처럼, 자기 무게 때문에 신앙생활을 잘 못하는 성도들도 많습니다. 운동선수들이 체중 조절에 실패하는 이유는 무엇입니까? 첫째, 피나는 연습을 포기했기 때문입니다. 둘째, 육체가 원하는 대로, 마음이 원하는 대로 음식을 먹었기 때문입니다. 체중 조절은 신앙생활에도 필요합니다. 신앙생활을 잘하려면 성숙에 필요한 훈련과 절제를 통해 영적 체중 조절을 해야 합니다.

영적 체중 조절, 즉 신앙생활의 가장 큰 적은 게으름입니다. 이는 다른 무엇 때문에 바쁜 것도 포함됩니다. 게으르고 부주의하고 불규칙한 생활 때문에, 감정대로 사는 생활 때문에, 육체가 원하는 대로 사는 생활 때문에 우리는 이미 영적으로 비만입니다. 몸을 움직이기 힘들 만큼 군살이 붙어 있습니다. 그것을 빼야 합니다. 그래야 신앙생활이 잘됩니다. 성경은 열심을 품고 주를 섬기라고 합니다. 게으름은 우리의 영혼을 도둑질하는 도둑입니다. 우리의 영혼을 침식하는 나쁜 부패균입니다. 이것들은 우리 영혼을 짓눌러서 성장하지 못하게 합니다.

불신앙의 죄에서 벗어나

신앙의 경주에서 또 한 가지 장애물은 '얽매이기 쉬운 죄'입니다. 얽매이기 쉬운 죄란, 우리의 영혼을 꽁꽁 묶어서 움직이지 못하도록 만드는 죄들입니다. 죄는 나와 하나님 사이를 끊어 놓습니다. 죄는 나를 무력하게 만들고 좌절감을 줍니다. 패배감을 안겨 주고 결국에는 하나님의 무서운 진노와 심판으로 이끌어 갑니다.

그렇다면 우리가 얽매이기 쉬운 죄는 무엇입니까? 그것은 불신앙입니다. 우리는 히브리서 11장에서 믿음의 영웅들을 살펴보았습니다. 우리가 살펴본 위대한 하나님의 사람들은, 하나님을 신실하게 섬겼고 고난과 역경과 고통 속에서 하나님을 믿었고 기다렸습니다. 오랜 세월 인내했습니다. 그래서 증거도 가졌고 기도의 능력도 체험했습니다. 홍해가 갈라지고, 여리고 성이 무너지고, 만나가 내리고, 바위에서 샘이 터지고, 25년 만에 아이를 얻는 기적들을 그 믿음의 사람들은 경험했습니다. 이렇게 많은 하나님의 사람들의 실제 경험들을 수없이 이야기해 주었건만, 그래도 많은 사람들은 믿지 않았습니다. 이것이 불신앙입니다.

불신앙처럼 무서운 죄는 없습니다. 도둑질, 거짓말, 살인보다 더 무서운 것은 하나님에 대한 불신앙입니다. 그렇게 보여 주고 경고 했건만, 그럼에도 불구하고 교만하고 오만한 이 불신앙의 죄를 어떻게 하면 좋겠습니까? 아무리 많은 예를 보여 주어도 믿지 않는데 무슨 말을 더 하겠습니까? 히브리서 11장을 통해서 그렇게 많은 믿음의 사람들에 관한 이야기를 했는데, 더 이상 무슨 할 말이 있겠습니까?

이렇게 많은 믿음의 증거들이 있음에도 불구하고 안 믿는 것, 이 불신앙의 죄가 바로 우리를 얽매기 쉬운 죄입니다. 예수님을 영접 하십시오. 겸손하게 하나님을 인정하십시오. 하나님을 받아들이 십시오. 구경꾼으로 있지 말고 이제 경기에 뛰어드십시오. 땀을 흘리십시오. 고생을 하십시오. 이것이 신앙생활입니다.

인내로 끝까지 경주하도록

셋째, 신앙생활에는 인내가 필요합니다.

인내로써 우리 앞에 당한 경주를 하며(히 12:1).

'인내'라는 단어에 주목해야 합니다. 히브리서 기자는 히브리서

10장 35-36절에서도 담대함과 함께 인내가 필요함을 강조했습니다. 믿음이 있는 자만이 인내하고 기다리며, 끝까지 인내하고 기다리는 자만이 승리를 얻게 됩니다.

> 내 형제들아 너희가 여러 가지 시험을 당하거든 온전히 기쁘게 여기라 이는 너희 믿음의 시련이 인내를 만들어 내는 줄 너희가 앎이라 인내를 온전히 이루라 이는 너희로 온전하고 구비하여 조금도 부족함이 없게 하려 함이라(약 1:2-4).

우리가 살면서 겪는 믿음의 시련이 인내를 만들어 냅니다. 사랑장이라고 불리는 고린도전서 13장을 보면, 사랑을 말함에 있어 제일 첫 번째로 나오는 것이 오래 참음입니다. 참지 못하는 사람은 사랑을 이루지 못합니다. 그리고 사랑한다는 첫 번째 표시는, 포기하지 않고 인내하고 기다리는 것입니다. 인내는 온전한 인격과 사람을 만들어 냅니다. 인내로써 처음부터 끝까지 한결같은 마음으로 사는 것, 이것이 바른 신앙생활입니다.

사람들은 누구나 처음에는 잘합니다. 출발은 좋습니다. 그러나 끝까지 잘하는 경우는 드뭅니다. 처음에 너무 과욕을 부리지 마십시오. 도중에 힘들다고 포기하지 마십시오. 끝까지 가는 것이 신앙생활입니다. 잠시 흥분하는 것은 신앙생활이 아닙니다. 끝까지, 주님 오실 때까지, 내 생명 다할 때까지, 좌로나 우로나 치우치지 않고, 되돌아서지 않고 목표를 향해 계속 같은 걸음으로 갈 수 있는 것, 그것이 바로 믿음입니다. 또한 성경은 그것을 가리켜 인내라고 말합니다.

결승점에 도달하기까지

그리스도인의 삶은 아무것도 없는 길을 쭉 직진해서 달리는 삶이 아닙니다. 장애물을 넘으면서 달려야 하는 허들게임 같은 삶입니다. 앞에 놓인 장애물들을 하나하나 넘고 또 넘어서 궁극적으로 그리스도의 장성한 분량에까지 도달하는 것입니다. 중간중간에 시험이 있습니다. 오해도 있습니다. 그러나 거기에 머무르면 죽습니다. 그것을 자꾸 되씹고 자꾸 생각하면 우리의 신앙생활은 그대로 파괴되고 맙니다.

당신 앞에도 신앙의 장애물들이 많이 있을 것입니다. 그러나 거기에 머물지 마십시오. 주님만 바라보고 뛰어가십시오. 넘어지면 일어나십시오. 인내를 가지고 끝까지 경주해야만 믿음의 결승점에 도달하게 되며, 생명의 면류관을 얻을 수 있습니다. 사람이나 환경을 바라보지 마십시오. 사람이나 환경은 당신을 만족시켜 주지 못합니다. 우리의 목표 되신 예수 그리스도를 바라보며 열심히 뛰어가십시오. 예수님께 초점을 맞추고 달려가다 보면, 거기에는 놀라움이 있을 것입니다. 그리고 우리 자신은 어느새 우람한 믿음의 나무가 되어 있을 것입니다.

우리를 응원하는 믿음의 증인들

넷째, 신앙생활에도 응원단이 있습니다. 성경은 우리가 혼자 신앙생활하는 것이 아니며, 우리와 함께하는 격려자와 응원단이 있다고 말합니다.

> 이러므로 우리에게 구름같이 둘러싼 허다한 증인들이 있으니
>
> (히 12:1).

우리에게는 허다한 믿음의 증인들이 있습니다. 지금 하늘나라에서는 히브리서 11장에 나오는 믿음의 영웅들이, 이 세상에서 죄, 미움, 분노와 싸우며 신앙의 경주를 하는 우리를 응원하고 있습니다. 우리가 허다한 증인들에게 둘러싸여 있다는 의미는 이 뜻입니다. 마귀는 언제나 "너 혼자"라고 말하지만 성경은 "증인들이 있다. 너를 위해 응원하는 천국의 응원단이 있다"고 말합니다.

신앙생활은 나 혼자 하는 것이 아닙니다. 나 혼자 싸우는 것 같아도, 주님이 계시고 믿음의 영웅들이 응원하고 있습니다. 우리가 지치고 힘든 고난의 굽이굽이를 땀 흘리며 뛰고 있을 때 우리를 격려하는 수많은 사람들이 박수 치며 응원하고 있습니다.

모세가 "나도 너같이 그런 어려움을 겪었다"고 말합니다. "내 나이 40세 때, 나도 너같이 시험에 걸려 넘어지고 심지어 살인도 했다. 그러나 하나님이 내게 은혜를 주셔서 다시 일어날 수 있었다. 너도 다시 일어나라. 네가 무슨 잘못을 했든 하나님은 너를 버리지 않으신다. 네가 절망하고, 교회를 떠나고, 죄악에 빠졌더라도 다시 일어나라. 나도 정말 많은 인생의 고비가 있었지만, 하나님의 약속을 믿고 끝까지 갔더니 생명의 면류관이 있더라."

이 믿음의 응원 소리가 지금 당신의 귓전에 쟁쟁하게 들리기를 바랍니다. 이 응원단은 지금도 당신을 위해서 응원하고 있습니다.

믿음의 모델, 예수님만 바라보며

다섯째, 신앙생활에는 따를 만한 모델이 필요합니다. 우리 앞에는 먼저 걸어간 사람이 있습니다. 이 모델의 역할은 아주 중요합니다. 학생의 모델은 선생이요, 자녀의 모델은 부모입니다. 교회에서는 목사가 모델일 수밖에 없습니다. 사람은 역시 인간이기 때문에 눈으로 보면서 닮아 가게 마련입니다. 그러므로 누구를 모델로 삼느냐는 참으로 중요합니다. 우리의 모델은 예수 그리스도입니다.

믿음의 주요 또 온전하게 하시는 이인 예수를 바라보자(히 12:2).

목사를 보지 마십시오. 예수님을 보십시오. 우리의 모델은 예수 그리스도입니다. 목사도 당신과 함께 그분을 모델로 따라가고 있을 뿐입니다.

여기에 바라봄의 원칙이 있습니다. 바라보는 대로 닮습니다. 동전을 열심히 보는 사람은 그 얼굴이 백 원짜리 동전같이 변할 것입니다. 왜냐하면 그는 동전만 열심히 묵상했기 때문입니다. 술을 열심히 묵상하는 사람은 주정꾼처럼 변할 것입니다. 도박하는 사람의 얼굴을 보면 금방 알아볼 수 있습니다. 사람은 무엇을 바라보느냐에 따라서 그것을 닮아 가게 마련입니다.

예수님을 바라보십시오. 예수님을 생각하십시오. 자꾸 예수님만 생각하십시오. 그러면 어느새 우리도 예수님처럼 변해 갈 것입니다. 큰 바위 얼굴을 바라보며 그를 기다리다가 자신이 큰 바위 얼굴이 되었던 소설 속 주인공처럼, 예수님을 바라보고 예수님을 생각한다면 우리도 예수님의 인격과 성품과 언어를 닮아 갈 것입니다.

환경을 보지 마십시오. 환경을 보면 불안합니다. 그러면 베드로처럼 물속에 빠질 수밖에 없습니다. 물 위를 걸어가시는 예수님을 보십시오. 사람 보러 교회에 오는 것이 아닙니다. 예수님을 보러 오는 것입니다. 우리의 모델은 오직 예수 그리스도입니다.

예수님은 믿음의 경주에서 성공하셨습니다. 예수님에게는 목표가 있었습니다. 십자가에서 죽는 일이었습니다. 예수님은 한 번도 흔들려 본 적이 없습니다. 베드로가 막았고, 마귀가 막았습니다. 그러나 예수님은 베드로에게 "사탄아 물러가라"고 말씀하셨습니다. 예수님의 목표를 흐리게 했기 때문입니다.

예수님은 분명한 목표를 향해 걸어가셨습니다. 예수님은 이것을 위해 하늘의 영광과 권세를 버리고 이 땅에 내려오셨습니다. 예수님은 이것을 위해 걸어가셨고 십자가를 지셨습니다. 성경은 예수님이 즐거움을 위하여 십자가를 참으셨고 부끄러움을 개의치 않으셨다고 말합니다.

예수님만큼 오해받은 사람이 어디 있습니까? 그분은 침 뱉음을 당하셨고, 모욕을 당하셨고 부끄러움을 당하셨습니다. 그래도 흔들리지 않고 참으셨습니다. 그런데 우리는 어떻습니까? 제일 싫어하는 것이 오해받는 것입니다. 그저 조금만 오해를 받아도 자존심이 상합니다. 그럴 때 예수님을 생각하십시오. 예수님은 자신을 오해하는 사람들과 논쟁하지 않으셨습니다. 따지지도 않으셨습니다. 오해받는 것 때문에 괴로워하지 않으셨습니다. 예수님에게는 십자가가 있었기 때문입니다. 우리는 그 예수 그리스도를 바라보아야 합니다.

너희가 피곤하여 낙심하지 않기 위하여 죄인들이 이같이 자기에게 거역한 일을 참으신 이를 생각하라(히 12:3).

피곤할 때 예수님을 바라보십시오. 예수님을 바라봄으로써 믿음의 선한 경주를 잘 해내기 바랍니다. 흔들리지 마십시오. 목표를 바라보십시오. 인내하십시오. 목표를 놓치지 마십시오. 고난과 역경은 뛰어넘으십시오. 주저앉지 마십시오. 예수님을 바라보며 계속 전진하십시오. 믿음의 경주가 끝나면 하나님이 당신에게 생명의 면류관을 베풀어 주실 것입니다.

4부

예수님만 따르면 행복해집니다

히브리서 12:3 - 13:25

신앙은 눈물과 고통 속에서 다듬어지는 것입니다.
예수 그리스도를 바라보면서, 힘들고 어려울지라도
손을 내리지 말고 꾸준히 계속 뛰십시오.
평화와 거룩을 추구하십시오. 믿음의 길을 꾸준하게 가십시오.
어떤 때는 홀로 뛰는 느낌을 들 것입니다.
그러나 주님은 결코 우리를 떠나시지 않습니다.
진리와 함께, 예수님과 함께 뛰십시오.

39

하나님의 또 다른 사랑,
징계

히브리서 12:3-11

참된 믿음은 오랜 세월 비바람과 천둥, 폭풍과 추운 겨울 등을 통과하며 자란 우람한 나무와 같습니다. 히브리서 11장을 통해 살펴본 믿음의 사람들은 한 사람도 예외 없이 엄청난 고난과 고통의 터널을 지났고 역경의 산을 건넜고 무서운 기다림의 세월을 보냈습니다. 그들은 그런 과정을 통해 믿음의 사람으로 다시 태어난 것입니다.

히브리서 11장 36-40절은 이런 믿음의 사람들을 잘 설명해 주는 말씀입니다.

또 어떤 이들은 조롱과 채찍질뿐 아니라 결박과 옥에 갇히는 시련도 받았으며 돌로 치는 것과 톱으로 켜는 것과 시험과 칼로 죽임을 당하고 양과 염소의 가죽을 입고 유리하여 궁핍과 환난과 학대를 받았으니 (이런 사람은 세상이 감당하지 못하느니라) 그들이 광야와 산과 동굴과 토굴에 유리하였느니라 이 사람들은 다 믿음으로 말미암아 증거를 받았으나 약속된 것을 받지 못하였으니 이는 하나님이 우리를 위하여 더 좋은 것을 예비하셨은즉 우리가 아니면 그들로 온전함을 이루지 못하게 하려 하심이라.

구원은 행함으로 얻는 것이 아니고 믿음으로 값없이 얻는 것이지만, 결코 값어치 없는 것은 아닙니다. 값으로 계산될 수 없고 지불될 수 없기 때문에 은혜로 주어지는 것뿐입니다. 우리는 믿음으로 의로워지고 구원을 받습니다. 그러나 믿음은 행함으로 의로워지는 것입니다. 행함이 없는 믿음은 죽은 믿음입니다. 그래서 믿음은 험한 산을 올라가는 것과 같은 엄청난 도전을 요구합니다. 그렇기 때문에 믿음의 세계에서는, 내 힘으로 갈 수 있고 내 힘으로 할 수 있는 것은 믿음이라고 하지 않습니다. 예수님의 힘으로만 갈 수 있는 것이 믿음의 길입니다.

피곤과 낙심을 이기는 믿음

삶의 현장에는 고통과 고난이 필연적으로 따릅니다. 믿음의 세계도 마찬가지입니다. 우리가 신앙생활을 할 때 믿음을 훼방하고 꺾으려는 방해자들이 나타납니다. 그런데 이런 믿음의 방해자들은 꼭 거창하기만 한 것은 아닙니다. 아주 사소해 보이는 것들일 때가 많습니다.

> 너희가 피곤하여 낙심하지 않기 위하여 죄인들이 이같이 자기에게 거역한 일을 참으신 이를 생각하라(히 12:3).

믿음은 때로 엄청난 핍박이나 고난이 아닌 사소한 피곤이나 낙심에 의해 방해받습니다. 피곤이나 낙심은 핍박이나 박해에 비해 별것 아닌 듯이 보이지만, 이 또한 믿음을 흔들어 놓는 요인들입니다. 벌레가 큰 나무 밑동을 서서히 갉아먹어 쓰러뜨리는 것과 마찬가지로, 피곤과 낙심은 우리의 신앙을 서서히 갉아먹습니다. 신앙생활을 하다 보면 피곤한 일들이 누적됩니다. 불편한 인간관계, 과중한 일들과 무리한 계획들, 수많은 시험거리들이 우리를 피곤하게 합니다. 이런 피곤이 계속 누적되면 우리는 쉽게 낙심하게 됩니다. 낙심하면 하나님이 나에게 주신 온전한 계획과 풍성한 삶을 포기하고, 하나님의 일에도 흥미를 잃고 절망하며 뒤돌아서게 됩니다.

그래서 히브리서 기자는 피곤과 낙심을 이기는 비결을 소개해 주고 있습니다. 그가 가르쳐 준 비결은, 피곤하고 고된 삶을 사셨지만 그 모든 고난을 이겨 내고 승리하신 예수 그리스도를 깊이 생각하는 것입니다.

예수님을 생각해 보십시오. 그 삶이 얼마나 피곤하셨겠습니까? 밤이면 지친 몸을 누일 집 한 칸 없으셨고, 밥 먹을 시간조차 없이 바쁘셨습니다. 가는 곳마다 사람들이 찾아와서는 자신들의 필요를 구했고, 항상 수많은 군중이 쫓아다녔습니다.

그런데 성경 어느 곳을 봐도 피곤에 지친 예수님을 발견할 수 없습니다. 예수님은 피곤한 일이 없어서 피곤하지 않으셨던 것이 결코 아닙니다. 피곤한 일들이 예수님 주위를 감싸고 있었지만 예수님을 결코 피곤하게 만들거나 낙심시키지 못했습니다. 예수님을 공격하고 죽이려고까지 하는 사람들도 있었지만, 그들도 예수님을 낙심시키지는 못했습니다.

피곤하고 낙심될 때 예수 그리스도를 바라보십시오. 그럴 때 우리를 좌절시키고 절망시키는 피곤과 낙심에서 해방되어 자유할 수 있습니다. 사람들이 당신을 피곤하게 합니까? 어떤 일이 당신을 피곤하게 합니까? 어쩌면 우리 스스로가 우리를 피곤하게 만드는 것인지도 모릅니다. 어떤 경우라도 예수 그리스도를 깊이 생각하고 바라보십시오. 주님이 새로운 기쁨과 능력, 위로와 충만함을 물 붓듯이 부어 주실 것입니다.

히브리서 기자는 피곤과 낙심을 이길 수 있는 방법을 또 한 가지 소개해 주고 있습니다.

> 너희가 죄와 싸우되 아직 피 흘리기까지는 대항하지 아니하고
> (히 12:4).

이 말씀은, 신앙생활이란 피 흘리는 데까지 가야 한다는 것을 말하고 있습니다. 다시 말하면, 신앙생활은 순교하는 데까지 가야 한다는 것입니다. 우리의 신앙은 너무나 얄팍하고 타산적이고 이기적이며 자기중심적입니다. 믿음이 있는 사람이라도 손해 보는 것을 좋아하지 않습니다. 억울하고 누명쓰고 희롱당하는 것을 좋아

하지 않습니다. 편안함 속에서 적당히 신앙생활하기를 바랍니다. 그러나 히브리서 기자는 우리가 피 흘리기까지 죄와 싸워야 한다고 말합니다. 즉 목숨을 걸고 싸워야 한다는 말입니다.

신앙생활은 만 원을 헌금하느냐 이만 원을 헌금하느냐를 고민하는 것이 아닙니다. 내 소유가 전부 하나님의 것이냐 아니냐의 문제입니다. 신앙생활은 일주일에 몇 시간 성경 공부하고 예배를 드리느냐의 문제가 아닙니다. 생애 전체를 주님께 바칠 수 있느냐 없느냐의 문제입니다. 신앙생활은 내가 손해를 보고 수치와 조롱을 받느냐 안 받느냐 하는 싸움이 아닙니다. 예수님을 위해 내가 순교하는 데까지 가느냐 못 가느냐의 싸움입니다.

믿음의 초기 단계에서는, 당연히 자기중심적인 믿음과 성숙하지 못한 믿음을 갖고 있습니다. 그러나 믿음은 하나님 중심의 생각과 이웃을 생각하는 믿음으로 변해 가야 합니다. 우리는 지금까지 신앙생활을 해 오면서 믿음의 대가를 얼마나 치렀는지 생각해 보아야 합니다. 내 믿음이 과연 대가를 치른 믿음인가, 아니면 공짜로 얻은 믿음인가를 되돌아봐야 합니다.

성경은 피곤하고 낙심하는 우리에게 "너의 믿음은 피 흘리기 전이므로 아직 만족하지 말라"고 도전합니다. 우리의 믿음은 더 깊고 높은 데로 가야 합니다.

징계를 통해 연단되는 믿음

히브리서 12장 4-11절에서는 우리의 믿음을 훈련시키시는 하나님의 모습을 볼 수 있습니다. 하나님은 우리를 훈련시키시고 교정하시고 격려하시고 교육하십니다. 하나님은 우리에게 믿음을 통째로 그냥 주시는 것이 아니라, 믿음의 씨앗을 주신 후에 그 믿음이 자랄 수 있도록 훈련하고 연단시키십니다. 그 과정에서 때로는 징계와 채찍을 사용하시기도 합니다.

하나님이 우리에게 징계를 내리시는 이유는 무엇입니까?

첫째, 우리에게 죄와 허물이 있기 때문입니다. 하나님이 징계를 통해 하나님의 백성을 훈련시키신 예는 많습니다. 그중에서 가장 유명한 예가 다윗입니다. 다윗은 우리아의 아내 밧세바와 간음을 합니다. 이때 하나님은 나단 선지자를 보내 다윗을 꾸짖고 그를 징계하십니다.

이제 네가 나를 업신여기고 헷 사람 우리아의 아내를 빼앗아 네 아내로 삼았은즉 칼이 네 집에서 영원토록 떠나지 아니하리라 하셨고 여호와께서 또 이와 같이 이르시기를 보라 내가 너와 네 집에 재앙을 일으키고 내가 네 눈앞에서 네 아내를 빼앗아 네 이웃들에게 주리니 그 사람들이 네 아내들과 더불어 백주에 동침하리라(삼하 12:10-11).

엄청난 징계가 다윗에게 임했습니다. 결국 다윗은 우리아의 아내에게서 얻은 첫아들을 잃고 말았습니다. 하나님은 다윗의 죄에 대하여 구체적으로 징계를 내리셨습니다. 이것이 하나님의 훈련 방법 중 하나입니다. 다윗이 우리아의 아내를 취한 것은, 당시의 사회적 여건으로 볼 때는 왕으로서 그리 큰 죄가 아니었습니다. 세상의 개념으로 볼 때 그것은 큰 죄가 아니었습니다. 그러나 다윗은 세상에 속한 사람이 아니라 하나님의 자녀였습니다. 그래서 하나님이 간섭하셨습니다. 그래서 징계를 하시고 채찍을 드신 것입니다. 그러나 하나님은 징계만으로 그치지 않으시고 훈련을 시키십니다.

고난당한 것이 내게 유익이라 이로 말미암아 내가 주의 율례들을 배우게 되었나이다(시 119:71).

자녀이기에 내리시는 징계

이처럼 하나님은 징계나 고난을 통해 하나님의 사람들을 훈련시키십니다. 하나님의 자녀이기 때문입니다. 자녀이기 때문에 간섭하시고 야단치시고 고쳐 주시는 것입니다. 똑같은 잘못일지라도 하나님의 백성이 저지르면 그것은 차원이 다른 것입니다. 그래서 하나님은 사랑하는 당신의 자녀들이 범죄할 때 징계를 통해 변화시켜 주십니다.

> 너희가 참음은 징계를 받기 위함이라 하나님이 아들과 같이 너희
> 를 대우하시나니 어찌 아버지가 징계하지 않는 아들이 있으리요 징
> 계는 다 받는 것이거늘 너희에게 없으면 사생자요 친아들이 아니니
> 라 또 우리 육신의 아버지가 우리를 징계하여도 공경하였거든 하물
> 며 모든 영의 아버지께 더욱 복종하며 살려 하지 않겠느냐 그들은
> 잠시 자기의 뜻대로 우리를 징계하였거니와 오직 하나님은 우리의
> 유익을 위하여 그의 거룩하심에 참여하게 하시느니라(히 12:7-10).

우리는 이 말씀을 잊지 말아야 합니다. 징계를 받을 때는 괴롭고
슬프지만, 징계로 말미암아 연단을 받은 후에는 의와 평강의 열매
를 맺게 될 것입니다.

둘째, 하나님이 징계를 내리시는 또 한 가지 이유는 우리를 사랑
하시기 때문입니다. 하나님의 징계 목적은 심판이 아니라 사랑입니
다. 그러므로 하나님의 징계를 받을 때 절대로 낙심하지 마십시오.

> 또 아들들에게 권하는 것같이 너희에게 권면하신 말씀도 잊었도다
> 일렀으되 내 아들아 주의 징계하심을 경히 여기지 말며 그에게 꾸
> 지람을 받을 때에 낙심하지 말라(히 12:5).

이 말씀은 하나님의 징계가 임할 때 취해야 할 자세를 말해 주고 있습니다. 그것은 징계를 경히 여기지 말 것과 그것으로 인해 낙심하지 말 것입니다. 징계는 심판과 다릅니다. 우리는 하나님의 징계를 통해서 하나님의 은혜를 더욱더 철저하게, 그리고 전체적으로 이해할 수 있게 됩니다. 그러므로 징계를 받을 때에도 복을 받을 때 못지않게 큰 감사와 감격과 기쁨을 가져야 합니다.

징계를 받을 때 낙심해서는 안 됩니다. 사람들은 징계를 받을 때 회개하거나 감사하지 못하고, 도피하거나 불평하거나 원망하며 낙심합니다. 이것은 참으로 안타까운 일이고, 마귀에게 조롱의 빌미를 제공하는 것입니다. 징계를 받을 때 낙망하거나 좌절하면 하나님이 의도하신 징계의 목적과 축복을 잃어버리게 됩니다.

내 영혼아 네가 어찌하여 낙심하며 어찌하여 내 속에서 불안해 하는가 너는 하나님께 소망을 두라 그가 나타나 도우심으로 말미암아 내가 여전히 찬송하리로다(시 42:5).

징계를 받는다는 사실은 우리에게 두 가지 확신을 줍니다. 하나는 하나님이 나를 사랑하신다는 확신입니다. 또 하나는 내가 하나님의 자녀라는 확신입니다.

주께서 그 사랑하시는 자를 징계하시고 그가 받아들이시는 아들마다 채찍질하심이라 하였으니(히 12:6).

하나님의 징계는 사랑의 또 다른 표현입니다. 하나님이 우리 아버지시고 우리는 그분의 아들이기 때문에 징계하시는 것입니다. 사생아는 잘못했을 때 징계할 아버지가 없습니다. 그러나 우리에게는 징계할 아버지가 계십니다. 우리는 이 사실을 잊지 말아야 합니다. 하나님의 징계가 임할 때 절대로 가볍게 여기거나 낙심하지 마십시오.

징계의 유익

하나님의 징계를 받을 때는 몹시 고통스럽고 아프지만 징계를 통한 유익은 매우 큽니다. 하나님이 내리시는 징계에는 유익이 있습니다.

첫째, 생명을 얻습니다. 하나님은 우리를 살리기 위해 징계하십니다. 우리가 가던 길로 계속 가면 죽을 것이기 때문에 징계를 내리시는 것입니다. 우리가 지금 하고 있는 일을 계속하면 마귀의 자식이 되니까, 하나님은 그 길을 막기 위해 채찍을 드시는 것입니다.

둘째, 하나님의 징계는 우리를 거룩하게 합니다. 하나님이 우리를 징계하시는 이유는 우리를 당신의 거룩에 참여하게 하시기 위함입니다. 고난을 겪으면 사람이 거룩해집니다. 감당할 수 없는,

이루 말할 수 없는 어려움과 고난을 겪고 나면 그 얼굴이 거룩해지는 것을 보게 됩니다. 하나님은 고난을 통해서 우리 안에 있는 온갖 죄들과 세상의 찌꺼기들을 씻어 내시고 하나님의 사람으로 세워 가십니다. 이것이 고난의 목적이요, 징계의 유익입니다.

셋째, 하나님이 주시는 징계에는 평강의 열매가 있습니다.

> 무릇 징계가 당시에는 즐거워 보이지 않고 슬퍼 보이나 후에 그로 말미암아 연단 받은 자들은 의와 평강의 열매를 맺느니라(히 12:11).

하나님의 징계 후에는 의와 평강의 열매가 있습니다. 지금 징계를 받고 있습니까? 하나님께 감사드리십시오. 그것이 우리의 힘으로는 결코 만들 수 없는, 하나님이 기뻐하시는 거룩한 의의 열매를 맺게 할 것이기 때문입니다.

징계를 통한 하나님의 놀라운 계획을 깨닫기 바랍니다. 주어진 환경에서 하나님의 뜻을 발견하고 받아들이고 감사하면서 하나님께 영광 돌리는 삶을 살기 바랍니다. 징계가 당신을 하나님께 더 가까이 가도록 만드는 발판이 되기를 바랍니다. 그럴 때 당신의 고난은 기쁨으로 변할 것입니다. 최악의 환경이 최선의 환경으로 바뀔 것입니다.

40

꾸준하게 한 길을
예수님과 달리라

히브리서 12:12-17

현대 그리스도인의 갈등은 아는 것과 믿는 것이 분리되어 있다는 것입니다. 아는 것을 믿어야 하고 믿는 것을 알아야 하는데, 실제로 그렇지 못한 경우가 많습니다. 아는 것과 믿는 것이 다르면 확신이 없어집니다. 확신이 없어지면 용기가 없어지고, 자신감이 없어집니다. 그래서 다른 사람의 이야기에 쉽게 동요합니다. 신앙생활을 잘하다가 쉽게 포기하는 까닭은 아는 것과 믿는 것이 같지 않기 때문입니다.

현대 그리스도인에게 나타나는 또 하나의 갈등은 믿는 것과 사는 것이 일치하지 않는 것입니다. 믿는 대로 행동하고 살아야 하고, 동시에 분명한 목표와 믿음에 근거해서 살아야 하는데 실제로 그렇지 못한 경우가 많습니다. 다시 말하면 믿는 것과 사는 것이 따로 노는 것입니다. 게다가 이러한 갈등을 직시하지 않고, 대부분 합리화해서 적당히 처리하거나 방치해 둡니다. 그 결과 점점 더 갈등이 깊어집니다.

성경은 우리에게 아는 대로 믿고, 믿는 대로 순종할 것을 말하고 있습니다. 성경은 아는 것과 행하는 것, 이 두 가지를 똑같이 강조합니다. 한쪽만 강조하면 이단이 되기 쉽습니다. 구원은 중요합니다. 그러나 구원만 강조하면 구원파가 되기 쉽습니다. 성령도 중요합니다. 그러나 성령만을 강조하면 성령파가 되기 쉽습니다. 성경에는 축복의 이야기가 있습니다. 그러나 축복만 강조하면 기복 신앙이 됩니다. 축복도 있지만 고난도 있습니다. 우리는 성경이 강조하는 대로 똑같이 강조해야 합니다.

이 장에서는 그리스도인들이 살아가는 데 중요한 몇 가지 교훈을 살펴보겠습니다.

한 길을 꾸준하게, 쉬지 말고

그러므로 피곤한 손과 연약한 무릎을 일으켜 세우고(히 12:12).

이 말씀은 경주장에서 달리는 운동선수를 비유해서 한 말씀입니다. 운동선수가 달리다가 피곤해지면 어떻게 됩니까? 제일 먼저 자세가 흐트러집니다. 모든 운동은 자세가 중요합니다. 자세가 나쁘면, 아무리 힘이 있고 기술이 좋아도 지게 마련입니다. 특별히 마라톤 선수나 단거리 경주 선수는 손의 위치를 어떻게 하느냐가 중요합니다. 손을 똑같은 박자와 순서로 움직이는 것이 중요합니다. 손의 움직임이 몸 전체의 균형을 잡아 주고, 끝까지 잘 뛸 수 있는 중요한 원동력이 되기 때문입니다. 그런데 달리다가 피곤해지면 자세가 흐트러지고, 손이 내려오게 됩니다.

그리고 다음에는 다리가 흐트러지기 시작합니다. 다리가 흐느적거립니다. 그래서 질질 끌려가듯 달리다가 경주를 포기해야 되는 지경에 이릅니다. 달리기에서 가장 중요한 것은 아무리 피곤하더라도 손의 위치를 흐트러뜨리지 않는 것입니다. 힘들어도 그것을 지키면, 발이 제대로 뛰게 되고, 몸 전체가 균형을 잡게 되고, 원하는 데까지 잘 뛸 수 있습니다. 이것은 영적 생활에서도 마찬가지 원리입니다.

신앙생활을 잘하는 비결은 무엇입니까? 큰 은혜를 갑자기 받는 것이 아닙니다. 비가 오나 눈이 오나 햇빛이 있거나 구름이 있거나 변하지 않고, 우리를 온전하게 하시고 우리의 목표이신 예수 그리스도를 바라보고 꾸준히 뛰는 것입니다. 피곤해도 손을 내리지 않고, 주저앉고 싶어도 주저앉지 않고 꾸준히 뛰는 것이 신앙생활에서 승리하는 비결입니다.

너희는 약한 손을 강하게 하며 떨리는 무릎을 굳게 하며 겁내는 자들에게 이르기를 굳세어라, 두려워하지 말라, 보라 너희 하나님이 오사 보복하시며 갚아 주실 것이라 하나님이 오사 너희를 구하시리라 하라(사 35:3-4).

믿음의 경주를 하다가 피곤해서 손을 내리고 싶을 때, 우리 주님이 오셔서 우리의 피곤한 손을 붙들어 주시고 우리의 연약한 무릎을 강하게 해 주신다고 합니다. 피곤해도 손을 내리지 않기를 바랍니다. 손을 내리면 발이 흔들리고, 발이 흔들리면 그 게임을 포기하게 됩니다. 믿음의 경주에 있어서, 피곤이 오고 무릎이 흔들린다 할지라도 우리 주님이 주신 힘을 의지해서 계속 뛰어가십시오. 그럴 때 승리의 면류관, 생명의 면류관을 얻게 됩니다.

> 너희 발을 위하여 곧은 길을 만들어 저는 다리로 하여금 어그러지지 않고 고침을 받게 하라(히 12:13).

달릴 때는 한 길로 가는 것이 중요합니다. 육상선수들은 다 자기 레인이 있습니다. 1등을 했더라도 레인을 벗어나면 실격입니다. 자기 길 밖으로 뛰어가고 싶은 충동을 참아야 합니다. 남의 길을 보지 말고 똑바로 뛰어야 합니다. 자기 길을 가야 합니다. 그래야 승리합니다.

> 네 눈은 바로 보며 네 눈꺼풀은 네 앞을 곧게 살펴 네 발이 행할 길을 평탄하게 하며 네 모든 길을 든든히 하라 좌로나 우로나 치우치지 말고 네 발을 악에서 떠나게 하라(잠 4:25-27).

저는 다리로 하여금 어그러지지 않게 하고, 고침을 받게 하라는 뜻이 여기에 있습니다. 우리는 한 길로 가야 합니다. 한 길을 가야 믿음이 성장합니다. 좌로나 우로나 치우치면 안 됩니다. 믿음의 세계에서 이 원리는 아주 중요합니다. 한 길을 곧게 갈 수 있는 신앙이 아주 중요합니다.

사람과 평화, 하나님께 거룩

> 모든 사람과 더불어 화평함과 거룩함을 따르라 이것이 없이는 아무도 주를 보지 못하리라(히 12:14).

성경은 우리에게 주위에 있는 모든 사람과 실제적인 평화와 거룩을 유지할 것을 명하고 있습니다. 우리 주위에는 친하고 싶은 사람도 있고, 친하고 싶지 않은 사람도 있습니다. 그러나 성경은 그것과 상관없이 모든 사람과 그렇게 지내라고 권면하고 있습니다.

첫째, 하나님은 모든 사람과 평화하라고 말씀하십니다. 로마서 12장 17-18절을 보면 이에 관한 놀라운 말씀이 있습니다.

> 아무에게도 악을 악으로 갚지 말고 모든 사람 앞에서 선한 일을 도모하라 할 수 있거든 너희로서는 모든 사람과 더불어 화목하라(롬 12:17-18).

평화란, 히브리 사상과 언어에서는 소극적 개념이 아니라 적극적 개념입니다. 평화는 아무 문제가 없는 평안한 상태를 말하는 것이 아닙니다. 평화란 고통과 역경과 고난과 전쟁 속에서도 유지되는 평안입니다. 전쟁이 없는 평화가 아니라 전쟁을 넘어선 적극적 의미에서의 평화입니다. 다시 말하면 순종을 통해 얻어진 승리요, 완전을 의미합니다. 이것이 성경이 말하는 평화의 개념입니다.

아무리 원수요 불편한 관계라도, 악으로 악을 갚아서는 안 되며 미움과 복수로 응답해서는 안 됩니다. 평화를 위해 그리스도인에게 주어진 것은, 용서와 사랑 외에는 다른 방법이 없습니다. 미움은 미움을 낳고, 칼은 칼을 낳고, 혁명은 혁명을 낳지 평화를 낳지 않습니다. 어떤 경우에도 미움의 방법으로는 평화가 오지 않습니다. 평화로만 평화의 방법이 옵니다. 그러기에 성경은 우리에게 이렇게 권면합니다. "모든 사람과 평화하라."

미운 사람을 이길 수 있는 것도 평화 외에는 없습니다. 미움의 힘은 큽니다. 사람들은 쉽게 미움의 방법을 택합니다. 파괴와 데모와 폭력과 같은 방법을 택하는 것은 아주 쉽습니다. 그러나 미움을 이길 수 있는 힘은 사랑뿐입니다. 미워하는 그 자체를 사랑해 버려야 합니다. 분노하고 폭발하는 그것 자체를 사랑해야만 이길 수 있습니다. 동기가 아무리 좋아도 방법이 나쁘면 결과가 나빠집니다. 야고보서 3장 18절은 "화평하게 하는 자들은 화평으로 심어 의의 열매를 거두느니라"고 했습니다.

사람들은 평화를 위해 전쟁을 한다고 말합니다. 이 말처럼 모순된 말이 없습니다. 이상 사회를 위해 폭력 쓰는 것을 정당화하려고 합니다. 그러나 그 목적이 평화를 이루기 위한 것이라도 전쟁은 해서는 안 됩니다. 복수를 해서도 안 됩니다. 악으로 악을 갚는 것은 악입니다. 선으로 악을 갚아야 선입니다. 사랑과 용서로 이겨야 합니다.

둘째, 하나님은 평화를 요구하실 뿐만 아니라 거룩을 요구하십니다. 모든 사람과 거룩하기를 원하십니다. 거룩은 하나님의 절대 요구입니다. 하나님은 이렇게 말씀하십니다. "내가 거룩하니 너희도 거룩하라." 사람들은 하나님의 절대 요구에 도달할 능력이 없기 때문에, 자신이 회개해서 하나님께 가려고 하지 않고 하나님을 자기 수준으로 낮추려고 합니다. 성경의 수준을 자기 수준으로 끌어내리려 하는 습성이 있습니다. 그래서는 안 됩니다. 하나님이 우리 수준으로 내려오시는 것이 아니라 우리가 하나님의 수준으로 올라가야 합니다.

거룩만큼 위대한 힘은 없습니다. 그래서 하나님은 우리에게 순결과 성결을 요구하십니다. 믿음의 순결, 생활의 순결을 원하십니다. 거룩 없이는 하나님을 볼 수 없습니다. "마음이 청결한 자는 하나님을 볼 것이요"라고 했습니다. 우리 눈에 하나님이 왜 안 보이는 줄 압니까? 하나님이 안 계시기 때문이 아니라 우리가 더러워서 그렇습니다. 하나님이 왜 실감나지 않고, 느껴지지 않는지 아십니까? 하나님이 안 계시기 때문에 그런 것이 아니라 우리가 더럽기 때문입니다.

유리창이 깨끗하면 밖이 잘 보입니다. 그러나 유리창에 먼지가 가득 차 있으면 아무리 밝아도 잘 보이지 않습니다. 하나님은 우리에게 거룩을 요구하십니다. 우리의 마음이 깨끗하고 청결하면 하나님을 볼 것이라고 하셨습니다. 하나님이 교회에 원하시는 것은 큰 건물이나 많은 양의 헌금이나 능력이 아니라 성도 한 사람 한 사람의 거룩입니다. 우리에게 능력이 없다면 그것은 거룩을 잃어버렸기 때문입니다. 교인 수만 많으면 뭐합니까? 교회가 세상처럼 권력을 좋아하고 돈을 좋아하는 바람에 교회나 세상이나 별 차이가 없어져 버렸습니다. 교회의 독특성을 잃고 말았습니다. 교회의 독특성은 거룩이요, 성결입니다.

하나님이 요구하시는 것은 "네 발에서 신을 벗으라"는 것입니다. 모세에게 요구하셨던 것이 무엇입니까? "네 발에서 신을 벗으라"는 것입니다. 여리고 전투를 앞두고 여호수아에게 원하셨던 것이 무엇입니까? "네 발에서 신을 벗으라"는 것입니다. 오늘날 교회에 원하시는 것도 바로 이것입니다. 이는 곧 거룩이요 순결입니다. 다른 것을 원하시지 않습니다. 깨끗한 성도를 원하십니다. 진실한 성도를 원하십니다. 우리의 생각에 거짓이 없어야 합니다. 우리의 말에 거짓이 없어야 합니다. 우리의 행동에 거짓이 없어야 합니다.

두려워하고 조심해야 할 이들

> 너희는 하나님의 은혜에 이르지 못하는 자가 없도록 하고 또 쓴 뿌리가 나서 괴롭게 하여 많은 사람이 이로 말미암아 더럽게 되지 않게 하며 음행하는 자와 혹 한 그릇 음식을 위하여 장자의 명분을 판 에서와 같이 망령된 자가 없도록 살피라(히 12:15-16).

가까이해서는 안 될 사람과 같이 있다가 신앙에 결정적인 피해를 보는 경우가 있습니다. 성경은 우리가 두려워하고 경계해야 할 사람들이 있다고 말합니다. 누구입니까?

먼저, 하나님의 은혜에 도달하지 못한 사람을 두려워해야 합니다. 이런 사람은 하나님이 원하는 수준의 신앙, 복음을 깨닫지 못한 사람을 의미합니다. 교회는 계속 나오고, 찬송가도 잘 따라 부르고, 헌금은 잘합니다. 봉사도 남 못지않게 잘합니다. 그러나 복음을 깨닫지 못한 채 교회에서 신앙생활을 하는 이런 사람은 참으로 불행한 사람입니다. 차라리 예수를 안 믿었다면 전도 받을 기회라도 있습니다. 그러나 이 사람은 그렇지도 못합니다. 겉으로 볼 때 교회 생활을 잘하고 성경도 많이 압니다. 그러나 구원의 확신이 없습니다. 성령의 능력이 없습니다. 그냥 교회 생활을 즐길 뿐입니다. 이런 자들을 가리켜 하나님의 은혜에 도달하지 못한 자라고 합니다.

이들은 하나님의 능력과 예수님의 구원이 불완전해서 구원받지 못한 것입니까? 아닙니다. 그들의 마음이 교만하기 때문입니다. 만약 당신이 그렇다면 겸손하게 복음을 받아들이기 바랍니다.

하나님은 우리가 복음을 깨닫기 원하십니다. 그리스도를 바로 깨닫기 원하십니다. 구원을 확신하고, 성령을 체험하고, 은혜를 체험하기를 원하십니다. 우리의 단단한 마음이 깨어지고, 교만이 깨어지고, 겸손한 마음으로 주님을 믿기를 원하십니다. 10년, 20년 교회 다닌 것 내려놓고 주님을 바로 믿기를 원하십니다.

다음으로, 쓴 뿌리를 가진 사람을 경계하라고 말합니다. 신명기 29장 18절은 하나님을 버리고 우상 숭배하는 사람들을 가리켜 쓴 뿌리가 있는 사람들이라고 했습니다. 어떤 사람은 교회를 다니면서도 세상 철학이나 궤변이나 우상 숭배를 버리지 못합니다. 무당 신학을 버리지 못하고, 세상의 공리주의적 사고방식을 그대로 가지고 있고, 세상의 지성주의를 버리지 못합니다. 이런 것들과 성경을 적당하게 섞어서 취합니다. 이런 사람이 쓴 뿌리와 같은 사람입니다.

이런 사람은 자기뿐만 아니라 다른 사람까지 오염시킵니다. 나무를 뽑을 때에는 뿌리째 뽑아야 합니다. 줄기만 자른다고 나무가 없어지지 않습니다. 세월이 지나면 다시 줄기가 나옵니다. 세상적인 사고방식, 물질적인 사고방식, 이단적 사고방식, 공리주의적 사고방식을 철저하게 뽑아 내지 않으면 복음이 뿌리를 내리지 못합니다. 한참 설교 듣고 성경 공부를 했는데도 딴소리를 하는 사람이 있습니다. 쓴 뿌리가 있어서 그렇습니다. 우리의 쓴 뿌리가 다 뽑히기를 바랍니다. 성경 이외의 모든 사상은 다 뽑히기를 바랍니다. 그리고 대신 그곳에 복음의 나무, 성령의 나무, 믿음의 나무, 사랑의 나무가 심기기를 바랍니다. 쓴 뿌리는 그냥 두면 무서운 독으로 변하여 많은 사람을 실족하게 하며 지옥으로 이끈다는 사실을 명심하기 바랍니다.

또한 음행하는 자를 조심하라고 합니다. 음행은 평화를 깨고, 거룩을 파괴하는 사탄의 무기임을 기억하십시오. 음란과 음행은 가정을 파괴하는 무서운 독입니다. 음행하면 순결을 잃어버립니다. 음란한 친구를 버리십시오. 그 사람을 구원하든지 버리든지 둘 중 하나를 선택하십시오. 그 사람을 구원하지도 못하고 버리지도 못하면 우리도 똑같은 길에 빠집니다. 악은 무서운 전염성이 있습니다. 술 좋아하는 친구 옆에 있으면 술을 먹게 됩니다. 도박하는 친구 옆에 있으면 도박하게 됩니다. 그 사람을 구원해 내든지 끊든지 둘 중에 하나를 선택하십시오. 왜냐하면 이것은 마귀의 무서운 무기이기 때문입니다.

너희 중에 심지어 음행이 있다 함을 들으니 그런 음행은 이방인 중에서도 없는 것이라 누가 그 아버지의 아내를 취하였다 하는도다 그리하고도 너희가 오히려 교만하여져서 어찌하여 통한히 여기지 아니하고 그 일 행한 자를 너희 중에서 쫓아내지 아니하였느냐(고전 5:1-2).

이 말씀은 바울이 고린도 교회를 향해 '어찌하여 교회가 음행한 사람을 용납하느냐'고 야단치는 구절입니다. 어찌하여 그 일을 통한히 여기지 아니하고 그 일 행한 자를 너희 중에서 쫓아내지 않았느냐고 하는 것입니다.

현대 교회의 비극은 징계를 못하는 것에 있습니다. 성도들이 도망갈까 봐 야단을 못 칩니다. 그러나 징계할 사람은 징계해야 합니다. 그러기 위해서는 용기가 있어야 합니다. "누구든지 좋다"는 교회는 잘못된 것입니다. 부정도 좋고 음행도 좋고 그냥 교회에 와 주기만 하면 좋다는 식이 되어서는 안 됩니다. 그것은 무서운 타락입니다. 용납되어서는 안 됩니다. 밖에서 음행하는 사람은 우리가 구원해야 합니다. 그러나 안에서 음행하는 사람은 쫓아내야 합니다. 성경의 명령입니다. 오늘 현대 교회가 다시 살기 위해서는 이 계명을 이해해야 합니다. 교회는 이 원칙을 지켜야 합니다. 음행하는 사람을 사귀지 말라고 했습니다. 이런 사람을 조심하라고 했습니다. 그는 자기를 파괴시킬 뿐만 아니라 다른 사람도 파괴시키는 무서운 사람이기 때문입니다.

또 조심해야 할 사람이 있는데, 망령된 사람입니다. 망령된 사람의 대표적인 예는 에서입니다.

에서는 한 그릇 죽 때문에 장자의 명분을 팔았습니다. 그는 일시적인 유익을 위해 영원한 복을 판 사람입니다. 망령되다는 것은 두 가지로 해석할 수 있습니다.

첫째, 축복을 축복으로 여기지 못하고 명분을 소중하게 지키지 못하는 것이 망령입니다. 둘째, 일시적인 쾌락을 위해서 사는 것을 망령되다고 말할 수 있습니다. 성경은 육욕, 물욕, 명예욕에 눈이 어두워, 신앙과 생명과 명예를 그것들과 바꾸는 어리석고 망령된 사람을 조심하라고 말합니다. 한 번 빼앗긴 순결은 돌아오지 않습니다. 한 번 엎지른 물은 다시 주워 담을 수 없습니다.

> 너희가 아는 바와 같이 그가 그 후에 축복을 이어받으려고 눈물을 흘리며 구하되 버린 바가 되어 회개할 기회를 얻지 못하였느니라 (히 12:17).

망령된 행실 때문에 장자의 복을 빼앗긴 에서를 생각해 보십시오. 그는 이미 야곱에게 축복해 버린 이삭의 품에서 울며 호소합니다. "아버지, 더 이상 내게 축복할 것이 남지 않았습니까?" 그러나 후회한들 이미 때는 지나고 기회는 날아가 버렸습니다.

중요한 장자의 명분을 팥죽 한 그릇에 팔아 버린 에서처럼, 돈 몇 푼에 인격을 파는 사람이 많습니다. 돈 몇 푼에 자기 신앙을 팔아먹는 사람이 많습니다. 무엇이 중요합니까? 영원이 중요합니까, 순간이 중요합니까? 현대인들은 값싼 눈앞의 현실적인 이익 때문에 신앙도, 예수님도, 영혼도 팔아 버리는 경향이 많습니다. 그럴 경우, 아무리 후회한들 다시 그 축복을 받을 수 없다고 성경은 우리에게 경고와 함께 권면하고 있습니다.

예수님과 함께 달리십시오

신앙생활은 값싸게 얻어지는 것이 아닙니다. 피나는 노력을 해야 합니다. 주님이 우리에게 구원과 은혜를 공짜로 주셨지만, 그 구원은 값비싼 대가를 치른 것입니다. 당신은 세상에서 신앙을 위해 얼마나 값비싼 대가를 치르고 있습니까? 신앙은 눈물과 고통 속에서 다듬어지는 것입니다. 그 많은 오해와 고통과 눈물의 강물을 건널 때 우리의 믿음은 보석처럼, 보배처럼 빛나게 될 것입니다.

우리가 바라보아야 할 분은 예수 그리스도입니다. 우리가 깊이 생각해 봐야 할 분은 예수 그리스도입니다. 예수 그리스도를 바라보면서, 힘들고 어려울지라도 손을 내리지 말고 꾸준히 계속 뛰십시오. 평화와 거룩을 추구하십시오. 그리고 당신을 실족하게 하는 사람을 과감하게 떨쳐 내십시오. 그들을 구원하든지 과감하게 버리든지 하십시오. 믿음의 길을 꾸준하게 가십시오. 어떤 때는 홀로 뛰는 느낌이 들 것입니다. 그러나 주님은 이렇게 말씀하셨습니다.

내가 세상 끝날까지 너희와 항상 함께 있으리라(마 28:20).

주님은 결코 우리를 떠나시지 않습니다. 진리와 함께, 예수님과 함께 뛰십시오.

41

율법의 산을 넘어
은혜의 산으로

히브리서 12:18-24

히브리서에서는 크게 '그리스도인들은 무엇을 믿는 사람들인가' 하는 믿는 내용에 대한 질문과 '믿는 내용대로 어떻게 살아가는가' 하는 질문을 하고 있습니다. 또한 이 두 가지 질문에 대해 명쾌한 답변도 제시하고 있습니다. 그리스도인이란 사도이며 대제사장이신 예수 그리스도를 믿는 사람들입니다. 그러면 그리스도인들은 어떻게 살아가는 사람들입니까? 한마디로 믿음으로 살아갑니다. 그래서 지금까지 많은 믿음의 영웅들이 소개되었습니다.

믿음의 주요 또 온전하게 하시는 이인 예수를 바라보면서 나아가는데, 한 번 믿고 그만두는 것이 아니라 꾸준하게 평화와 거룩을 추구하며 살아가는 것이 그리스도인의 삶이라고 성경은 말씀하고 있습니다. 그러면 그런 삶을 살 수 있는 원리와 원동력은 무엇입니까?

율법의 산 vs 은혜의 산

성경은 그리스도인의 삶은 '율법'이 아니요 '은혜'라고 말합니다.

너희는 만질 수 있고 불이 붙는 산과 침침함과 흑암과 폭풍과 나팔

소리와 말하는 소리가 있는 곳에 이른 것이 아니라 그 소리를 듣는
자들은 더 말씀하지 아니하시기를 구하였으니(히 12:18-19).

만질 수 있고 불이 붙는 산, 침침함과 흑암과 폭풍과 나팔 소리
등은 신명기 4장 11-12절에 언급된 말씀입니다. 이스라엘 백성이
하나님으로부터 하나님의 율법을 받기 위해 시내 산에 모였을 때
입니다. "너희가 가까이 나아와서 산 아래에 서니 그 산에 불이 붙
어 불길이 충천하고 어둠과 구름과 흑암이 덮였는데 여호와께서
불길 중에서 너희에게 말씀하시되 음성뿐이므로 너희가 그 말소
리만 듣고 형상은 보지 못하였느니라."

이스라엘 백성은 이 하나님의 불붙는 산, 흑암이 있는 산, 불길
이 무서운 산에서 그분 모습은 보지 못하고 음성만 들었는데, 그때
얼마나 무섭고 두려웠는지 "하나님, 더 이상 말씀하지 마옵소서"
라고 했습니다. 얼마나 무섭고 두렵고 떨렸으면 "하나님, 그만 말
씀하십시오"라고 말했겠습니까? 아마 심장이 멎고 기절할 정도가
아니었을까 추측할 수 있습니다.

그 보이는 바가 이렇듯 무섭기로 모세도 이르되 내가 심히 두렵고
떨린다 하였느니라(히 12:21).

하나님의 산, 하나님이 임재하시는 산, 하나님의 율법이 선포되

는 그 산은 심지어 하나님의 사람인 모세도 두렵고 떨린다고 말하고 있습니다. 얼마나 무서웠으면, 얼마나 큰 하나님의 공포가 그 산에 임했으면, 모세도 두렵고 떨린다고 말했겠습니까? 하나님에 대한 철저한 공포, 시내 산에 대한 두려움, 이것은 곧 율법에 대한 공포였습니다. 감히 이 율법 앞에 설 자가 누구이며, 누가 하나님의 산 앞에 설 수 있겠습니까?

그러면, 이렇게 무서운 하나님 곁에 안 가면 되지 않습니까, 안 믿으면 되지 않습니까? 그러나 그렇지 않습니다. 하나님은 믿어도 되고 안 믿어도 되는 하나님이 아닙니다. 마치 죽음을 내가 선택할 수 없듯이 하나님은 내가 선택할 수 있는 분이 아닙니다.

그런데 이처럼 두렵고 떨림이 있었으니 이스라엘 백성이 하나님을 섬기는 것은 매우 힘든 일이었을 것입니다. 그래서 하나님은 구약 시대에 율법을 지키지 못하는 사람에게 제사법을 주셨습니다. 그들을 다 죽일 수 없으므로, 그들이 살 수 있는 제도적 장치를 베풀어 주신 것입니다. 일 년에 한 번씩 대제사장이 짐승의 피를 가지고 제사를 드릴 때, 하나님이 거기에 불을 내려 제사를 받으셔야만 일 년을 안심하고 살았습니다.

그러나 성경은 이렇게 말씀합니다. 예수를 믿은 사람들은 시내 산으로 인도된 것이 아니라고 말입니다.

그러나 너희가 이른 곳은 시온 산과 살아 계신 하나님의 도성인 하늘의 예루살렘과 천만 천사와 하늘에 기록된 장자들의 모임과 교회와 만민의 심판자이신 하나님과 및 온전하게 된 의인의 영들과 새 언약의 중보자이신 예수와 및 아벨의 피보다 더 나은 것을 말하는 뿌린 피니라(히 12:22-24).

그런데 대부분의 그리스도인들이 예수님을 은혜로 믿지 못하고 율법으로 믿고 있는 것을 발견하게 됩니다. 주일날 교회에 올 때, 하나님을 만나는 감격과 기쁨보다는 습관으로 오는 분들이 많습니다. 어떤 분들은 신앙생활을 할 때 아주 테크니컬하게 믿는 분들이 있습니다. 선을 하나 그어 놓고 깊이 빠지지도 않고 물러서지도 않고, 적당한 선에서 예수를 믿는 분들이 많습니다. 그러나 하나님은 이런 잔꾀에 넘어가는 분이 아니십니다. 하나님은 공포의 하나님도 아니시지만, 잔꾀에 넘어가는 그런 하나님도 아니십니다. 하나님은 우리를 구약 시대 사람들이 믿었던 시내 산이 아닌 다른 산으로 인도해 주셨습니다. 하나님이 우리를 인도해 데려가신 산은 두려움과 공포의 시내 산이 아니라 하늘의 도성인 새 예루살렘, 시온 산입니다.

시내 산이 옛 계약인 율법을 대표하는 산이라면 예수 그리스도가 우리에게 인도해 주신 산은 새 계약인 은혜를 대표하는 시온 산입니다. 우리가 예수 그리스도를 주로 시인하고, 믿음으로 구원을 받은 것은 율법이 아니라 은혜로 된 것입니다. 에베소서 2장 8절 말씀처럼, 우리가 구원을 받은 것은 '그 은혜에 의하여 믿음으로 말미암은' 것입니다. 이것은 우리에게서 난 것이 아니라 하나님의 선물입니다. 바로 시내 산이 아니라 시온 산으로 구원받은 것입니다.

시내 산이 우리에게 말하는 것은, 그 명령을 따르지 못하고 그 명령의 수준까지 지키지 못하는 사람에게는 하나님의 심판과 저주가 있으리라는 것입니다. 사실 우리가 말씀을 공부하고 말씀을 사랑하지만, 말씀 자체는 무서운 것입니다. '하나님의 말씀은 살아 있고 활력이 있어 좌우에 날 선 어떤 검보다도 예리하여 혼과 영과 및 관절과 골수를 찔러 쪼개기까지 하며 또 마음의 생각과 뜻을 판단'하며, 이 말씀 앞에는 만물이 다 벌거벗은 것처럼 드러난다고 하였습니다(히 4:12-13).

말씀을 모를 때는 괜찮습니다. 그러나 성경 공부를 하고 설교를 들었기 때문에 피할 길이 없습니다. 이 율법은 그대로 지켜야 합니다. 그러나 우리는 지킬 힘이 없습니다. 어떻게 하면 지킬 수 있습니까? 그 해답이 바로 예수님입니다. 이것이 은혜입니다. 예수 그리스도로 말미암아 우리가 은혜의 보좌 앞으로 담대히 나아갈 수 있게 된 것이 은혜입니다.

만약 예수 그리스도를 통과하지 않고 이 말씀이 우리에게 그대로 전달되었다면 우리는 그 말씀을 받고 다 기절하고 말았을 것입니다. 그러나 그 말씀이 예수 그리스도 십자가의 사죄의 은총을 통해, 용서와 사랑을 통해 우리에게 전달되었기 때문에 우리를 살리게 된 것이요, 영과 생명이 된 것입니다. 우리를 괴롭히는 것이 아니라 용기를 주고, 치료하고, 구원하는 능력이 된 것입니다. 그래서 그 말씀을 받은 자는 생명을 받게 된 것입니다. 구약 시대에는 그렇지 못했습니다. 그 당시에는 이 말씀을 들은 대로 백 퍼센트 지켜야만 했습니다. 그러니 그들이 얼마나 무섭고 두렵고 떨렸는지를 우리는 짐작해 볼 수 있습니다.

그러나 주님이 우리에게 베풀어 주신 시온 산, 은혜의 산은 십자가로 우리의 죄와 허물을 용서하고, 우리에게 기름을 부어 주고, 상처를 싸매어 주고, 치유하고, 구원해 주는 산입니다. 두렵고 무서운 폭풍과 불길이 충천하고 하나님의 음성이 있는 두려움의 산과, 예수 그리스도의 용서와 화해가 있는 산은 아주 대조적입니다. 하나님은 우리를 무서운 시내 산으로 부르시지 않고 은혜의 동산인 시온 산으로 부르셔서 우리의 연약함을 감싸 주십니다. 우리의 허물을 덮어 주시고 우리의 상처들을 싸매어 주셨습니다.

시내 산은 닫힌 산입니다. 짐승도 올라갈 수 없습니다. 짐승이 무슨 생각이 있어서 산에 올라가겠습니까? 그냥 가다 보면 산꼭대기에 올라가는 것입니다. 그런데 그런 짐승까지도 죽여 버리겠다고 하셨습니다. 사람은 감히 접근할 수 없는 닫히고 출입이 금지된 산이었습니다. 그러나 시온 산은 열린 산입니다. 누구든지 주 예수 그리스도의 이름을 부르는 자는 와서 구원을 얻을 수 있는, 누구든지 주 앞에 돌아오는 사람은 거절하지 않는 산이 바로 시온 산입니다. 용서와 사랑과 치료가 있는 산입니다.

시내 산은 우리가 성경에서 보았듯이 구름과 흑암이 있는 산입니다. 그러나 시온 산은 빛이 있는 산입니다. 시편 50편 2절에는 "온전히 아름다운 시온에서 하나님이 빛을 비추셨도다"라고 기록되어 있습니다. 그 산은 하나님의 빛의 광채가 놀랍게 역사하는 곳입니다.

시내 산은 죽음과 심판을 상징하는 산이었습니다. 그러나 시온 산은 복과 영생을 주는 산입니다. 시편 133편 3절에는 "헐몬의 이슬이 시온의 산들에 내림 같도다 거기서 여호와께서 복을 명령하셨나니 곧 영생이로다"라고 기록되어 있습니다.

우리가 하나님을 아바 아버지라 부르게 된 것은 은혜 때문이지 결코 율법 때문이 아닙니다. 이것은 시온 산의 축복이지 시내 산의 두려움이 아닙니다. 우리는 모두 이 시온 산으로 부름 받았다는 사실을 먼저 확신하고 깨달을 필요가 있습니다. 왜냐하면 구원의 능력이 여기로부터 그리스도인의 삶에 임해서 나타나기 때문입니다.

시온 산의 축복

히브리서 12장 22절은 살아 계신 하나님의 도성인 하늘의 예루살렘으로 시온 산을 말하고 있습니다. '하나님의 도성인 하늘의 예루살렘'이란 말은 무슨 의미입니까? 천국입니다. 우리 그리스도인들은 이미 천국을 소유한 사람들입니다. 우리가 예수 그리스도를 믿었다는 말은 천국을 소유했다는 말입니다. 우리가 예수께로 왔다는 말은 천국에서 왔다는 말입니다. 우리는 이 세상에 살다가 예수님을 믿고 천국으로 가는 사람들이 아니라 이미 천국 시민권을 소유하고 있는 천국의 시민들입니다. 천국에서 대사로 파견되어 세상으로 잠깐 온 것입니다. 우리는 천국의 시민권을 가진 사람으로 세상에서 하나님의 뜻을 위해 살다가 다시 천국으로 돌아갈 사람들입니다.

얼마나 놀랍습니까? 우리에게는 이곳이 우리의 현주소가 아닙니다. 우리의 현주소는 하나님의 도성인 새 예루살렘, 하늘의 예루살렘입니다. 그래서 에베소서 1장 3절 말씀처럼 이 땅에 살지만 '하늘에 속한 모든 신령한 복'을 가진 사람들입니다. 그리스도인들은 언제나 요한계시록의 새 하늘과 새 땅의 주인공들이요, 새 예루살렘, 거룩한 성의 주인공임을 잊지 말아야 합니다.

계속해서 히브리서 12장 22절을 보면 '천만 천사와'라는 구절이 있습니다. 이는 문맥상 '천만 천사와 총회와'라고 번역해야 맞습니다. 그리고 23절 '하늘에 기록된 장자들의 모임과 교회와'는 '하늘에 기록된 장자들의 교회와'라고 해야 원문과 맞습니다. 천만 천사와 총회는 셀 수 없는 수의 천사들을 가리킵니다.

히브리서 1장 14절은 "모든 천사들은 섬기는 영으로서 구원받을 상속자들을 위하여 섬기라고 보내심이 아니냐"라고 말했습니다. 그 천사들은 우리의 구원을 위해 우리를 돕고 있습니다. 구원받은 우리를 돕고 있는 존재가 천사입니다. 천사들은 기쁜 소식을 우리에게 전해 주기를 바랍니다. 미가엘 같은 천사는 마귀와 싸우는 천사였습니다. 하나님은 이 천사들을 우리에게 보내 주셨습니다.

천사들은 이 세상의 성도들을 섬기고 돌보는 역할을 합니다. 다니엘 7장 10절이나 요한계시록 5장 11절을 보면, 하늘의 군대로서 하늘에서 하나님을 예배하고 섬기는 역할을 하고 있습니다. 그래서 천사는 우리를 섬기고 하나님을 예배하는 데 동참하는 존재이지 우리가 섬겨야 할 대상은 아닙니다. 초대 교회에 천사 숭배 사상이 있었습니다. 이것은 이단이었습니다. 천사 숭배 사상은 사탄 숭배 사상과 같은 맥락입니다. 요즘도 천사 숭배 사상이 많습니다. 천사는 숭배 대상이 아니라 우리와 함께 하나님을 경배하는 존재입니다. 특별히 하나님을 경배할 때, 천군 천사가 우리의 예배를 돕고 함께 하나님을 경배하는 것입니다.

'하늘에 기록된 장자들의 교회'라는 구절에서 말하는 이 교회는, 물론 그리스도의 몸인 교회를 상징합니다. 주님은 누가복음 10장 20절에서는 "그러나 귀신들이 너희에게 항복하는 것으로 기뻐하지 말고 너희 이름이 하늘에 기록된 것으로 기뻐하라"고 말씀하셨습니다. 귀신이 쫓겨 나가는 것 때문에 기뻐하지 말고, 우리 이름이 하나님의 생명책에 기록된 것 때문에 기뻐하라고 말씀하십니다. 내가 능력이 뛰어나고 많은 일을 해서 하나님의 생명책에 기록된 것이 아니라, 내가 구원받은 죄인이기 때문에 내 이름이 하나님의 생명책에 기록된 것이라고, 그로 인해 기뻐하라고 하십니다.

요한계시록 21장 27절은 어린 양의 생명책에 우리의 이름이 기록되었다고 말합니다. 하늘에 속한 장자들의 교회는 기업을 이어받는 것입니다. 이것이 바로 시온 산의 축복입니다.

만민의 심판자이신 하나님이 계신 곳이 시온 산입니다. 시온 산에는 의로운 재판장, 만민의 심판장이신 하나님이 계십니다. 그분은 예수 그리스도로 말미암아 우리를 용서하시고 영생을 주신 분입니다. 의로운 재판장이신 하나님이 시온 산에 계신다는 것이 얼마나 용기를 주는지 모릅니다. 억울하게 누명을 쓰고 감옥에 들어간 사람에게는 누가 제일 필요하겠습니까? 재판관입니다. 정치적인 힘이나 권력의 힘이나 돈의 힘으로 좌지우지되지 않는, 사실 그대로 판단해 줄 수 있는 재판관이 필요할 것입니다.

하늘의 그 시온 산에는 의로우신 재판장 하나님이 계십니다. 사실 우리 모두는 죄인이기에 어느 누구도 하나님의 의로운 재판을 견딜 수 없습니다. 그러나 예수 그리스도를 의지하고 어린 양의 피를 믿는 사람에게는 심판을 제거해 주시고, 참으로 의로운 재판을 해 주시는 분이 계십니다. 이것이 바로 시온 산의 축복입니다.

우리는 시온 산에서 새 언약의 중보자이신 예수님을 뵙게 될 것입니다. 우리가 만나야 할 많은 사람 중에 가장 중요한 분은 예수 그리스도입니다. 그분은 새 언약의 중보자입니다. 그는 가장 뛰어나고 아름답고 존귀한 이름을 가진 분이시요, 대제사장이시요, 사도시요, 우리의 믿음의 주십니다. 바로 그 예수 그리스도를 영광 중에 뵙게 될 것입니다.

요한일서 3장 2절에 아주 중요한 말씀이 있습니다.

> 사랑하는 자들아 우리가 지금은 하나님의 자녀라 장래에 어떻게 될지는 아직 나타나지 아니하였으나 그가 나타나시면 우리가 그와 같을 줄을 아는 것은 그의 참모습 그대로 볼 것이기 때문이니.

우리는 주님을 보게 될 것입니다. 아주 좋은 말씀은, '그와 같이 될 것이라'입니다. 우리는 시온 산, 하나님의 도성의 새 예루살렘에 가면 그분을 보게 될 것입니다. 그리고 우리가 주님을 보게 될 때, 우리의 얼굴이 주님의 얼굴처럼 변하게 됩니다. 이것이 우리의 큰 축복입니다. 천국에서는 우리 모습이 그대로 있는 것이 아니라 예수님처럼 변하게 될 것입니다. 새 언약의 중보자이신 예수 그리스도를 뵙게 될 뿐 아니라, 그분 닮은 모습으로 변화될 것입니다. 어린 양 예수처럼 우리 얼굴과 마음이 변할 것입니다. 시온 산의 축복을 누리는 삶을 살기 바랍니다.

42

경건과 두려움의
하모니

히브리서 12:25-29

하나님은 하나님을 사랑하고 그 말씀을 가볍게 여기지 않고 자녀들에게 부지런히 가르치는 사람에게 놀라운 은혜와 복을 주십니다. 그러나 성경 말씀대로 살지 않고 하나님을 만홀히 여기고 그 말씀을 가볍게 여기며 사람 중심, 세상 중심, 물질 중심으로 살아가는 사람들에게는 화를 내리십니다. 그들은 어쩔 수 없이 육체와 마음과 영혼이 병들어 파괴되고 결국 비참하게 됩니다. 이런 일은 영원까지 가지 않더라도 이 지상에서 종종 목격하게 됩니다. 그러므로 성경은 우리에게 무엇을 선택하면서 살 것인가를 결정하라고 강력하게 말합니다.

말씀을 거역하지 마십시오

너희는 삼가 말씀하신 이를 거역하지 말라(히 12:25).

하나님은 과거에도 말씀하셨지만 지금도 계속 말씀하고 계십니다. 하나님은 태초부터 계셨고 말씀으로 천지를 창조하시고 우리 인생을 지으셨습니다. 그리고 그 말씀이 육신이 되어 우리 가운데 거하신 분이 바로 예수 그리스도입니다. 말씀하시는 이 하나님을 받아들이고, 그분께 순종하고, 그분을 사랑하고, 그분을 거역하지 않는 것이 신앙생활 잘하는 첫 번째 비결이요, 히브리서 기자가 이 장에서 우리에게 주는 권면의 말씀입니다.

하나님은 인간에게 직접 말씀하기도 하셨고, 예수 그리스도를 통해 말씀하기도 하셨습니다. 그리고 지금은 성령님을 통해 말씀하고 계십니다. 히브리서 기자의 권면은 지금 말씀하고 계시는 이 하나님의 음성을 들으라는 얘기입니다. 말씀하시는 하나님을 바라보라는 것입니다. 그런데 유감스럽게도 많은 사람들이 말씀하시는 하나님을 거부하고 있습니다. 그분의 음성을 거부하고 있습니다.

많은 죄가 있겠지만, 하나님을 멸시하고 거역하는 것보다 더 큰 죄가 어디 있겠습니까? 말씀을 거부하는 것은 큰 죄입니다. 말씀을 거부하면 안 됩니다. 왜냐하면 거절의 결과는 구원에 대한 거부로 직결되기 때문입니다. 하나님을 거부하면 영혼이 죽습니다. 지금은 은혜의 시대요, 주님이 우리를 용서하시고 긍휼과 자비로 인도하십니다. 그러나 그것마저도 거부하는 사람은 하나님도 더 어쩌실 수 없다는 사실을 기억해야 합니다.

모세의 법을 폐한 자도 두세 증인으로 말미암아 불쌍히 여김을 받지 못하고 죽었거든 하물며 하나님의 아들을 짓밟고 자기를 거룩하게 한 언약의 피를 부정한 것으로 여기고 은혜의 성령을 욕되게 하는 자가 당연히 받을 형벌은 얼마나 더 무겁겠느냐 너희는 생각하라(히 10:28-29).

한 번 빛을 받고 하늘의 은사를 맛보고 성령에 참여한 바 되고 하나님의 선한 말씀과 내세의 능력을 맛보고도 타락한 자들은 다시 새롭게 하여 회개하게 할 수 없나니 이는 그들이 하나님의 아들을 다시 십자가에 못 박아 드러내 놓고 욕되게 함이라(히 6:4-6).

하나님의 경고의 말씀을 잘 들으십시오. 이것은 하나님이 우리를 심판하시겠다는 엄포가 아닙니다. 우리가 이런 심판에 들어가지 않도록 주의를 주는 강력한 예방 조치 표현법입니다.

은혜를 많이 받았다는 말은 무엇을 의미합니까? 책임이 중요하다는 것을 의미합니다. 그냥 좋다는 이야기가 아닙니다. 거역하지 말라는 말에는 경계하고 주의하라는 뜻이 내포되어 있습니다. 이것은 특별히 우리의 게으름과 태만함을 깨우쳐 주기 위한 말씀입니다. 많은 사람들이 하나님을 거부하는 것은, 그들이 하나님을 몰라서 또는 하나님의 말씀을 듣지 못해서가 아니라 게을러서입니다. 그리고 아직 정신을 차리지 못했기 때문입니다.

베드로전서 4장 7-8절은 "만물의 마지막이 가까이 왔으니 그러므로 너희는 정신을 차리고 근신하여 기도하라 무엇보다도 뜨겁게 서로 사랑할지니 사랑은 허다한 죄를 덮느니라"고 말합니다. 신앙생활에서 가장 큰 문제는 방심입니다. 게으름입니다. 나태함입니다. 우리가 교회를 모르는 것도, 성경을 모르는 것도, 하나님을 모르는 것도 아닙니다. 거기에 대한 '열심'이 없는 것입니다. 로마서 12장 11절은 "부지런하여 게으르지 말고 열심을 품고 주를 섬기라"고 권면합니다.

열심을 내어 기도하십시오

신앙생활에서는 열심을 내고 부지런한 것이 결국 자신에게 덕이 됩니다. 이와 관련하여 로마서 12장 12-13절은 우리에게 몇 가지를 권면하고 있습니다. 첫째, 소망 중에 즐거워하며, 둘째, 환난 중에 참으며, 셋째, 기도에 항상 힘쓰며, 넷째, 성도들의 쓸 것을 공급하며, 다섯째, 손님 대접하기를 힘쓰라는 것입니다. 이런 삶을 사는 것이 하나님의 말씀에 순종하는 것이며 하나님을 잘 섬기는 구체적인 방법입니다.

저는 여기에 한 가지 더 첨가하고 싶습니다. 하나님을 거역하지 않고 하나님의 말씀에 순종하는 비결 중 하나는 기도하는 것입니다. 기도를 열심히 하면 주님을 찬양하게 되고, 기도하면 부지런하게 되고, 기도하면 주님을 사랑하게 됩니다. 그러나 기도하지 않으면 모든 게 다 싫어집니다. 열심도 식고, 매사에 비판적이 되고, 점점 은혜가 떠나갑니다. 주님을 잘 섬기고 말씀대로 사는 비결 중 하나는 때를 얻든지 못 얻든지 자꾸 기도하는 것입니다.

히브리서 기자는 계속해서 다음과 같은 예를 들어 말씀하고 있습니다.

그때에는 그 소리가 땅을 진동하였거니와(히 12:26).

시내 산에서 율법을 주실 때는 땅이 진동했다고 합니다. 다시 말하면, 하나님의 음성이 나타났을 때 여호와의 산이 온통 진동했다는 것입니다. 출애굽기 19장 18절을 보면 "시내 산에 연기가 자욱하니 여호와께서 불 가운데서 거기 강림하심이라 그 연기가 옹기가마 연기같이 떠오르고 온 산이 크게 진동하며"라고 설명하고 있습니다. 시편 77편 18절은 "회오리바람 중에 주의 우렛소리가 있으며 번개가 세계를 비추며 땅이 흔들리고 움직였나이다"라고 말하고 있습니다. 이 구절들은 모두 하나님이 임하실 때 산이 진동하고 땅이 진동했다고 말하고 있습니다.

히브리서 12장 26절을 다시 보십시오.

그때에는 그 소리가 땅을 진동하였거니와 이제는 약속하여 이르시되 내가 또 한 번 땅만 아니라 하늘도 진동하리라 하셨느니라.

하나님이 은혜의 시대에 살고 있는 성도들에게는, 땅만 흔드는 것이 아니라 하늘까지 흔들어 놓겠다고 하십니다. 하나님은 왜 땅만 진동시키는 것이 아니라 하늘까지 진동시키겠다고 말씀하셨을까요? 그 이유는, 진동하지 않는 나라를 세우시기 위해서입니다. 진동하지 않는 영원한 나라를 위해 하나님이 땅도 흔들고 하늘도 흔들고 다 흔들어서, 진동되고 없어지고 사라질 것들을 모두 없애시겠다는 것입니다. 그래서 진동하지 않는 영원한 것을 세우시겠다는 말씀입니다.

언젠가는 우주의 종말이 올 것입니다. 저는 성경대로 그것을 믿습니다. 천국이 분명히 있는 것처럼 이 지상의 종말이 있음을 저는 믿습니다. 그때 땅이 흔들릴 뿐만 아니라 하늘이 흔들릴 것입니다.

그러나 새 하늘과 새 땅, 새 예루살렘에 속한 사람들은 움직이지 않습니다. 가짜 믿음은 옆에서 흔들면 흔들리게 마련이지만, 진짜 믿음은 남습니다. 평안한 때는 모릅니다. 그러나 고난과 역경이 오고, 핍박이 오고, 억울한 일을 당하고, 말할 수 없는 분한 일을 당할 때, 그 믿음이 진짜인지 가짜인지 판가름 납니다.

막연히 나는 예수 잘 믿는다고 착각하지 마십시오. 괜찮은 신자라고 착각하지 마십시오. 정말 내가 그리스도의 복음에 붙어 있는가, 구원을 받았는가, 영생이 있는가, 십자가를 의지하는가, 이것을 분명히 해야 합니다. 태어나면서부터 그리스도인이고, 유아 세례를 받았고, 신앙생활을 오래 해왔기 때문에 자동적으로 천국에 갈 것으로 생각하지 마십시오. 교회 오래 다니는 것이 곧 믿음이 좋다는 것을 의미하는 것은 아닙니다. 성경 공부를 하십시오. 기도하십시오. 믿음은 우리의 것이 되어야 합니다. 믿음이 깊이 뿌리를 내려, 어떤 폭풍과 가뭄이 와도 흔들리지 않는 믿음이 될 때만 열매를 맺을 수 있습니다.

경건과 두려움을 회복하십시오

히브리서 기자의 두 번째 권면을 들어 보십시오.

> 그러므로 우리가 흔들리지 않는 나라를 받았은즉 은혜를 받자 이로 말미암아 경건함과 두려움으로 하나님을 기쁘시게 섬길지니(히 12:28).

놀라운 말씀입니다. 하나님이 모든 것을 흔들겠다고 하셨는데, 우리는 무엇을 받았습니까? 진동치 못할 나라를 받았습니다. 우리가 똑똑하고 잘나고 의로워서가 아니라, 허물과 죄로 죽었던 죄인이지만 예수 그리스도의 보혈을 의지하고 예수 그리스도의 십자가와 부활을 믿었기 때문입니다.

그러면 흔들리지 않는 하나님의 영원한 나라를 받은 사람들은 무엇을 해야 합니까? 첫째, 은혜를 받아야 합니다. 이 말의 원뜻은 감사해야 한다는 것입니다. 감사하는 사람은 세상을 이길 수 있습니다. 감사하는 사람은 마귀를 이길 수 있습니다. 어떤 불평과 역경도 감사하는 사람을 괴롭히지는 못합니다.

성경에 오른편 뺨을 때리면 왼편 뺨을 내어 놓으라는 말씀이 있습니다. 맞으면 맞아서 감사해야 합니다. 당하면 당해서 감사해야 합니다. 감사하는 사람을 이길 장사는 아무도 없습니다. 감사는 천국에서 옵니다. 흔들리지 않는 영원한 그 나라에서 흘러나오는 생수입니다. 감사하기 시작하면 세상이 변합니다. 감사하면 자신이 변합니다. 감사하면 환경이 변합니다. 우리 주위 환경이 변하지 않는 것은 우리 입에서 감사가 떨어졌기 때문입니다. 병들어도 감사하십시오. 건강해도 감사하십시오. 성공해도 감사하십시오. 실패해도 감사하십시오. 뜻대로 안 되었다고 불평하지 말고 감사하십시오. 뜻대로 되어도 감사하십시오. 은혜를 받는 비결은 감사이며 은혜를 받은 결과도 감사입니다.

"은혜를 받자"는 말씀에 이어서 "경건함과 두려움으로 하나님을 기쁘시게 섬기라"는 말씀을 살펴보겠습니다. 이것은 우리가 걸어가야 할 좌표입니다. 하나님을 섬기는 태도입니다. 능력이 무한하시고 변함없으시고 신실하시고 우리를 긍휼과 자비로 사랑하시는 하나님을, 경건함과 두려움으로 섬기는 것은 우리 믿는 성도들의 너무나 당연한 도리가 아니겠습니까? 빌립보서 2장 12절도 "항상 복종하여 두렵고 떨림으로 너희 구원을 이루라"

라고 말합니다.

하나님을 절대로 가볍게 생각하지 마십시오. 하나님이 제일 기분 나빠하시는 것은 우리가 하나님을 만홀히 여기고 방자하게 생각하는 것입니다. 요즘 현대인들은 하나님에 대해 너무나 건방진 생각을 많이 하고 교만합니다. 하나님을 믿으려면 내 주먹을 믿으라는 등 큰소리칩니다. 하나님이 없어도 얼마든지 잘 살 수 있다고 착각하는, 방자하고 교만하고 건방진 현대인들이 많습니다. 하나님은 우리가 적당히 섬겨야 할 분이 아니라, 정성을 들여 섬겨야 할 분입니다. 그분에게는 경건함으로 나아가야 합니다.

그러면 어떻게 하나님을 경건하게 섬길 수 있습니까? 먼저 경건한 사람이 되어야 합니다. 경건한 사람만이 경건하게 섬길 수 있습니다. 경건은 개념이나 생각이 아닙니다. 우리가 아무리 경건하게 섬기려고 해도 우리의 삶이 경건하지 못하면 하나님은 경건을 받으실 수 없습니다. 한 주 동안 일터에서 욕하고 거짓말한 그 입을 가지고서 주일에 "주님, 제가 경건하게 주님을 섬기나이다. 할렐루야!" 한다고 그게 경건하겠습니까?

하나님은 평소에도 말을 조심한 사람의 입을 통해서 드려지는 찬양과 기도를 받으십니다. 경건한 자만이 하나님께 경건을 드릴 수 있습니다. 경건한 척하지 말고 정말로 경건해야 합니다. 디모데전서 3장 16절은 "크도다 경건의 비밀이여"라고 말했습니다. 경건한 삶을 살아감으로써 그 비밀을 체험하십시오.

망령되고 허탄한 신화를 버리고 경건에 이르도록 네 자신을 연단하라(딤전 4:7).

또한 하나님께 나아가는 자는 경건함뿐 아니라 '두려움'을 가지고 나아가야 합니다. 공포나 억지가 아니라, 떨리는 마음이지만 기쁨이 있고 아름다운 헌신이 있는 두려움을 가지고 하나님께 나아가야 합니다.

요즘 사람들은 교회나 하나님에 대해서 너무나 망령된 태도와 말을 합니다. 특히 교인들이 더 그럴 때가 있습니다. 물론 교회나 성직자들이 잘못해서 그런 경우가 많습니다. 그러나 그것을 너무 비판하다 보니 교회를 우습게 알고 교회의 제도와 예배를 우습게 아는 풍토가 농후해졌습니다. 목사는 그저 사기꾼 비슷한 사람이고 교회는 그저 헌금 받아 가지고 장사하는 곳이라는 식으로 얘기를 하니, 교회에 대한 경외심이나 하나님에 대한 두려움과 떨림이 없어졌습니다.

그 결과 하나님을 잃어버렸습니다. 비판하지 말자는 것이 아닙니다. 사람을 보고 비판하다 보니 하나님에게조차 경외심을 갖지 않는 풍조를 경계하자는 말입니다. 교회에 거룩이 없으면 거룩하게 만드는 책임이 우리에게 있습니다. 그 책임이 다른 사람에게 있는 것이 아니라 교인들 스스로에게 있는 것입니다. 교회가 위엄을 잃어버리고 세상의 손가락질을 받는다는 것은 다른 사람의 문제가 아니라 바로 우리 자신의 문제입니다.

어떤 사람들은 교회를 멀리서 볼 때는 괜찮은데 좀 가까이 적극적으로 뛰어들어 보면 실망한다고 말합니다. 그러나 그렇게 말하는 사람의 대부분은, 교회가 허물이 많아 실망한 것일 수도 있지만 사실은 자신의 부족과 허물, 타인의 허물을 용납하지 못하는 자기 자신 때문에 실망한 경우가 더 많습니다.

거룩과 경건과 두려움은 우리가 꼭 지켜야 할 요소들입니다. 그걸 못하기 때문에 우리는 서로 돌을 던지게 되고, 결국 그 돌을 맞는 분은 하나님입니다. 사소한 이유로 인해 더 큰 것을 놓쳐서는 안 됩니다.

하나님을 거룩하고 경건하게 섬기십시오. 하나님을 거룩하고 경건하게, 두렵고 떨리는 마음으로 섬기는 것이 성도의 본분입니다. 교회가 하나님은 아닙니다. 그러나 교회를 거룩하게 대하십시오. 교회에 경건하게 오십시오. 왜냐하면 그것이 우리의 삶을 신앙의 길로 인도해 주는 중요한 계기이기 때문입니다.

우리의 봉사는 강제가 아니라 기쁨이어야 합니다. 교회의 직분을 귀하게 생각하십시오. 이것은 하나님이 주신 직분입니다. 나는 부족하고 허물이 많고 연약하지만, 그러나 이것을 통해 허물도 되돌아보고 하나님께 헌신하고 하나님을 더 충성스럽게 섬기는 계기로 삼는다면 그것은 놀라운 축복이 될 것입니다.

히브리서 기자는 한 가지를 더 말하고 12장을 끝내고 있습니다.

우리 하나님은 소멸하는 불이심이라(히 12:29).

하나님은 소멸하는 불이심을 명심하십시오. 타버릴 것, 없어질 것, 그리고 기억해도 되지 않을 것들을 위해 애쓰지 마십시오. 영원한 것, 타지 않는 것, 하나님의 것, 이것들을 위해 우리의 생애를 헌신할 수 있기를 바랍니다.

○

43

최고의 사랑으로
이웃을 돌아보라

히브리서 13:1-3

○

귤이 여러 조각으로 형성되어 있듯이 그리스도인은 다양한 삶의 형태로 구성되어 있는 틈바구니 속에 살고 있습니다. 또는 양파처럼 다양한 층으로 형성된 사회에 살고 있다고도 할 수 있습니다. 이렇게 복잡하고 다양하고 예민한 사회와 사람들 속에서 하나님이 원하시는 대로 한평생 살아가는 것은 쉬운 문제가 아닙니다.

히브리서 13장은 하나님이 원하시는 삶의 원리들과 원칙들을 요약해서 말해 주는 본문입니다. 이 본문을 살펴보기 전에, 그리스도인의 삶이란 어떤 방법이나 기술이 아니라는 것을 먼저 인식해야 합니다.

왜냐하면 히브리서 1-10장까지는 그리스도인의 참된 교리와 믿음을 이야기하고 있고, 13장에서는 올바른 그리스도인의 삶에 대해서 이야기하고 있기 때문입니다. 이것은 우리에게 참된 삶은 참된 믿음에 기초할 때만 이루어진다는 것을 알려 줍니다. 그러므로 믿음 없는 그리스도인의 삶은 허공에 불과합니다. 즉 그리스도가 없는 그리스도인은 존재하지 않습니다. 그러므로 우리의 삶은 그리스도를 떠나서는 어떤 설명이나 해석도 불가능합니다.

그리스도인의 대인 관계

먼저 히브리서 13장 1-3절에 나타난 이웃과 그리스도인의 관계에 대한 하나님의 말씀을 살펴보겠습니다. 그리스도인들이 이 세상을 살아갈 때 이웃을 비롯해 많은 사람들과 만나게 되는데, 그리스도인들의 만남과 세상 사람들의 만남이 어떻게 다른가를 1절에서 말씀하고 있습니다.

형제 사랑하기를 계속하고(히 13:1).

이것이 그리스도인의 대인 관계가 갖는 독특성입니다. 다시 말하면, 이웃을 형제처럼 꾸준히 사랑하는 것이 예수를 믿지 않는 비그리스도인과 다른, 그리스도인의 독특성입니다. 그리스도인의 삶의 원리는 사랑입니다. 주님이 십자가에서 피 흘리기까지 우리를 사랑하셨듯이, 모든 그리스도인들은 이 세상 사람들을 사랑하도록 명령받았습니다. 예수님은 "이같이 너희 빛이 사람 앞에 비치게 하여 그들로 너희 착한 행실을 보고 하늘에 계신 너희 아버지께 영광을 돌리게 하라"(마 5:16)고 말씀하셨습니다. 우리가 형제를 사랑할 때, 그리고 참된 빛의 삶을 살 때 하나님은 영광을 받으십니다.

성경은 형제를 사랑해야 하는 이유를 크게 세 가지로 말씀하고 있습니다. 첫째, 우리가 형제를 사랑할 때 다른 사람들이 우리가 예수님의 제자라는 것을 알게 되기 때문입니다.

> 너희가 서로 사랑하면 이로써 모든 사람이 너희가 내 제자인 줄 알
> 리라(요 13:35).

그리스도인의 참된 표식은 무엇입니까? 한마디로, 형제를 사랑
하는 것입니다. 아무리 위대한 믿음이 있고 성경 지식이 있더라도,
아무리 교회에서 봉사를 많이 하고 교회에 익숙하더라도, 그의 삶
에 사랑이 없다면 그의 신앙은 다 가짜입니다. 사람을 사랑할 때,
형제를 정말로 용서할 때, 그 속에서 그리스도의 사랑과 영광이 나
타납니다.

사랑한다는 것은 무엇입니까? 용서한다는 것입니다. 사랑은 용
서를 거치지 않고는 나타나지 않습니다. 하나님이 우리를 사랑하
신다는 것은 우리를 용서하셨다는 것입니다. 사랑한다는 말은 희
생과 헌신을 의미합니다. 사랑한다는 말은 손해를 본다는 것입니
다. 이러한 형제 사랑의 삶이 있을 때 비로소 우리는 그리스도인이
라고 불림을 받게 됩니다.

둘째, 생명을 얻기 위함입니다.

> 우리는 형제를 사랑함으로 사망에서 옮겨 생명으로 들어간 줄을 알
> 거니와 사랑하지 아니하는 자는 사망에 머물러 있느니라(요일 3:14).

요한은 우리가 사랑하지 않으면 죽음에 있다고 말합니다. 우리가 신앙과 교리를 갖고 있더라도, 우리 주위에 있는 형제를 사랑하지 않는다면 우리는 사망 안에 있는 것과 같습니다. 반대로, 형제를 사랑하는 사람은 사망에서 생명으로 옮겨진 것과 같다고 말씀합니다. 많은 사람들이 예수를 믿느냐고 물으면 믿는다고 합니다. 그런데도 어딘가 좀 이상하죠? 분명히 구원도 받고 구원의 확신도 있는데, 어딘가 좀 꺼림칙합니다. 왜 그렇습니까? 사랑하지 않기 때문에 그렇습니다.

구원의 감격은 형제를 용서하고 사랑하는 데서 시작됩니다. 교리적으로 성경적으로 지식이 풍부해도, 사랑이 없어 가슴이 차가우면 그 삶에 감격이 없습니다. 그러나 누군가를 용서하고 사랑하기 시작하면 우리 안에 감격이 샘물처럼 흐르기 시작하고, 하나님의 생명이 새싹처럼 돋아나는 것을 경험하게 될 것입니다. "예수를 믿습니까"라는 질문은 "형제를 용서하셨습니까, 자신을 용서하셨습니까, 그리고 사랑하셨습니까"라고 묻는 것과 같습니다. 형제를 사랑하는 것은 우리를 구원의 확신으로 인도해 주기 때문에, 매우 중요한 것입니다.

형제를 사랑해야 하는 셋째 이유는, 그것이 하나님과 사람이 보기에 아름다운 일이기 때문입니다.

형제가 연합하여 동거함이 어찌 그리 선하고 아름다운고(시 133:1).

꼭 예수님 때문이 아니더라도 동기간에 모여 함께 떡국 먹고 웃고 지나간 이야기를 하는 것만 봐도 감격스럽습니다.

그런데 요즈음은 동기간에도 이해관계가 있어야 모입니다. 이해가 있으면 모이고, 화가 나고 손해 보면 안 모입니다. 그러나 성경은 말합니다. "형제가 연합하여 동거함이 어찌 그리 선하고 아름다운고." 하나님은 형제끼리 이웃끼리 사랑하는 것을 보면 기뻐하십니다. 그리고 영광을 받으십니다.

피를 나눈 형제를 사랑하라

여기서 좀 더 생각해야 할 것은 "형제가 누구냐?" 하는 것입니다. 형제 사랑하기를 계속하는 것이 그리스도인의 대인 관계에서 가장 중요한 성경적 원칙이라고 말씀하셨는데, 그러면 형제가 누구입니까? 두말할 것도 없이 형제란, 일차적으로, 피를 나눈 골육의 친척, 가족입니다.

나의 형제 곧 골육의 친척을 위하여 내 자신이 저주를 받아 그리스도에게서 끊어질지라도 원하는 바로라 그들은 이스라엘 사람이라 그들에게는 양자 됨과 영광과 언약들과 율법을 세우신 것과 예배와 약속들이 있고(롬 9:3-4).

사도 바울은 자기의 형제 곧 골육의 친척들이 복음을 받아들일 수만 있다면, 자기가 그리스도에게서 끊어지더라도 괜찮다고 했습니다. 먼저, 피를 나눈 형제를 사랑해야 합니다. 그들을 위해 기도해야 합니다. 남편을 위해 기도해야 합니다. 아내를 위해 기도해야 합니다. 자식을 위한 기도 역시 중요합니다. 부모를 위한 기도를 하나님이 기뻐하십니다.

받은 상처 때문에 피를 나눈 형제와도 서로 얼굴 보지 않고 지내는 경우가 있습니다. 이런 경우, 인간의 힘으로 해결하기 어려울 수도 있습니다. 그러나 성경은 명령합니다. 그들을 위해 기도하라고 명령합니다. 골육의 친척을 위해 희생하라고 말합니다. 이것이 성경이 말하는 첫 번째 범주의 형제입니다. 어떤 사람은 자식을 위한 기도는 너무나 이기적인 것 같아서 못하겠다는데, 그것은 이기적인 것이 아닙니다. 그것은 당연한 것입니다. 남편이 아내를 위해, 아내가 남편을 위해 기도하는 것은 당연한 것입니다. 하나님은 이것을 기뻐하십니다.

특별히 우리는 북한에 있는 형제들을 위해 기도해야 합니다. 우리 중에는 여러 가지 이유로 북한에 있는 형제들을 미워할 수밖에 없는 분들이 계실 것입니다. 그러나 그들도 우리와 한 피 받은 형제들입니다. 성경의 원리로 하자면 우리는 그들을 미워할 수 없습니다. 그들을 위해 기도하고 사랑해야 합니다.

조건 없이 꾸준한 사랑으로

이제는 더 큰 범위의 형제에 대해 생각해 보겠습니다. 형제란 피를 나눈 골육의 형제도 있지만, 한 걸음 더 나아가서 혈육의 피는 나누지 않았어도 그리스도 안에서 피를 나눈 믿음의 형제들이 있습니다. 엄밀한 의미에서 그리스도 안에서 만난 형제가 영원한 형제입니다.

> 형제 사랑에 관하여는 너희에게 쓸 것이 없음은 너희들 자신이 하나님의 가르치심을 받아 서로 사랑함이라 너희가 온 마게도냐 모든 형제에 대하여 과연 이것을 행하도다 형제들아 권하노니 더 그렇게 행하고(살전 4:9-10).

그리스도 안에서 한 피 받아 한 몸 이룬 형제를 사랑하는 곳이 교회입니다. 그러나 요즈음 교회는 어떻습니까? 이런 사랑이 있다고 생각합니까? 요즘 성도들은 잠깐 와서 예배드리고 고통이나 슬픔을 나누기도 원치 않고, 교회에서 누가 나를 알아볼까 조심하고, 자기를 알아주는 것도 싫어하고, 남을 알아주는 것도 싫어합니다. 이런 모습은 영화나 연극을 보러 가는 것과 별반 다르지 않습니다. 교회 공동체의 모습이라고 할 수 없습니다.

그리스도 안에서 한 피 받아 한 몸 이룬 형제로서 고난도 같이 나누고, 슬픔과 눈물도 같이 나누고, 기쁨도 같이 나눌 수 있는 형제애가 있는 곳이 교회 공동체입니다. 설교 들으러 오는 곳이 교회가 아닙니다. 그러나 세상인지 교회인지 구분할 수 없을 정도로 교회 안에서 진정한 공동체의 모습이 점점 사라지고 있습니다.

이것은 초대 교회와 비교해 볼 때 너무나 동떨어진 현상입니다. 용서와 사랑을 경험하고, 선을 행하고, 구제와 봉사를 하고, 헌신적 사랑을 경험하는 이런 구체적인 형제 사랑이 있는 곳이 교회입니다. 이런 의미에서 바울은 이렇게 말씀합니다.

그러므로 나의 사랑하고 사모하는 형제들, 나의 기쁨이요 면류관인 사랑하는 자들아 이와 같이 주 안에 서라(빌 4:1).

적어도 교인들과의 관계가 이 정도까지는 이루어져야 합니다. 상처받기 싫고 귀찮아서 나 혼자 깨끗하게 예수 믿는 것은 참된 교회를 이루어 가는 모습이 아닙니다.

성경은 계속해서 이렇게 권면합니다. "형제를 사랑하되 꾸준히 사랑하라." 꾸준히 사랑한다는 말은 인간의 정으로 사랑하지 않는다는 말입니다. 사람의 노력과 정으로, 교육의 힘으로 사랑하는 것은 오래 못 갑니다. 그러나 십자가의 사랑으로 사랑하면 꾸준히 오래갈 수 있습니다. 또한 사랑하라는 말은 조건 없는 사랑으로 사랑하라는 것입니다.

부모는 자녀를 꾸준히 사랑합니다. 건강해도 사랑하고 병들어도 사랑합니다. 대학에 입학해도 사랑하고 떨어져도 사랑합니다. 하나님도 우리를 꾸준히 사랑하십니다. 내가 하나님을 믿을 때도 하나님은 나를 사랑하셨고, 내가 시험이 들어 하나님 곁을 떠났을 때도 하나님은 나를 사랑하셨습니다. 하나님은 우리가 형제를 사랑할 때에도 그렇게 사랑하기를 원하십니다. 조건을 보고 사랑하지 말고 조건 없이 꾸준히 사랑하라고 명령하십니다. 사랑은 받는 사람의 문제가 아니라 주는 사람의 문제입니다. 받는 사람의 조건이 어떠냐는 문제가 아닙니다. 주는 사람의 마음이 어떠냐가 문제입니다.

피를 나누지 않은 형제도 사랑하라

이제, 히브리서 13장 2절 말씀에 나오는 '손님 대접'의 의미를 살펴보겠습니다.

> 손님 대접하기를 잊지 말라 이로써 부지중에 천사들을 대접한 이들이 있었느니라.

그리스도인 가정은 나와 우리 가족과 친척들만 왔다 갔다 하는 장소가 아닙니다. 나그네가 기숙할 수 있고 그리스도 안의 형제자매들이 함께 쉬어 갈 수 있는 곳이어야 합니다. 아는 형제, 가까운 형제는 사랑하기 쉽습니다. 그러나 내가 알지 못하는 사람을 대접하고 사랑하기는 쉽지 않습니다. 나에게 잘해 주고 이익을 주는 형제는 잘 대해 주기 쉽지만, 나에게 고통을 주고 손해를 끼치는 사람을 사랑하며 집으로 데려오기는 쉽지 않습니다. 그러나 그런 사람도 사랑해야 합니다.

> 너희가 너희를 사랑하는 자를 사랑하면 무슨 상이 있으리요 세리도 이같이 아니하느냐(마 5:46).

성경은 우리에게 형제를 사랑하라는 명령과 함께 나그네를 사랑하라고 명령합니다. 피를 나눈 형제도 사랑해야 하지만, 피를 나누지 않은 사람도 사랑하는 것이 그리스도인의 의무입니다. 그들을 대접하고 그들을 집에 데려오는 것도 그리스도인의 독특한 삶입니다. 친족이나 형제를 사랑하지 않는 것은 나쁜 것입니다. 그러나 친족이나 형제만 끼고 도는 것도 나쁜 것입니다.

백인들의 경우, 흑인이 옆집에 살 때 진정한 그리스도인인지 아닌지 알 수 있습니다. 부자는 끼니를 잇지 못하는 가난한 사람들과 함께 살 때 그리스도인인지 아닌지 알 수 있습니다. 손님 대접하기를 천사 대접하듯이 할 수 있는 것이 그리스도인의 독특한 삶의 양식이라고 성경은 말합니다. 구역 예배를 통해 자기 집을 공개하는 것도 이런 훈련 중 하나가 됩니다. 모르는 사람을 자기 집에 초청해서 전도하는 것도 훈련 중 하나입니다.

작년 한 해 동안 모르는 사람을 집에 초대해서 전도한 것이 몇 번이나 됩니까? 계나 동창회 말고, 예수님 이름으로 사람을 초대한 일이 몇 번입니까? 앞으로는 이런 일들이 많이 있기를 바랍니다. 만약 당신이 목회자를 초대하면 정성껏 식사를 잘 대접할 것입니다. 거지도 그런 마음으로 대접할 수 있어야 합니다. 정말 대접할 가치가 없는, 대접할 대상이 아닌 분들을 예수님 모시듯이 잘 대접해 줄 수 있어야 합니다.

성경은 골육의 친척, 가족들을 사랑하라고 말씀합니다. 그리고 한 걸음 더 나아가서, 나그네를 대접하라고 말씀합니다. 그러나 성경은 여기에 머물지 않습니다.

너희도 함께 갇힌 것같이 갇힌 자를 생각하고 너희도 몸을 가졌은즉 학대받는 자를 생각하라(히 13:3).

그리스도인의 대인 관계의 독특성은 고난 받고 있고, 학대받고 있고, 감옥에 있는 사람들까지도 생각하는 것입니다. 즉 그리스도인이라면, 고난 받는 형제들에 대한 깊은 긍휼과 애정을 가져야 합니다.

하나님은 우리를 사랑하시기 전에 우리를 향해 눈물 어린 긍휼을 가지고 계셨습니다. 그 긍휼의 풍성함이 예수 그리스도로 하여금 우리를 위해 십자가에 못 박혀 돌아가시게 했습니다. 우리에게도 이같이 뜨거운 마음이 있어야 합니다. 감옥에 있는 사람을 보면 눈물이 나야 합니다. 병든 사람을 보면 눈물이 나야 합니다. 이 땅에 배고프고 억눌리고 고난당하고 억울한 일을 당한 사람이 많습니다. 성경은 이 사람들과 우리가 분명히 관계 있다고 말합니다.

"몸을 가졌은즉 육체적으로 고난 받고 학대받는 자를 생각하라"는 말씀은 내가 고문당하고 내가 학대받는 것처럼 생각하라는 것입니다. 중노동하는 사람들이 많습니다. 원치 않는 고문을 당하는 이들이 많습니다. 우리는 이런 사람들을 보고 방관해서는 안 됩니다. 그들을 생각해야 합니다. 이것이 우리가 살고 있는 이 땅과 지역 사회에서 우리가 해야 할 일들입니다. 우리는 그들을 돕고 그들과 함께 있어 주어야 합니다. 함께 있어만 줘도 위로가 됩니다. 또한 그들에게 실질적인 경제적 도움을 주어야 합니다. 그리고 그들을 위해 기도해 주어야 합니다.

이 땅의 모든 그리스도인들이 이웃과의 관계에 있어서 이 세 가지 독특성을 갖기 바랍니다. 먼저, 형제를 사랑하십시오. 친척들을 전도하십시오. 둘째, 나그네를 영접하십시오. 당신의 집이 나그네를 영접하는 장소가 되기를 바랍니다. 셋째, 억울하게 고난당하고 고통당하고 학대당하는 사람들과 마음을 같이하십시오. 이로써 모든 사람들이 당신이 예수님의 제자라는 것을 알게 될 것이고, 하나님께 영광을 돌릴 것입니다.

44

당신의 맞수는
바로 당신 자신이다

히브리서 13:4-9

이 세상에서 가장 무서운 적은 타인이나 마귀가 아니라, 자기 자신입니다. 우리는 다른 사람을 경계할 수 있고, 다른 사람과 싸워서는 이길 수도 있습니다. 마귀의 세찬 공격도 막을 수 있습니다. 그러나 자기 자신을 극복하고 자기 자신을 정복하기란 쉽지 않습니다. 우리가 제일 쉽게 패배하는 부분이 자기 자신과의 싸움입니다.

그리스도인이 관계에 있어서 세상 사람들과 다른 독특성을 가져야 할 두 번째 영역은 자기 자신과의 관계입니다. 그리스도인이 자신과의 관계에서 무엇을 해야 하는지는 두 가지로 요약할 수 있습니다. 첫째는 도덕적 순결을 지키는 것이고, 둘째는 물질에서 자유하는 것입니다.

자신을 지키는 도덕적 순결

그리스도인들이 자신과의 관계에서 중요하게 지켜야 할 첫 번째 영역은 도덕적, 성적 순결입니다. 히브리서 13장 4절이 이에 대해 말하고 있습니다.

모든 사람은 결혼을 귀히 여기고 침소를 더럽히지 않게 하라 음행하는 자들과 간음하는 자들을 하나님이 심판하시리라(히 13:4).

이것은 결혼 문제와 연결되어 있습니다. 하나님은 천지를 창조하시고 인간을 만들어 내실 때부터 결혼을 아주 귀중하게 여기셨고, 이 결혼을 인간에게 최대의 복으로 주셨습니다. 그런데 인간은 정반대로 결혼을 아주 대수롭지 않게 여기는 풍토를 가졌습니다.

요즈음 결혼 경시 사상이 많이 나타나는데 그 확산 속도가 엄청나다고 합니다. 결국 이혼이라는 전염병을 모든 사람이 앓고 있는 것입니다. 사실 따지고 보면, 이혼을 해야만 하는 필연적인 이유는 별로 없습니다. 한 10년 살다가 성격이 안 맞는다고 이혼해야 합니까? 요즘 사람들은 조금만 불편하면 이혼합니다. 서로 맞지 않으면 이혼한다고 합니다. 이것은 하나님이 귀히 여기는 결혼을 대수롭지 않게 여기는 행동입니다. 사람들은 부부 싸움 끝에 이혼해야겠다고 자주 말합니다. 쉽게 이런 말을 합니다. 이것은 하나님을 경멸하는 태도입니다.

결혼 경시 사상 풍조는 성적인 타락에서도 찾아볼 수 있습니다. 요즈음 젊은이들은 혼전 성 관계를 자연스러운 것으로 여기고 있습니다. 결혼하기 전에 성 관계를 갖는 것을 죄라고 여기지 않습니다. 또 결혼하고 나서 혼외 성 관계를 갖는 것도 죄악이라고 생각하지 않습니다. 이것은 극심한 타락의 형태를 보여 줍니다.

이는 성경과 완전히 배치되는 풍조입니다. 성경은 한 개인의 신앙에 있어서, 자기 자신과의 관계에서 제일 중요한 것이 도덕적인 순결이라고 말합니다. 그리고 특히 결혼의 중요성을 강조합니다. 결혼이 왜 중요합니까?

첫째, 하나님이 결혼을 만드셨고, 결혼을 통해 생육하고 번성하라고 하셨기 때문입니다.

하나님이 그들에게 복을 주시며 하나님이 그들에게 이르시되 생육하고 번성하여 땅에 충만하라, 땅을 정복하라, 바다의 물고기와 하늘의 새와 땅에 움직이는 모든 생물을 다스리라 하시니라(창 1:28).

우리는 왜 결혼합니까? 생육하고 번성하고 충만하기 위해서입니다. 하나님의 이 목적을 이루기 위해 결혼합니다. 특별한 경우를 제외하면, 자식을 낳아 키우고 그 자식들을 통해 하나님께 영광을 돌리는 것이 결혼의 고귀한 목적이며, 하나님의 명령입니다.

둘째, 홀로 사는 것이 좋지 않기 때문입니다.

여호와 하나님이 이르시되 사람이 혼자 사는 것이 좋지 아니하니 내가 그를 위하여 돕는 배필을 지으리라 하시니라(창 2:18).

하나님은 사람이 홀로 외롭게 사는 것을 좋게 생각하지 않으셨습니다. 사람에게는 이상적인 배필이 필요한 것이 아니라 서로 도와줄 수 있는 '돕는 배필'이 필요합니다. 결혼에 실패하는 대부분의 원인은 돕는 배필을 생각하지 않고 이상적 배필을 생각하기 때문입니다. 성경은 결코 우리에게 이상적 배필이 필요하다고 말하지 않았습니다. 단지 돕는 배필이 필요하다고 합니다.

잘못된 동기가 아니거나 음행의 연고가 아니라면 재혼이 성경적이라는 말도 바로 이런 이유입니다. 하나님은 우리가 홀로 사는 것을 원치 않으십니다. 그러나 특별한 경우, 하나님은 독신으로 살아야 하는 사람에게는 독신의 은사를 주셨습니다.

셋째, 성적 범죄를 방지하기 위해서입니다.

음행을 피하기 위하여 남자마다 자기 아내를 두고 여자마다 자기 남편을 두라(고전 7:2).

고린도전서 7장 8-9절은 이런 뜻으로 말합니다.

결혼하지 않고 깨끗하게 살 수 있으면 좋겠지만, 그러나 성적인 절제를 할 수 없으면 결혼하는 것이 더 좋다.

즉 혼자 살면서 성적 욕구를 절제하지 못하여 죄를 짓는 것보다는, 결혼하여 성적 욕구를 순결하게 잘 조절하는 것이 더 낫다는 것입니다. 인간은 성적인 욕망을 가진 존재입니다. 그래서 하나님은 동물과 달리 인간에게 결혼 제도를 주셔서 도덕적 순결을 지키도록 만드셨습니다.

축복의 장소, 가정 지키기

가정은 그 무엇과도 바꿀 수 없는, 하나님이 주신 축복의 장소입니다. 직장보다 더 중요한 것은 가정입니다. 어떤 사람은 직장 생활을 열심히 하다가 아내를 돌보지 않습니다. 밤 10시, 11시까지 직장 일로 사람들을 접대하다가 늦게 들어가서 아내가 어떻게 되었는지, 자식이 어떻게 되었는지 모르는 경우가 있습니다. 이는 바람직하지 않습니다.

직장은 그만둘 수 있으나 가정은 그만둘 수 없습니다. 아버지 역할은 그만둘 수 없습니다. 가정은 참으로 소중한 것입니다. 그러나 많은 사람들이 가정을 너무 경시하고 있습니다. 아내를, 남편을 너무나 소홀히 여깁니다. 그래서 가정의 위기를 초래합니다.

교회에서 신앙생활을 잘하는 것도 중요하지만, 가정에서 신앙생활을 잘하지 못한다면 한낱 쇼에 불과합니다. 가정에서 신앙 천국을 이루라는 것이 하나님의 명령입니다. 가정에서 부모를 공경하고, 자식을 노엽게 하지 않는 것이 하나님이 주신 가정의 모습입니다. 부모나 자식보다 더 중요한 관계는 부부 관계입니다. 동양에서는 부모나 자식이 더 중요합니다만, 성경적인 관점에서 보자면 아내나 남편이 더 소중합니다.

성경은 가정을 잘 지키는 방법 세 가지를 말하고 있습니다. 첫째, 그리스도가 교회의 머리인 것처럼 남자는 아내의 머리라는 원리가 지켜져야 합니다. 그때 결혼의 소중함, 가정의 소중함이 지켜집니다(고전 7:3; 엡 5:23). 아내가 남편을 깔보는 가정은 위험한 가정입니다. 성경은 어떤 경우에서든지 가정은 남자가 다스려야 하며 이 전통이 잘 지켜져야 가정이 바로 선다고 말합니다.

둘째, 가정이 하나님이 원하시는 형태로 지속되기 위해서는 여자가 남자에게 순종해야 합니다. 순종은 맹종이 아닙니다. 순종처럼 무서운 것이 없습니다. 남자는 여자의 순종을 통해 다시 여자에게 순종하게 됩니다.

셋째, 가정을 잘 지키려면 남편이 아내를 사랑해야 합니다.

남편들아 이와 같이 지식을 따라 너희 아내와 동거하고 그를 더 연약한 그릇이요 또 생명의 은혜를 함께 이어받을 자로 알아 귀히 여기라 이는 너희 기도가 막히지 아니하게 하려 함이라(벧전 3:7).

아내를 때리는 남자, 아내를 무시하는 남자, 아내에게 소리 지르고 윽박지르는 남자는 믿음 없는 남자입니다. 그리고 불쌍한 남자요, 하나님의 저주를 받을 남자입니다. 여자는 연약한 그릇이기 때문에 어떤 이유에서든지 때리면 안 됩니다. 폭력으로 여자를 순종시키려 하지 마십시오. 남자가 여자를 순종시키는 유일한 힘은 사랑입니다. 이것이 성경이 말하는 아름다운 가정을 이루는 비결입니다.

능력의 회복은 순결로부터

히브리서 기자는 히브리서 13장 4절에서 "침소를 더럽히지 않게 하라 음행하는 자들과 간음하는 자들을 하나님이 심판하시리라"고 말합니다. 하나님은 우리의 순결을 원하십니다. 이 순결은 단지 육체적인 것뿐 아니라 영적인 것에도 해당됩니다.

하나님은 이스라엘 백성이 바알에게 절하고 우상을 숭배할 때 분노하셨습니다. 신앙의 순결을 잃어버렸기 때문입니다. 하나님은 영적 순결을 원하시지만, 사람들은 그것을 쉽게 포기합니다. 능력은 순결에서 나옵니다. 교회가 순결을 잃어버렸기 때문에 힘을 잃어버렸습니다. 교회가 다시 한 번 영적 순결을 회복한다면 능력을 회복할 것입니다.

오늘날 이 시대는 성적 타락과 함께 영적 타락 또한 극에 도달했습니다. 대부분의 사람들은 성욕을 잠자고 먹는 것처럼 당연한 것으로 여기고, 오히려 정신적 건강을 위한 스트레스 해결의 한 방법으로 생각하고 있습니다. 그러나 그것은 성경적이지 않습니다.

성경에 나오는 모든 죄의 목록에서 음행은 언제나 앞쪽을 차지합니다. 성적 타락은 단지 육체의 타락이 아닙니다. 그것은 마음의 타락과 연관되어 있습니다. 그래서 성적으로 타락한 사람들은 결국 정신적 타락에 이르는 것을 볼 수 있습니다. 결혼하여 남편이나 아내가 있음에도 불구하고 성적 만족을 주는 향락 시설에 자주 가는 사람, 아내가 있음에도 그를 버리고 딴살림을 차리고 다른 여자와 성적 관계를 맺는 사람, 성적 만족을 주는 책이나 영상물을 즐겨 보는 사람, 이런 사람들의 영혼은 추악하고 파괴적입니다. 이들의 영혼은 마귀의 영혼을 닮아갑니다.

결혼 안에서 성(性)은 아름다운 것입니다. 부부에게 있어서 성만큼 큰 축복이 없습니다. 그러나 결혼 밖에서의 성은 추악하고 파괴적이며 파멸을 가져올 뿐입니다. 성경은 우리에게 침소를 더럽히지 말라고 강력하게 권면합니다. 음행이나 간음을 하고 부부의 침소에 뻔뻔스럽게 들어오는 것이 침소를 더럽히는 것이라고 할 수 있습니다.

놀라운 사실은 간음을 하거나 성적으로 타락한 사람의 외모는 추해진다는 것입니다. 그 영혼도 마찬가지입니다. 간음하는 사람은 영혼도 몸도 마음도 결국은 병들게 되고, 사회적으로도 수치를 당하게 됩니다. 음행의 결과는 무섭습니다. 성도들은 음란한 유머도 삼가야 합니다. 그것은 이미 유머를 넘어섰기 때문입니다. 교회가 이것을 지켜야 세상이 타락하지 않습니다.

일만 악의 뿌리, 돈

그리스도인들이 자기 자신과의 관계에서 주의하고 살펴야 할 또한 가지 영역은 물질에 관한 영역입니다. 히브리서 기자는 이에 대해 다음과 같이 권면합니다.

> 돈을 사랑하지 말고 있는 바를 족한 줄로 알라 그가 친히 말씀하시기를 내가 결코 너희를 버리지 아니하고 너희를 떠나지 아니하리라 하셨느니라(히 13:5).

사람을 괴롭히는 가장 무서운 적은 성적인 욕망입니다. 성적 욕망에서 벗어날 수 있다는 것은 큰 축복입니다. 그런데 성적인 욕망만큼 우리를 유혹하는 것이 있는데, 바로 돈의 유혹입니다. 성이 육체를 파괴하는 것이라면 돈은 우리의 이성과 정신을 혼미케 합니다.

우리가 보통 "저 사람은 믿을 만하다"고 말하는 것은 돈에 대해 깨끗하고 믿을 만하다는 의미입니다. 그 사람에게 수억의 재산을 맡겼을 때, 그 사람에게 수백억의 사업을 맡겼을 때 돈 문제에 대해서 깨끗하다면 그 사람은 깨끗한 사람입니다. 돈에 대해 흐린 사람은 다른 문제에 대해서도 흐립니다. 대부분의 사람들이 돈 앞에서는 인격도 체면도 지조도 순결도 쉽게 버립니다. 현대 사회를 물질 만능 사회라고 부르는 것은 바로 이런 까닭일 것입니다. 오늘날 돈의 위력은 점점 더 강해지고 있습니다. 정신을 바짝 차리지 않으면 우리도 그 위력 앞에서 쓰러질 수 있습니다. 돈을 사랑하는 것은 탐욕이라는 형태로 나타나게 됩니다.

성경은 돈 자체는 나쁘다고 하지 않았습니다. 부자가 되고 재벌이 되는 것이 나쁜 것은 아닙니다. 돈에 집착하고 하나님보다 더 돈을 사랑하는 것이 나쁜 것입니다. 돈에 집착하고 지나치게 돈을 사랑하면 평안을 잃어버립니다. 돈은 더 많은 돈을 요구합니다. 그래서 돈은 결코 사람에게 만족을 주지 않습니다.

돈을 사랑하면 어떤 일이 생깁니까? 악을 저지르게 됩니다.

돈을 사랑함이 일만 악의 뿌리가 되나니 이것을 탐내는 자들은 미혹을 받아 믿음에서 떠나 많은 근심으로써 자기를 찔렀도다(딤전 6:10).

돈을 사랑함이 일만 악의 뿌리가 됩니다. 돈을 많이 벌기 위해서는 무수한 악을 저지르지 않으면 안 되기 때문에 일만 악의 뿌리가 된다는 것입니다.

또한 돈을 사랑하면 하나님을 사랑하지 않게 된다고 말합니다. 성경은 돈과 하나님을 겸하여 섬길 수 없다고 말합니다(눅 16:13). 돈을 사랑하는 사람은 돈이 하나님이 됩니다. 결코 하나님을 제대로 섬길 수 없습니다.

믿음으로 자족하는 비결

그리스도인의 자유는 무소유의 자유입니다. 바울은 빌립보 교인들에게 다음과 같이 권면하고 있습니다.

> 내가 궁핍하므로 말하는 것이 아니니라 어떠한 형편에든지 나는 자족하기를 배웠노니 나는 비천에 처할 줄도 알고 풍부에 처할 줄도 알아 모든 일 곧 배부름과 배고픔과 풍부와 궁핍에도 처할 줄 아는 일체의 비결을 배웠노라(빌 4:11-12).

무슨 말입니까? 불가능이 없다는 말이 아닙니다. 모든 고난과 가난에도 자신은 만족하며 살 수 있다는 뜻입니다. 성경은 있는 바를 족한 줄로 알라고 말합니다.

주님은 돈을 사랑하지 않는 우리를 떠나지 않으시고 지켜 주실 것을 약속하십니다. 좋은 선교 단체들은 돈을 요구하지 않습니다. 돈이 없으면 하나님께 기도하지 사람에게 요구하지 않습니다. 사람에게 돈을 요구하면 그 사람의 종이 되기 쉽습니다.

예전에 선교 단체에서 훈련받은 적이 있는데, 훈련을 받는 중에 가끔 이런 광고가 나옵니다. "오늘은 하루 종일 금식입니다. 간사들이 금식을 한다고 합니다." 그러고는 밤 2시까지 철야를 합니다. 10만 파운드의 헌금이 모아지면 금식이 끝나는 것이었습니다. 저는 그곳에서 돈에 대한 하나님의 세심함을 배우기 시작했습니다.

데니스 레인 목사님의 간증이 생각납니다.

"작년 연말에 저희는 20만 달러가 필요했습니다. 그러나 우리의 원칙은 사람에게 돈을 구하지 않는 것입니다. 하지 못하게 되어 있습니다. 900여 명의 전 스태프들과 선교사들이 함께 기도하기 시작했습니다. 12월 31일, 어떤 분으로부터 20만 달러가 현금으로 도착했습니다."

하나님은 기도하는 사람에게 이처럼 세밀하게 응답하십니다.

> 내가 결코 너희를 버리지 아니하고 너희를 떠나지 아니하리라 하셨느니라 그러므로 우리가 담대히 말하되 주는 나를 돕는 이시니 내가 무서워하지 아니하겠노라 사람이 내게 어찌하리요 하노라(히 13:5-6).

이 믿음을 가지고 세상에서 순결을 지키고 물질에서 자유하기 바랍니다.

○

45

인생 제일의
목표를 기억하라

히브리서 13:10-25

이제는 하나님과 우리의 관계를 생각해 보겠습니다. 우리가 하나님과의 관계에서 생각해 보아야 할 것은, 우리가 어떤 태도로 하나님께 나아갈 때 하나님이 기뻐하실까 하는 문제입니다. 세 가지로 설명할 수 있습니다.

그리스도의 고난에 동참하는 삶

첫째, 그리스도와 함께 고난당할 때 하나님은 기뻐하십니다. 대부분의 사람들은 좁은 길보다는 넓은 길을, 고난보다는 축복을, 속보다는 겉을 더 중요하게 여깁니다. 그래서 하나님이 무엇을 기뻐하실까보다는 내가 무엇을 더 좋아하는가에 따라 선택하고 결단합니다. 히브리서 기자는 우리에게 구약의 한 제단 이야기를 해 줌으로써 하나님이 기뻐하시는 것이 무엇인지 보여 줍니다.

우리에게 제단이 있는데 장막에서 섬기는 자들은 그 제단에서 먹을 권한이 없나니 이는 죄를 위한 짐승의 피는 대제사장이 가지고 성소에 들어가고 그 육체는 영문 밖에서 불사름이라(히 13:10-11).

레위기 16장을 보면, 구약 시대에 죄를 속하는 제사를 드릴 때 바치는 제물은 죄를 속하기 위한 제물이기 때문에 그 고기를 먹고 싶어도 먹을 수가 없었습니다. 다른 제사는 다 먹을 수 있었지만, 속죄제의 제물은 아무도 먹을 수 없었습니다. 그 피는 대제사장이 지성소 안으로 갖고 들어가지만, 그 몸은 진영 밖으로, 다시 말하면 성소 밖으로 가져가서 불살라 버려야 했습니다.

히브리서 기자는 이런 제사를 예수 그리스도와 연결해서 말합니다. 우리의 영원한 속죄양이신 예수 그리스도가 단번에 완전한 속죄를 이루셨을 때, 그 피로 우리를 구원해 주셨을 뿐만 아니라 구약에서와 똑같이 예수님도 예루살렘 진영 밖에서 육체적 고난을 받으셨다는 것을 상기시켜 줍니다.

그러면 왜 예수님이 영문 밖에서 십자가의 길, 고난의 길을 걸으셔야만 했을까요?

그러므로 예수도 자기 피로써 백성을 거룩하게 하려고 성문 밖에서 고난을 받으셨느니라(히 13:12).

예수님이 영문 밖에서 고난을 받으신 이유는 자기 백성을 거룩하게 하시기 위해서입니다. 고난이 없이는 거룩도 없고, 십자가 없이는 영광도 없습니다. 하나님은 거룩하십니다. 하나님이 우리에게 원하시는 것도 거룩입니다. 거룩처럼 중요한 것이 없습니다. 그러나 인간 안에는 거룩이 없습니다. 예수님이 우리 인간에게 거룩을 주시기 위해 십자가에서 고난을 당하셨습니다.

고난을 통과하지 않고는 어느 누구도 거룩해질 수 없습니다. 고통과 역경과 주림과 사망의 음침한 골짜기를 통과할 때, 인간의 영혼은 순결해지고 깨끗해지는 것입니다. 하나님은 감당할 수 없는 무거운 짐, 견딜 수 없는 사면초가에서 눈물을 비처럼 흘리는 사람에게 거룩을 주십니다. 그가 온전히 하나님만을 바라보는 그때, 거룩의 옷이 입혀집니다. 이것이 바로 예수님이 영문 밖에서 고난을 당하신 이유입니다.

거룩해지기 위해서는 죽음이라는 값비싼 대가를 치러야 합니다. 하나님은 우리 자신의 행위로 깨끗해지는 것을 원하지 않으시고, 십자가의 피로 깨끗해지는 것을 원하십니다.

그런즉 우리도 그의 치욕을 짊어지고 영문 밖으로 그에게 나아가자 (히 13:13).

이것은 우리도 성문 밖에 계신 예수님께 나아가서 그분이 겪은 수치를 함께 당하자는 의미입니다. "누구든지 나를 따라오려거든 자기를 부인하고 자기 십자가를 지고 나를 따를 것이니라"(마 16:24)고 하신 주님의 말씀을 생각나게 합니다. 이처럼 고난에 동참하는 사람을 하나님이 기뻐하십니다. 예수님 때문에 억울한 고난을 당했습니까? 무거운 짐을 지고 있습니까? 하나님이 기뻐하십니다. 십자가의 고난을 같이 겪는 사람, 하나님은 그런 사람을 기뻐하십니다.

하나님은 우리가 이 세상 사람들과 똑같은 방법으로 사는 것을 원치 않으십니다. 그 반대로 살기를 원하십니다. 죽은 물고기는 물결을 따라 흘러가지만, 살아 있는 물고기는 물결을 거슬러 올라갑니다. 살아 있는 그리스도인은 이 세속의 모든 방법을 거슬러 가며 죄와 싸우는 사람입니다. 모세가 그랬습니다. 그는 그리스도를 위하여 받는 수모를 애굽의 모든 보화보다 더 큰 재물로 여겼습니다 (히 11:26). 디모데후서 2장 4절은 그리스도인은 자기 생활에 얽매이는 자가 아니라고 했습니다. 그리스도인은 이 세상에서 살지만 세상의 방법이나 가치관을 따라 사는 사람이 아닙니다.

성숙한 그리스도인은 그리스도와 함께 고난 받기를 좋아하며, 세상을 따르지 않으며, 어떠한 대가를 치르더라도 주님을 따르며, 하나님의 나라와 의를 추구합니다. 하나님은 이런 사람들을 좋아하시고, 이런 사람들과 좋은 관계를 맺으십니다. 하나님은 고난 받기를 즐거워하는 사람을 더 기뻐하시고, 그런 사람은 하나님과의 관계가 더 깊어집니다.

제가 아는 한 교수님은 어렵게 얻은 교수 직위를 포기하고 번역 선교사님들을 뒷바라지하기 위해 번역 선교회 총무 자리로 옮겼습니다. 예수님을 위해서 명예도 포기하고, 성공도 포기했습니다. 그래서 어쩌면 이 세상 사람들로부터는 바보라는 말도 들을 것입니다. 모든 사람이 다 이렇게 살 수는 없습니다. 그러나 이렇게 사는 사람도 있습니다. 그런 사람이 복되고, 하나님은 이런 사람을 기뻐하십니다.

참된 예배가 있는 삶

둘째, 하나님이 원하시는 참된 제사를 드릴 때 하나님은 기뻐하십니다.

> 우리가 여기에는 영구한 도성이 없으므로 장차 올 것을 찾나니 그러므로 우리는 예수로 말미암아 항상 찬송의 제사를 하나님께 드리자 이는 그 이름을 증언하는 입술의 열매니라 오직 선을 행함과 서로 나누어 주기를 잊지 말라 하나님은 이 같은 제사를 기뻐하시느니라(히 13:14-16).

참된 제사를 드리는 것이 하나님과 좋은 관계를 갖는 것이라고 성경은 강력히 주장하고 있습니다. 누가 참된 제사를 드릴 수 있습니까? 이 세상에 영구한 도성을 만들려는 사람에게는 참된 제사를 드릴 자격이 없습니다. 그러나 장차 다가오는 하나님의 나라를 바라는 사람은 참된 제사를 드릴 수 있습니다.

이 지상에 영구한 나라, 영구한 도성을 꾸미려는 사람은 누구입니까? 종교적으로 보면 그들은 이단이요, 세속주의자들이요, 죽은 신앙을 가진 사람들입니다. 권력을 추구하는 사람들은 이 땅에 왕국을 만들기 원합니다. 정치의 왕국, 돈의 왕국, 황금의 왕국을 만들려고 합니다. 그런 사람들에게는 참된 제사가 없습니다. 참된 제사는 영원한 그 나라, 장차 다가올 그 나라를 염원하는 사람에게 가능합니다.

그렇다면 참된 제사는 무엇입니까? 구약에 나오는 짐승을 드리는 제사를 말하는 게 아닙니다. 두 가지 제사를 말합니다. 첫째는 찬양의 제사를 말합니다.

그러므로 우리는 예수로 말미암아 항상 찬송의 제사를 하나님께 드리자 이는 그 이름을 증언하는 입술의 열매니라(히 13:15).

하나님은 더 이상 우리에게 제사를 위한 곡식이나 죽은 짐승을 원하시지 않습니다. 그러나 많은 사람들이 하나님께 드리는 제사를 이런 식으로 오해하고 있습니다. 하나님이 원하시는 제사는 그의 이름을 증거하고, 그의 이름을 높이며, 그 이름을 찬양하는 제사입니다.

웨스트민스터 신앙 고백에 있듯이, 인생의 제일 되는 목적은 하나님을 기뻐하고 영원토록 그분을 영화롭게 하고 기쁘시게 하는 것입니다. 참된 예배는 참된 신앙입니다. 찬양의 제사를 드리는 것입니다. 시편 108편 3절은, "여호와여 내가 만민 중에서 주께 감사하고 뭇 나라 중에서 주를 찬양하오리니"라고 말합니다. 입을 열어 만민 중에서 감사하고 찬양하는 것이 참된 예배요, 참된 제사입니다. 시편 마지막에 기록되어 있는 150편 6절은 "호흡이 있는 자마다 여호와를 찬양할지어다 할렐루야"라고 끝맺고 있습니다. 하나님을 찬양하는 것은 숨 쉬는 모든 존재가 해야 할 마땅한 도리입니다.

우리의 예배가 축제의 예배가 되고 기쁨의 예배가 되기를 바랍니다. 다소 형식이 없으면 어떻습니까? 종교적 예식이 좀 약하면 어떻습니까? 진짜 예배는 내 심령을 고백하고, 회개가 있고, 형제와 형제의 가슴과 가슴이 만나는 예배입니다. 우리는 이런 예배를 드려야 합니다. 하나님은 이런 예배를 원하십니다. 찬양 속에 말씀이 있고, 찬양 속에 권능이 있고, 찬양 속에 기쁨과 감사가 넘치는, 이렇게 만나는 예배가 진정한 예배입니다. 우리의 예배가 이런 예배가 되어야 합니다.

예배를 드리는 사람들은 세상의 지위와 위치에 대해 물을 필요가 없습니다. 예배는 어린아이 같은 사람들이 모이는 것입니다. 위장을 모두 벗고, 주님이 만들어 주신 모습 그대로 만나서 교제하고 찬양하는 것이 예배입니다. 주님은 이런 예배를 기뻐하십니다.

성경은 소고 치고 나팔 불고 손을 들고 찬양하라고 말합니다. 성령이 임하실 때, 우리는 자유롭게 찬양해야 합니다. 그런데 그렇게 하면 종종 감정적이라고 비난하는 사람들이 있습니다. 그러나 예배는 어느 정도 감정적이어야 합니다. 교회 와서는 어린아이가 되어야 합니다. 다른 사람들이 나를 어떻게 볼까 쑥스러워하지 않아도 되는 예배가 되어야 합니다. 부정적인 태도를 바꾸십시오. 하나님은 부정적인 태도를 기뻐하시지 않습니다. 하나님을 향해 웃으십시오. 예배는 찬양이고 기쁨입니다. 큰 소리로 찬양하십시오. 그것을 하나님이 기뻐하십니다. 성경은 이것을 찬양의 제사라고 말하고 있습니다.

또 하나의 참된 제사는 삶의 열매를 드리는 제사입니다.

오직 선을 행함과 서로 나누어 주기를 잊지 말라 하나님은 이 같은 제사를 기뻐하시느니라(히 13:16).

여기서 우리는 선을 행하는 제사가 있다는 것을 알게 됩니다. 나눔의 제사가 있다는 것을 발견하게 됩니다. 예배는 엄숙하게 찬양하고 헌금하고 사도신경을 외우는 것이 다가 아닙니다. 물론 그것도 중요합니다. 그러나 진정한 예배는 선을 행하는 것이고, 서로 통용하는 것이고, 서로 나누어 주고, 서로 가슴과 가슴이 만나고, 연약한 사람을 붙들어 주는 것입니다.

참된 제사는 이웃에게 선을 베푸는 것이요, 참된 제사는 사랑입니다.

누구든지 하나님을 사랑하노라 하고 그 형제를 미워하면 이는 거짓 말하는 자니 보는 바 그 형제를 사랑하지 아니하는 자는 보지 못하는 바 하나님을 사랑할 수 없느니라(요일 4:20).

우리의 진정한 예배는 어떤 것입니까? 선을 행하는 것입니다. 예수의 이름으로 우리가 가지고 있는 것, 그것이 지식이든, 은사든, 돈이든, 시간이든, 자신의 것을 나누는 것이 예배입니다.

더 이상 죽은 제사를 드리지 맙시다. 종교적인 쇼를 하거나 미신적인 제사를 드리는 것에서 벗어나야 합니다. 참된 제사는 삶이요 행동입니다. 여기에 하나님의 기쁨이 있다고 말합니다.

자녀들아 우리가 말과 혀로만 사랑하지 말고 행함과 진실함으로 하자(요일 3:18).

이와 같이 행함이 없는 믿음은 그 자체가 죽은 것이라(약 2:17).

영적 지도자들을 섬기고 돕는 삶

셋째, 하나님을 섬기는 영적 지도자들에게 순종할 때 하나님은 기뻐하십니다.

너희를 인도하는 자들에게 순종하고 복종하라 그들은 너희 영혼을 위하여 경성하기를 자신들이 청산할 자인 것같이 하느니라 그들로 하여금 즐거움으로 이것을 하게 하고 근심으로 하게 하지 말라 그렇지 않으면 너희에게 유익이 없느니라(히 13:17).

'너희를 인도하는 자들'은 신약의 개념으로 보면, 장로나 목사나 감독을 의미합니다. 하나님은 인간의 몸을 입은 영적 지도자들에게 순종함으로써 하나님과 좋은 관계를 맺으라고 말씀하셨습니다. 장로는 아무렇게나 뽑힌 사람이 아니라 하나님이 기름 부어 세우신 종입니다. 우리가 투표했지만, 내가 뽑은 것이 아닙니다. 내 손을 통해 하나님이 기름 부어 세우신 종들입니다. 그래서 이 영적 지도자들에 대해 함부로 말하거나 그들을 아무렇게나 취급하고 비판하는 것은 당신이 하나님을 섬기는 데 치명적인 타격을 입힙니다. 교회에서 장로나 감독을 하나님처럼 대하고 섬기고 순종해야 합니다. 이것은 당신의 영적 유익을 위해서 중요한 일입니다.

현대 교인들은 이것을 잃어버리기 시작했습니다. 이는 영적 지도자들이 그 위치를 지키지 않기 때문이기도 합니다. 제대로 된 영적 지도자를 보기 힘드니까 어느새 영적 지도력을 부인하게 되었습니다. 이런 풍조는 자칫하면 교회를 파괴합니다. 그래서 성경은 특별히 "너희를 인도하는 지도자들에게 순종하고 복종하라"고 합니다.

물론 영적 지도자들이 완전한 사람들은 아니기 때문에 지도력을 부인할 여지가 없는 것은 아닙니다. 그럼에도 영적 지도력을 인정하지 않으면 어떤 일들이 생기기 시작합니까? 그의 설교가 듣기 싫어집니다. 내가 열심히 비판한 사람이 와서 설교하는데, 제대로 들리겠습니까? 절대 못 듣습니다. 은혜가 달아납니다. 그 사람의 중보 기도와 충고를 받을 수 없게 됩니다. 물론 자기 혼자 영적 충전을 하면 될 것 같습니다. 그러나 그렇게 되지 않습니다.

그러므로 영적 지도자들이 바른 영적 리더십을 갖도록 돕지 않으면 서로 다 죽습니다. 교회를 떠나든지, 신앙을 떠나는 결과를 초래합니다. 신앙생활은 혼자서 잘 믿는 것으로 되지 않습니다. 혼자서는 못 믿게 되어 있는 것이 신앙의 구조입니다. 이 공동체적 삶을 통해 신앙이 형성되도록 되어 있습니다. 그러므로 영적 리더십 문제는 하나님과의 관계에서 아주 중요한 것입니다. 교회의 영적 지도력을 살리고, 그 권위가 세워질 때 말씀의 권위가 서기 때문입니다.

장로와 목사, 감독, 안수 집사로 형성된 영적 지도자들의 역할은 무엇입니까? 교인들을 위해 기도하고, 영혼을 사랑하고, 그들의 허물과 죄를 자기 죄인 것처럼 회개하고, 그들을 돌보는 것입니다. 그런데 한국 교회에는 잘못된 관습이 하나 있습니다. 장로를 교회의 행정과 관리와 조직을 주관하고 교회를 운영하는 주인처럼 생각하는 경향이 있습니다. 중요한 행정을 담당하는 교인의 대표로서, 목사를 초빙하거나 내보낼 수도 있다는 의식이 꽉 차 있기에 한국 교회는 계속 분열을 면치 못했습니다. 그러나 성경 어디에도 이렇게 말한 부분은 없습니다.

장로, 교사, 목사에 대한 성경의 초점은 무엇입니까? 전부 교인들을 돕는 영성 관리에 초점이 맞춰져 있습니다. 오히려 재정을 관장하는 행정적인 부분은 안수 집사에게 맡겼습니다. 지도자들의 최대 의무는 교인들의 영성을 관리하는 것입니다. 교인들은 이것을 확보해야 하며, 지도자들은 교인들을 영적으로 돌보는 일을 위해 눈물 흘려 기도하고, 열심히 성경을 가르쳐야 합니다. 지도자들에게 교회의 행정보다 더 중요한 것은 교인들의 영혼을 살피는 일입니다. 지도자들이 영혼 살피는 일에 전심전력할 때 교회의 영성이 유지된다고 성경이 가르쳐 주고 있습니다.

아무리 교인이 많이 모여도 영적 지도자가 없으면 교회는 갈 길을 가지 못합니다. 그러면 성도들은 영적 지도자들을 위해 무엇을 해야 합니까? 두 가지 해야 할 일이 있습니다. 첫째, 영적 지도자가 기쁜 마음으로, 즐거운 마음으로 목회하게 하는 것입니다.

근심하는 마음으로 목회하면 설교가 제대로 나오겠습니까? 영적 지도자들이 기쁜 마음으로 목회하도록 도와야 합니다. 근심으로 목회를 하면 결국 유익이 없다고 말하고 있습니다. 결국 성도들이 손해를 보는 것입니다. 이것은 영적 질서에서 너무나 중요한 원리입니다.

둘째, 영적 지도자들을 위해 기도해야 합니다.

우리를 위하여 기도하라 우리가 모든 일에 선하게 행하려 하므로 우리에게 선한 양심이 있는 줄을 확신하노니(히 13:18).

영적 지도자들이 영적으로 충만한 삶을 살게 되면 그 은혜가 우리에게 임하게 되고, 우리의 삶과 가정과 직장을 변화시키는 원동력이 됩니다. 그러므로 우리는 영적 지도자가 성령 충만하도록 기도해 주어야 합니다.

장로님들을 위해서 기도해 주십시오, 성경을 가르치는 분들을 위해서 기도해 주시고, 주일학교 교사들을 위해 기도해 주시고, 교회에서 말씀 사역을 하는 모든 지도자들을 위해 기도해 주십시오. 우리는 왜 지도자를 위해 기도해야 합니까? 그 이유를 그다음에 설명하고 있습니다. '모든 일에 선하게 행하려 하므로 우리에게 바른(선한) 양심'이 있게 하기 위해서입니다.

히브리서 13장 20절은 이 장의 결론이기도 하고, 히브리서 전체의 결론이기도 합니다.

양의 큰 목자이신 우리 주 예수 그리스도.

그분이 결론이십니다. 이 예수님은 우리 구원의 모델일 뿐만 아니라 우리 삶의 모델이십니다. 히브리서 전체의 주제가 무엇입니까? 우리의 사도시요 대제사장이신 예수를 깊이 생각하고 그분을 바라보라는 것입니다. 히브리서 기자는 서신의 말미에서도 우리의 목자장이신 예수 그리스도를 제시합니다.

사람과의 관계나 모든 상황에서 승리하는 비결은 예수 그리스도를 바라보는 것입니다. 주신 말씀을 듣고 순종하는 것입니다. 이때 평강의 하나님이 모든 선한 일에 우리를 온전하게 하사 하나님의 뜻을 행하게 하시고, 그 앞에 즐거운 것을 예수 그리스도로 말미암아 우리 속에 이루실 것입니다(히 13:20-21). 예수를 바라보십시오. 그분을 깊이 생각하십시오.

"영광이 그에게 세세무궁토록 있을지어다 아멘."